交通信息与控制技术基础

Basis of Traffic Information and Control Technology

赵晓华　王　扬　李振龙　李海舰　编著

中国建筑工业出版社

图书在版编目（CIP）数据

交通信息与控制技术基础 = Basis of Traffic
Information and Control Technology / 赵晓华等编著
. —北京：中国建筑工业出版社，2021.10（2024.12重印）
ISBN 978-7-112-26605-0

Ⅰ. ①交… Ⅱ. ①赵… Ⅲ. ①交通信息系统 Ⅳ.
①U49

中国版本图书馆 CIP 数据核字(2021)第 188910 号

责任编辑：李玲洁
责任校对：姜小莲

交通信息与控制技术基础
Basis of Traffic Information and Control Technology
赵晓华　王　扬　李振龙　李海舰　编著

*

中国建筑工业出版社出版、发行(北京海淀三里河路9号)

各地新华书店、建筑书店经销

北京红光制版公司制版

建工社（河北）印刷有限公司印刷

*

开本：787毫米×1092毫米　1/16　印张：20½　字数：507千字
2021年10月第一版　2024年12月第二次印刷
定价：**85.00**元
ISBN 978-7-112-26605-0
(37917)

前　言

随着"交通强国"战略和"新基建"政策的全面实施，我国交通信息化、智能化建设必将进入一个新阶段，智能交通人才需求也将呈现井喷式增长态势。本书面向交通领域信息化智能化建设和交通行业高级人才培养需求，基础理论、应用技术和工程案例相结合，同时涵盖部分最新科技创新成果，以期在新形势下进一步满足交通相关专业的理论教学和工程实践需要。

交通信息与控制技术是智能交通系统的重要组成部分，是智能交通领域的重要支撑技术。信息的采集、处理、传输、存储、控制、发布等技术组成了智能交通应用的全链路，在交通系统信息化、智能化发展进程中扮演着重要的角色。可以说，交通信息与控制技术的发展推动了交通系统信息化、智能化程度的不断提升。

本书面向本科高年级学生以及交通运输工程相关专业研究生，也可供相关领域研究人员参考。本书主要介绍了交通信息与控制技术的基本理论及其应用技术，以交通信息采集、传输、处理和控制中的基础理论和关键技术为核心，结合工程应用实例，展示新时期智能交通领域的基础理论和关键技术，解析交通信息与控制技术在智能交通领域的综合应用。全书共由 7 章组成，第 1 章主要介绍了信息、交通信息和智能交通系统的基本概念，第 2～5 章分别介绍了交通信息采集、传输、处理及控制等基础内容，第 6 章介绍了智能网联交通信息控制技术，第 7 章介绍了交通信息与控制系统应用案例。

本书由北京工业大学赵晓华、王扬、李振龙和李海舰等教师编著。在教材编写过程中，参考了大量文献资料和教材书籍，研究生董文慧、朱红臻、陈兵硕、肖宇、孙玙、张靖思、张子号、潘梦妲、赵海娜、李宇轩等分别参与了书稿插图绘图、资料整理以及书稿校验工作，在此一并表示衷心的感谢！

由于编者水平有限，请广大读者提出宝贵意见和建议，书中也难免会有疏漏和错误之处，敬请读者批评指正。

目　录

1　绪　　论

1.1　概述

1. 信息与交通信息

（1）信息的定义

信息系统中，信息可定义为反映客观情况，表达人们对某事物的认识和了解程度，经过加工，有一定含义，对决策或行为有现实或潜在价值的数据。信息是抽象的认识或知识，它反映了客观世界中各种事物的特征和变化，是可借助某种载体传递的有用知识。

可从以下四个方面进一步理解信息的含义：

1）信息是对客观事物特征和变化的反映。客观世界中任何事物都在不停地运动和变化，呈现出不同的形态和特征。这些特征包括事物的有关属性状态，如时间、地点、程度和方式等。信息的范围很广，如信号、情况、指令、资料、情报、档案等都属于信息的范畴。

2）信息是可以传输的。信息是构成事物联系的基础。人们通过感官直接从周围获得的信息极其有限，大量的信息需要通过传输工具得到。为此，信息必须由人们能够识别的符号、文字、数据、语音、图像等载体来表现和传输。

3）信息是有用的。信息的有用性是相对于其特定的接收者来说的。同样一则信息对不同的人来说，其作用是不一样的。或者其对有的人来说是有用的，对有的人来说是没有用的；又或者其对一个人来说现在或在现在的空间没用，但对未来或在其他空间有用。这些特点有时也称为"信息与使用者是相关的"。比如，阿勒泰的天气预报对近期居住在阿勒泰的人来说是有用信息，而对近期居住在其他地区的人来说就不一定有用。

4）信息形成知识。所谓知识，就是反映各种事物的信息进入人们大脑，对神经细胞产生作用后留下的痕迹。人们正是通过获得的信息来认识事物和改造世界的。

（2）交通信息

信息资源普遍存在，并且正在不断更新和开发。在交通运输领域内流通着可利用的信息，我们统称为交通信息（Traffic Information）。各种属性不同的信息均可用其特征来分类，因此首先要研究交通信息的来源、特征和分类方法。

交通信息的来源很多，但在交通系统中最主要的交通信息源来自三个方面，即道路、车辆和乘客（包括驾驶人），它们可称为直接的交通信息源。由于交通运输过程必须在一定的环境下，因此环境信息往往是相关的或间接的交通信息源，它们包括地形、地质气象等自然环境因素，以及政治、经济、军事、人文、历史等社会因素，后者可视为软环境因素。下面将以智能交通系统（Intelligent Transportation System，ITS）为例，来说明交通信息的特征和分类方法。

1) 道路信息

作为交通运输的基础设施，道路是必需的，ITS 来自道路的交通信息包括道路等级、路面状况、车道宽度、车道数目、道路坡度、弯道半径、立交类型、出入口等，这些信息来源于工程设计和维护管理部门。

2) 车辆信息

车辆是交通运输的载体，在 ITS 中包括客车、货车及特种车辆，但主体是大小不同的客车。来自车辆的交通信息包括车型、车辆生产国和生产厂家、出厂年份、行驶距离、车重、车内设备、检修等级等，这些信息来源于车辆生产厂家和用户。

3) 乘客信息

乘客是信息主体，交通运输的目的就是要把乘客快速而安全地运送到目的地。乘客信息中最重要的是驾驶人信息，它包括驾驶人年龄、性别、国籍、教育程度、职业、驾驶年限、熟练程度、出行目的、健康状况以及生理心理特点等，这些信息当然只能来自于驾驶人本人。

4) 自然环境信息

环境信息本身是个大系统，与交通相关的信息只是其中的一部分，例如：地形地貌、地质情况、自然灾害、季节气候、雨雪下降量、风速、气温、路面结冰、能见度、沿路人口分布及服务情况等，这些信息可以通过查阅各类资料后得到。

5) 社会环境信息

与交通相关的社会环境信息，包括各地区的交通政策和经济发展水平、社会治安情况、军事价值等，这些信息从政府部门获悉。

以上是从交通信息的来源进行分类，它们具有各自不同的特征，可不同程度地应用于 ITS 管理和控制中。

道路交通中，属于技术性的交通信息也很多，例如：道路编号及等级、出入口位置和距离、沿途服务区和休息点分布、车道数目、占用车道时间和距离、行车速度统计、超速频率分布、出行目的统计等。这些数据与道路通行能力和安全性能均有关系，因此，在交通运营管理中也是不可缺少的。

上述技术性交通信息中，一部分属于静态数据，指不随时间变化的现状数据，在设计施工时已经固定，难以调整和控制。另一部分属于动态数据，它们不仅随着时间不断变化，而且可以进行人工调节或自动调节和控制。通常，可以用于达到自动控制目的的那一部分动态数据称为智能交通信息，是信息技术在智能交通系统中应用的基础。动态信息主要是指随时间变化的交通数据（如道路上的车流量、平均速度、拥堵状态、事故状态等），一般来源于各种交通状态检测器（如环形线圈、微波检测器、视频检测器等）或人工报告（如电话报警、交通巡逻报告等）。

2. 交通控制

（1）交通管理与控制

交通管理是为构造稳定、可控、高效的道路交通系统而对系统要素、结构功能进行训练、优化、控制、配置、调度的干预过程。交通控制是针对特定的道路交通系统，通过交通警察或可变限速设施、设备、指挥、引导约束出行者和车辆的交通行为，实现安全、有序、畅通的交通控制目标。显然，交通管理构造交通控制的系统基础，交通控制对系统中的交通行为主体的运动（行为）进行有目标的约束干预。

交通控制指的是现代化交通管制系统的执行部。各类控制系统是执行部的硬件部分，各种管理方法、指令、措施是执行部的软件部分。法规是执行控制的依据，软件与硬件最终都要落实到人的执法上来。因此，现代交通管制系统实质上是人机结合不可分割的有机整体。在这个整体中，机器辅助人进行科学决策和有效控制，大大加强了人的功能，进而提高了管理的效益和水平。

在交通管理中，常常把路口秩序、行车与行人秩序称为动态管理，而把便道秩序和停车秩序称为静态管理。因此在现代化交通管理系统中，用于动态管理的有交通信号控制系统和交通信息诱导系统；用于静态管理的有停车管理系统等。各类控制系统执行着控制中心发出的各项指令，对交通流进行实时的组织与控制。

控制中心是指挥中心下属的一个子系统，也是决策的执行部。一般控制中心和指挥中心同处一室，便于做到软硬件协调指挥和信息资源共享。

（2）交通控制的目的

从控制系统的角度而言，交通系统是一个复杂的非线性大系统，各个控制子系统、信号子系统相互影响、相互作用。城市交通系统是一个人为参与的主动系统，存在大量的人为参与，如驾驶人、行人等。人的行为必然会对交通系统产生影响，而该影响是非常复杂和随机性的，也很难用数学模型加以描述。交通系统的突发事件更是给系统的建模带来困难，可以说交通系统是一个连续系统和离散事件系统结合的混杂系统。根据交通系统的特点以及智能控制技术的优势，智能控制技术适合在交通系统中应用。

交通控制针对的主要是车辆及其各种人员，所以道路交通自动控制的任务主要是对道路上的交通运行进行合理的引导和控制，缓解交通拥堵，并及时为车辆上的有关人员及行人提供交通情况信息，增进交通运输安全。如图 1-1 所示，交通控制涉及行人、车辆、道路等因素。

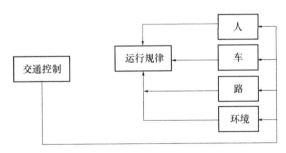

图 1-1　交通控制系统组成要素

1.2　交通信息与控制技术

1. 概述

智能交通系统（ITS）是信息技术（IT）＋信息系统（IS）的组合。智能交通以信息技术为核心，无论是智能交通框架的哪个方面，其共同的特征就是对交通信息的汇聚及处理。从信息的流程看，ITS 涉及信息采集、信息处理、信息传输、信息管理与控制、信息发布和信息利用，所有信息用户都是基于传输网络完成的。这些技术手段以信息为纽带联系在一起。可以这样说，交通信息是智能交通的核心要素，而信息的采集、处理、传输、融合和服务利用是ITS的核心。

从信息处理的角度看，ITS涉及信息采集、信息处理、信息发布和信息利用等环节，上述这些环节构成了ITS的信息链（图1-2）。表1-1列举了与ITS信息链的每个环节相对应的信息技术。

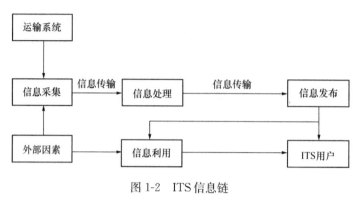

图1-2 ITS信息链

ITS中各个环节相应的信息技术　　　　　　　　　　　　　表1-1

数据处理环节	ITS相关的信息技术	
	交通系统方面	运行车辆方面
信息采集	交通检测器、环境检测器、设施状态检测器	自动车辆控制AVI、车辆自动识别称重
信息处理	数据压缩、信息融合、信息识别	数字地图GPS
信息传输	光纤网络、移动通信网络、计算机网络、传感器网络	DSRC，移动通信
交通控制	城市交通控制UTC、匝道控制、轨道交通运行控制	车辆安全控制、自动车辆控制
信息管理	数据库、GIS	
信息利用	信息服务系统	路径诱导
信息发布	VMS可变信息板，Internet	交通广播、车载台GIS

交通信息采集是ITS的输入部分，为各子系统提供基础数据，是ITS顺利实施的重要前提。其中，交通信息的采集方式通过交通采集技术实现对交通状态数据（如车流状况、交通事故、交通违章等参数）的精确获取，不同种类的交通信息根据其特点采用不同的采集技术，如GPS定位、环形线圈、微波等。

交通信息传输是智能交通中连接信息采集和信息处理、信息发布之间的桥梁，是ITS不可缺少的重要组成部分。没有可靠、大容量、快速的信息传输，就没有先进的智能交通系统。信息技术的快速发展给智能交通的信息传输带来了机遇，目前存在多种传输方式：①有线通信传输，如电话、传真、电报、电视等；②无线通信传输，如对讲机、BP机（已经淘汰）、移动电话、收音机等；③数字通信传输，如人们最熟悉的联网的计算机、数字电视；④纸张通信传输，如书信、报纸等（或数字信息传输、无线信息传输、光纤信息传输）。

交通信息处理是将信息采集获得的原始数据，根据不同业务需求进行处理、加工和分析，准确获取交通状态，为不同的交通业务和出行者提供信息服务。同时，合理存储系统中的各种信息资源，并保证信息的规范性。

交通信息服务是将经过处理的交通信息及分析后的预测信息通过多种方式（无线通信、有线广播、电子显示屏、互联网以及车载终端等）向出行者及驾驶人发布，让用户及时、准确地得到交通信息，辅助其规划出行决策。

2. 交通信息采集

交通信息采集技术通过应用传感器技术、模式识别等信息获取手段，将人、机、环境的相关安全原始信息转换成人能直观识别、理解的信息，为交通信息处理及决策提供数据基础。

从交通信息的类型上，交通信息分为静态交通信息和动态交通信息。其中，静态交通信息包括交通空间信息和交通属性信息，动态交通信息是反映网络交通流状态特征的数据以及交通需求空间分布特征的数据。因此，交通信息的采集可分为静态交通信息采集和动态交通信息采集两大类。这些信息的采集主要有三种途径：

1）从各系统、各部门已有的与道路交通信息相关的地理数据库（包括空间与属性信息）中处理、转换得到。

2）不足或缺失信息，通过基于地面数字化、智能化以及遥感（RS）、数字摄影测量系统（DPS）、GPS和GIS等在内的众多技术采集。

3）动态信息的采集可分为两大类，即直接交通信息采集和间接交通信息采集。直接交通信息采集是指通过传感设备获取相应的交通信息。动态交通信息采集传感设备包括：环形线圈、无线采集器（包括嵌入式和非嵌入式）、超声波采集器、电磁波采集器、光子式采集器、图像式采集器、车辆自动识别（AVI）装置、动态图像采集器、移动式采集系统、速度传感器及环境信息采集器等；间接交通信息采集方式主要包括人工式（如驾驶人通过移动电话提供路况信息等）、网络式（如通过数据网获取轨道交通、机场及港口客流信息过移动电话提供路况信息等）等。为了满足常规交通信息（流量、车速、车头时距等）采集的需要，主要以常规传感设备为主、图像采集设备为辅。

3. 交通信息处理

交通信息处理技术通过对采集的数据进行整合与共享，建立分析模型对获取的信息进行分析处理，辅助交通管理者作出决策。其主要包括信息预处理与信息综合处理两个环节。

交通信息的一个显著特征是它的随机性和空间性，因此，对它的研究和分析只能建立在广泛统计的基础上，应用各类统计分析方法来探索它的规律。另外，交通信息多种多样，采集到的信息不同和每一个应用场合不同，交通信息的处理方法也不一样，目前主要采用的技术包括：交通数据预处理技术、交通事件检测技术、预测及建模技术、模式识别技术、信息融合技术等。这些技术的综合应用在交通运输系统中起着重要的作用。

4. 交通信息传输

交通信息传输可以理解为通信技术在交通运输系统中的应用。从交通信息的采集到交通信息的显示、控制和利用，均与信息通信技术相结合，其中交通信息的传输更为重要。

由于交通信息采集点地理上的分布性、采集手段的多样性、交通信息需求的分散性及交通信息服务对象的随机性，因此交通信息往往是海量的、多源的、异构的并分布式地存在于各个系统中。在进行信息传输时，可根据信息的特征选取不同的传输技术。信息传输技术分为现场设备通信与信息接入、数字（基带）信息传输、无线信息传输、光网络传输四类。

选择哪种传输通路及传输技术取决于交通信息的数量和特征、交通信息的环境。由于道路传感器或监测器采集到的路面、车辆及其他相关信息通过各自不同的信道传输，因此它要求信道数量多，但传输速率并不需要很高的信息传输系统，但在高速公路和高速铁路上行驶的车辆要求使用信息传输速率较高的控制系统以满足实时性的要求。传输的难点是交通信息的分布面广，而且分散，有时甚至存在移动的信息采集点，因此，需要将它们集中起来组成一个功能强大且使用灵活的交通信息传输系统。众多的用户要想完成互相之间的通信过程，就靠由传输媒质组成的网络来完成信息的传输和交换，这样就构成了通信网络。

5. 交通信息控制

交通信息控制是根据交通检测器得到的交通信息，通过诸如改变信号灯配时等方案来维持交通流平顺通行的一种实时处理过程。交通控制系统包括许多不同的内容，如数据采集、数据分析、控制策略、控制评估以及给驾驶人的信息传送等。大量实践表明，计算机和自动控制技术用于交通管理和控制可以大大提高现有路网的通行能力。

但是，由于交通控制系统有其自身的特性，如规模庞大、变化因素多、相互关系复杂以及信息随机不确定等。这使传统的分析和控制技术无法对交通控制进行比较精确地建模和预测。为了最大限度地满足交通控制需求，需要应用先进的信息技术，如智能控制、专家控制、模糊控制、神经网络控制等，通过应用这些新技术，使交通控制系统更加完善，实现智能化的交通控制。

6. 交通信息发布

利用先进的交通工程理论、现代计算机技术、通信技术等手段，对交通信息进行采集、挖掘和整合，可最大限度地使用交通信息资源。充分利用网络技术、信息技术等先进手段，实现交通信息的实时发布，向出行人员或管理人员提供交通信息（如交通事故、道路状况和天气等），发布命令（如限速、管制等）或建议，向交通拥挤路段的驾驶人提供建议路径等，以促使出行人员选择合理的出行方式及路线，这正是交通信息发布系统的功能所在。

信息发布的主要内容如下：

（1）道路交通流量信息；

（2）道路施工信息；

（3）道路行车时间、行车速度等信息；

（4）突发事件发生地点、时间、处理方法等信息；

（5）周边及城市范围内交通信息，如天气信息、紧急救援电话号码等。

7. 交通信息平台

由于智能交通系统的复杂性，现有的部分智能交通系统没有实现互通互连，往往"各自为政"；致使交通"信息孤岛"问题突出，信息资源分散且利用率不高，这已经成为很多城市发展智能交通系统的瓶颈。建立智能交通管理共用信息平台对各种数据进行统一规范组织和存储，并提供给各交通子系统使用，可以对已采集的数据加以充分利用，实现信息资源的共享和融合。同时，它可适应新系统信息接入和应用加载，提高整个 ITS 系统的性能。

共用交通信息平台总体架构包括基础设施层、数据存储层、业务支撑层、业务应用层，各层之间由相应的组织管理体系、安全规范体系融合在一起，共同完成交通数据的统一采集，基于 GIS、GPS、交通单元、知识库、模型库的交通信息处理和存储，最终实现包括车辆导航、交通信息服务、路径优化等车辆服务，流量控制、路面控制、行车及停车诱导等智能控制服务，交通管理指挥、交通设施规划、交通流量预测、应急管理等决策支持功能。智能交通共用信息平台的基础技术很多，其中至关重要的有数据库技术、GIST技术等。

习　题

1.1　信息是什么？

1.2　信息和交通信息有什么联系？

1.3　交通信息的来源有哪些？请举例说明。

1.4　试述 ITS 的信息处理流程。

1.5　ITS 中各个环节有哪些信息技术？请举例说明。

1.6　试述未来交通信息与控制技术的发展趋势。

2 交通信息检测技术

随着智能交通系统（ITS）研究和应用的不断深入，交通信息在支持科学、高效、全面的交通控制和管理中发挥着越来越重要的基础作用。道路交通系统是一个动态的、开放的、复杂的巨系统，只有掌握交通系统的演化规律，才能有的放矢地实施控制和管理措施。因此，实时准确获取完整的交通信息是实现对道路交通高效、科学控制和管理的基础。交通信息采集检测是实现交通信息采集的根本手段和主要方式，是道路交通管理系统中一个重要的基础部分，它是客观、真实、有效地获取各类交通信息的基本途径。本章主要介绍当前各类交通采集检测技术的工作原理、设计、布设和检测特点等。

2.1 环形线圈检测技术

自 20 世纪 60 年代问世以来，环形线圈感应式检测器（简称"环形线圈检测器"）是磁频检测器家族中技术成熟、应用最为广泛的交通信息检测器。环形线圈检测器不仅检测性能稳定、灵敏度高、价格便宜，而且其对环境的要求相对较低，因此成为交通数据获取的首选利器之一。

2.1.1 电磁感应基本理论概述

1. 电磁感应现象

处在闭合电路的一部分导体在磁场中做切割磁感线的运动时，导体中就会产生电流，这种现象叫电磁感应现象，简称电磁感应，所产生的电流称为感应电流。电磁感应现象的本质就是闭合电路中磁通量发生变化。

假如在磁感应强度为 B 的匀强磁场中，有一个与磁场方向保持垂直的平面，其平面的面积为 S，将磁感应强度 B 与面积 S 的乘积叫作穿过这个平面的磁通量（简称磁通），记作 Φ，即 $\Phi = B \cdot S$。如果这个平面与磁场的方向不垂直时，则磁通量 $\Phi = B \cdot S \cdot \cos\theta$，其中 θ 是两个平面的夹角。磁通量是一个标量，其单位为韦伯，简称韦，符号是 Wb。通过某一平面的磁通量的大小，可用通过这个平面的磁感线的多少来形象描述。假设在同一磁场中，磁感线越密的地方，相应的磁感应强度 B 就越大。因此，磁感应强度 B 越大，且面积 S 越大，磁通量就越大，这就意味着穿过这个面的磁感线净条数就越多，磁通量就越大。若有通过同一平面方向相反的两个磁通量，总的磁通量为两个相反方向磁通量的代数和。

2. 电磁感应的基本定律

法拉第电磁感应定律和楞次定律是电磁学中的两条基本定律。法拉第电磁感应定律指出任何封闭的电路中感应电动势的大小，与穿过这一电路的磁通量变化率呈正比。若闭合电路为一个 n 匝的线圈，$\Delta\Phi$ 为磁通量变化量（单位为 Wb），Δt 为发生变化所用时间（单位为 s），所产生的感应电动势 $\varepsilon = n \cdot \Delta\Phi / \Delta t$（单位为 V）。

楞次定律是能量转化和守恒定律在电磁运动中的体现，符合能量守恒定律，也是一种确定由电磁感应产生的电动势和感应电流方向的简便方法。楞次定律指出，感应电流的磁场总是阻碍这种引起感应电流的原磁场的磁通量的变化。因此，为了维持原磁场磁通量的变化，就必须有动力作用，这种动力克服感应电流磁场的阻碍作用做功，将其他形式的能转变为感应电流的电能，所以阻碍磁通变化的过程就是能量转化的过程。

2.1.2 工作原理

环形线圈感应式检测器的基本工作原理可归纳为：当车辆通过或停在埋有环形线圈的路面时，通有一定频率交变电流的环形线圈的电感量将发生变化，检测器就是利用环形线圈的电感变化量来检测车辆的存在与否，通过对检测电信号变化的处理，从而实现对交通流参数识别的目的。

1. 环形线圈检测器构成

如图 2-1 所示，环形线圈式车辆检测器主要包括 3 个部分：环形线圈传感器、传输馈线和检测处理单元（检测电路及调谐电路）。

图 2-1　环形线圈检测器的基本结构

环形线圈检测器的主要功能就是将有无车辆的物理状态转变为可检测的电信号。馈线连接环形线圈和检测处理单元，将检测的电信号传递到检测处理单元。检测处理单元不仅为环形线圈提供驱动电流，以便在环形线圈周围生成交变磁场，同时完成对车辆引起的电感量变化的检测和处理。典型的检测处理单元的检测电路主要包括检测信号放大单元、数据处理单元和通信接口；检测处理单元的调谐电路由调谐电容、调谐电阻及环形线圈构成。

2. 检测原理

处于工作状态的环形线圈，由于通有一定频率的交变电流，其周围将产生交变的磁场。当车辆通过或停在埋有环形线圈的路面时，环形线圈的自感线圈与车辆的互感效应，将引起环形线圈电感量的变化。

自感现象：据电磁理论可知，任何载流导线都将在其周围产生磁场。设长度为 l（m）、匝数为 N 的螺线管形线圈，线圈内磁场强度均匀，其自感量可等效为：

$$L = \frac{\mu_\tau \mu_0 N^2 A}{l} \qquad (2-1)$$

其中，L 是自感量（单位为 A）；μ_τ 是介质的相对磁导率，空气的 $\mu_\tau = 1$；$\mu_0 = 4 \times 10^{-7} \mathrm{hm}^2$；$A$ 为线圈的环绕面积（单位为 m^2）。

但是，环形线圈与能够产生均匀磁场的螺线管具有一定的差异，因此可通过引入修正因子 F_1 来补偿对磁场不均匀的描述，于是可得：

$$L_{自} = F_1 \frac{\mu_\tau \mu_0 N^2 A}{l} \tag{2-2}$$

车辆进入环形线圈改变了环形线圈周围的介质情况，车体（尤其是底盘）通常具有铁磁特性，引起环形线圈周围介质磁导率的增加，起到增大自感量的作用。

互感现象：当车辆进入环形线圈时，环形线圈的交变电磁场将诱使铁磁车体底部产生感应电流（即涡流），而感应电流将进一步产生自己的磁场，根据楞次定律可知，涡流的感生磁场将会阻碍环形线圈磁场的变化，从而降低环形线圈的电感量。

等效电路：这种环形线圈与车辆之间的电磁耦合关系，可粗略地等效为图 2-2 的互感电路。

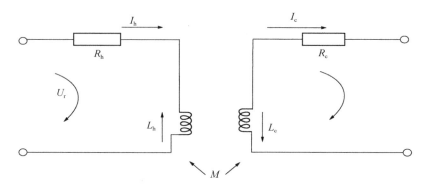

图 2-2 环形线圈与车辆之间互感现象的等效电路

环形线圈可简化为一个由电阻 R_h 和电感 L_h 串联组成的电路。车辆通过时，无论什么样的车型，它瞬时所处的状态都看成具有一定电路参数的电路，因此可简单地等效为一个由电阻 R_c 和电感 L_c 串联组成的短路环，而且该等效电路通过互感 M 与环形线圈相互耦合。

通过分析该耦合等效电路，可得：

$$\begin{cases} R_h I_h + j\omega L_h I_h - j\omega M I_c = U_r \\ -j\omega M I_h + R_c I_c + j\omega L_c I_c = 0 \end{cases} \tag{2-3}$$

联立上述方程组，可得：

$$I_h = \frac{U_r}{R_h + \dfrac{R_c(\omega M)^2}{R_c^2 + (\omega L_h)^2} + j\left[\omega L_h - \dfrac{(\omega M)^2 \omega L_c}{R_c^2 + (\omega L_c)^2}\right]} \tag{2-4}$$

其中，分母表示当车辆通过时环形线圈的等效阻抗，其实数部分代表等效的电阻，而虚数部分则为等效感抗。

由于实数部分为互感系数 M 的函数，因此当 M 增大时（比如车辆与环形线圈之间的距离缩小），环形线圈的损耗将增大。对于虚数部分来说，第一项是环形线圈的自感所导致的，由于铁磁车体引起环形线圈周围介质磁导率的增加使得其自感量增大。第二项与互感系数 M 紧密相关，等效为环形线圈与车辆之间的互感现象，当铁磁性的车体进入环形线圈时，车体感生的涡流将会阻碍环形线圈的磁场变化，损耗环形线圈所产生的电磁能，使得环形线圈的电感量下降，如果环形线圈通有电流的频率选择合适的话（一般为几十千赫兹到 200kHz），这种由互感所产生的去磁作用将占主导地位，表现为环形线圈的总电感量下降。

3. 环形线圈检测器的检测处理单元

检测处理单元中的电容器，与可简化为电感元件的环形线圈并联，一同构成一个谐振电路，其频率与环形线圈的电感量呈反比，即式（2-5）：

$$f = \frac{1}{2\pi\sqrt{L_c}} \tag{2-5}$$

从式（2-5）可以看出，当铁磁性车体进入线圈后，由于环形线圈总电感量的减少，谐振电路的频率将增大。该频率的变化可通过后续的鉴频电路进行检测。当无车辆时，谐振电路的频率就是其输入激励信号的频率。由于这种检测方法需要提供激励信号，因此属于有源激励检测方法，能够对通过以及停在环形线圈上的车辆进行检测。目前，检测处理单元多配有专门的处理器（如单片机），除了能够提高信噪比、识别频率变化外，还可以分析线圈的输出信号，从而获得需要的交通参数。

2.1.3 环形线圈的设计与布设

环形线圈的布设主要是完成以下两个任务：

1. 环形线圈的设计

由于环形线圈的形状、尺寸及其匝数决定着环形线圈的电感量，所以设计的关键也就自然而然地集中在这三个方面。

（1）环形线圈的形状

考虑到道路情况、车型等，环形线圈可绕成不同形状，如矩形、菱形、8字形等。比如，8字形线圈可简单地等效为两个环形线圈的叠加，从而增大环形线圈的磁场强度。

（2）环形线圈的尺寸

依据道路条件和检测目标，可设计不同尺寸的环形线圈，但通常环形线圈以略小于车辆的宽度为宜。比如，针对大型车的检测可设计选用尺寸较大的环形线圈。

（3）环形线圈的匝数

环形线圈通常为 4～6 匝，可视具体情况而定。

2. 环形线圈的埋设

（1）环形线圈的定位

针对不同的道路，环形线圈可选择不同的定位。但是，通常环形线圈设置在车道中央为宜，对于城市道路，应在交叉口附近设置环形线圈（通常在停车线以内约 30m 处）。

（2）埋设位置

埋设位置通常在地面下 30～50mm 处，在该处开挖适应于环形线圈的宽为 4～10mm 的沟槽，并配有 45°的倒角，以免线圈的破损。

2.1.4 交通参数的检测

为了实现交通控制目的，需要检测的交通参数有：交通流量、密度、占有率、速度、车型、排队长度等。下文将主要介绍如何利用环形线圈检测器实现对交通流量、交通密度、车速、车型的检测。

1. 交通流量

因横跨多车道的单线圈可能造成漏检，为实现准确的流量统计，应尽可能地在每条车道布设一个检测线圈。车流量的统计基于环形线圈检测器输出脉冲的个数，当车辆通过线圈时，通过识别线圈输出脉冲信号的上升沿或下降沿来实现对车辆的计数。设环形线圈检测器的计数周期为 T，而在计数周期内通过的车辆数为 N，则单位时间内通过的车辆数可表示为：

$$Q = N/T \tag{2-6}$$

2. 占有率

环形线圈检测较难实现对空间占有率的准确统计，因此实际中常常利用环形线圈检测统计时间占有率。时间占有率可通过对单车道检测周期 T 内车辆占用环形线圈的时间比得到：

$$O = \left(\sum_{j=1}^{N} \frac{t_{ji}}{T} \right) \times 100\% \tag{2-7}$$

其中，t_{ji} 表示 i 车道车辆 j 通过占用环形线圈的时间。

3. 车速

对车速的估计方法主要有两种：单线圈检测法和双线圈检测法。

（1）单线圈检测法

单线圈检测法的基本思路，是在给定线圈长度 L_x 后，通过记录车辆的进入时间 t_{in} 和驶出时间 t_{out}，就可按下式估计车速：

$$V = (L_x + L_v)/(t_{out} - t_{in}) \tag{2-8}$$

其中，L_v 为车辆的长度，但是车辆的长度未知，因此 L_v 只能取平均值，这样就降低了检测精度。

（2）双线圈检测法

为了弥补单线圈检测法的不足，在实际检测中，可在同一车道上相隔一定距离 D 布设两个线圈，如图 2-3 所示。

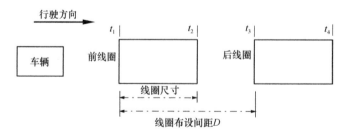

图 2-3 车辆越过双线圈示意图

则车速可通过下式得到：

$$V = D/(t_2 - t_1) \tag{2-9}$$

其中，t_3 和 t_1 分别是车辆驶入线圈 1 和 2 的时间。为了进一步提高检测精度，可把车辆驶离两线圈的时间 t_2 和 t_4 作为第二个车速的估计时间，则最终车速的估计值为：

$$V = D/2[1/(t_3 - t_1) + 1/(t_4 - t_2)] \tag{2-10}$$

4. 密度

在得到交通流量 N 和每辆车的车速 V_i 后，可根据下式得到观测期 T 内的交通密度。

$$\rho_i = \frac{\frac{N}{T}}{V_s} = \left(\frac{N}{T}\right)\frac{\sum_{i=1}^{N}\frac{1}{V_i}}{N} = \frac{1}{T}\sum_{i=1}^{N}\frac{1}{V_i} \tag{2-11}$$

5. 车型

车辆通过所引起线圈电感的变化，主要由线圈的尺寸、形状、车体的几何形状、电导率、磁导率、车体与线圈之间的距离等因素决定。线圈的尺寸、形状在铺设完毕后将不会发生明显变化，而车体的导电性能、磁导率以及车辆与线圈的距离将随着车型的不同呈现出不同的变化趋势，因此可通过频率变化趋势的不同，对车型进行分类。

2.1.5 环形线圈检测器的优缺点

环形线圈车辆检测器具有以下优点：①技术成熟，易于掌握，计数精确，系统稳定，设备成本较低；②传感器简单，输出信号易分析，不需复杂计算；③直接测试的量多，且测量精度高；④真正全天候工作（不怕雨、雪、雷、电、风等），这些优点使其在许多国家得到广泛应用，至今还在大量使用，并成为精度校验标准。

该检测器也存在一些缺点：①只能进行单车道检测，多车道情况下需多个检测器；②无大局观，不能实时测量排队长度、大区域内车流密度及车辆拐弯等（若实现上述功能需大量的线圈，成本高，不现实）；③安装过程对检测器可靠性和寿命影响很大，维修或安装需中断交通、破坏路面，影响路面寿命；④线圈易被重型车辆、路面修理等损坏，而且维护难度大，不易移植，线圈容易在夏季短路；⑤感应线圈易受冰冻、路基下沉、盐碱等自然环境的影响。

2.2 视频检测技术

随着视频技术的迅猛发展，视频检测技术在交通领域的应用越来越广泛。因视频图像传递的信息量大，且具有录像片段回放的独特功能，视频检测技术已经成为道路交通管理与控制中的一种不可替代的检测技术。视频检测技术就是通过分析和提取视频序列中的车辆（含非机动车）和行人对象，实现对车辆及行人的检测，再通过后续处理得到需要的交通参数。

2.2.1 视频检测技术概述

视频检测技术利用视频、通信及计算机等先进技术，实现对动态交通信息的采集，所获得的交通信息十分丰富，通过相应的分析处理算法（或通过观测员的分析），可以获取包括瞬时车速、平均车速、车道占有率、车间距等交通参数，同时还可以进行交通事件识别，比如能够对视野范围内车辆停驶、车辆抛掷物、车辆逆行、超速、烟雾等进行识别及报警。

1. 视频检测系统的构成

如图 2-4 所示，典型的视频检测系统一般由前端视频信息检测设备、通信传输设备及中央控制管理系统三部分组成。其中，前端视频信息检测设备主要包括摄像机和视频检测处理器。通过架设在路口或路段的前端摄像机采集交通图像，然后通过电缆传输给视频检测处理器，经图像处理后获得有关的交通数据，再通过光纤等通信传输设备将处理后的信息传输到中央控制管理系统。交通数据管理系统用来存储视频检测处理器输出的交通事件和数据，并通过相应的上位机应用软件，基于可视化的管理平台，提供给中央控制管理中心的管理人员。

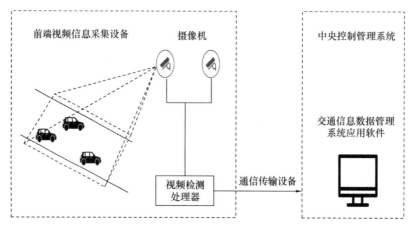

图 2-4 视频检测系统

摄像机集成有 CCD（Charge Coupled Device）成像器件、镜头、云台等。CCD 成像器件是一种具有体积小、畸变小、抗强光、抗振动、寿命较长、灵敏度较高等优点的半导体成像器件，作用就是进行光电转换并将转换的视频信号进行输出。基本工作原理是：被物体反射的光线经镜头聚焦在 CCD 芯片上，芯片根据反射光的强度聚集相应数量的电荷，经过周期性放电，产生表示每一幅图像的电信号，再经滤波放大等处理，输出相应的视频信号。

视频检测处理器是视频检测系统中的核心组成部分，它主要完成图像的处理和交通数据的提取工作。首先，将摄像机输出的视频图像进行数字化处理，然后经过特定的算法，获得有关的车辆信息，并通过检测算法，最终得到想要的交通参数。

2. 摄像机的安装方式

摄像机是视频检测系统中重要的检测设备，在道路交通系统中，摄像机通常布设在道路路面的上方或道路中间的隔离带上，安装高度一般在 5～20m，通常安装于已有的灯杆、桥梁、高架电缆支架或建筑物外墙上。需尽量避免树枝等物体的遮挡和干扰，并减少目标车辆被其他车辆的遮挡。摄像机应正向安装，以便提高交通参数检测的精度。在城市道路交通中，人行天桥或立交桥是摄像机安装的适宜地点。

3. 视频检测系统的功能

视频检测系统不仅能够对交通参数进行采集和处理，而且能够提供交通违章和事故信息。

通过视频图像分析能够获取的交通参数包括行驶速度、车型、排队长度等基本的实时交通信息，同时还能提供对某一时间段内交通流的统计信息，比如平均行驶速度、车流量及道路占有率等。此外，视频检测系统还能得到道路的拥堵情况、车辆的运行轨迹等信息。

视频检测系统还能对诸如压线、逆行、超速、闯红灯等违章现象，以及交通事故发生过程进行监控和抓拍，所采集的图像信息还可进行回放等操作，以便分析和还原交通事故的起因和发展过程。此外，有些视频检测系统能够自动识别交通异常情况，如抛撒物、交通拥挤和交通事故等，并能够发出报警信号。

4. 交通视频检测技术的应用

交通视频检测作为智能交通系统的重要组成部分，已在道路交通系统中得到了广泛的应用，并在交通管理和控制中发挥着重要的作用。现有的应用可归纳为以下四个方面。

（1）动态交通信息检测

动态交通信息检测能够为交通管理和控制提供更好的信息支持，也是交通规划的重要决策依据。视频检测系统能够提供诸如车流量、车速、占有率、密度、车型、排队长度、停车等待时间等重要的基础交通参数，已经成为动态交通信息检测系统中的重要组成部分之一。

（2）交通违章与治安监测

视频检测系统可布设于路口、桥梁、隧道、高速公路、车辆收费站、边防关口等场所，并且可与其他设备（如信号灯、超声波检测器等）一同构成交通违章监测系统，实现对超速、逆行、压线、闯红灯等违章行为，以及对套用车牌、被盗车辆、重点监控车辆、未年检车辆等现象的监测、抓拍及报警等。

（3）交通控制与诱导

交通视频检测系统与信号控制系统协同工作，可以提高交通控制的智能化水平，根据实际的交通状况优化信号灯的配时方案，从而减小交叉口的延误，提高交叉口的通行能力。所采集的交通信息还可通过信息显示屏向途经的驾驶人发布，驾驶人根据显示屏提供的信息进行路径选择，从而起到缓解交通拥堵，调节交通流分布的作用。

（4）交通事故分析和处理

交通视频检测系统所捕捉的交通事故图像序列为交通事故分析提供了极其有利的支持。通过提取车辆的行驶轨迹、回放事故发生的过程，可以分析事故产生的原因。同时，在自动识别交通事故的情况下，可以发出报警信号，以便安排交通事故救援和处理。

2.2.2 数字图像处理基础

图像是把三维的客观世界投影到二维平面上，因此一幅图像一般地可以用一个二元数组 $f(x, y)$ 来表示（图 2-5），即它反映了图像在二维空间点 (x, y) 处的某种性质。例如，对于灰度图像来说，就是表示点 (x, y) 处的灰度值。

连续图像（即 $f(x, y)$ 的值可以取任意实数）不便于在数字计算中进行处理，因此常通过离散化处理将图像转换为数字图像，即 $f(x, y)$ 的取值范围为整数集合。图像中的每个基本单元称为像素（pixel），那么一幅图像的分辨率就与像素个数的多少呈正比关系，像素个数越多，则图像的分辨率越高，其所含的信息量就越大。

利用视频图像进行车辆检测涉及计算机图

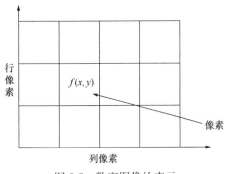

图 2-5 数字图像的表示

15

像处理技术、模式识别、信号处理和信号融合等多个领域。近年来，基于计算机视觉和图像处理技术的视频车辆检测技术逐步成为研究主流。实际采集的交通图像由于受气候、光照、传感器及系统的非线性、目标快速移动等因素的影响，交通图像是降质的图像，因此在图像采集及数字化后应进行数字图像预处理。这一过程包括图像灰度化、滤波除噪、灰度增强等过程。

1. 图像灰度化处理原理

经摄像头采集到的交通图像信号大多数是 RGB 颜色模式，其中 RGB 代表红、绿、蓝三个通道的颜色，该模式通过对红、绿、蓝三个颜色通道的变化以及它们相互之间的叠加来得到各式各样的颜色。如果给 RGB 的每个分量分配一个 0～255 共 256 个级别，则该模式总共能够组合出来约 1678 万种色彩，即通常所说的 1600 万色。

在处理 RGB 模式的图像时，需要分别对三个分量进行处理，但在实际应用中，我们常常不需要所有细节的信息，而且 RGB 并不能反映出图像的形态特征，它只是从光学的角度上进行颜色的调配。

YIQ 是另一种彩色图像模式，常见于北美的电视系统，它在区分颜色时用到三种基本特征量：亮度、色调及饱和度。YIQ 模式中的 Y 是指亮度，实际上就是图像的灰度值，它与物体的反射率呈正比，而 I 和 Q 分别表示色调和饱和度。

因此，可以将采集得到的彩色图像进行空间映射，把 RGB 色彩模式的图像转换成 YIQ 模式，再取 YIQ 模式中的亮度分量，即可实现对彩色图像的灰度化处理。RGB 色彩模式与 YIQ 色彩模式之间的关系如式（2-12）所示：

$$\begin{bmatrix} Y \\ I \\ Q \end{bmatrix} = \begin{bmatrix} 0.419 & 0.587 & 0.114 \\ 0.596 & -0.274 & -0.132 \\ 0.211 & -0.523 & 0.312 \end{bmatrix} \begin{bmatrix} R \\ G \\ B \end{bmatrix} \tag{2-12}$$

这里的灰度化处理就是将所得的 YIQ 模式中的 Y 分量进行提取，即：

$$Y = 0.419R + 0.587G + 0.114B \tag{2-13}$$

最后，将得到的连续灰度值进行离散化处理，通常分成 0～255 共 256 个级别。彩色图像经过灰度化以后，可以看出原来需要对 RGB 模式图像的三个分量分别处理，现在只需要处理一个即可，所以后续处理的运算量大大减少了。

2. 图像平滑技术基础

在视频采集量化以及视频图像传输过程中，由于技术的限制和环境的干扰，采集得到的图像中往往夹杂着各种噪声。这些噪声可大致分为加性噪声和乘性噪声，都具有离散性和随机性的特点。加性噪声通常表现为脉冲噪声或高斯噪声。其中，脉冲噪声又称为椒盐噪声，主要是因为在二值图像中它表现为随机地使一些像素点变白，而使另外一些像素点变黑；而高斯噪声则是指一个服从高斯概率密度函数的噪声被加到每个像素中。乘性噪声普遍存在于合成孔径雷达、超声波、激光等相干图像系统当中。与加性噪声相区别，乘性噪声起伏较剧烈，均匀度较低，对图像的污染更严重，处理较为困难。降低或消除这些噪声的处理方法通常称为图像的平滑。

现有的平滑方法主要分两类：一类是空域的方法，主要采用各种图像平滑模板与图像进行卷积处理，从而达到平滑图像的目的；另一类是频域的方法，主要通过对图像进行变换后，用合适的滤波器进行滤波处理，再经过反变换后得到平滑后的图像。空域法直接在空间域上对图像进行平滑处理，原理直观易懂，频域法涉及频谱等知识，故这里只介绍几种空域法。

常用的空域滤波有均值滤波、中值滤波等。它们对不同的噪声有不同的去噪特性，均值滤波可以有效滤除高斯噪声，而中值滤波对脉冲噪声和椒盐噪声的去噪能力很好。

（1）均值滤波

均值滤波，又称为线性平滑滤波方法，是一种典型的空域法，其基本思想是把要处理的像素点的灰度值用其领域像素的平均灰度值进行替代。

参见图 2-6（a），其中 S_0 代表要处理像素点的灰度值，而 S_1，…，S_8 为该像素点的领域的像素值。图 2-6（b）为 3×3 的二维滑动模板（该滑动模板通常为 2×2、3×3 正方区域，也可以是线状、圆形、十字形、圆环形等），K_0，…，K_8 表示该模板系数（系数的总和为1）。现将 K_0 所在位置与中心像素点灰度值为 S_0 的像素点重合，则模板经过卷积可得到：

$$R = \sum S_i K_i (i = 0, \cdots, 8) \tag{2-14}$$

并用此输出替代中心像素点的原灰度值。对原图中的所有像素点都进行同样的处理，便可得到平滑后的图像。具体操作步骤如下：

1）当模板在图像中遍历漫游时，将模板中心与图中某个要处理的像素位置重合；

2）将模板系数与其对应的像素点的灰度值相乘，再求和；

3）均值（即模板的输出）作为新灰度值替代模板中心对应像素的原灰度值。

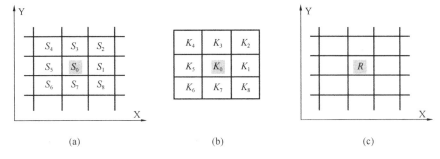

图 2-6　用 3×3 的模板进行空间滤波的示意图

模板中的系数可简单地取为 1/9。也可以按照邻域像素点离中心像素点的远近关系给模板各点赋予不同的系数，离中心像素点越近的像素点给予越大的像素值，但需保证系数的总和为1。图 2-7（a）和（b）给出了两种不同的权值分配方案。

均值滤波的降噪效果与领域尺寸有关，一般地，领域尺寸较大时其平滑作用愈明显，但处理的计算量也会增大。

（2）中值滤波

中值滤波方法是基于排序统计理论的一种能有效抑制噪声的非线性平滑滤波方法，其基本原理是，把数字图像中一个像素点的灰度值用该像素点的一个邻域中各像素点灰度值的中值代替，使得该像素值更加接近真实值，从而消除

1/9	1/9	1/9
1/9	1/9	1/9
1/9	1/9	1/9

（a）

1/24	1/12	1/24
1/12	1/2	1/12
1/24	1/12	1/24

（b）

图 2-7　滑动模块两种不同的权值分配方案

孤立的噪声点。方法是应用某种结构的二维滑动模板，将滑动模板所覆盖的所有像素点按照像素值的大小进行排序。

参见图 2-8 (a)，现欲将灰度值为 5 的像素点进行平滑处理。首先将该 3×3 的二维滑动模板所覆盖的所有像素点依照其灰度值从小到大排序，很显然可以得到 17 为中值。因此，将 17 作为平滑处理后的值赋予中心像素点，如图 2-8 (b) 所示。

19	15	24
17	5	16
21	14	22

(a)

19	15	24
17	17	16
21	14	22

(b)

图 2-8 中值滤波示意图

中值滤波的流程可总结为：

1) 在图像中移动二维模板，使模板的中心与各像素位置重合，依次完成对图像中所有像素点的遍历。

2) 读取模板覆盖下的各像素点的灰度值，并将这些灰度值进行排序。

3) 取排序后的中间值，将其赋给模板中心位置的像素。

中值滤波对于降低随机脉冲噪声的影响显著，但对于其他作用形式比较缓和的噪声，平滑效果不是很显著。另外，中值滤波在平滑噪声的同时也会对有用信号起到一定的抑制作用。

3. 灰度图像的二值化

图像的二值化就是将图像上的像素点的灰度值用两个值来代替（如 0 或 255），从而使得整个图像显现出黑白效果，因此也称为图像的"黑白化"。图像的二值化能使图像变得简单，数据量减小，凸显出感兴趣的目标的轮廓。此外，二值图像具有存储空间小、处理速度快、适用于布尔逻辑运算等特点，在图像分析中应用广泛。

在图像二值化处理过程中，所有灰度大于或等于阈值的像素被判定为属于特定物体，其灰度值用 255 表示，否则灰度值为 0，表示背景或者例外的物体区域。

在图像分割中，图像的二值化处理是选取一个合适的阈值 T，将图像分成两大部分，大于 T 的区域（通常为目标物体）和小于 T 的区域（通常为背景），若输入图像为 $f(x, y)$，输出图像为 $g(x, y)$，则：

$$g(x, y) = \begin{cases} 255, & f(x, y) \geqslant T \\ 0, & f(x, y) < T \end{cases} \tag{2-15}$$

图 2-9 表示二值化处理前后的图像，经过二值化处理后的图像呈现明显的黑白效果。

(a)　　　　　　　　　　　　　　(b)

图 2-9 二值化处理前后图像

阈值的选取直接影响二值化处理后的图像，尤其是目标的边缘。因此，不同的阈值选取方法造就了不同的二值化处理方法，可大致分为全局阈值法和局部阈值法两种。

全局阈值法是指在整个图像的二值化处理过程中，将图像中的所有像素点的灰度值与同一个阈值进行比较，从而将图像分为黑白两大部分。阈值可以取所有像素的平均值，也可以通过其他方法自动确定，在这里不再详述。局部阈值法是指阈值通过当前像素灰度值与其局部邻域灰度特征来确定。例如，可将原灰色图像先划分为若干个互不重叠的小块，再将各块的灰度平均值作为该部分的阈值。全局阈值法对目标和背景相对清楚的图像处理的效果较好，但是在背景或目标因不均匀造成灰度变化率较大时，效果不是很好。局部阈值法一般用于识别干扰比较严重，背景或目标不均匀，质量较差的图像，但其处理速度相对较慢，有时可能造成虚假图像。

4. 二值化图像的形态学滤波处理

数学形态学（Mathematical Morphology）是建立在代数集合基础上，用集合论方法定量分析几何形状和结构的数学方法。二值图像中的目标可以用集合来表示，图 2-10 为两个集合之间的三种关系示意图，B_1 包含于 A，B_2 击中 A，而 B_3 相离于 A。

数学形态学是由一组形态学的代数运算子组成的，如腐蚀（Erosion）、膨胀（Dilation）、开（Opening）、闭（Closing）等。腐蚀和膨胀是两个基本的形态学运算子，其他的所有形态学操作都是基于这两个操作的组合或级联。基本的数学形态学运算是将结构元素在图像范围内平移，同时作交、并等基本几何运算。在介绍腐蚀和膨胀算子之前，先给出图像平移和对称集的概念。

定义 1：设图像 B 及一点 $a(x_0, y_0)$，将图像 B 平移 a 就是指图像 B 沿着 a 平移一段距离后的结果 B_a，称为 B 的平移，可表示为：$B_a = \{a + b \mid b \in B\}$，参见图 2-11。

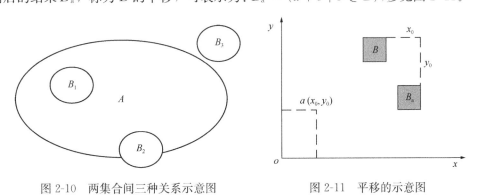

图 2-10　两集合间三种关系示意图　　　　图 2-11　平移的示意图

定义 2：图像 A 关于原点的反射结果称为 A 的对称集，可表示为：$A_0 = \{-a \mid a \in A\}$。

（1）腐蚀算子

腐蚀在数学形态学中的作用是消除边界点，边界向内部收缩的过程，可以把小于结构元素的物体去除。选取不同大小的结构元素，就可以去除不同大小的物体。如两个物体间有细小的连通，通过腐蚀可将两个物体分开。

图 2-12（a）为待处理的图像目标 A，而图 2-12（b）则代表所选的矩形结构元素 B。将结构元素 B 平移 a 后，如结构元素 B 包含于 A，则把平移的点 a 记录下来，那么所有满足这样条件的点所组成的集合就是 A 被 B 腐蚀的结果，如图 2-12（c）所示，可表

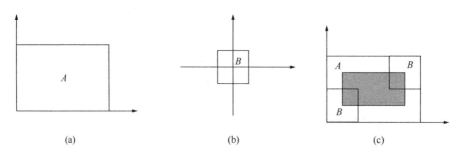

图 2-12 腐蚀操作的示意图

示为：

$$E = A \bigotimes B = \{x, y \mid B_{xy} \subseteq A\} \tag{2-16}$$

（2）膨胀算子

膨胀是对二值化目标物体的边界点进行向外扩充。将与目标物体接触的所有背景部分合并到该目标物体中，使其边界向外部扩张。若两个目标物体间的距离较近，经过适当的膨胀处理以后，两个物体可能会连通。另外，膨胀操作对于填补图像分割后物体的内部空洞很有帮助。

图 2-13 所示的膨胀操作过程，即把矩形结构元素 B 平移 a 后，若平移后的结构元素与 A 相交，则把 a 记录下来，所有满足这样条件的 a 点所构成的集合就是 A 被 B 膨胀的结果，可表示为：

$$E = A \bigoplus B = \{x, y \mid B_{xy} \bigcap A \neq \varnothing\} \tag{2-17}$$

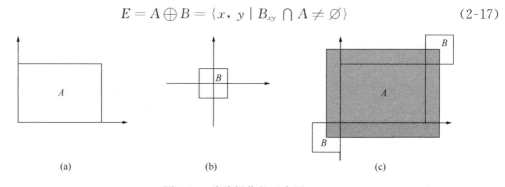

图 2-13 膨胀操作的示意图

5. 常用的运动目标检测方法

运动目标检测就是从序列图像中将可移动目标（车辆及行人）从背景图像中提取出来，为获取可移动目标的运动参数及运动轨迹奠定基础，以便进行进一步的分析和处理，从而实现对移动目标的行为理解。目前，移动目标的检测算法主要有帧间差分法、背景消减法、光流法。

（1）帧间差分法

帧间差分法（简称为帧差法）就是在连续的图像序列中把相邻的两帧（也可是相邻的几帧）灰色或彩色图像基于像素进行相减，再把差分图像中各像素的灰度或颜色分量与阈值进行比较，从而判断图像中的运动区域及位置。

假设第 t 帧和第 $t-1$ 帧（即前一帧）的图像分别为 $F_t(x, y)$ 和 $F_{t-1}(x, y)$，则这两帧

的差分图像可表示为:

$$V_t(x, y) = \begin{cases} 1, & if \quad D_t(x, y) \geqslant T \\ 0, & if \quad D_t(x, y) < T \end{cases} \tag{2-18}$$

其中,1 表示对应的像素点属于运动目标区域,而 0 则代表该像素是在静止背景区域中。

虽然,帧差法简单易行,但它的主要缺点有:

1) 不能检测出静止的可移动目标,较难准确地检测出运动速度过慢的物体,因此当道路发生拥堵时或车辆在路口等待红灯时,即同一运动物体在两帧之间位置变化很小甚至处于静止状态,帧差法可能会出现失效的情况;

2) 对于高速运动的物体,两帧之间位置距离很大,此方法会使得分割区域远远大于真实目标,因此分割区域的面积与目标运动速度相关;

3) 如果物体内部的灰度比较均匀,相邻帧差可能在目标重叠部分形成较大空洞,严重时会造成分割结果不连通,导致车辆检测失误。

(2) 背景消减法

背景消减法首先需要构建一幅观测场景的背景图像,背景图像是指在较长时间范围内像素值不发生变化或发生微小变化的像素点所构成的图像。在建立背景图像的基础上,将当前含有帧图像与背景图像按照像素点逐一相减得到差分图像,所得差分图像 $D_t(x, y)$ 可表示为:

$$D_t(x, y) = | F_t(x, y) - B_t(x, y) | \tag{2-19}$$

其中,$F_t(x, y)$ 表示为 t 时刻背景图像,$B_t(x, y)$ 表示为 t 时刻当前帧图像。

在理想情况下,差分图像中非零的像素点表示为运动目标。在实际情况下,可先设定某个阈值,并将差分图像的各像素值与阈值进行比较,将运动物体从背景中分离出来。

虽然背景消减法不受移动目标速度的限制,但是运动目标的检测准确性直接受到背景图像质量的影响。目前,构建背景图像的方法很多,常用的构建方法主要有:基于均值滤波的背景构造法、基于中值滤波的背景构造法、基于单个高斯模型的背景构造法、基于混合高斯模型的背景构造法、基于核密度估计的背景构造法等。这里介绍一种常用简单的基于均值滤波的背景构造法。

背景构造法是采用多帧累加求平均值的方法来建立初始的背景图像,即把较长时间范围内的图像序列中各像素点的灰度值累加起来再求平均作为背景图像各像素点的灰度值,如式(2-20)所示:

$$B(x, y) = \frac{\sum_{k=0}^{N-1} F_k(x, y)}{N} \tag{2-20}$$

其中,$F_k(x, y)$ 表示 N 帧图像序列中第 k 帧图像的像素点 (x, y) 处的灰度值,$B(x, y)$ 表示背景图像对应像素点的灰度值。

该方法建立在较长时间范围内运动物体在图像中的某点位置停留的时间相对很短的假设上,即通过较长的时间将运动物体带来的灰度偏差削弱,从而提取出较为准确的背景图像。

由于存在光照或者背景中实物的变化,建立的初始背景图像在经过一段时间之后与当前图像中的背景可能存在着较大的差异,因此为了反映背景的变化,需要对已建立的背景不断地进行更新。一种简单的背景更新方法是首先判断将要更新的像素点在当前帧图像中是否属于背景区域,如果该像素点位于背景区域,则把当前的背景与原先建立的背景通过加权和的方式来构造下一幅的背景图像,而被判定为属于运动物体的区域在背景更新时不做任何改动。该更新方法可表示为:

$$B_{t+1}(x, y) = \begin{cases} (1-\gamma)B_t(x, y) + \gamma F_t(x, y), if \quad V_t(x,y) = 0 \\ B_t(x, y), if \quad V_t(x, y) = 1 \end{cases} \tag{2-21}$$

其中,$B_t(x, y)$ 表示已建立的 t 时刻背景图像,而 $B_{t+1}(x, y)$ 表示 $t+1$ 时刻更新的背景图像,$V_t(x, y)$ 等于 0 时表示该像素点位于背景区域,等于 1 则表示该像素点位于移动物体区域。

相对于帧间差分法来说,背景消减法在理论上不受移动物体速度的影响,可以正确地检测出静止或运动较慢的物体,同时对于高速运动的物体该方法也能够比较准确地分离出移动目标区域。此外,背景消减法的运算量也同样较小,比较适于实时性要求较高的应用中。但该方检测效果在很大程度上依赖于背景图像的质量及可靠性。

(3) 光流法

真实三维空间中的运动可以用运动场来描述,而光流场则是运动场在二维平面图像上的投影,即二维图像中物体的运动可理解为是通过图像序列中不同图像灰度分布的不同体现出来的。也就是说,光流场反映了图像上每一个像素点灰度值的变化趋势,可以理解为带有灰度的像素点在图像平面上运动而产生的瞬时速度场,是一种对真实运动场的近似估计。所谓光流,就是指图像中像素点灰度模式的表面运动,它反映了物点的三维速度矢量在二维平面图像上的投影,表示了物点在图像中位置的瞬间变化。光流有三个要素:①运动(即速度场),这是形成光流的必要条件;②有灰度的像素点;③从实际场景到平面图像的投影。

光流场携带着有关运动目标的速度和结构等重要信息,可以用来分离图像中的运动目标,恢复目标的三维结构信息,估计运动目标相对于摄像机的运动速度等。光流法的核心任务是通过对图像序列的分析求解出运动目标的速度。根据视觉感知原理,客观世界中的物体在三维空间上运动一般是相对连续的,在运动过程中,投射到二维平面图像上也是连续变化的。因此可以假设瞬时灰度值不变(即灰度不变性原理),建立光流的基本方程,即灰度对时间的变化率等于灰度的空间梯度与光流速度的点积。此外,需引入约束条件。如果在 t 时刻图像中像素点 (x, y) 的灰度值为 $E(x, y, t)$,而光流在 x 与 y 轴的分量分别为 $u(x, y)$ 和 $v(x, y)$,那么 Δt 时间后图像点运动到 $(x + \Delta x, y + \Delta y)$ 点,设 $\Delta x = u(x, y)\Delta t$,$\Delta y = v(x, y)\Delta t$,该点灰度值为 $E(x + \Delta x, y + \Delta y, t + \Delta t)$,当 Δt 无限趋近于 0 时,那么可以认为下式成立:

$$E(x + \Delta x, y + \Delta y, t + \Delta t) - E(x, y, t) = 0 \tag{2-22}$$

上式由泰勒公式展开,并忽略二阶无穷小,整理后便可得到基本的光流约束方程:

$$-\frac{\partial E}{\partial t} = \frac{\partial E}{\partial x}\mu + \frac{\partial E}{\partial y}v \tag{2-23}$$

光流法具有以下特点:

1) 在比较理想的情况下,光流法在不需要预先知道场景的任何信息的情况下,能够检测出独立运动的对象,而且可以很精确地计算出运动物体的速度,此外该方法还可用于摄像机运动的情况。

2）采用光流法进行运动物体检测的问题主要在于大多数光流法因涉及微分等计算，所以运算耗时长，难以满足实时控制的要求。

3）在实际应用中，有时因外部光线等发生变化时，即使没有发生运动也可以检测出光流的存在；另外，如果区域缺乏足够的灰度等级变化，也可能存在不能准确检测出实际运动的情况。

2.2.3 基于视频处理技术的交通流数据检测

视频图像中包含有丰富的信息，因此运用视频处理技术可以实时地检测多种交通流数据，如车流量、平均车速、交通密度、车型等，此外，还能提取车辆的运动轨迹识别交通状态等。

虚拟线圈技术是一种简便有效的基于视频图像的交通流数据检测方法。虚拟线圈是指在图像序列中人工的指定一系列区域，这些区域的位置、大小和形状可以根据具体情况而定，可以覆盖整个图像，也可以位于交叉路口停车线附近，其作用类似于物理的感应线圈。物理检测线圈是通过电磁感应的方式来检测是否有车辆经过，从而实现对交通流等数据的检测。不同于物理检测线圈，虚拟线圈则是按照图像序列之间的关系，利用有关图像处理中运动目标检测算法来提取目标车辆，并在此基础上，实现对交通流等数据的检测。因此，虚拟线圈对物理感应线圈具有可替代性。

虚拟线圈位置、大小及形状一旦确定以后，便可以对交通流进行检测。对于车辆是否覆盖当前图像中的虚拟线圈，可通过统计图像的虚拟线圈中运动像素点的数量与某个预先设定的阈值进行比较，即：

$$N_t = \sum_{V_t(x,y)=1} 1 \tag{2-24}$$

$$S_t = \begin{cases} 1, & if \quad N_t > T \\ 0, & if \quad N_t \leqslant T \end{cases} \tag{2-25}$$

其中，N_t 表示第 t 帧图像的虚拟线圈中运动像素，即 $V_t(x,y)=1$ 的总数。T 为事先设定的阈值。

在实际中，可通过检测虚拟线圈状态的上升沿来触发计数，参见表 2-1。

车辆经过虚拟线圈时线圈的状态 表 2-1

前一帧状态 (S_{t-1})	当前帧状态 (S_t)	前后两帧状态的差别 $(S_t - S_{t-1})$	车辆与虚拟线圈的关系	是否计数
0	0	0	无车辆	否
0	1	1	驶入线圈	是
1	0	-1	驶出线圈	否
1	1	0	通过线圈	否

2.2.4 视频检测技术的特点

视频检测技术最大的特点就是可以基于对视频图像的分析和处理，提供其他检测技术无法获取的交通状况图像。所以，视频检测技术不仅能实现交通参数的检测，而且可为交通管理中心提供实时监视功能以及交通事件回放功能。

视频交通检测系统的摄像机通常架设于地面之上，因此安装和维护时无需破坏路面，也不需要关闭车道。视频检测设备设置方便，具有较大的灵活性，不仅能够实现对较大区域交通信息的检测，而且能够实时进行多车道的信息检测和统计。视频检测系统的检测区域易于重新定义，以便适应数据采集要求的不断变化。视频检测系统具有良好的扩展性，可以通过增设检测设备来扩大检测范围。视频检测系统除了能够完成交通流等基本参数的检测外，还能对各种交通异常情况和车辆的违章行为进行监测。

此外，基于视频检测技术的交通信息检测也存在着一些问题，主要的问题有：

1）阴影问题，由于光照的角度和强度等原因，有时路面上会存有车辆的阴影，这些阴影会造成目标车辆提取的错误，从而造成对车辆和车辆特征的误判；

2）遮挡问题，其他车辆（尤其是较高的大型车辆）、树枝或其他建筑物等可能对目标车辆造成一定程度的遮挡，从而造成精确检测的困难；

3）实时性，图像分析和处理的速度很大程度上影响着交通参数检测的速度，尤其是在复杂的交通背景下，图像分析和处理的运算量比较庞大；

4）检测环境问题，在恶劣的天气（如雨、雪、雾霾等）、复杂的道路、夜间以及环境突变等情况下，交通信息的检测精度不够理想；

5）距离标定问题，图像所显示出的距离与实际距离之间的关系直接影响诸如车速等交通参数的检测，因此需要在图像中精确地标定距离；

6）跨车道行驶问题，当车辆跨骑在车道分割线上行驶时，相邻两车道可能会对同一辆车统计两次，造成重复检测。

2.3 微波检测技术

微波检测技术利用微波技术来实现对车辆的检测，达到采集交通参数的目的。目前，常用的基于微波技术的交通检测器主要有雷达测速仪和微波交通检测器，它们工作原理的主要区别在于各自利用了微波的不同特性。因此，在讨论这两种检测器的工作原理之前，首先简要地介绍一下什么是微波及其基本特性。

2.3.1 微波及其特性

微波是一种能够在真空或空气中进行直线传播，辐射频率为 $500MHz \sim 300GHz$ 的高频电磁波，它的波长在 $1mm \sim 1m$ 之间，是分米波、厘米波、毫米波和亚毫米波的统称。

微波作为一种电磁波也具有波粒二象性，它的传播速度接近于光速，且具有较好的定向辐射性能。但是，微波的特性也有与普通无线电波及光波的不同之处。微波的一些基本性质主要体现在穿透、反射及吸收三个方面。对于玻璃、塑料和瓷器等，微波的穿透能力强，基本上不被这些介质所吸收。介质对波的吸收正比于介质的介电常数，因此对于水和食物等具有较大介电常数的物质来说，对微波的吸收作用很强，并可能会使物质自身发热。此外，微波还会被反射，当微波于金属导体时几乎会被全部反射回来。另外一个非常重要的特性就是，微波具有多普勒效应。

2.3.2　微波雷达测速仪的工作原理

目前，雷达测速仪广泛应用于道路交通巡逻、车流速度检测等方面，尤其是在交通管制方面发挥重要的作用。雷达是利用被测目标对电磁波的反射以及电磁波的定向反射特性来探测目标的距离、方向、高度等信息的电子设备。雷达测速仪就是利用雷达装置实现对车辆行驶速度检测的仪器。

雷达测速的基本工作原理就是利用了微波的多普勒效应。多普勒效应的具体内容是：在观察光波、声波、电磁波时，如果波源和观察点之间发生相对运动，则所观测到的波频率会随之改变。当目标朝着波束发射的方向前进时（与波束方向相反，是逆向），发射回来的波束会被压缩，因此该反射波的频率相对于发射波会随之增加；反之，当物体朝着远离波源的方向行进时，其反射波的频率就会随之减少。

图 2-14 为雷达测速仪基本工作原理的示意图。雷达测速仪向移动的车辆发射雷达波，当车辆朝着雷达波发射方向行进时［如图 2-14（a）所示］，反射回来的雷达波的频率将增加；当车辆朝着远离雷达波发射方向前进时［如图 2-14（b）所示］，反射回来的雷达波的频率将减小。

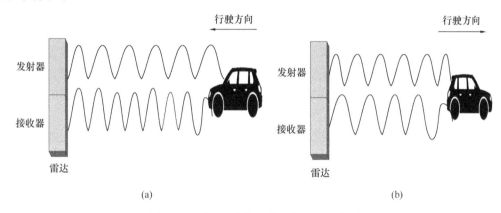

图 2-14　雷达测速仪基本工作原理示意图

发射的雷达波与车辆所反射的回波之间的关系可表示为：

$$f_d = f_0' - f_0 = \frac{2v\cos\theta}{c}f_0 \qquad (2\text{-}26)$$

其中，f_0 为雷达测速仪所发射的微波频率；f_0' 为车辆反射的回波频率；v 为运动物体的速度；θ 为微波波束方向与物体运动方向的夹角，参见图 2-15；c 为电磁波在空气中的传播速度；f_d 为多普勒频移，又称为多普勒频率。

对上式进行整理，可得到车辆运动的径向速度 v：

$$v = \frac{c}{2f_0\cos\theta}f_d \qquad (2\text{-}27)$$

其中，微波在空气中的传播速度 c、发射的微波频率 f_0 和波束方向与物体运

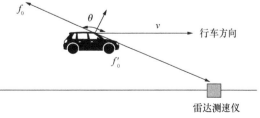

图 2-15　微波波束方向与物体运动方向的夹角

动方向的夹角 θ 为已知，只要测得多普勒频移 f_d 就可得到车辆的径向速度 v。

目前，一种比较简便测量多普勒频移的方法是在给定时间 T 内（称为标准时基）测量通过的多普勒信号的脉冲个数 N，这种方法称为测频法，可表示为：$f_\mathrm{d} = N/T$。

把由测频法得到的多普勒频移代入式（2-27），可得：

$$v = \frac{c}{2f_0\cos\theta}\frac{N}{T} \tag{2-28}$$

目前，雷达测速仪广泛应用于交通控制和管理中。雷达测速仪可与摄像机和信号灯等监控设备配合完成对超速违章车辆进行抓拍；也可安装在巡逻车上对来往车辆进行速度监测，抓拍取证违章超速车辆，因此它是"流动电子警察"的重要组成部分。

雷达测速仪具有以下主要特点：① 雷达波束照射面大，因此在测速时易于捕捉目标且无须精确瞄准；②雷达测速仪不能检测静止的车辆，且对速度很慢车辆的测速误差较大；③雷达测速仪发射的微波波束有一定的张角，故有效测速距离相对较近；④雷达测速的最主要误差来源于雷达与待测车辆的角度，因此雷达测速仪发射波束的张角越大，测速的准确度就越低。

2.3.3 RTMS微波检测器

微波交通检测器 MTS（Microwave Traffic Sensor，MTS）是一种工作在微波波段的雷达车辆检测器，它一般由发射天线、发射器及接收器组成。悬挂于龙门架或安装在路边立柱上的微波交通检测器通过发射天线向检测区域内行驶的车辆发射微波波束，并接收车辆反射回来的波束，再经过后续处理及分析，实现对车流量、车道占有率、速度和车型等交通信息的检测。

微波交通检测器因使用不同形式的微波，其检测原理也不尽相同，远程交通微波检测器（Remote Traffic Microwave Sensor，RTMS）不同于一般微波检测器。一般的微波检测器利用多普勒效应原理运动引起频率变化探测物体的存在，因而不能探测静止的车辆，远程交通微波检测器向行驶车辆发射调频微波，并接收到微波投影区域内各种表面的连续不断的回波。在每一个微波层面内的固定物体回波信号将形成背景阈值，回波信号的强度高于该微波层面的背景阈值时，则表明有车辆存在。运用此方法可对单车道或多车道进行检测，并收集各车道的车流量、道路占有率和平均速度等数据。它的车速检测原理是：根据特定区域的所有车型假定一个固定的车长，通过感应投影区域内的车辆的进入与离开经历的时间来计算车速。

线性调频连续波是一种常用的调频微波，它是通过测量频率调制的发射波与回波之间的频率差实现对距离的测量。图 2-16 为 RTMS 微波交通检测器的测距原理示意图，微波交通检测器发射三角波线性调频连续波信号，目标物体反射的回波与发射波具有相同的形状和频率，只是回波在时间上与发射波存在一个延迟 Δt，而且发射波

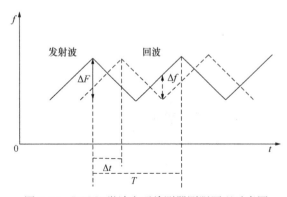

图 2-16 RTMS 微波交通检测器测距原理示意图

的周期 T 远远大于作用距离所对应的回波延时 Δt。这个延迟时间 Δt 与目标物体的距离 R 之间的关系可表示为：

$$\Delta t = 2R/c \tag{2-29}$$

其中，c 为波束在空气中的传播速度。

根据三角关系，从图 2-16 可以得到如下等比关系：

$$\frac{\Delta t}{\Delta f} = \frac{T/2}{\Delta F} \tag{2-30}$$

其中，ΔF 为发射频率的最大频偏。结合式（2-29）和式（2-30）可得到目标物体距离检测器的距离 R 为：

$$R = \frac{cT}{4\Delta F}\Delta f \tag{2-31}$$

可见，目标距离与发射波和回波的频率差呈正比，且波束的周期 T、在空气中的传播速度 c、最大频偏 ΔF 已知，测得发射波和回波的频率差就可得到检测器与目标之间的距离。

RTMS 的安装方式可分为正向和侧向安装两种方式，检测原理也因安装方式不同存在一定的差别。因此，将在介绍安装方式的同时，简要叙述在不同安装方式下的检测原理。

在正向安装方式下，微波交通检测器可架设于龙门架、人行过街天桥或立交桥等位置，架设高度通常离路面 5.5～7m，所发射的微波方向与车辆的行驶方向一致，如图 2-17 所示。

RTMS 所发射的微波波束根据投影到车辆的车身侧面和车顶平面可分为 E 面波和 H 面波。在正向安装方式下，微波交通检测器主要是依赖于投射到车顶平面的 H 面波，并利用微波的多普勒效应，对经过检测区域

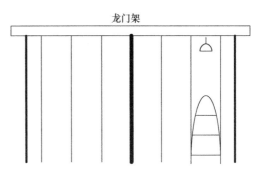

图 2-17　RTMS 的正向安装方式

的车辆进行车速检测。因此，在这种安装方式下，微波交通检测器只能对单条车道进行检测，不能区分车道，而且无法对静止或速度很慢的车辆进行车速检测。此外，在架设时需要对检测设备进行调节，以便检测器发射的微波能够投影到对应的单一车道上。

侧向安装时，检测设备需安装在路测的立柱、灯杆或类似结构上，需保持微波的投影与车道正交。在设定后置距离（即检测器的铅垂点与最近的一条车道的距离）时，须保证波束的有效投影范围可以覆盖到所有待检车道。一般情况下，微波交通检测器的后置距离设定在 3～5m 范围内。同时，为了降低相邻车道大型车的完全遮挡，微波交通检测器安装高度有一定的要求，一般要高于地面 5m 以上。同样，检测设备的安装角度也会对检测精度造成较大的影响。根据不同的道路条件和检测要求，安装角度可在 40～70°之间调整。通常可根据厂家的建议对后置距离、安装高度及角度进行设置，也可再根据具体情况和需求进行微调。此外，在选择安装位置时，还需考虑尽量避开检测器与待检车道间有高大树木及其他建筑物等的地点，也应尽量减小护栏、中央隔离带等交通设施的影响。图 2-18（a）为单向安装一台微波交通检测器示意图。

RTMS 向微波覆盖的扇形区域内发射调频连续波，波束在探测车道上形成长达 60m

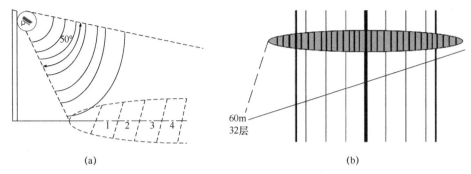

图 2-18　RTMS 侧向安装示意图

的椭圆状投影（投影宽度为 3～4m），并将该区域分割为 32 层，每层约为 2m，每条车道均由一层或多层覆盖。因此，一台微波交通检测器可以实现同时检测多达 8 条车道，相对于正向安装方式来说，大大降低了每条车道的检测成本。

　　侧向安装方式下的 RTMS 向投影区域内不断地发射检测微波，并接收检测区域内各种物体表面反射回来的微波信号，其中既包括车道路面、护栏等固定物体，也包括车辆反射的回波。由于金属材质的车辆对微波的反射能力相对于其周围背景要强得多，因此可将固定物体所反射的微波信号作为背景阈值，如果回波信号的频谱中出现了高于背景阈值的尖峰，则表明有车辆通过或存在。对于多车道的检测来说，除了判断是否有车辆，还需确定出车辆所处的车道。由于目标和检测器之间的距离与发射和反射微波间的频率差呈正比，且检测设备安装后，检测器与各车道的距离为确定值。因此，可根据测距原理$\left(R = \dfrac{cT}{4\Delta F}\Delta f\right)$ 计算出各车道对应的频率差范围。即可在对应各车道的频率差范围内判断是否有超出背景阈值的谱峰，若存在高于阈值的谱峰，则给该车道的车辆数进行累计。

　　侧向安装时，检测器接收到的最强回波是车辆的侧面所反射的微波，而车顶平面则将微波散射出去，因此车顶的回波信号较弱。回波的强度直接受到车辆反射面的影响，且检测器实际接收到的信号可能是多重反射信号的总和，因此有时可能会出现接收到的信号强度低于背景阈值的情况，从而造成误判。

　　在中央隔离带过高、路侧立柱离车道过近等道路条件下，可采用两台微波交通检测器对向安装于道路的两侧，从此减少其他物体对车辆检测的影响。图 2-19 为对向安装两台RTMS 的示意图。但两个检测器不可以水平安装，应该把它们错开一段距离（通常要大于 15m），以减少两台检测器所发射的微波之间的干扰，如图 2-20 所示。

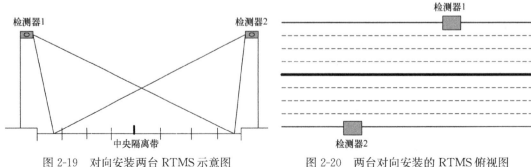

图 2-19　对向安装两台 RTMS 示意图　　　　图 2-20　两台对向安装的 RTMS 俯视图

目前，微波交通检测器广泛应用于城市交通信号控制系统和高速公路监控系统等领域，主要有：①城市交通信号控制系统：信号控制系统可以根据微波交通检测器采集的车流量、道路占用率、平均速度等交通信息，实现对信号灯的实时自动控制。②高速公路交通运行管理：通过微波交通检测器实现高速路的自动事故检测。带有无线传输功能的微波交通检测器还能将采集的数据传输到高速公路管理中心。③替代传统的感应线圈检测器：一台微波交通检测器可同时对 8 条车道进行检测，相当于完成了传统的 16 个感应线圈的检测任务。④区域交通事故报警系统：由微波交通检测器、无线传输网络、控制器等可组成区域交通事故报警系统。

2.3.4 RTMS 微波检测器的优缺点

1）多道性：RTMS 具有同时多车道检测功能，能够检测多达 8 条车道信息。

2）真实再现：多数检测器都不是再现式设备，如物体移动很慢或不动，则不能检测到（一条拥挤的道路会看起来是条空路），而 RTMS 能够将停止和移动的车都检测到。

3）全天候：独特微波检测功能能够不受天气影响持续检测（选用合适的波段可以减少阴雨等恶劣天气的影响）。

4）准确性：相对其他检测设备，其独一无二的区域检测能力使它检测更准确。

5）升级性：其基于软件运行的特点使得它可以通过软件的更新而升级。

RTMS 的测量方式在车型单一、车流稳定、车速分布均匀的道路上准确度较高，但是在车流拥堵以及大型车较多、车型分布不均匀的路段，由于遮挡，测量精度会受到比较大的影响。另外，微波检测器要求离最近车道有 3m 的空间，如要检测 8 车道，离最近车道也需要 7～9m 的距离而且安装高度达到要求。因此，在桥梁、立交、高架路的安装会受到限制，安装困难，价格也比较昂贵。

2.4 超声波检测技术

超声波检测技术就是通过超声波检测器的探头发射超声波并接收车辆发射回来的超声波，实现对车辆的检测。超声波检测器主要由超声波探头、主机及通信三部分组成。超声波探头类似于变送器，能够发射和接收超声波，可实现对超声波信号与电信号相互之间的转换。利用超声波检测器可以获得交通流量、车速及占有率等交通参数。

2.4.1 超声波特性及其工作原理

超声波是超出人的听觉范围的一种机械波，由于其频率范围（一般在 $25～50kHz$）大于声波的频率范围，因此称为超声波。超声波由在弹性介质中的机械振荡而产生，其振荡方式有两种：横向振荡（称为横波）和纵向振荡（称为纵波）。横波只能在固体中产生，而纵波可在固体、液体及气体中产生。

超声波在空气中的传播速度为 $331m/s$。超声波不仅人不能听闻，而且因为其频率较高、波长较短，所以发生的绕射现象也较小。其最明显的特点是传播的方向性好；它在液体、固体中衰减较小、穿透能力强，遇到杂质或分界面又能显著地反射，因此，其在工业检测和交通检测中得到广泛应用。此外，另一个显著特性就是超声波也具有多普勒效应。

目前，应用于道路交通中的超声波检测器可根据超声波性质的不同将工作原理分为两类：发射波时间差法和多普勒法。

1. 发射波时间差法

该检测原理比较简单，安装于道路上方的超声波探头产生并向路面发射一束超声波，再将车辆或地面发射的超声波接收回来，根据超声波发射与接收的时间差，就可判断出有无车辆存在或通过。由于安装后检测探头与地面的距离固定，因此超声波发射的时间与接收到地面反射波的时间差一定。当车辆通过或存在时，检测探头所发射出的超声波将被车辆顶部发射回来，由于车辆自身的高度，探头与车辆顶部所构成的反射面之间的距离变短，所以此时超声波的发射与接收时间差也就相应地缩短。

2. 多普勒法

属于此类的超声波检测器，其检测原理与多普勒雷达测速仪原理相同。不同的是其所发射的是声波，而雷达测速仪发射的是电磁波。这种多普勒式超声波雷达的检测原理可简要概括为：超声波探头产生超声波波束，并向正在行驶的车辆发射超声波，投射到车辆上的超声波波束，一部分反射并被超声波接收器所接收到，并对所接收到的信号进行处理，得到所需的行驶速度及车辆通过的信息。

2.4.2 超声波检测系统

超声波车辆检测器的结构如图 2-21 所示，由主机部分和探头部分组成。探头垂直安装在各个车道上方，它通过发射超声波和接收超声波，测量两者之间的时间差，计算超声波发射和接收所走过的距离，进而可以计算出有无车辆及其高度。探头的主要功能包括：确定车辆存在状态、堵车状态、平均车速、车型、占有率和平均车头时距。探头通过 RS 485 与主机通信。主机安装在道路旁边的机柜中或杆件上，主机通过 RS 485 总线接收来自各个探头的数据帧，通过数据处理确定单位时间内每个车道的平均车流量、各车型数量统计、平均车速、平均占有率、平均车头时距和堵车时间，并将这些参数定时储存至 Flash 存储器中。

图 2-21　超声波车辆检测器系统结构

1. 超声波交通检测

（1）车速测量

同一车道上方在相距为 $L(m)$ 的地方前后设置两个超声波探头。车辆行驶至第一个超声波探头时开始计时，当车辆行驶至第二个检测单元时停止计时，即可检测车辆通过这段距离 L 的路段所用时间 $T(s)$，则计算车速应为 $V = L/T(m/s)$，见图 2-22（a）。

（2）车辆高度测量

车辆高度的测量是根据超声波反射原理测量的，设检测单元安装在车道上方距地面高为 $H(m)$ 的地方，所发射的超声波经车顶反射后被检测单元接收。从发射到接收的时间间隔为 $T(s)$，超声波的速度为 $c = 341m/s$（随气温不同而略有变化），则所测车高应为 $D = H - (C \times T)/2(m)$，见图 2-22（b）。

（3）车辆分类计量

车辆依据车高进行分类，通过连续计算车辆高度，可以得到车型变化特征，与信息融和单元内存中的机动车特征数据相比较可确定机动车的大中小分型，并分别累计各种车型在一定时间内通过的数量及分型车流量。

（4）行进中的车队计量

根据在一定车速时两车通过同一检测单元下方的时间间隔是否超过给定的时间值而判定前后车辆是否是同一车队的，若时间间隔超过给定的时间值，则后面的车辆划入下一车队，车队计数值清零，重新计数，否则连续计数见图 2-22（c）。

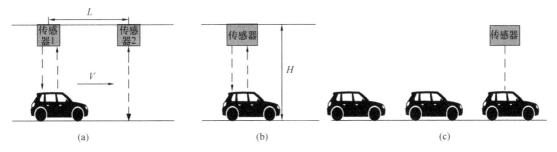

图 2-22 超声波检测

（a）车速测量示意图；（b）车辆高度测量示意图；（c）车队计量示意图

2. 超声波车辆检测器分类

超声波车辆检测器分为脉冲型、谐振型和连续波型三类。

（1）脉冲型

悬挂在车道上方，向车道发射超声波能脉冲，并接收回波。有车经过时，从车顶而不是路面反射回波。

（2）谐振型

车道两侧安装发射器和接收器，发射谐振型超声波，波横越车道被接收，车辆通过阶段波束，检测出车辆。

（3）连续波型

发射一个连续的超声波能束射向驶近的车辆，应用多普勒效应引起的来车发射波能频率的变化，检测车辆存在。

2.4.3 超声波检测的优缺点

超声波检测器不需要挖开路面，不受路面变形影响，且使用寿命长，可移动，架设方便。但也存在以下缺点，如检测设备必须顶路安装，检测范围呈锥形，受车型、车高变化的影响；检测精度较差，特别是车流严重拥堵的情况下；安装条件受到一定的限制，易受大风、暴雨等环境影响，因此这种检测方法并不实用。

2.5 红外检测技术

红外检测技术已经成为道路交通中车辆检测的主要检测技术之一，相应的检测器具有功能稳定、安装简便等优点，因此红外检测技术在交通参数检测及交通安全监控等方面发挥着以越来越重要的作用。红外线检测器装有特制光学系统，并在光学系统的聚焦面上安装了红外线光敏材料。当特制的光学系统将接收到红外线聚焦在红外线光敏材料上，光敏材料就可将感应到的红外线转换成电信号，再通过实时信号处理系统对转换后的电信号进行分析和处理便可获得相关交通参数。应用于交通检测中的红外线检测器可分为主动式和被动式两大类，而且相应的检测原理也有所不同，但是都是依赖于红外线的特性。因此，在介绍这两类检测器的工作原理之前，先简要介绍一下红外线的定义及特性。

2.5.1　红外线及其特性

红外线是太阳光谱中处于微波和可见光之间的电磁波，它是太阳光线中众多不可见光线的一种，其波长范围为 $0.78\sim1000\mu m$，由于在此范围内的电磁波波长比可见光中的红光波长大，因此称为红外线。红外线区域可分为三个部分，即近红外线、中红外线和远红外线，其波长分别大致在 $0.78\sim3\mu m$、$3\sim50\mu m$ 和 $50\sim1000\mu m$ 范围内。

红外线和所有电磁波一样，具有反射、折射、散射、干涉和吸收等性质，但它的最大特点是具有红外热辐射。对于所有高于绝对零度（$-273.15℃$）的物体，都会因自身的分子运动而向外以任意频率辐射出红外线，物体的温度越高辐射出的红外线就越多，温度越低辐射的红外线波长越长。因此，在常温下所有物体都是红外热辐射的发生源，如人、汽车、动植物、路面、火焰等，但它们发射的红外波长却不尽相同。

2.5.2　主动式红外线检测器

主动式红外线检测器中除了具有能够接收红外线的接受光学系统外，还具有能够产生红外线的激光二极管，所发射的低能红外线的波长大约为 $0.85\mu m$。主动式红外线检测器常用的一种检测原理是"光束遮断"原理。

检测器中的光学发射系统安装于路面，红外光束的轴线垂直于路面并朝着路面上方。沿着发射光束的轴线方向，在路面的正上方 $5\sim7m$ 的地方安装接收光学系统。没有车辆时，接收系统将接收到由路面发射系统发射出来的红外光束，此时接收系统将输出一个低电平（或为高电平），则表明没有车辆通过或存在；而当车辆经过或存在时，由于车辆的遮挡作用，此时接收系统将接收不到发射出来的红外线，从而导致接收系统的输出由原来的低电平变为高电平（也可是由高电平转变为低电平），由此可判断车辆的存在。

光学接收系统的输出经过整形后便可得到一个比较规整的方波，其高电平的脉冲宽度就反映出车辆在红外发射系统上方停留或经过的时间。因此，基于光束遮挡原理的主动式红外线检测器不仅能够实现对车辆的计算，还能通过脉冲的占空比实现对车辆占用车道时间的检测。此外，通过分析上升沿的时间差可获取车头时距等交通参数。对于车速的检测，可在相邻的一段距离上安装两套相同的红外线检测器。

图 2-23 表示的是 A 和 B 两套相同的红外线检测器相隔距离为 S（一般小于车辆的长度）分别安装于同一车道上，且两套设备的安装顺序与车辆行驶方向如图 2-23 所示，即车辆先经过 A 套检测器再通过 B 套检测器。A 套检测器的接收系统的输出取反之后，再和 B 套接收系统的输出经过与门融合得到最后的输出结果 Y。参见表 2-2 和图 2-24 所示的检测器各输出端的真值表和波形，1 和 0 分别表示高低电平。

参见图 2-24 所示的波形图，可从 Y 端高电平脉冲宽度计算出车辆驶过距离 S 所需的时间 Δt。具体地说，就是可以通过记录在 Y 端为高电平时时钟脉冲的个数，确定时间 Δt，再根据两套检测设备的相隔距离 S，便可得到车速 V，即 $V = S/\Delta t$。

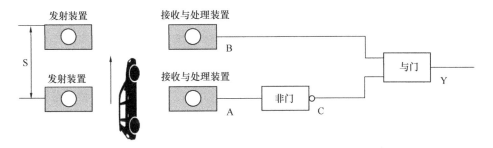

图 2-23　利用两套主动式红外线检测器实现车速检测的示意图

红外传感器真值表　　　　　　　　　　　　　　　　　　　表 2-2

A	B	C	Y
1	1	0	0
0	1	1	1
0	0	1	0
1	0	0	0

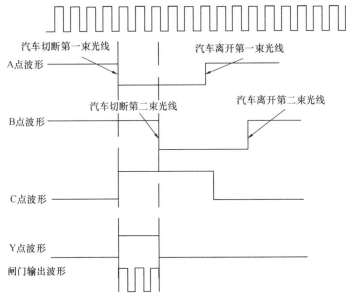

图 2-24　对应于图 2-23 的检测器各输出端的波形

2.5.3　被动式红外线检测器

被动式红外线检测器自身不具有发射红外线的功能，只具有接收系统，它依据红外辐射出的热效应原理进行车辆检测，因此是一种被动方式的检测技术。检测器接收到的红外线主要来源于检测区域内的车辆、路面及周围其他高于绝对零度物体自身所辐射出来的红外线以及它们反射的来自太阳的红外线。

在没有车辆进入被动式红外线检测器的探测区域内时，检测器只接收到路面辐射出来的红外能量，以及路面反射的大气散射出的红外能量。当车辆进入被动式红外线检测器的检测区域时，车辆会不断地向周围辐射红外线能量，检测器会感受到车辆、路面所辐射出的红外线，以及它们反射的大气散发出的红外能量，由于路面和车辆材质的红外发射率、温度及表面粗糙度等都不一样，它们所辐射出来的能量也不相等，而且车辆所辐射出来的红外能量主要取决于车辆内散热器的温度，由于散热器的温度要远大于其周围的温度，因此检测器将探测到的红外线能量发生变化，这样就可以判断出车辆的通过。

被动式的红外线检测器的核心部件就是热释电红外传感器，它是一种具有极化现象的铁电体。当红外辐射照射到极化的铁电体表面上，会引起表面温度的升高，从而导致其表面电荷释放出一部分，因此称为热释电型传感器。此时，将负载电阻与铁电体相连接，则可在负载电阻上产生一个电压信号的输出。也就是说，热释电红外传感器的作用就是将接收到的红外辐射能量转换为相应的电信号。

被动式红外检测器一般以采用路侧安装为宜，安装的高度及角度可视具体道路条件和检测要求而定。虽然检测范围越大，可能覆盖的车道数就越多，但周围环境的干扰也会增加。

2.5.4 红外线检测器的优缺点

主动式红外线检测器的检测电路简单，检测精度很高，且功能可靠，但是基于光束遮挡原理的检测方式在安装时需要对路面造成一定的破坏，且安装及维护都会对交通产生一定的影响。

被动式红外线检测器的探测范围较广，不仅可以检测机动车，也可以检测非机动车和行人。被动式红外线传感器因路侧安装，所以不需要破坏路面，而且维护不会对交通造成很大的影响。但是，被动式红外线检测器为通过型检测器，因此不能检测静止的车辆。此外，该检测器的耐环境性较差，在雨雪天时信号的衰减程度较大。

2.6 RFID 检测技术

射频识别技术（Radio Frequency Identification，RFID）是 20 世纪 80 年代兴起的一种无线非接触式的自动识别技术。射频识别技术通过无线射频方式进行非接触双向数据通信，对目标加以识别并获取相关的数据信息，其识别距离范围可从几厘米到几十米。射频识别技术与条形码技术、磁卡技术、光学符号识别等技术相比较具有精度高、防水、防磁、耐高温、存储数据容量大、存储信息更改自如、抗干扰强、操作快捷等许多优点，特别适应于各种恶劣环境下高速运动物体的检测，因此在交通运输领域中得到了广泛的应用。基于 RFID 的交通检测技术可以实现对交通流量、平均车速、车型、占有率、交通密度等重要交通信息的检测。

2.6.1 RFID 检测系统

1. 射频识别系统的组成

射频识别系统主要包括电子标签（射频卡或称为应答器）和读写器，但也可以结合其他组件，例如计算机、网络及应用软件等（图 2-25）。

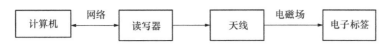

图 2-25　射频识别系统组成

（1）电子标签

通常由芯片、天线和外壳三部分组成。芯片的作用就是保存有关待识别物体关键信息的数据，是射频识别系统真正的数据载体，而天线则用于发射和接收射频信号，外壳是用来保护内置芯片和天线的（图 2-26）。

目前的电子标签有多种，按照能量的供给方式可将电子标签分为：有源（主动式）、无源（被动式）及半有源（半主动式）。有源电子标签中含有给自身供电的电池，并将芯片中存储的信息主动地发射给读写器。然而，无源电子标签自身无法为其提供能量，它是利用电磁感应原理在读写器产生的交变电磁场中感生出的电流作为射频卡的能量来源。半有源电子标签虽然自身带有电源，但其只为标签内部电路供电，而不利用该电源主动向外发送数据。

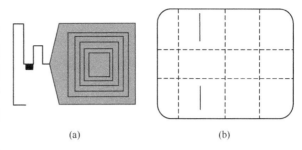

图 2-26　电子标签组成

（a）正面；（b）反面

（2）读写器

读写器在射频识别系统中起着桥梁纽带的作用，是从电子标签读取及写入数据的设备，所有系统的读写器均可以简化为两个基本的功能模块：控制单元和由发送器及接收器组成的高频接口（图 2-27）。在通常的非接触式射频识别系统中数据的交换一般按照主从方式进行，读写器的基本任务就是通过无线通信启动射频卡并与其进行数据交换。

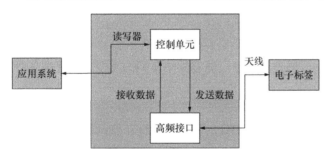

图 2-27　读写器组成

2. 射频识别系统的分类

现有的射频识别系统一般可按照如下方式进行分类：

（1）工作频率

射频识别系统在工作时，读写器发送无线信号所使用的频率称为射频识别系统的工作频率，现有的射频识别系统所使用的频率可大致分为：低频（30～300kHz）、中高频（3～30MHz）、超高频（300MHz～1GHz）以及微波（2.45GHz 和 5.5GHz）四个频段。

（2）数据交换方式

射频识别系统可分为全双工系统、半双工系统和时序系统。在采用全双工方式工作的系统中，数据在电子标签和读写器之间同时进行双向的传输，能量的传输是连续的且与传输方向无关；如果读写器和电子标签之间在不同时刻进行单方向的传输，则是半双工系统；如果读写器只是在设定的时间间隔内向电子标签传递能量，且在能量传递的间隙时才有电子标签到读写器的数据传输，这样的射频识别系统就是时序系统。

2.6.2 RFID 射频识别的基本原理

电子标签和读写器是通过电磁耦合进行能量传递及数据交换的。在系统工作时，读写器首先通过天线发射带有加密数据的载波信号，当无源电子标签进入读写器所产生的磁场中，电子标签在电磁感应的作用下获取能量，同时利用感应的能量发送出存储在芯片中的数据信息，读写器接收到电子标签发来的载波信号后，经解码等处理，完成自动识别及其他预设的功能。在识别工作过程中，有源电子标签与无源电子标签的唯一区别就是有源电子标签是利用其自身电源来主动地发送某一频率的信号。

2.6.3 RFID 交通信息检测技术的特点

射频识别系统不仅在交通领域中的应用日趋普及，而且也广泛应用于其他行业，射频系统受到普遍欢迎主要是因为其具有如下主要特点：

1. 数据交换方便快捷

数据的有效识别距离长，特别是超高频，射频识别的有效识别距离可达到 100m 以上，超高频阅读器的识别范围可以覆盖整个道路的宽度，因此可以减少读卡的死角，但是超高频系统的成本相应也高。

2. 识别速度快且能同时读取多个电子标签

当多辆机动车同时高速驶入系统的识别范围内时，射频识别系统可同时读取各车辆电子标签的数据信息。

3. 数据容量大且保密性强

电子标签数据存储量可高达千字节的数字信息，能够容纳车辆的类型、尺寸等多种详细信息，并具有极高的保密性。

4. 使用寿命长且抗干扰性强

因采用无线电传播通信，射频识别系统具有很好的环境适应性，受雨雪、冰雹、灰尘等影响小，可全天候工作。

5. 电子标签的数据可动态更改

通过读写器就可以对电子标签存储的数据进行修改和更新，操作简便快捷。

6. 动态实时通信

读写器与电子标签以每秒 50～100 次的频率进行数据交换，具有高速实时通信的特点。

2.7 卫星遥感检测技术

现代遥感是以航空摄影技术为基础，在 20 世纪 60 年代发展起来的一门对地观测的综合性技术。通过在不同平台上（飞机和卫星等）安装传感器，对地球表面反射和辐射的电磁波进行探测和分析。凭借着获取信息速度快、周期短、获取信息手段多、信息量大等特点，在交通、农业、水利、气象、国土、军事等相关行业的应用日趋广泛。

2.7.1　遥感技术概述

1. 遥感的概念

遥感是指在不接触物体的情况下，对目标或者自然现象远距离进行探测和感知的一门技术，通常分为广义遥感和狭义遥感。广义遥感是指所有无接触的远距离探测，包括对电磁场、机械场、力场，地震波等的探测；狭义遥感是指采用探测仪器，从远处把探测目标的电磁波特性记录下来，通过分析来揭示物体的性质和变化规律的观测技术。

2. 遥感工作系统

（1）遥感工作系统的组成

遥感工作系统是为了实现遥感目的而建立起来的一个相当复杂、庞大的信息工程网络。从图 2-28 中可以看出，整个系统可以分为星载子系统和地面子系统两大部分。星载子系统由遥感平台和传感器组成，负责从高空收集地物的电磁辐射信息，是整个遥感工作系统的核心部分。地面子系统由遥感测试系统和地面控制处理系统两部分组成，前者负责地物波谱测度和地面实况调查，后者负责对星载子系统的控制，遥感数据接收与处理等具体工作。至于遥感工作的总体设计，遥感技术设备、方法、理论的研究，以及遥感数据的存储、分类处理、分析判读等工作，均由遥感技术中心承担。

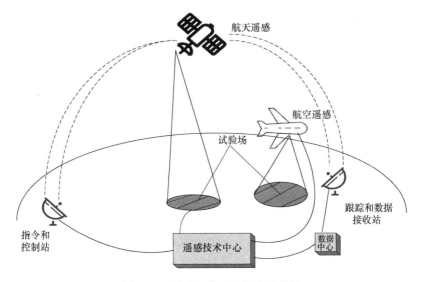

图 2-28　遥感工作系统总体示意图

（2）遥感平台

遥感平台的种类很多，按遥感平台距地面的高度大体上可分为三类：地面平台、航空平台和航天平台。在不同高度的遥感平台上，可以获得不同面积、不同分辨率、不同特点、不同用途的遥感影像数据。

1）地面平台。置于地面上或水上装载传感器的遥感平台叫作地面平台。其高度一般在 100m 以下，主要用于近距离测量地物波谱和摄取供试验研究用的地物细节影像，为航空遥感和航天遥感做校准和辅助工作。

2）航空平台。悬浮在海拔 80km 以下的大气中的遥感平台叫作航空平台。航空平台具有飞行高度较低、地面分辨力较好、机动灵活、不受地面条件限制、调查周期短、资料回收方便等优点。

3）航天平台。位于海拔 80km 以上的遥感平台称为航天平台。航天平台上进行的遥感是航天遥感。航天遥感可以对地球进行宏观、综合、动态和快速地观测。航天平台主要有高空探测火箭、人造地球卫星、宇宙飞船、空间轨道站和航天飞机等。其中，人造地球卫星目前在地球资源调查和环境监测中起着主要作用，是航天遥感中应用最广泛的遥感平台。

（3）传感器

1）传感器的组成

传感器的种类很多，但从其结构上看，基本上都由收集器、探测器、处理器、输出器等器件组成，如图 2-29 所示。

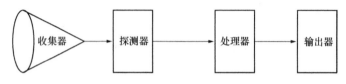

图 2-29　传感器的一般构成

收集器的功能是收集或接收目标物发射或反射的电磁辐射能，并把它们聚焦，然后送往探测中心。探测器是传感器中最重要的部分，是真正接收地物电磁辐射的器件。它的功能是进行能量转换、测量、记录接收到的电磁辐射能，根据光物作用的不同效应，常用的测器有感光胶片、光电敏感元件、固体敏感元件。处理器主要负责将探测器深测得到的化学能或电能等信息进行加工处理，即进行信号的放大、增强或调制。输出器的最终目的是把接收到的各种电磁波信息用适当的方式输出，即提供原始的资料和数据。

2）传感器的分类

遥感传感器是获取遥感数据的关键设备。由于设计和获取数据的方式不同，传感器的种类也较多，但现代的遥感传感器往往是多波段、多方式的组合传感器。

① 按电磁波辐射来源分类：主动式传感器和被动式传感器。主动式传感器本身向目标发射电磁波，然后收集从目标反射回来的电磁波，如合成孔径侧视雷达；被动式传感器收集的是地面目标反射的来自太阳光能量或目标本身辐射的电磁波能量，如摄影机、多光谱扫描仪。

② 按传感器的成像原理和所获取图像的性质分类：摄影机、扫描仪和雷达。摄影机按所获取图像的特性又可分为框幅式、缝隙式、全景式。扫描仪按扫描成像方式又可分为光机扫描和推帚式扫描仪。雷达传感器按天线形式分为真实孔径雷达和合成孔径雷达。

③ 按传感器对电磁波信息的记录方式分类：成像方式传感器和非成像方式传感器。成像方式传感器的输出结果是目标的图像，非成像方式传感器的输出结果是研究对象的特征数据。

3. 遥感成像原理

遥感对地面目标的成像是由于物体本身具有不同的光谱特性，即物体受到光照所表达出的不同的吸收和反射率，以及在能量吸收后所产生的辐射特性。而当太阳照射地球表面时，首先要经过大气层，大气层中的空气对于阳光辐射有一定的吸收能力，由于太阳光是复合型光源，其不同波段的光波对于大气层的穿透力也不同，在经过大气层的过程中会被反射和吸收不同的能量。而不同光谱波段的照射对同一物体的结果传输到接收传感器之后也会接收到不同的数据信号。通过对这个过程所得到的反射光谱信号，就得到了最终要得到的遥感图像。

2.7.2 遥感图像处理技术

1. 遥感图像的特点

遥感图像是各种传感器所获信息的产物，是遥感探测目标的信息载体。需要通过遥感图像获取三方面的信息：目标地物的大小、形状及空间分布特点；目标地物的属性特点；目标地物的变化动态特点。因此相应地将遥感图像归纳为三方面特征，即空间特征、物理特征和时间特征。

（1）空间特性

空间特性是指遥感图像内容的像素在空间方位上的表现方式，包括图像目标的空间几何轮廓、几何面积、方位、坐标、值域、纹理特性等空间数据信息。

空间特性主要分为像素在空间选定坐标的像素值和空间分辨率两个组成部分：像素值通过对图像进行数字化得到；空间分辨率，是在固定尺寸固定比例的条件下单元面积所包含的像素个数，是衡量图像信息度的一项重要条件。为得到图像某个坐标或区域位置的空间信息，需要空间定位系统给遥感图像定位在固定的经纬度坐标上，方便数据分析与建模。

（2）光谱特性

遥感图像的光谱特性是指经过量化的可见光辐射强度，常用图像像素表示其数值，称为灰度值或灰度分辨率、RGB值等。物体在遥感图像的光谱特性对应物体对阳光辐射的吸收反射率，因此遥感卫星能通过接收不同波段的光的反射，进而通过不同波段的遥感图像来产生合成所需的遥感图像。

（3）时间特性

遥感图像的时间特性是指在不同时间对目标重访时遥感图像的光谱特性和空间特性的变化。地面目标的交通运输设备移动、气候变化、建筑物建造、季节更替、植物生长等变化，会对遥感目标产生较大的空间变化，进而产生图像的空间特性变化。

2. 遥感数字图像处理内容

遥感图像是经过数据预处理，几何校正、各种裁剪、拼接操作之后的数字图像，其特征与一般数字图像一致。遥感数字图像处理是指在计算机的辅助下对遥感图像进行一系列的操作、以求达到某种目的的过程。根据不同的目的，可分为以下几种：

（1）图像转换

图像转换有两种含义，一种是数字图像与模拟图像之间的互相转换，另一种是为了使图像处理问题简化或有利于图像特征提取等目的而实施的图像变换工作，如傅里叶变换、小波变换、哈尔变换、离散余弦变换等。

（2）图像校正

遥感数字图像的校正主要包括大气辐射校正和几何校正。大气辐射校正是指校正因大气密度不均匀和因传感器本身影响而产生的辐射误差。进入传感器的电磁辐射强度反映在像素的亮度值。辐射越强，亮度值越大。亮度值与地物的反射率或者发射率在理论上保持严格的对应关系，但因受大气辐射或者受传感器本身产生辐射误差的影响，对应关系被改变，这一改变部分就需要校正。

目前，遥感图像的辐射校正方法很多。这些校正方法按照校正后的结果可以分为两种：

1）绝对大气辐射校正方法：将遥感图像的（Digital Number，DN）值转换为地表反射率、地表辐射率、地表温度等的方法。常见的绝对大气校正方法有：基于辐射传输模型、MORTRAN 模型、LOWTRAN 模型、ATCOR 模型、6S 模型等；基于简化辐射传输模型的黑暗像元法、基于统计学模型的反射率反演。

2）相对大气辐射校正方法：校正后得到的图像，相同的 DN 值表示相同的地物反射率，其结果不考虑地物的实际反射率。相对大气校正常见的方法是：基于统计的不变目标法、直方图匹配法等。

当遥感数字图像在几何位置上发生变化，产生行列不均匀、像元大小与地面大小对应不准确、地物形状不规则等变化时，说明图像发生了几何畸变。几何校正就是为了校正畸变状况产生的误差。几何校正一般分两步骤：一是像素坐标的变换，将各像元变换到正确的位置；二是像素灰度重采样，获得整数网格点的像素值。其主要处理过程如图 2-30 所示。

图 2-30　几何校正的步骤

目前国内外常用的几何校正方法主要有基于经验模型的几何校正方法（多项式法）、基于构像模型的几何校正方法（距离多普勒法、共线方程法等）和基于 SAR 影像模拟的几何校正方法三种。

（3）图像增强

采用一系列措施改善图像的视觉效果，提高图像的清晰度、对比度，突出所需信息的工作称为图像增强。图像增强不以图像保真度为原则，而是以突出便于人或计算机分析某些感兴趣的信息，抑制无用信息，提高图像的使用价值为目的。数字图像增强只是靠人的主观感觉、经验判断来确定。其方法包括：对比度增强、空间滤波、色彩转换等。

（4）多源信息复合

多源信息复合是指将多种遥感平台、多时段遥感数据以及遥感与非遥感数据之间的信息组合匹配的技术。复合后的遥感图像数据将更有利于综合分析，提高遥感数据的可应用性。

（5）计算机解译处理

从广义的遥感数字图像处理来讲，计算机解译处理也处于图像处理范畴。在计算机图像解译过程中，要综合运用地学分析、遥感图像处理、地理信息系统、模拟识别与人工智能技术，这些技术的运用都应在计算机系统支持下进行，采用相应的遥感数字图像处理方法。

2.7.3 基于卫星遥感图像车辆检测方法

卫星遥感车辆目标提取可划分为几何校正、辐射增强、道路掩膜处理和车辆检测与提取 4 个步骤。其中，几何校正可消除或改正几何误差，使车辆和道路具有准确的空间地理参考；辐射增强可以降低无关噪声，突出感兴趣目标；道路掩膜处理是为了减少计算量，对非道路区域进行掩膜，只留下感兴趣的路面区域。完成以上预处理后，再根据车辆目标特征进行车辆检测与提取。

不同的车辆影像特征在车辆检测中的作用不同。很多车辆检测研究方法都利用了其中多个特征而不仅是简单的某一类，利用光谱或几何结构特征的车辆检测方法可以归为基本方法，而综合运用多种特征的智能化检测方法分为机器学习和面向对象两大类。

（1）基本方法

车辆检测的基本方法可分为基于光谱特征的阈值分割法、梯度比较法、背景差异法以及基于几何结构特征的形状匹配法 4 种。

1）阈值分割法

阈值分割法是在灰度统计的基础上，通过选择合适的阈值，将前景目标从背景影像中分割出来的方法。

2）梯度比较法

该方法根据车辆目标边缘与路面光谱发生突变的特点，首先利用一阶差分梯度影像确定候选车辆目标的位置，再根据梯度图像的灰度共生矩阵中计算的熵值确定阈值，分割梯度影像得到车辆目标。

3）背景差异法

车辆检测过程实际也是将路面背景与车辆目标分割的过程。具体过程可参见第 2.2.2 节 "5. 常用的运动目标检测方法" 的内容。

4）形状匹配法

由于车辆目标具有明显的几何特征，因此可利用尺度空间圆斑匹配法来检测全色影中的椭圆形车辆目标。首先对图像进行高斯椭圆拉普拉斯滤波：

$$\nabla^2 G(x,y;\sigma_x,\sigma_y) = \left[\frac{(\sigma_x^2 - x^2)}{\sigma_x^4} + \frac{(\sigma_y^2 - y^2)}{\sigma_y^4} \right] e^{-\left(\frac{x^2}{2\sigma_x^2} + \frac{y^2}{2\sigma_y^2} \right)} \tag{2-32}$$

其中：(σ_x, σ_y) 代表不同尺度参数。令椭圆方向与道路方向一致，当解析式达到局部极值时，候选车辆目标即被检测出。再对候选点做一定宽度的空间生长，得到整个车辆的轮廓。最后根据对象的其他特征，区分车辆和非车辆目标。

（2）机器学习方法

1）归纳学习方法

由于车辆目标较小（覆盖 5～20 像元范围），依靠传统的模式识别方法很难识别，机器学习系统可不断地完善初始定义的类别特征，利用车辆的多种参数，如光谱、大小（面积、宽度）、位置、空间邻域关系等，构建车辆识别模型，使用迭代的方法不断提高其与图像的吻合度。

2) 神经网络方法

人工神经网络具有不同的分类器，在车辆检测领域研究比较深入的包括形态共享权神经网络、径向基神经网络和概率神经网络等。形态共享权神经网络由特征提取子网络和前馈型分类子网络组成，能在同一训练体系中将数学形态学的特征提取功能与神经网络的函数映射功能结合起来。前者包括一个或多个特征提取层，每一层又包括多个特征图。用于腐蚀和膨胀的结构元素通过对上一层图像做击中或击不中变换得到特征图的值。最后一层特征图的值输出给形态共享权神经网络的前馈型网络进行最后的分类。

3) 免疫抗体网络方法

抗体网络车辆检测方法在自适应防御层，通过形态学膨胀操作提取车辆轮廓特征，截取不同方向的车辆目标抗体模板，依据式（2-33）计算抗原（待检测影像）上每个像素点(x, y)对所有抗体模板的亲和力值，通过不断地比较和删除，得到最适合车辆检测的特征检测器，最后通过匹配算法实现对车辆目标的识别，检测效率较高。

$$R = \frac{\sum_{x=0}^{L-1} \sum_{y=0}^{K-1} (\omega(x,y) - \bar{\omega})(f(x,y) - \bar{f})}{\sqrt{\sum_{x=0}^{L-1} \sum_{y=0}^{K-1} (\omega(x,y) - \bar{\omega})^2 \sum_{x=0}^{L-1} \sum_{y=0}^{K-1} (f(x,y) - \bar{f})^2}} \tag{2-33}$$

其中：K 和 L 表示"抗体"模板的长宽，$\omega(x,y)$ 与 $f(x,y)$ 分别代表模板和抗原影像中 (x, y) 处的灰度值，$\bar{\omega}$ 为模板的灰度均值，$\bar{f}$ 为抗原图像中以 (x, y) 为中心的 $K \cdot L$ 范围内灰度均值。

（3）面向对象方法

面向对象的方法是在图像分割的基础上，将空间同质的像素集合视为一个整体对象，依据不同尺度下的各种对象特征进行图像分类与目标的提取，包括多尺度分割与图像分类两个过程。

2.7.4 高空间分辨率卫星遥感数据在交通规划方面的应用技术方案

高空间分辨率卫星遥感数据在城市交通规划中的应用，要根据高分辨率卫星遥感数据的特点，采用新的技术方案，建立图像数据与目标特性之间的物理与机理联系。通过影像融合、几何纠正和信息提取等关键技术的处理，卫星遥感在交通领域可实现道路信息提取、车辆建筑物提取、用地信息提取等（图 2-31）。

2.7.5 卫星遥感交通检测的特点

1) 探测范围广，可获取大范围数据资料。遥感使用的陆地卫星的卫星轨道高度达 910km 左右，可在较短的时间内及时获取大范围的有价值的遥感数据，极大地弥补了地面传统测量设备覆盖范围小、数据获取受限等缺陷。

2) 获取信息的速度快、周期短。由于卫星围绕地球运转，所以能及时获取所经地区的各种现象的最新资料，以便更新原有资料或根据新旧资料变化进行动态监测。

3) 获取信息时受条件限制少。在自然、地形条件恶劣或紧急灾害发生的条件下，采用不受地面条件限制的遥感检测技术，可方便、及时地获取各种交通资料。

4) 能动态反映交通的变化。遥感探测能周期性、重复地对同一地区进行观测，这有

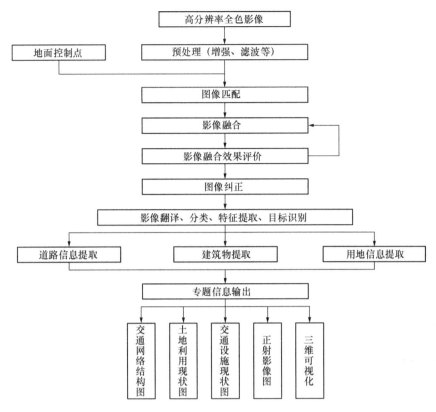

图 2-31 高空间分辨率卫星遥感数据在交通规划中应用的技术方案

助于人们发现并动态地跟踪交通的变化，同时研究其变化规律。

5）交通信息获取稳定性高，不需要安装与维护过程。在采集、安装和维护过程中，不需要工作人员进行任何地面活动，未对地面交通产生任何干扰，也保护了工作人员的安全。

2.8 卫星定位系统检测技术

2.8.1 卫星定位技术

1. 卫星定位系统的组成

卫星定位系统主要由三大部分组成，包括空间星座、地面监控部分和用户设备部分。以卫星为基准点，用户通过接收卫星信号，测算出用户到卫星之间的距离，根据卫星每一时刻的速度和位置，可以确定用户当前的位置和速度。

（1）空间星座部分

空间卫星星座是指由多颗导航卫星组成的空间网。卫星分布在近圆的轨道平面上，按照轨道高度可以划分成地球同步轨道、低地球轨道和中高地球轨道，其中分布在 GEO、MEO 的卫星居多。

卫星可以通过接收和转发地面测控网发送的跟踪电波信号测定卫星的运行轨道；能够

接收主控站的调度信息，完成运行姿态的调整；可以接收和存储来自地面的定位信息并向用户发送电文。每颗卫星上都装有高精度原子钟，可以通过原子钟产生基准信号和提供时间标准。

（2）地面监控部分

地面监控部分主要由主控站、监测站和注入站三部分组成，其中主控站包括计算控制中心和时统中心。地面监控部分不仅能够跟踪、测量、计算和预报卫星轨道，还能够监控和管理卫星上设备的工作状况。

（3）用户设备部分

用户定位设备是由接收机和数据处理机等组成。主要功能包括：接收导航信号、测定伪距和计算多普勒频率观测值；提取导航电文中的导航星历及相关参数；从接收的导航信号、导航电文中解算出用户当前位置、速度和其他参数。

2. 卫星定位系统的基本原理

卫星不间断地发送自身的星历参数和时间信息，用户接收到这些信息后，经过计算得到接收机的三维位置、三维方向以及运动速度和时间信息。

进行卫星导航定位至少需要同时观测到 4 颗卫星。用户通过导航电文中的星历表，选择可以提供最佳几何图形的 4 颗卫星；再根据导航信号的传播时间计算出用户到导航卫星的距离，通过查询星历表的相关参数计算出 4 颗卫星的位置。如果用户携带与全球定位系统时间同步的精确时钟，只需要 3 颗卫星就可以完成导航任务，此时用户处于 3 个以卫星为球心的圆球的交点之上。如果同时能够测得到 4 颗卫星的距离，用户就不必携带精确时钟，可利用第 4 颗卫星估算时钟误差。

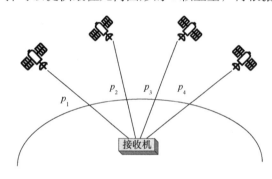

图 2-32 卫星距离测量原理

如图 2-32 所示，装在载体上的接收机，同时测定至 4 颗卫星的距离，每一颗卫星连续不断地向接收机发送可跟踪的唯一编码序列，接收机可根据编码辨认相关的卫星，进而计算出接收机的确切位置和准确时间。其中伪距法是实时导航定位的基本方法，测量卫星发射电波至接收机接收到电波的时间差 τ、乘以光速 c，求得距离 p，即：

$$p = c \cdot \tau = c(t_r - t_s) \tag{2-34}$$

式中，t_r 为接收机接收的时刻，t_s 为卫星发射电波的时刻。由于卫星钟和接收机时钟与卫星系统原子时不同步，都存在钟差。设其分别为 Δt_r 与 Δt_s 实际测得的时间差包含有钟差的影响，为 $\tau' = (t_r - \Delta t_r) - (t_s - \Delta t_s)$。

卫星钟差由地面监控系统测定，并通过导航电文提供给用户，可以认为是已知值，所以实际测得的距离应为（已加卫星钟差改正）：

$$p_j = c\tau' = c(t_r - t_s) + c\Delta t_r \tag{2-35}$$

因为距离观测值 p_j 中包含了接收机钟差引起的误差，而不是接收机至卫星的真正距离 p，故称其为伪距观测值。

一般用户没有必要以足够的精度测定接收机的钟差，可以把它作为一个待定参数与接收机的位置坐标一并解出，将公式写为：

$$p_j = \sqrt{(X-X_j)^2 + (Y-Y_j)^2 + (Z-Z_j)^2} + c\Delta t_r \qquad (2\text{-}36)$$

式中，X_j、Y_j、Z_j 表示第 j 颗卫星在地球协议坐标系中的直角坐标，可以利用卫星播发的导航电文中给出的卫星位置信息计算得到，认为是已知量。而 X、Y、Z 为接收机在同一坐标系中的位置坐标，与接收机钟差同为待求量。共 4 个未知参数，只需对 4 颗卫星同步观测，获得 4 个伪距观测值 $p_j(j=1,2,3,4)$。组成 4 个方程式，通过解算即可解出接收机位置和钟差。

2.8.2 基于卫星定位的车辆检测技术

1. 采集系统的基本原理

全球定位系统（Global Positioning System，GPS）浮动车采集技术采集交通信息的基本原理为（图 2-33）：

首先，利用车辆所装载的特定无线通信收发设备和定位装置，在道路上运行过程中以一定时间间隔采集车辆的各种动态交通数据（速度、时间、坐标位置、方位角、运行状态等），作为道路交通状况的原始数据，存储到车载终端数据存储服务器中。

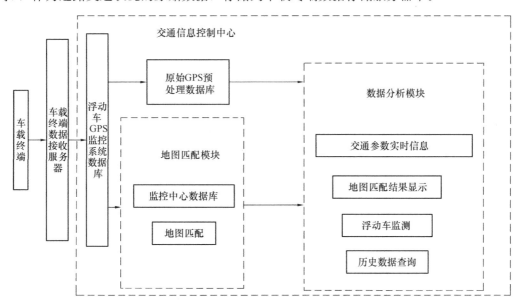

图 2-33　浮动车技术交通检测系统基本原理图

然后，通过无线移动通信设备将采集得到的实时数据传送到交通信息控制中心。交通信息控制中心利用系统对接收到的数据进行存储、定位及匹配处理，并利用数据分析模型进行深入分析，生成反映道路实时状况的车辆行驶速度、行程时间等交通实时信息。

最后，利用无线移动通信网络，以文字或图像形式通过通信网络、可变情报板、广播等方式将路况信息向外界发布，满足不同用户对道路信息的不同需求，为交通管理部门制定诱导措施提供依据，便于对路况的实时监控管理。

2. 采集系统的组成框架

（1）系统组成框架

基于卫星定位技术的交通信息采集系统的组成包括三部分：车载终端设备、无线移动通信网络及交通信息控制中心，其系统框架图，如图 2-34 所示。

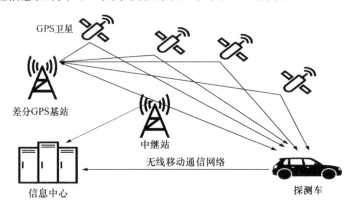

图 2-34　GPS 浮动车技术采集系统框架图

车载终端设备主要是指装有 GPS 定位模块和无线移动通信装置的车辆，包括 GPS 模块及无线移动通信模块等部分，GPS 模块中接收器可以接收车辆定位卫星的信息，通过运算得到车辆所在的坐标数据和瞬时速度；而无线移动通信模块主要将 GPS 模块采集的信息数据以无线传输方式传送到交通信息控制中心，同时可以接收交通信息处理中心下达的指令信息。车载终端设备传输到交通信息处理中心的数据主要有：车载终端设备编号、经纬度坐标信息、速度、方位角、GPS 回传时间、有效性标识等字段。

无线移动通信网络主要指的是由无线通信服务商建立的通信基站和依靠这些基站实现的数据传输通信服务。

交通信息控制中心主要由移动通信设备、基于地理信息科学（Geogroiphic lnformation Sciencs，GIS）技术的交通信息处理设备以及计算机设备等部分组成。它首先将车载终端设备采集来的数据储存在数据存储器中，并进行采集数据的预处理；然后对预处理结果进行地图匹配工作，最后对车辆定位数据进行分析，估计或预测道路交通参数，并通过无线移动通信设备发出指令及数据。

（2）系统的逻辑结构

系统的逻辑结构主要是在交通信息中心模块实现对车载终端采集传送的浮动车动态原始数据的处理加工，因此在逻辑结构中重点说明了控制中心内部各模块之间的关系，表示数据处理的流程。系统的逻辑结构根据各环节的核心功能可以分为以下四个模块。

1）GPS 浮动车原始数据预处理模块

由于 GPS 车载终端及通信设备信号等因素，浮动车原始数据存在一定的误差，该模块对数据的可靠性进行识别，剔除数据序列中的异常数据，进行数据的修复、滤波处理。

2）地图匹配模块

预处理的 GPS 浮动车数据与数字电子地图中的候选道路作定位匹配处理，获取车辆行驶轨迹信息，并纠正误差，从而获取车辆的实时行驶情况。

3）单一浮动车参数估计模块

该部分通过一定数学分析模型，将浮动车数据与地理信息系统数据转化为交通流参数信息，为路况评价提供依据。

4）道路区间参数估计模块

该模块在指定时间段内将某一候选道路区间上的车辆行驶信息进行综合分析，得到该候选道路区间上的行程速度（行程时间）等交通参数，为道路交通状态判别提供有价值的可操作性参数指标。

2.8.3 典型卫星定位系统

1. GPS 卫星定位系统

GPS 由空间部分、地面监控部分和用户接收机三大部分组成。GPS 系统的空间部分主要由 21 颗工作卫星和 3 颗在轨备用卫星组成。这 24 颗卫星均匀分布在 6 个轨道平面内，轨道倾角为 55°，轨道的升交点赤经各相差 60°，每个轨道平面内各颗卫星之间的升交角距相差 90°，一个轨道平面上的卫星比两边相邻轨道平面上的相应卫星升交角距超前 30°，卫星轨道为椭圆形，平均高度约 20200km，运行周期大约 11h58min。

GPS 对每颗卫星分配专门的伪随机码，利用伪随机码之间的不相关性实现各卫星码分多址。每颗卫星上发射的无线电信号含有两种精度不同的伪随机测距码，即 P 码（精码）和 C/A 码（粗码）。相对这两种测距码，GPS 提供精密定位服务和标准定位服务。精密定位服务主要应用在军事领域，可利用 P 码获得较高的定位精度，单点实时定位精度可优于 10m。标准定位服务主要应用在民事领域，利用 C/A 码获得较低的定位精度，单点实时定位精度约为 30m。为了使非特许用户不能获得高精度实时定位，美国实行了 SA（选择可用性）政策，人为地将标准定位服务的精度降低到约 100m。

2. GLONASS

全球导航卫星系统（Global Narigation Sateuice Susten，GLONASS）是继 GPS 之后应用较广泛的卫星导航定位系统。它是由苏联国防部独立研制和控制的军用导航定位系统，采用与 GPS 相近的 24 颗卫星星座组成，其中包含 21 颗处于工作状态的运行卫星和 3 颗处于工作状态的在轨备份卫星。卫星分布在轨道高度为 19100km 的 3 个轨道面内，每个轨道上分布 8 颗卫星。GLONASS 对每颗卫星分配专门的载频对，利用每颗卫星上的不同载频对实现各卫星的频分多址。所有卫星上发射的无线电信号均含有两种精度不同的伪随机测距码，以此提供军用和民用两种服务。自 1996 年初正式投入使用以来，GLONASS 可为各类用户连续地提供动态的三维位置、三维速度和时间信息，并一直是以 GPS/GLONASS 组合式接收机出现在实际应用中，其定位精度可达到 10～15m。

3. 北斗卫星导航定位系统

中国北斗卫星导航系统（BeiDou Navigation Satellite System，BDS）是中国自行研制的全球卫星导航系统，也是继 GPS、GLONASS 之后的第三个成熟的卫星导航系统。北斗卫星导航系统由空间段、地面段和用户段三部分组成，可在全球范围内全天候、全天时为各类用户提供高精度、高可靠定位、导航、授时服务，并且具备短报文通信能力，已经初步具备区域导航、定位和授时能力，定位精度为分米、厘米级别，测速精度 0.2m/s，授时精度 10ns。

4. 伽利略卫星导航系统

伽利略卫星导航系统（Galileo）是欧盟正在建立的世界上第一个具有一定商业性质的完全民用的卫星导航系统，卫星星座是由分布在 3 个轨道上的 30 颗中等高度轨道卫星（MEO）构成，具体参数如下：每条轨道卫星个数 10（9 颗工作，1 颗备用）；卫星分布轨道面数为 3；轨道倾斜角 56°；轨道高度 24000km；运行周期 14h4min；卫星寿命 20 年；卫星重量 625kg；电量供应 1.5kW；射电频率 1202.025MHz、1278.750MHz、1561.098MHz、1589.742MHz。伽利略系统的工作寿命为 20 年，中等高度轨道卫星（MEO）星座工作寿命设计为 15 年。作为现有国际卫星辅助搜救组织卫星的组成部分，伽利略可为 77% 的救援位置提供 2000m 以内的定位精度，为 95% 的救援位置提供 5000m 以内的定位精度。目前，伽利略的伪距单点定位精度平均可达到水平方向 5m、垂直方向 10m，平均授时精度达 10ns。

5. 系统比较

本部分对以上介绍的卫星定位系统的特性进行分析比较，总结如表 2-3 所示。

卫星定位系统比较　　　　　　　　　　　　　　　　　　　　　　表 2-3

	国家/地区	卫星数	轨道数	轨道类型	轨道高度	覆盖范围	使用领域
GPS	美国	24 颗＋4 颗备份	6	低轨道	20230km	全球	军民两用
GLONASS	俄罗斯	24 颗（含 3 颗备份）	3	低轨道	19100km	全球	军民两用
北斗	中国	55 颗	3	静止轨道	36000km	中国及周边	军民两用
Galileo	欧盟	30 颗（含 3 颗备份）	3	中等高度轨道	24000km	全球	完全民用

6. 差分 GPS

GPS 具有两套定位服务：精密定位（或称 P 码定位）和普通定位（或称 C-A 码定位），只有后者对民用开放。为了提高利用 C-A 码接收机的定位精度，可以采用一种简单、有效且耗费少的应用技术，即差分工作方式。它是利用放置在已知点（基准站）的接收机信号修正其他用户接收机的相关误差，当用户与基准站相距在 200km 以内时，它可使卫星时钟差、星历误差、电离层迟滞引起的用户定位误差减小 80% 以上，并可以完全消除选择可用性（SA）的影响。GPS 的定位精度主要取决于 GPS 的工作方式：即单独 GPS 定位、差分 GPS 定位、差分 GPS 加伪卫星等。它们所能达到的精度如表 2-4 所示。

GPS 定位精度　　　　　　　　　　　　　　　　　　　　　　　表 2-4

	横侧精度(m)	垂向精度(m)
单独 GPS	70	120
差分 GPS	5.8	10.1
差分 GPS 加伪卫星	约 1.2	约 1.2

差分 GPS 系统（DGPS）依赖地面基准站对差分校正值进行计算和数据链传输。虽然现在也有其他不同的差分 GPS 技术，但当今重点仍是在数据链设想。DGPS 使用区域基准站，在一个已知的测量点设有高质量的 GPS 接收机和天线，基准站估算卫星测距误差的缓慢变化部分，并作为修正值发送给其通信范围内的用户，其实质是利用差分原理，直接用两个测量误差相关的子样求其相对距离和方位，从而可消除绝大多数偏差和慢变化误差，大大提高定位精度（图 2-35）。

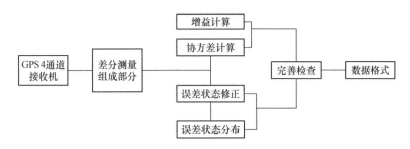

图 2-35　GPS 地面基准站系统

差分 GPS 基准站有三个基本功能：①计算 GPS 测量值；②计算差分校正值；③差分校正的格式和校正值传输。具有上述功能的系统如图所示，它包括连续的全面跟踪（使用 8 颗卫星每 4 颗为一组，4 条通道），用滤波器来结算差分校正值、完善性管理和形成数据格式并传送。

其中，差分校正值的计算较复杂，有以下两种方法。①距离数据的差分计算：求出每颗卫星每一时刻到基准站的真实距离，与测得的伪距比较，得出伪距校正数，将其传输至用户接收机，能得到米级定位精度。②载波相位差分方法，又称 RTK（Real Time Kinematic，RTK）技术，是实时处理两个测站载波相位观测量的差分方法。将基准站采集的载波相位发给用户接收机，进行求差解算坐标，定位精度达到厘米级。大量应用于动态需要高精度位置的领域。

2.8.4　卫星定位交通检测技术特点

卫星定位采集技术是近年来新兴的交通信息采集方法，可以采集得到车辆经纬度坐标位置、瞬时速度、方向、时间、运行状态、方位角、回传时间以及系统设备状态等信息，将这些数据与地理信息系统数据库进行定位与匹配关联，经分析处理可得到表征道路交通状态的行程速度和行程时间等交通参数信息。

随着车载移动设备的广泛应用，卫星定位检测技术逐渐成为动态交通信息检测的主要手段之一，其优点主要有：①覆盖面广，能够获取较大区域内的交通信息，克服了固定型采集技术采集数据量不足的缺点；②安装简单，不需要在道路或路面上增设其他设施，对交通不会造成影响，且维护成本低；③定位精度高，且在较高的采样频率下有助于获取车流的演化特征；④交通信息采集的实时性强，可全天候、实时动态采集数据，极大提高了交通数据采集的整体效率。

但是，卫星定位检测技术也存在一些不足，主要有：①需要较大的车辆样本量以提高宏观交通参数的检测精度，保证数据采集的信息量满足交通参数估计精度的要求；②道路中存在个别的卫星检测盲区，由于树木、高大建筑及隧道对卫星信号的遮挡，会在一些固定的地点造成卫星检测盲区；③检测过程中会受到电磁的干扰，影响交通状态估计结果的可靠。

2.9　无人机检测技术

无人机起源于第一次世界大战期间，最早被用于战场侦察监视。20 世纪 90 年代，随着 GPS 全球定位系统的出现和计算机技术的飞速发展，无人机逐渐步入繁荣时期，无人机在交通领域中可结合视频处理应用于交通信息检测、实时监控交通事件并能克服特殊环境条件影响实现应急救援，为交通规划、交通仿真、交通控制、交通安全、交通拥堵等研究提供较好的信息源，与其他交通信息采集技术相结合，丰富和发展现有的交通信息采集方法。

2.9.1 无人机系统工作原理

1. 无人机的分类

按照无人机飞行结构、用途和尺度，可将无人机分为以下几类：①按照飞行结构分类，可分为固定翼、旋翼无人机、伞翼和扑翼无人机；②按照用途分类，可分为军用和民用无人机；③按照尺度分类，可分为微型、轻型、小型和大型无人机。

目前国内无人机的应用主要是通过固定翼型无人机，根据不同的遥感手段，搭载相应的遥感设备，获得遥感信息。无人机通过搭载高分辨率 CCD 数码相机，对一定规划研究区域进行航拍，得到航拍影像及无人机图片。虽然执行航拍任务的无人机的种类、起飞降落方式各式各样，但是无人机航摄系统大致相同。

2. 无人机系统

参照中华人民共和国测绘行业标准化指导性技术文件《无人机航摄系统技术要求》CH/Z 3002—2010，用固定翼轻型无人机，搭载数码相机设备的无人机航摄系统一般主要包括飞行平台、飞行导航与控制系统、地面监控系统、遥感设备、数据传输系统。无人机系统如图 2-36 所示。

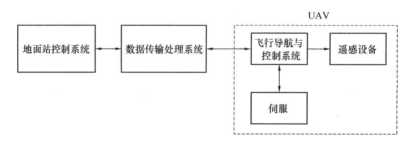

图 2-36　无人机系统

1）飞行平台即无人机本身，用于执行飞行任务，主要包括机体、发动机、螺旋桨、电气系统、燃料系统、起落架等设备和部件。对于飞行平台也有一定的技术指标要求，主要有：巡航速度为 60～160km/h，续航时间大于 1.5h，抗风能力应大于 4 级。

2）飞行导航与控制系统，用于无人机的导航、定位和自主飞行控制，主要包括 GPS 导航系统、惯性导航系统、气压传感器、应急救援系统等。

3）地面站控制系统，用于实时的监控无人机的飞行工作状态，并对无人机进行控制。包括无线电遥感器、RC 接收机、监控计算机等。无人机进行监控主要通过地面计算机的监控软件完成。通过地面监控计算机，可以进行飞行任务的规划和设计；通过数据传输系统，计算机可以向无人机上的飞行控制系统发出数据和控制指令，完成对无人机飞行的控制；还可以获得和存储无人机飞行的各种飞行数据。

4）遥感设备，用于航摄影像的获取与存储。主要包括数码相机及其控制系统。相机设备安装于无人机任务仓内，需要稳定牢固。数码相机可记录曝光时刻影像的经纬度、高度和飞机姿态（即横滚角、俯仰角、航向角）等数据。对于所使用的相机也有一定的指标要求，面阵传感器有效像素大于 2000 万，像素 2000 万的影像能存储 1000 幅以上，快门速度应快于 1/1000s，连续工作时间应大于 2h 等。

5）数据传输处理系统，用于地面监控站与无人机空中飞行控制系统之间的数据和控制指令的传输，包括空中与地面两部分。空中部分包括数据传送电台、天线、数据接 D 等；地面部分包括数据传送电台、天线、数传接口等。

3. 无人机航空摄影测量特点

无人机具有操作轻便、机动灵活、价格便宜等优点，但由此带来的体积小、载荷轻等缺点，使得无人机遥感影像和普通航空影像之间产生一定的差异，并且对无人机航空摄影测量的操作要求也更为严格。一般来说，无人机遥感系统的主要特点是使用非量测相机、飞行姿态不稳定、像幅小、基高比小、重叠度大等。

（1）非量测相机

无人机遥感系统一般采用普通的数码相机，即非量测相机。非量测数码相机是指没有经过标定的相机，其内方位元素和畸变系数未知且性能不够稳定，不能直接进行像位的解析计算，因此非量测数码相机被用于航空摄影测量之前，需要进行检校即标定，以解算相机的内方位元素和镜头的畸变参数。标定工作直接关系到成图的精度。目前，用于航空摄影测量的非量测数码相机，需要满足体积小、重量轻、有效像素大于 2000 万、电子快门速度大于 1/1000s 等指标要求。

（2）飞行姿态不稳定

无人机由于机体小、重量轻，在空中工作比有人驾驶飞机更容易受到气流的干扰，为了保证无人机航摄影像的质量，要求其航向重叠度为 70%～85%、旁向重叠度为 35%～55%。无人机姿态角的不稳定会产生以下影响：需要新的初始值计算方法；基于灰度的相关系数匹配失效；重叠度的增大，同等面积的区域需要更多的照片来覆盖，处理任务量增加；但重叠度增大，观测值个数增多，也使得解算更加稳定和可靠。

（3）像幅小、基高比小

无人机摄影测量所采用的像幅仅为 2.4cm×3.6cm，航摄基线变短，基线与航高之比变小，使空中三角形不稳定，降低了解算的稳定性。同时，像幅小意味着单幅影像覆盖面积小，增加了模型接缝、切换和接边的工作量。

2.9.2 无人机视频交通信息提取方法

1. 无人机交通信息采集步骤

1）确定无人机的飞行范围，在地面监控站系统的地图上规划出无人机的飞行路径，通过地面控制平台发射各种指令，经过数据通信模块与无人机进行信息交互，结合机内的自动控制系统完成无人机定高、定姿、定航线的飞行。

2）无人机的传感接收器接收指令后沿着规划路径飞行，监控模块对无人机的飞行进行实时监控，利用摄像机连续拍摄路面交通的视频图像，通过无线电传输 GPS 定位数据和视频图像至地面监控站。

3）地面监控站的数据处理模块完成对视频图像的处理，结合 GPS 定位数据分析各种交通参数。首先进行视频图像的分割，利用图像处理技术完成对运动车辆的识别；其次采用相关的算法实现对车辆的跟踪，结合交通分析方法，获得各种交通参数和交通事件。

2. 无人机图像的预处理

车辆的检测和交通参数的提取需要建立在无人机视频图像处理技术的基础之上，主要为图像预处理方法、图像滤波、阈值分割和形态学处理，此部分可参考视频检测技术章节内容，与传统视频检测方式不同的是，无人机图像的预处理需要首先进行图像畸变纠正。

普通的数码相机的像片边缘存在光学畸变，使图像中的实际像点坐标产生位移，改变了实际物体的地面位置，影响匹配的精度和数字正射影产品的生成。镜头畸变具有径向变形和切向变形。对于无人机图像的镜头畸变纠正，主要是采用区域网空中三角测量运算中的自检法将可能存在的系统误差，包括相机的实际测量焦距 f、像主点偏移值 Δx、Δy 物镜各畸变参数等，作为附加参数引入光束法区域网平差。其畸变纠正数学模型为：

$$\Delta x = \bar{x}r^2 k_1 + \bar{x}r^4 k_2 + (2\bar{x}^2 + r^2)p_1 + 2p_2\bar{x}\bar{y} + a\bar{x} + b\bar{y}$$

$$\Delta y = \bar{y}r^2 k_1 + \bar{y}r^4 k_2 + 2p_1\bar{x}\bar{y} + (2y^2 + r^2)p_2$$

$$\bar{x} = x - x_0$$

$$\bar{y} = y - y_0$$

$$r = \sqrt{\bar{x}^2 + \bar{y}^2} \tag{2-37}$$

式中，Δx、Δy 为数码相机的畸变改正参数；(x, y) 是像点在像平面坐标系中的坐标；(x_0, y_0) 为像主点坐标；(k_1, k_2) 为径向畸变系数；(p_1, p_2) 为偏向畸变系数；a 为 CCD 非正方形比例系数；b 为非正交性畸变系数；以上有关数据可以从相机检校文件中获得。

2.9.3 无人机交通信息采集技术的优缺点

相对于传统的交通信息采集方式，无人机检测技术机动灵活，环境适应性强，能够采集到广面域、多参数、宏微观兼具的交通信息。运用多无人机的协作方式，可实现较大范围内的交通信息采集。结合视频图像处理技术，可直接获取交叉口与路段的流量、速度、占有率、车辆长度与交通基础设施、行人、自行车等交通信息，此外，还可通过实时的视频监控检测交通事件的发生（表2-5）。

无人机交通检测优势和作业要求 表2-5

无人机优点	无人机缺点	作业要求
检测范围广：低空飞行、巡航高度可调、变换视角灵活不受车辆之间的遮挡，因此可以实现从局部到广域的点、线、面交通检测，有利于交通管理部门快速、高效地控制局面	跟踪算法要求高：无人机视频范围广、环境复杂、目标车辆多，对图像配准、车辆检测及跟踪算法等要求较高	飞行高度：受无人机质量、有效载荷和航空管理局限制，一般为0～200m

无人机优点	无人机缺点	作业要求
采集信息多样化：通过对感兴趣区域的连续侦查，可以跟踪和检测单个车辆的空间位置和运行状态，也可以采集交通密度、交通流量、平均速度及交通设施分布等宏观交通信息	视频后续检测难度大：无人机摄像机处于振动状态，机载平台和摄像机技术可以过滤部分振动干扰，但不可避免存在振动和模糊情况，后续视频检测难度增大	有效载荷：摄像机、云台和通信设备等不能过重，一般保持在数千克以内
机动灵活：无人机能够飞行在道路和桥梁之上，甚至能够进入隧道进行事故现场的勘察和取证，飞行高度从几十米到数百米不等，不受道路交通影响，表现出特有的灵活性和机动性		续航时间：因产品和载荷而异，通常不超过 2h
可应急救援：在遇到地震、洪灾、海啸、暴雪等自然灾害时，地面交通全部瘫痪，无人机可以立即出动，深入现场观察实况，搜索人员，建立通信中继	交通场景适用性有限：无人机对巡航时间和抗风能力有一定要求，较难适应恶劣天气，同时在空中持续停留时间有限，监控的地面范围和时间跨度会有一定约束	天气：风力通常在 6 级以下，气温在 −20℃ 以上，非下雨时间
风险低：不用考虑驾驶人风险，能够在灾害天气或污染环境下执行高危任务		
效率高：无人机作业准备时间短，可随时出动，具有低投入、高效益的特点	无人机应用受限：无人机在民用领域的航空管理规定滞后，操作员资质和技能、无人机身份辨识、禁飞区域和飞行监控等不够完善	其他：避免电视发射塔等带来的电磁干扰，避免强烈阳光照射干扰视频接收
成本低：小型无人机市场价格较为低廉，从数千元到数万元不等		

2.10 交通检测技术的比较

根据道路、交通、天气条件以及所需要获得的交通参数的不同，不同交通检测技术的性能也具有一定的差异，表 2-6 总结了几种典型交通技术的优缺点及可检测交通参数。

典型交通检测技术比较 表 2-6

技术	优点	缺点	可检测参数
环形线圈检测技术	线圈电子放大器已标准化技术成熟、易于掌握计数非常精确	安装过程对可靠性和寿命影响大；维修或安装需中断交通；影响路面寿命；易被重型车辆、路面修理等损坏	交通流量；速度；占有率；车型
视频检测技术	为管理提供可视图像交通信息量大单台摄像机和处理器可检测多车道	大型车辆能遮挡随行的小型车辆阴影、积水反射或昼夜转换可造成检测误差	交通流量；速度；占有率；车型

续表

技术	优点	缺点	可检测参数
微波检测技术	在恶劣天气下性能出色；可检测静止车；可以侧向方式检测多车道；直接检测速度	侧向安装条件下，虽然能检测多车道，但误差比较大。正向安装精度比较高但造价较高	交通流量；速度；占有率；车型
超声波检测技术	不受路面变形影响；使用寿命长；可移动，架设方便	检测范围呈锥形，受车型、车高变化的影响；检测精度较差，特别是车流严重拥堵的情况下；易受大风、暴雨等环境影响	交通流量；速度；占有率；车型
红外检测技术	主动式：检测电路简单；检测精度很高；功能可靠；被动式：探测范围较广，可检测非机动车和行人	主动式：破坏路面；安装及维护阻碍正常交通运行；被动式：不能检测静止的车辆；耐环境性较差	主动式：交通流量；速度；车型；被动式：交通流量；速度；占有率；车型
RFID检测技术	数据检测连续性强；全天候条件下工作；可提供自动收费功能	车辆必须安装有电子标签；必须有足够多的车辆安装有电子标签；必须有良好的滤波算法以个别车辆因运行故障引发的数据误差	交通流量；平均车速；车型；占有率；交通密度
卫星遥感检测技术	探测范围广；获取信息的速度快；不受地面条件限制；无需安装与维护过程	图像检测识别难度大；检测精度受到大气环境限制	交通流量；速度；占有率；车型
卫星定位系统检测技术	数据检测连续性强；全天候条件下工作	需要足够多装有GPS的车辆运行在城市路网中；检测数据通信容易受到电磁干扰；在城市中的检测精度与GPS的定位精度有很大关系	交通流量；瞬时车速；行程时间；行程车速
无人机检测技术	数据检测范围广；机动灵活；效率高；成本低；可应急救援	视频后续检测难度大；交通场景适用性有限；民用无人机航空管理规定滞后	交通流量；平均速度；交通密度及交通设施分布等宏观交通信息

在实际使用中，合理选择交通检测器才能达到预期的检测效果。

1）要对准备选取的交通检测器的性能参数等有深入的了解。

2）确定所需交通参数，初步拟定采用何种检测器。

3）需要考虑实际交通环境与所采用检测器的适用条件。

4）要合理设计交通检测器布置方案。交通检测器空间布置方案设计的合理与否，直接影响交通检测的精度和效果。

5）应尽量发挥所用检测器的特性，物尽其长，并能够组合运用，以检测更加全面的动态交通流信息。

6）要考虑交通检测器的安装费用和维护费用。

综上所述，在实际的交通检测中，根据交通检测需求和道路交通环境条件，在分析比较各种检测器性能及优缺点的基础上，应扬长避短，对各种检测技术进行优化设计和综合运用，才有可能有效地采集到各类动态交通流参数。以上所述几种典型交通技术中，视频检测技术未来会更普遍，视频和雷达结合的雷视一体检测技术也将会更有作为。

习　题

2.1　交通信息检测技术有哪些？

2.2　简述环形线圈检测技术估计车速的方法。

2.3　简述视频检测技术中常用的运动目标检测方法。

2.4　分别概述微波交通检测器的两种方式及检测原理。

2.5　简述超声波的性质及工作原理。

2.6　比较主动式和被动式红外线检测器检测原理的区别。

2.7　RFID 系统由几部分组成？如何进行工作？

2.8　简述遥感系统的工作原理及遥感图像的特点

2.9　GPS 交通信息采集的原理是什么？

2.10　简述无人机交通检测作业中的注意事项。

3 交 通 通 信 原 理

信息传输系统为交通信息系统的信息传输和交换提供了传输通路。概括地讲，信息传输系统实现的功能包括：

(1) 从各种交通检测器获取交通参数；

(2) 向现场设备发出控制指令；

(3) 在现场设备收到指令并应答后，接收其发回的确认信息；

(4) 监测现场设备的工作状态。

信息传输技术的性能将直接影响信息传输的有效性和可靠性，最终影响交通系统的综合性能。本章分析交通信息传输系统的组成，重点介绍模拟信息传输、数字信息传输、无线信息传输三种信息传输技术。

3.1 交通信息传输系统的组成

3.1.1 交通信息传输需求

1. 交通监测站及匝道控制机

交通监测站与匝道控制机一般采用多路轮询方式，一个传输通道可控制多部控制机，传输速率不高，一般为 1200bit/s，但需要保证设备运行及通信全天可用。

2. 其他检测器

交通状态检测器和道路状况检测器，与控制中心通过多个低速信道实现通信，采用轮询方式，需保证设备通信全天可用。

3. 可变情报板（VMS）

可变信息情报板通常使用现场控制方式，该类设备采用的通信协议与控制中心系统的通信协议和数据格式兼容。其信道类型也与检测器和匝道控制机所用信道类型相同。为了保证信息传输的实时性，需确保其信息显示的快速性。

4. 视频设备

视频设备主要用于确认交通事件和监测交通拥堵状态，要求全天候工作，并有较高的传输速率。确认交通事件时，要保证视频图像的稳定性和清晰度，虽然真正用于交通事件确认的时间很短，但要确保摄像机全天的可用性。同时，在检测器出故障时，检测区域内的摄像机要保证设备运行及通信全天可用。另外，监测交通拥堵时，要求摄像机能够实时地将现场交通图像信息传输到控制中心。一般视频图像数据量很大，故要求信息传输系统要有较高的传输速率。

3.1.2 交通信息传输类型

交通信息传输设备按照工作方式可以分为模拟传输和数字传输，交通系统传输的信息可以分为三类：

（1）数字信息，主要来源于交通检测器站、匝道控制机和可变信息板等，这部分信息传输的信息量较小，占用带宽较窄；

（2）声音信息，来自紧急救援和调度等，可以通过有线和无线方式传播；

（3）视频图像信息，来自摄像机的动态图像，用于交通事件的确认和监控，传输时需要占用较宽的带宽。

3.1.3 交通信息传输媒质

交通信息传输媒质是交通通信系统中连接信息发送端和信息接收端之间的物理通路，传输媒质可分为两大类：有线传输媒质和无线传输媒质。

有线通信是指电磁波沿线缆传播的通信方式，有线传播媒质又称为导向介质，常见的有双绞线、同轴电缆、光纤等。近年来，光纤通信成为交通控制系统的主要通信媒介。

有线传输媒质的构造特征及用途如表 3-1 所示。

有线传输媒质的种类、定义、构造、特征及用途　　　　　　　　表 3-1

线路种类	定义	构造	特征	主要用途
双绞线	双绞线又称为双扭线，是由若干对且每对有两条相互绝缘的铜导线按一定规则绞合而成		便宜、构造简单，传输频带宽，有漏话现象，容易混入杂音	电话用户线，低速 LAN
同轴电缆	同轴电缆是非常坚韧的屏蔽铜线，其中心导体比屏蔽双绞线更粗，外面包着外屏蔽层，提高传输性能，降低信号衰减		价格稍高，传输频带宽，漏话感应少，分支接头容易	CATV 分配电缆，高速 LAN
光纤	光纤是一种能引导光束的细（$2\sim125\mu m$）且柔软的介质		低损耗，频带宽，质量轻，直径小，无漏话	国际主干线，国内城市间主干线高速 LAN

双绞线主要用于 100kHz 以下或数字信号 100Mbit/s 以下的信息传输，被广泛应用于电话端局、用户的连线或低速局域网计算机之间的连接。

一般高频信号的传输或长距离传输大都使用同轴电缆，其频带要远远宽于双绞线并且其外部的金属能够避免杂音的混入，被广泛应用于百兆赫的模拟信号的传输，也用于 1Gbit/s 的数字传输。由于电视频段在 $91.25\sim900$MHz 范围，因此有线电视的分配电缆都采用同轴电缆。

光纤和以上两种介质相比有很大的优势，它具有损耗低、传输频带宽、无电磁感应、不漏话和质轻等特点，光缆已经逐渐取代双绞线和同轴电缆。

无线通信是电磁波在空间传播的通信方式，传输媒介为空间，电波是指频率在3GHz以下的电磁波。电磁波包括电波、红外线、可见光、紫外线、X射线和γ射线等。其中电波按所用波段不同又可划分为长波通信、中波通信、短波通信、超短波通信和微波通信等，另外还有卫星通信、移动通信、无线寻呼等。

电波是由天线发射出去的，天线的形状、尺寸决定发射电波的频率。电波的传播方式也多种多样，主要传播方式有地表传播、直射波和电离层反射波。无线信道的工作频率和传播方式及用途如表3-2所示。

无线信道的工作频率、传播方式和主要用途　　　　表3-2

名称	频带范围	波长范围	主要传播方式	主要用途
长波	30～300kHz	1～10km	地表面波	远距离通信，导航
中波	300～3000kHz	0.1～1km	地表面波	调幅广播，船舶、飞机通信
短波	3～30MHz	10～100m	地表面波，电离层反射波	调幅广播，调幅和单边带通信
超短波	30～300MHz	1～10m	直射波，对流层散射	调幅广播，广播电视，雷达与导航，移动通信
微波	>300MHz	<1m	直射波	广播电视，卫星通信，移动通信，微波接力通信等

无线通信与有线通信相比，具有机动灵活、不受地理环境限制、通信区域广等优点，但易受到外界干扰，保密性差。有线通信可靠性高，成本低，适用于近距离固定点之间的通信。在现代通信中，无线通信系统和有线通信系统互相融合、互相补充。

3.1.4　交通信息传输系统构成

1. 通信系统模型

交通信息传输可分为模拟和数字两种，故交通信息传输系统同样也包括模拟信息传输系统和数字信息传输系统。理论上讲，通信系统的一般模型如图3-1所示，通信的基本目的是实现信息源和受信点间的信息交换，图3-1中信息源的信息用符号 g 表示，通常 g 是一个随时间变化的信号 $g(t)$，它作为发信机的输入信号。一般情况下，信号 $g(t)$ 的形式

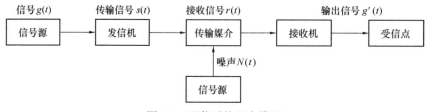

图3-1　通信系统基本模型

不适于在传输媒质中传输，因而必须由发信机将它转换成适于在传输媒质中传输的信号 $s(t)$。传输媒质中，信号会受到各种噪声 $N(t)$ 的干扰，因而接收机接收到的信号 $r(t)$ 可能不同于发送信号 $s(t)$。接收机将根据 $r(t)$ 及媒质的特性估计 $s(t)$ 的性质，从而把 $r(t)$ 转换为输出信号 $g'(t)$。转换后的信号 $g'(t)$ 是 $g(t)$ 的近似或估计值。

现举例说明实际通信系统是怎样对应于这个模型的。以电话为例，信息源是打电话的人，信号 $g(t)$ 是人的语音。发信机，就是电话送（收）话器的话筒，它把语音转换成相应的电信号 $s(t)$，并进行发送，这时的传输媒质是电话电缆。作为接收机的是送（收）话器的扬声器，它所进行的是发信机的反变换，把近似 $s(t)$ 的信号 $r(t)$ 变换成语音信号。电话系统中的噪声通常会引起话音失真和背景噪声。

事实上，通信系统基本模型是对各种信息传输系统的概括，它反映了通信系统的共性。根据所研究对象的不同，会出现形式不同的具体通信模型。对于模拟信息传输系统，发信机为调制器，接收机为解调器，调制和解调功能的主要作用就是解决原始信号特性和信道传输特性间的匹配问题，是模拟通信系统中重要的组成部分。

2. 数字信息传输系统模型

利用数字信号作为载体而传递信息的通信系统称为数字信息传输系统。任一信息既可用模拟方式传输，也可用数字方式传输。如电话信号可用模拟信号传输，也可以用数字化手段将模拟信号变换成数字信号后再传输。此外，数字信号经变换后，也可在模拟信道上传输。

数字信息传输系统的组成如图 3-2 所示。

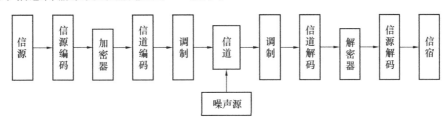

图 3-2　数字信息传输系统的组成

图 3-2 中，信源是信息变换成原始电信号的设备或电路。常见的信源有产生模拟信号的电话机、话筒、摄像机和输出数字信号的电子计算机等。

信源编码的任务是把模拟信号变换成数字信号，即模拟/数字变换（简称模/数变换或 A/D 变换）。若信源已经是数字信号，信源编码可省去。

加密器是对数字信号进行加密，对数字信号进行一些逻辑运算即可起到加密的作用。

信道编码包括纠错编码和线路编码（又称码型变换）两部分。经过信道编码的码流，码元间具有较强的规律性，使其满足信道的要求，适应在信道上传输，接收端易于同步接收发送端送来的数字码流，并且根据信道编码形成的规律性自动进行检错甚至纠错。

编码器输出的信号是数字基带信号（即编码脉冲序列），若将基带信号直接送至信道中传输，这种方式称作基带传输。基带传输必须使用有线传输且距离有限，为了进行远距离传输需要借助高频振荡信号（载波），而调制技术就是完成这种变换。这种利用调制技术来传输数字信号的方式称为频带传输。

接收端的解调、信道解码、解密器、信源解码等功能与发送端的调制、信道编码、加密器、信源编码等功能是一一对应的反变换，这里不再赘述。

需要指出的是，具体的数字信息传输系统并非一定包括图 3-2 所示的全部内容。如信源是数字信息时，则信源编码和信源解码可以去掉，这时的通信系统称为数据通信系统；对于基带传输系统，调制、解调器可去掉；当通信不需要保密时，加、解密器可去掉。如果对抗干扰性能要求不高，可以不要信道编码和信道解码部分。另外，同步系统是数字通信系统的重要组成部分，要求系统的收、发双方具有统一的时间标准，工作步调一致。同步包括载波同步、位（码元）同步和群（帧）同步等。如果同步存在误差或失去同步，将导致整个通信系统失效。

3.2 模拟信息传输

模拟信息传输是指在信道中所传递的信息是模拟量，相应电信号是模拟波形。模拟信息传输最大的特点是采用模拟调制技术。下文在调制基本概念和功能介绍的基础上，重点介绍模拟调制技术。

3.2.1 调制的基本概念

通信系统中调制的目的是将基带信号的频谱搬移到适合传输的频带上，并提高信号的抗干扰能力，即使载波的某一个参量随基带信号的变化而变化。调制在通信系统中主要用来变换信号，由消息变换过来的基带信号，其频谱集中在零频附近的几兆赫范围内。在有些系统中如直流电报、实线电话和有线电视等基带信号可以在信道中直接传输，即基带传输系统。但大量的通信系统如无线系统，基带信号需要经过调制转换成适合在信道中传输的形式。即便是有线系统，有时也需要经过调制将信号的频率变换到与信道的传输频带相适应。前面提到，傅里叶变换的搬移特性，利用余弦信号可以将信号频谱在正负频域内分别搬移到 $\pm\omega_0$ 的位置上，这正是调制的频域含义。其中高频余弦信号称为载波信号，基带信号称为调制信号，调制后的波形为已调波。与调制过程相反，恢复原来的基带信号的过程称为解调。

概括起来讲，调制有以下几方面的功能。

（1）提高频率以便于辐射

无线通信系统中，是用空间辐射的方式来传输信号的。由天线理论可知，只有当辐射天线的尺寸大于信号波长的 1/10 时，信号才能被天线有效地辐射（$\lambda = c/f$，式中 λ 为波长（m）；c 为电磁波传播速度 3×10^8（m/s）；f 为音频（Hz））。也就是说，假设用 1m 的天线，则辐射频率至少需要 30MHz。调制过程可将信号频谱搬移到任何需要的频率范围，使其易于以电磁波的形式辐射出去。

（2）实现信道复用

一般说来每个被传输信号所占用的带宽小于信道带宽，此时，一个信道只传输一路信号是很浪费的，但又不能同时传输一路以上的信号，这将引起信号间的干扰。通过调制，可以使各路信号的频谱搬移到指定的位置，互不重叠，从而实现在一个信道里同时传输多路信号。由于这是在频率域内实现信道的多路复用，故称之为"频率复用"。同样，在时间域里，利用脉冲调制或编码可使各路信号交错传输，也可实现信道复用，称之为"时间复用"。

（3）改变信号占据的带宽

信息传输系统常用的信号类型有音频、视频或其他类型，这些常用信号的频谱会占有多倍频程，如果频率范围这样宽，会使传输特性发生极大的改变，因此传输媒介将引入一些不可控的频率选择。这时可以通过调制避免，因为调制后信号频谱通常被搬移到某个载频附近的频带内，其有效带宽相对于最低频率而言是很小的，这是一个窄带带通信号，在很窄的频带内，传输特性的变化就不会那样大。

（4）改善系统性能

后面会看到，通信系统的输出信噪比是信号带宽的函数，根据信息论的一般原理可知，宽带通信系统一般表现有较好的抗干扰性能。也就是说将信号变换，使它占据较大的带宽。例如，宽带调频信号的传输带宽比调幅信号宽，因此它的抗干扰性能比调幅要好。理论上可以证明，有可能用带宽来换取信噪比，带宽和信噪比的互换可由各种形式的调制来完成。

3.2.2 调制的分类

调制过程如图 3-3 所示，模拟调制是指用来自信源的基带模拟信号去调制某个载波。模拟调制中，通常利用正弦高频信号作为传送消息的载体，即载波信号。根据 $m(t)$、$c(t)$ 的信号类型不同和实现调制的传输函数的不同，可以将调制过程进行分类。

（1）按调制信号 $m(t)$ 分类

按照调制信号 $m(t)$ 是连续变化的模拟量，还是离散的数字量来区分，可分为模拟调制和数字调制。

（2）按载波信号 $c(t)$ 分类

按 $c(t)$ 分类可分为连续波调制和脉冲调制。

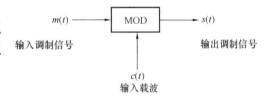

图 3-3　调制过程示意图

（3）按调制实现的功能分类

$A\cos(\omega_0 t + \psi_0)$ 有 3 个量可以变化：幅值 A、频率 ω_0、相角 ψ_0。

幅度调制，即调制信号 $m(t)$ 改变载波信号 $c(t)$ 的幅度参数。其中包括 AM、PAM、ASK 幅移键控。

频率调制，即调制信号 $m(t)$ 改变载波信号 $c(t)$ 的频率参数。其中包括 FM、PFM、FSK 频移键控。

相位调制，即调制信号 $m(t)$ 改变载波信号 $c(t)$ 的相位参数。其中包括 PM、PPM、PSK 相移键控。

（4）按调制器的传输函数分类

线性调制，是指输出 $s(t)$ 信号的频谱与输入调制信号的频谱之间呈线性搬移关系，而没有新的频率分量的产生。

非线性调制，是指在输出端出现许多在输入信号频谱中并不存在对应关系的频率成分，如调频、调相、频移键控均属于非线性调制。

表 3-3 列出了常用调制技术及其用途。

常用调制技术及其用途 表 3-3

调制方式			主要用途
载波调制	线性调制	常规双边带调制 AM	广播
		双边带调制 DSB	立体广播
		单边带调制 SSB	载波通信、短波无线电话通信
		残留边带调制 VSB	电视广播、传真
	非线性调制	频率调制 FM	微波中继、卫星通信、立体声广播
		相位调制 PM	中间调制方式
	数字调制	幅度键控 ASK	数据传输
		频移键控 FSK	
		相移键控 PSK、DPSK	
		偏置正交相移键控 OQPSK	
		正交差分相移键控 π/4DQPSK	
		其他高效数字调制 QAM、MSK	数字微波、空间通信
		最小频移键控 MSK	移动通信
		高斯最小频移键控 GMSK	移动通信
	多载波调制	正交频分复用 OFDM	非对称数字用户环路、无线局域网高清电视、数字视频广播
脉冲调制	脉冲模拟调制	脉幅调制 PAM	中间调制方式、遥测
		脉宽调制 PDM	中间调制方式
		脉位调制 PPM	遥测、光纤传输
	脉冲数字调制	脉码调制 PCM	市话中继线、卫星、空间通信
		增量调制 DM(ΔM)	军用、民用数字电话
		差分脉码调制 DPCM	电视电话、图像编码
		其他编码方式 ADPCM	中继数字电话
编码调制		网络编码调制 TCM	高速数据传输、数字电视传输
扩频调制		直接序列扩频调制 DSSS	军事通信、CDMA 移动通信、导航、雷达
		调频扩频调制 FHSS	

3.2.3 模拟调制技术

幅度调制的已调信号的频谱结构是调制信号频谱的平移，或平移后再经过滤波除去不需要的频谱分量。幅度调制主要包括标准调幅（AM）、双边带（DSB）调幅、单边带（SSB）调幅和残留边带（VSB）调幅等，均属于线性调制。

1. 线性调制

（1）标准调幅（AM）

标准调制（AM）是指用信号 $f(t)$ 去控制载波 $c(t)$ 的振幅，使已调波的包络按照 $f(t)$ 的规律线性变化的过程，这种调制在中短波广播及通信中获得广泛应用。

假设调制信号为 $f(t)$，载波为：

$$c(t) = A_0 \cos(\omega_0 + \theta_0)$$

则已调信号可以写成：

$$\varphi_{AM}(t) = [A_0 + f(t)]\cos(\omega_0 + \theta_0) \tag{3-1}$$

式中，A_0 代表未调载波的振幅；ω_0 代表载波角频率；θ_0 代表载波起始相位。为了求得已调波的频谱，将式（3-1）写成指数形式：

$$\varphi_{AM}(t) = [A_0 + f(t)] \cdot \frac{e^{j(\omega_0 t + \theta_0)} + e^{-j(\omega_0 t + \theta_0)}}{2} \tag{3-2}$$

设 $f(t) \leftrightarrow F(\omega)$，则由傅立叶变换的频移定理，有：

$$f(t)e^{\pm j\omega_0 t} \leftrightarrow F(\omega \mp \omega_0)$$

$$A_0 e^{\pm j\omega_0 t} \leftrightarrow 2\pi A_0 \delta(\omega \mp \omega_0)$$

代入式（3-2），得：

$$\varphi_{AM}(\omega) = [2\pi A_0 \delta(\omega - \omega_0) + F(\omega - \omega_0)]\frac{e^{j\theta_0}}{2} + [2\pi A_0 \delta(\omega + \omega_0) + F(\omega + \omega_0)]\frac{e^{-j\theta_0}}{2}$$

设，$\theta_0 = 0$，则

$$\varphi_{AM}(\omega) = \pi A_0 [\delta(\omega - \omega_0) + \delta(\omega + \omega_0)] + \frac{1}{2}[F(\omega - \omega_0)] + F(\omega + \omega_0)]$$

如图 3-4 所示为调制信号的波形及其相关频谱（令 $\theta_0 = 0$）。

做以下几点说明：

1）调幅过程使原始频谱 $F(\omega)$ 搬移了 $\pm\omega_0$，且频谱中包含载频分量 $\pi A_0[\delta(\omega - \omega_0) + \delta(\omega + \omega_0)]$ 和边带分量 $\frac{1}{2}[F(\omega - \omega_0) + F(\omega + \omega_0)]$ 两部分。

2）AM 波的幅度谱对于 $\pm\omega_0$ 是对称的，对于正频率而言，高于 ω_0 的频谱部分叫作上边带，低于 ω_0 的频谱部分叫作下边带。由于幅度谱对于原点是偶对称的，所以对于负频率而言，上边带落在低于 $-\omega_0$ 的频谱部分，下边带落在高于 $-\omega_0$ 的频谱部分。

3）AM 波占用的带宽是消息带宽 ω_m 的 2 倍，即 $2\omega_m$，ω_m 为消息带宽。

4）为了实现不失真的调幅，必须满足下列两个条件：

第一，由时间波形可知，对于所有 t，必须有 $|f(t)|\max \leqslant A_0$。这个条件保证了 $A_0 + f(t)$ 总是正的，已调信号的包络与调制信号呈正比，调制后载波相位不会改变，信息只包含在振幅中；否则，就会出现过调幅现象，此时在 $A_0 + f(t) = 0$ 的点处使载波相位产生 $180°$ 的反转，因而形成包络失真，如图 3-5 所示。

第二，载波频率应远大于 $f(t)$ 的最高频率分量，即 $\omega_0 \geqslant \omega_m$。载波频率必须足够高，这样才能从外包络中精确检测出原始信号。另外，从频谱图不难看出，若此条件不满足，会出现频谱交叠，此时的包络形状定会产生失真。

第三，AM 调制的优点是调制简单，占用频带窄，节省频率资源。缺点是抗干扰能力

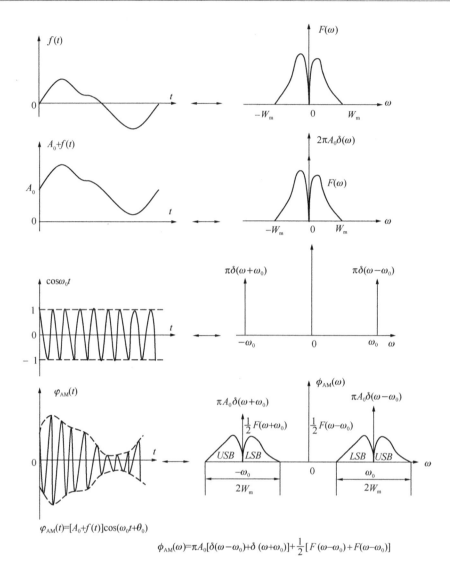

图 3-4 AM 调制的波形及频谱

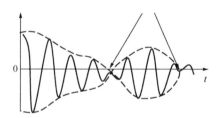

图 3-5 包络产生反相点

差，通信质量低。如果调制信号最高频率取到 4.5kHz，电台之间间隔 $\Delta B \geqslant 9\text{kHz}$。

【例 3-1】 振幅为 60V，频率为 2MHz 的载波，用频率为 2kHz 的单频调制信号进行调幅，调幅指数为 0.8。

1）写出 AM 波的时域表达式。

2）上边带、下边带的振幅及频率各为多少？

3）AM 波的带宽是多少？

解：1）因 $A_0 = 60\text{V}$，$f_0 = 2 \times 10^6\,\text{Hz}$，$f_m = 2 \times 10^3\,\text{Hz}$，$\beta_{AM} = 0.8$，AM 波的时域表达式为：

$$\varphi_{AM}(t) = 60[1 + 0.8\cos(4 \times 10^3 \pi t)]\cos(4 \times 10^6 \pi t)$$

2）因 $A_m = A_0\beta_{AM} = (60 \times 0.8)\text{V} = 48\text{V}$，又根据 AM 波的频谱表达式可以得到上边带、下边带的振幅，即：

$$\frac{A_m}{2} = 24\text{V}$$

上边带、下边带的频率分别为：

$$f_0 + f_m = (2 \times 10^6 + 2 \times 10^3)\text{Hz} = 2.002 \times 10^6\,\text{Hz}$$

$$f_0 - f_m = (2 \times 10^6 - 2 \times 10^3)\text{Hz} = 1.998 \times 10^6\,\text{Hz}$$

3）AM 波的带宽：

$$B = 2f_m = (2 \times 2 \times 10^3)\text{Hz} = 4 \times 10^3\,\text{Hz}$$

（2）抑制载波双边带调幅（DSB-SC）

在标准调幅波中，载波本身并不携带有用信息，但占据了一半以上的功率。在正弦调制下，当 100% 满调幅时，调制指数为 1，调制效率最大为 1/3。若考虑到实际系统的平均调制度还小于 100%，因此实际效率要更低，这是标准调幅的最大缺陷。既然载波分量不携带任何消息，就可以完全抑制掉，将有效功率完全用到边带传输上去，从而提高调制效率。只要让 $A_0 = 0$，就可以实现。

在标准调幅表达式中，只要让 $A_0 = 0$，便得到 DSB 表达式，即：

$$\varphi_{DSB}(t) = f(t)\cos(\omega_0 t + \theta_0) \tag{3-3}$$

将式（3-3）进行傅立叶变换，就得到 DSB 信号的频谱表达式，即：

$$\varphi_{DSB}(\omega) = \frac{1}{2}[F(\omega - \omega_0) + F(\omega + \omega_0)]$$

显然，在 DSB 信号中没有载频分量，因此全部功率都包含在边带中，这就使效率达到了 100%。DSB-SC 调制过程的波形及频率如图 3-6 所示。

对 DSB-SC 调制过程作如下几点说明。

1）当 $f(t)$ 改变符号时，载波相位出现倒相点，故其包络形状不再与 $f(t)$ 信号的形状相同，信号包含在相位和振幅两者当中，故不能采用包络检波器解调，必须采用相干解调。

2）提高了调制效率，但频带宽度仍是调制信号带宽的 2 倍，信道利用率没有提高。

3）上、下两个边带互相对称于载波，只要给出任意一个边带的幅度与相位，就可以决定另一个边带的幅度与相位。

4）抑制载波的双边带调幅波的实现只需要一个乘法器。

（3）单边带（SSB）调制

在 AM 和 DSB-SC 中，调制的结果是将原始频谱 $F(\omega)$ 搬移了 $\pm\omega_0$，同时使信号带宽增加了 1 倍，信道利用率并没有得到提高。

抑制载波的双边带调制中，在 $\pm\omega_0$ 处出现了两个与 $F(\omega)$ 形状完全相同的频谱。因

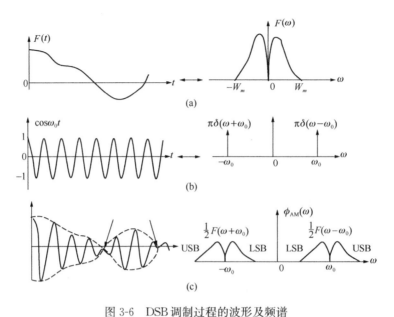

图 3-6　DSB 调制过程的波形及频谱

(a) 调制信号波形及频谱；(b) 载波波形及频谱；(c) 标准调制信号波形及频谱

此，发送整个频谱时发送了多余的信息。然而，传送其中一个频谱是不可能的，因为任何物理可实现的信号，其频谱都是 ω 的偶函数。但是，将频谱分成为 USB 和 LSB 两部分，两个 USB 或 LSB 却包含了 $F(\omega)$ 的全部信息。因此，只传送两个 USB 或两个 LSB 就足够了，它们都是 ω 的偶函数，恰好表示一个实际信号。这种调制方式叫作单边带调制。它的最大优点就是带宽比前两种调制减少了一半，因而，提高了信道利用率。同时，由于不发送载波而仅发送一个边带，所以同时节省了功率。因此，在通信中获得了广泛的应用，尤其在短波通信和载波电话中占有重要地位。单边带调制的频谱如图 3-7 所示。

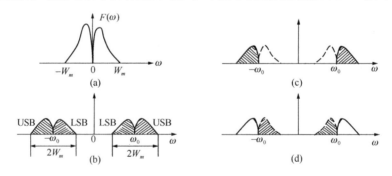

图 3-7　单边带调制的频谱图

(a) 调制信号频谱；(b) 双边带调幅信号频谱；

(c) 单边带（USB）信号频谱；(d) 单边带（LSB）信号频谱

对于单边带信号的产生方法有 3 种，即滤波法、移相法和混合法。其中最简单且目前应用最广泛的方法是滤波法。它是在双边带调制后接一个边带滤波器。边带滤波器可以用带通滤波器、高通滤波器（产生 USB）和低通滤波器（产生 LSB）。滤波器的作用是让有用边带通过，而抑制掉无用边带。图 3-8 所示滤波法的主要缺点是要求滤波器的特性十分接近理想特性，这种滤波器特性很难实现，可以采用多级滤波器法来解决，有关内容可查阅相关资料。

对于单边带调制作如下说明：

1）理想的边带滤波器很难实现。

2）不能采用简单的包络检波器，必须用相干解调。

3）频带宽度减少一半，提高信道利用率。

（4）残留边带（VSB）调制

单边带信号的产生在技术上存在一定的困难，特别是对于低频成分比较丰富的调制信号，产生截止频率比较陡峭的滤波器比较困难，要求上、下边带之间的频率间隔必须大于滤波器的过渡带。双边带调制容易实现，但带宽比较宽，所以要寻求一种折中的调制方式。这种

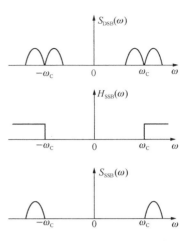

图3-8 高通滤波器产生单边带信号

调制方法称为残留边带调制，其保留一个边带的绝大部分和另一个边带的一小部分，避免了实现上的困难但带宽介于单边带信号和双边带信号带宽之间。残留边带调制特性如图3-9（a）所示，这种调制方式不是对一个边带完全抑制，而是使它逐渐截止，截止特性使传输边带在载频附近被抑制的部分被不需要边带的残留部

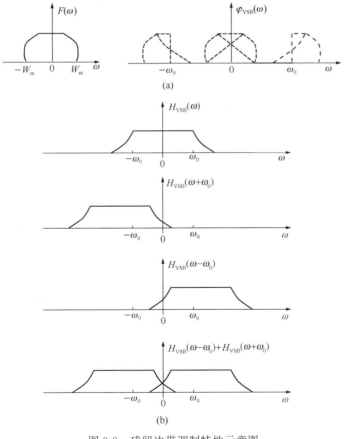

图3-9 残留边带调制特性示意图

（a）残留边带频谱；（b）残留边带滤波器对称特性

分精确补偿。在接收端只要将两个频谱搬到一起就可以不失真地恢复原始信号。

对残余边带调制做几点说明：

1）残余边带也是抑制载波的已调信号，同样不能采用包络检波方式，只能采用相干解调。

2）在产生残余边带调制信号时，对滤波器要有特殊要求，即要求滤波器的频率特性在附近具有滚降特性，且该段特性对于 $|\omega_0|$ 上半幅度点呈现奇对称，这种特性叫作互补对称特性。

3）残余边带滤波器的传递函数 $H_{VSB}(\omega)$ 将它进行 $\pm\omega_0$ 的移频，得到两个传递函数，它们分别为 $H_{VSB}(\omega-\omega_0)$ 和 $H_{VSB}(\omega+\omega_0)$，将两个传递函数相加，在 $\omega < |\omega_0|$ 范围内应该有：

$$H_{VSB}(\omega-\omega_0) + H_{VSB}(\omega+\omega_0) = 常数$$

要满足该条件，必须使 $H_{VSB}(\omega-\omega_0)$ 和 $H_{VSB}(\omega+\omega_0)$ 具有互补对称特性，如图 3-9（b）所示，即 VSB 频谱特性中，传输边带被衰减掉的那部分边带能量正好被抑制边带中残留下来的那部分频谱能量所补偿，因此可以无失真地恢复原始信号 $f(t)$。

4）节省带宽方面几乎和单边带系统相同，而残余边带滤波器比具有陡峭截止特性的单边带滤波器简单得多，同时具有双边带所具有的低频基带特性，并具有取长补短之功效。

2. 角度调制

前文讨论了用正弦波的幅度随基带信号的变化而变化来传输信号，那么可以考虑用正弦载波的角度进行调制。使正弦载波的角度随基带信号而变化，这就是角度调制。与线性调制不同，其已调波的频谱并不是简单的频谱搬移，也不是调制后的频率分量与调制前呈线性对应关系，而是将频谱扩展到非常宽的频带范围内传输，因此，称为非线性调制系统。这种非线性调制系统的特点是，时间波形上已调波的幅度始终保持不变，而相位和频率随调制信号变化，其优点是抗干扰性强，抑制噪声。因此，要求质量高、信道带宽较宽条件下可以优先考虑这种调制方式，如立体广播、电视伴音。

（1）角度调制基本概念

一个余弦波可用幅度、频率和相位三种参数来表示，即 $S(t) = A\cos(\omega_0 + \theta_0)$。根据调制的基本概念，就会相应的有三种调制系统：调幅（AM）、调频（FM）和调相（PM）。角调波是指具有恒定振幅和瞬时相角的正弦波，即：

$$\varphi(t) = A\cos\theta(t)$$

瞬时频率 $\omega(t)$ 和瞬时相角 $\theta(t)$ 的关系为：

$$\omega(t) = \frac{d\theta(t)}{dt}$$

相位调制（PM）系统的相位受到调制，其瞬时相角：

$$\theta(t) = \theta_0 + k_{PM}f(t)$$

式中，k_{PM} 为调相灵敏度。调相信号的时域表达式为：

$$\varphi_{PM}(t) = A_0\cos[\omega_0 t + \theta_0 + k_{PM}f(t)]$$

式中，ω_0、A_0 为常量。其瞬时频率为：

$$\omega(t) = \frac{d\theta(t)}{dt} = \omega_0 + k_{PM}\frac{df(t)}{dt}$$

频率调制（FM）系统的角频率受到调制，其瞬时角频率：

$$\omega(t) = \omega_0 + k_{FM} f(t)$$

式中，k_{FM} 为调频灵敏度。则 $\omega(t)$ 所产生的瞬时相角为：

$$\theta(t) = \int \omega(t) \mathrm{d}t = \omega_0 + k_{FM} \int f(t) \mathrm{d}t$$

故：

$$\varphi_{FM}(t) = A_0 \cos\left[\omega_0 t + \theta_0 + k_{FM} \int f(t)\right] \mathrm{d}t$$

总之，相位的变化和频率的变化均能引起角度的变化，所以称为角调制。例如，对于整流正弦波分别进行调频和调相。

对于调相波，瞬时相角 $\theta(t) = \omega_0 t + k_{PM} f(t)$。设 θ_0 为 0，瞬时频率为：

$$\omega(t) = \frac{\mathrm{d}\theta(t)}{\mathrm{d}t} = \omega_0 + k_{PM} \frac{\mathrm{d}f(t)}{\mathrm{d}t}$$

式中，取 $k_{PM} \left| \dfrac{\mathrm{d}f(t)}{\mathrm{d}t} \right|_{max}$ 为调相波的最大频偏；$k_{PM} \dfrac{\mathrm{d}f(t)}{\mathrm{d}t}$ 为调相波的瞬时频率偏移。

对于调频波，瞬时频率为：

$$\omega(t) = \omega_0 + k_{FM} f(t)$$

式中，$k_{FM} f(t)$ 为调频波的瞬时频率偏移，$k_{FM} \left| \dfrac{\mathrm{d}f(t)}{\mathrm{d}t} \right|_{max}$ 为调频波的最大频偏。

可以看出，调相波的瞬时频率和原信号 $f(t)$ 的微分呈正比，而调频波的瞬时频率和原信号呈线性关系。对于整流正弦波来说，正弦信号 $f(t)$ 微分后得到幅度变化的余弦波，故调相波的频率按余弦规律变化，调频波的频率按整流正弦波规律变化，其波形如图 3-10 所示。

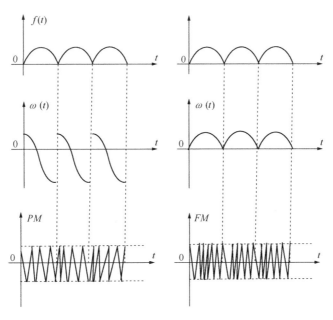

图 3-10　PM 与 FM 波形比较

由最大频偏表达式得，当 $f(t)$ 信号为一个单频调制信号 $f(t) = A_M\cos(\omega_m t)$ 时，对于调相波，其最大频偏要与 ω_m 有关；而对于调频波，其最大频偏与 ω_m 无直接关系，仅决定于 A_m。这是调频波的优点。

（2）调频波和调相波的特点

1）由调频波和调相波的时域表达式可知，调相波的相位偏移与调制信号呈线性关系，而调频波的相位偏移与调制信号的积分呈线性关系。换句话说，调相波的瞬时频率与调制信号的导数呈线性关系，而调频波的瞬时频率与调制信号本身呈线性关系。所以，在不知道调制信号的具体波形的情况下，很难判断已调信号是调频信号还是调相信号。

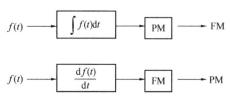

图 3-11　FM 和 PM 之间的关系

2）调频信号与调相信号可以进行相互转换。调制信号 $f(t)$ 先进行积分，然后再调相，得到调频波；调频信号 $f(t)$ 先进行微分，然后再调频，得到调相波，如图 3-11 所示。

3）如果调制信号是单频信号，即：

$$f(t) = A_m\cos(\omega_m t)$$

则调相信号为：

$$\varphi_{PM}(t) = A\cos(\omega_0 t + k_{PM} A_m\cos\omega_m t) = A\cos(\omega_0 t + \beta_{PM}\cos\omega_m t)$$

式中，$\beta_{PM} = A_m k_{PM}$ 称为调相指数，它代表调相波的最大相位偏移。可见，它只取决于调制信号的幅度，而与调制频率无关。调频信号为：

$$\varphi_{FM}(t) = A\cos(\omega_0 t + k_{FM} A_m\int\cos\omega_m t dt) = A\cos(\omega_0 t + \beta_{FM}\sin\omega_m t)$$

式中，$\beta_{FM} = \dfrac{A_m k_{FM}}{\omega_m}$ 称为调频指数，它代表调频波的最大相位偏移；$A_m k_{FM}$ 为调频信号的最大角频率偏移，即：

$$\beta_{FM} = \frac{A_m k_{FM}}{\omega_m} = \frac{\Delta\omega_{max}}{\omega_m} = \frac{\Delta f_{max}}{f_m}$$

其中，Δf_{max} 为最大频率偏移。

所以，区别两种波形可以通过改变调制频率 ω_m，保持幅度 A_m 恒定。因为，这时 PM 波最大相位偏移不变，最大频偏与 ω_m 呈正比；而 FM 波最大相位偏移与 ω_m 呈反比，最大频偏不变。

3.2.4　模拟解调技术

1. 解调方式

信号解调的目的是从已调波中恢复原来的基带信号，其解调方法有两种：相干解调和非相干解调。

相干解调就是接收端已调信号与本地参考载波信号相乘（本地参考载波信号的频率和相位要与已调信号完全相同），然后再通过低通滤波器就可以恢复原来信号。相干解调又叫作同步检测或相干检测，其实现有一定的困难，当本地载波的频率和相位有一定差距时，必定带来一定程度失真。

非相干解调就是在接收端解调已调信号时，不需要本地参考载波，而通过已调信号中包络的信息来恢复原始信号。

相干解调误码率比非相干解调低，需要在接收端从信号中提取出相干载波（与发送端同频同相的载波），故设备相对较复杂。

在衰落信道中，若接收信号存在相位起伏，不利于提取相干载波，则不宜采用相干解调。

2. AM 的解调

（1）信号的相干解调

设接收机的输入为标准调幅信号，即：

$$\varphi_{AM}(t) = [A_0 + f(t)]\cos(\omega_0 t + \theta_0)$$

与本地具有同频和同相的载波 $\cos(\omega_0 t + \theta_0)$ 相乘后得：

$$v_p(t) = [A_0 + f(t)]\cos(\omega_0 t + \theta_0)\cos(\omega_0 t + \theta_0)$$

又因为：

$$\cos^2(\theta) = \frac{\cos 2\theta + 1}{2}$$

所以：

$$s_p(t) = \frac{1}{2}[A_0 + f(t)] + \frac{1}{2}[A_0 + f(t)]\cos[2(\omega_0 t + \theta_0)]$$

把以上信号通过一个低通滤波器（LPF），可得：

$$v_p(t) = \frac{1}{2}A_0 + \frac{1}{2}f(t)$$

以上这种方式，因为本地载波很难获得，一般不采用。另外，其成本高，电路复杂。

（2）AM 信号的非相干解调

非相干解调的方法有 3 种，即平方律检波、整流载波、包络检波。最常用的是包络检波器，由于它不需要复杂的同步系统，电路简单，检波效率高，在 AM 调制中应用广泛，几乎所有的调幅式接收机都采用这种方式。下面简单介绍包络检波器和整流检波器的基本原理。

1）包络检波器

包络检波器是在正常工作条件下，输出电压基本上与输入信号的包络变换呈线性关系。它实际上是一个在输出端并接一个电容器 C 的整流电路，如图 3-12（a）所示。设二极管为理想的（正向阻抗为 0，反向阻抗为 ∞），并且，假设 AM 波是由一个内阻非常小的电压源供给。由于二极管的单向导电特性，当载波正半周时，给电容器 C 充电，因为充电时间常数很小，所以很快充电到输入信号的峰值。当输入信号下降时，电容器上的电压大于输入信号电压，二极管反向偏置，因此二极管截止。此时，电容器通过电阻 R 缓

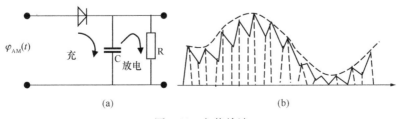

图 3-12　包络检波

（a）整流电路；（b）过程波形

慢放电。当下一个正半周时，从输入信号电压大于电容器上的电压时开始二极管重新导通，再一次对电容充电，直到新的周期的峰值为正。整个过程如图 3-12（b）所示。此时，电容器两端电压具有频率为 ω_0 的波纹，它可由低通滤波器滤除。

时间常数 RC 应该选择适当。若 RC 太大，则由于放电期间电容 C 上的电压下降太慢，以致跟不上已调信号包络的变化速度，使得输出信号产生失真。因此，从这点出发，要求 $RC \ll \dfrac{1}{\omega_m}$。但如果 RC 太小，则由于放电时间太快，造成在载波周期电容器两端电压下降很快，这使得输出信号电平降低，波纹增大，因此 RC 也不能选得过小，从这点出发，要求 $RC \gg \dfrac{1}{\omega_0}$。考虑到上述两个方面，$RC$ 合理的数值应该满足：

$$\frac{1}{\omega_0} \ll R_c \ll \frac{1}{\omega_m} \tag{3-4}$$

式中　　ω_m 为调制信号 $f(t)$ 的最高调制角频率。

在满足上式的条件下，包络检波器的输出基本上与输入信号的包络变化呈线性关系，即：

$$v_d(t) \approx A_0 + f(t)$$

式中，$A_0 \geqslant |f(t)|_{\max}$。

2）整流检波器

在图 3-12（a）所示的电路中，即使去掉电容 C，仍可进行解调，只是在后面的电路中加一低通滤波器滤除波纹。这种调制器叫作整流检波器。其输出为 $\dfrac{1}{\pi}[A_0 + f(t)]$，比包络检波器低得多。

这种检波电路仅将已调信号整流。已整流信号除负半周被切除外和原信号一样。实际上，相当于将已调信号在正值时乘以 1，而在负值时乘以 0，因此，整流相当于将已调信号和频率为 ω_0 的方波 $p(t)$ 相乘。所以已整流信号的频谱等于已调信号频谱和 $p(t)$ 频谱的卷积。图 3-13 示出了整流检波器电路和检波过程的波形和频谱图。由图 3-13 可知，已整流信号通过低通滤波器后就可以恢复信号 $f(t)$，其中项可以用适当的隔直元件消除。

整流检波实质上应视为相干检测。只是在这里未用任何本地载波信号，在已调信号中本身已经包含了载波。因此，尽管包络检波和整流检波电路上大体相同，但两者原理上是完全不同的。另外，对于 AM 信号必须满足：

$$|f(t)_{\max}| \leqslant A_0$$

这样，才可使用整流载波，否则，整流功能不等效于输入信号和 $p(t)$ 相乘。

3.2.5 频分多路复用

1. 频分多路复用的原理及特点

频分复用是指用不同的频率来传送各路消息，以实现多路通信，也就是多路信号在频率位置上分开，但同时在信道内传输，它们在频率位置上分开，在时间上是重叠的，这种方法也叫频率复用。也就是说，将可用频带分为若干个互不重叠的频段，每路信号占用其中的一个频段。无线电广播和电视广播是人们最熟悉、最明显总的频分复用的例子。每个

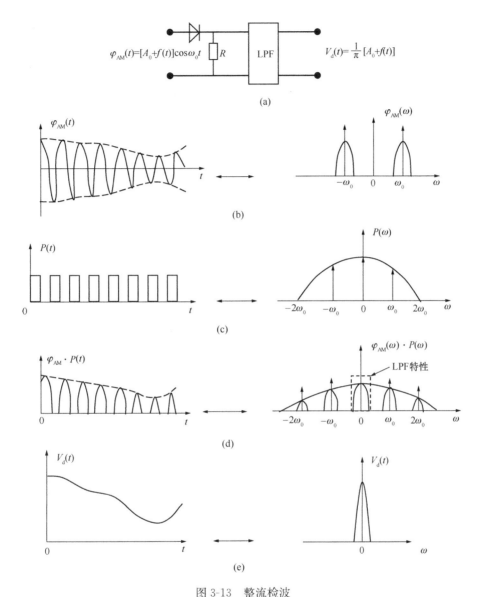

图 3-13 整流检波

（a）整流检波器电路；（b）AM 波波形及其频谱；（c）等效 $P(t)$ 信号波形及其频谱；
（d）已整流信号波形及其频谱；（e）检波器输出信号波形及其频谱

电台的载波和其他电台的载波起码相隔 $2\omega_{\mathrm{m}}$，其中 ω_{m} 是消息信号的频率范围。广播接收机通过适当的调频可以有选择地接收信号。实现频分复用的方法有直接法和多级法之分，这里介绍直接法，如图 3-14（a）所示。

设对 N 路信号进行复用，各信号的频谱范围为 ω_{m}。输入信号先通过低通滤波器，以消除信号中的高频成分，使之变为带限信号；然后，将滤波器输出的信号分别对不同频率的载波进行调制，这些载波称为副载波。调制方式可以是任何连续波调制，但最常用的是 SSB，因为它最节省带宽，调制器后的带通滤波器将各个已调波的频带限制到规定范围；然后，把各个带通滤波器的输出合并而形成总信号 $f_{\mathrm{s}}(t)$，这一信号有时称作基带信号。

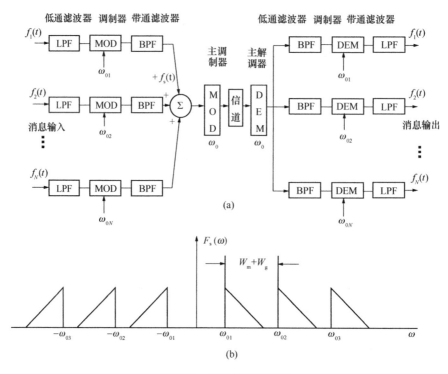

图 3-14　频分复用原理图

(a) 直接法实现 FDM；(b) 直接法实现 FDM 的频谱图

由于对不同副载波调制的结果，将各个信号的频谱分别搬移到不同的位置。$f_s(t)$ 的频谱 $F_s(\omega)$ 如图 3-14 (b) 所示，这里设 $N=3$，并且设其工作在上边带。为了防止邻路信号之间相互干扰，这些副载波频率之间的间隔 ω_s 应满足：

$$\omega_s = \omega_m + \omega_g$$

例如电话系统中语音最高频率约 3400Hz，ω_g 为邻路间隔防护频带，目前通常采用 300～500Hz，这样可以达到邻路干扰电平低于 40dB 以下。因此，一般规定 ω_s 为 4kHz。

在某些应用中，总和信号 $f_s(t)$ 可以直接进行传输，这时所需最小带宽是：

$$\omega_{SSB} = N\omega_m + (N-1)\omega_g = \omega_m + (N-1)\omega_s$$

但在另一些应用中，例如微波频分复用线路，总和信号 $f_s(t)$ 必须去调制一个比副载波高得多的主载波 ω_a，最后把载频为 ω_a 的已调波信号发射出去，主载波调制器可以是任意调制方式，但通常是用调频（FM）。

在接收端，先用检波器把包括各路信号在内的总信号从载波 ω_a 上解调下来，然后送入一组带通滤波器，各滤波器仅通过相应的一路信号，最后经过副载波解调器解调，就得到了各路的原始消息信号。

其优点是，信道复用率高，允许的复用数目多，分路方便，模拟通信中主要采用这种方式；其缺点是，设备复杂，昂贵的边带滤波器；各路信号之间易相互干扰，即串扰，主要是分路用的边带滤波器性能不理想，信道内存在非线性因素，这些非线性因素是难以克服的。

当对话音信号进行一次调制实现多路复用时，每话路都需要一个与之相对应的载波和滤波器，当话路很多时，繁多的载频和滤波器为系统实现带来很大的困难。频分多路复用常采用多级复用方式，即对同一基带信号进行两次或两次以上同一种方式的调制。载波电话系统是多级频分多路复用的典型应用。它采用单边带调制，每一路话音信号的信道带宽为 4kHz，12 路话音信号合在一起称为 1 个基群，5 个基群复合称为 1 个超群，5 个超群构成 1 个基本主群，3 个基本主群构成 1 个基本超主群。900 路主群的多路复用结构如图 3-15 所示。

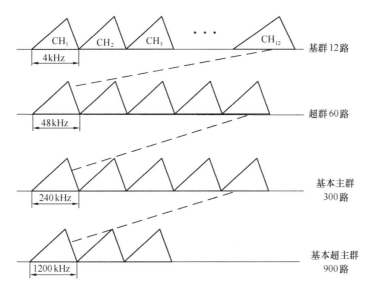

图 3-15　900 路主群的多级复用结构

2. 实例

频分多路复用广泛的应用到长途载波电话、立体声广播、电视广播、空间遥测、卫星通信等方面。

下面举一个立体声广播的例子。目前立体声广播最终采用频率调制来发送，但在调频之前，先采用 DSB-SC 将左、右两声道信号之差（L－R）和左、右两声道信号之和（L＋R）进行频分复用，同时还有供辅助通信的辅助信道，其频谱图如图 3-16 所示。0～15kHz 用以传送（L＋R）信号，23～53kHz 用以传送（L－R）信号，载波频率为38kHz，59～75kHz 用以辅助通道。立体声和普通广播是兼容的，用普通调频收音机接收立体声时，只接收 0～15kHz 的（L＋R）信号。

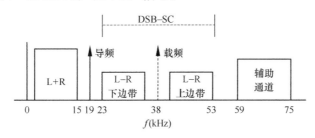

图 3-16　立体声广播信号频谱

3.3 数字信息传输

幅度调制和角度调制属于连续波调制，即模拟调制，下面介绍的是数字调制系统。

在数字通信系统中，信道所传输的信号为数字信号（有的教材把数字已调信号的传输称为数字信号的模拟传输），而常见的语言、图像等信号大多为模拟信号，因此，若要进行数字通信，就要将模拟信号转换为数字信号后再传输。将模拟信号数字化的方法有很多种，如脉冲编码调制（Pulse Code Modulation，缩写为 PCM）、增量调制（Delta Modulation，缩写为 DM 或 ΔM）、差分脉冲编码调制（Differential Pulse Code Modulation，缩写为 DPCM）等。

数字通信是通信发展的必然趋势，目前数字通信在短波通信、移动通信、微波通信、卫星通信以及光纤通信中得到了广泛的应用。

3.3.1 模拟信号的数字传输

1. 脉冲编码调制（PCM）

在数字通信系统中，脉冲编码调制通信是数字通信的主要形式之一。脉码调制是把模拟信号变换为数字信号的一种调制方式，其最大的特征是把连续的输入信号变换为在时间域和振幅域上都离散的信号，然后再把它变换为代码进行传输。这个数字化的过程一般可用抽样、量化和编码这三个步骤来完成。当模拟信号经过抽样、量化和编码这三个过程后，输出的就是数字化的 PCM 信号。从调制的角度看，以模拟信号为调制信号，以二进制脉冲序列为载波，通过调制改变脉冲序列中码元的取值，这一调制过程对于 PCM 的编码过程，故 PCM 称为脉冲编码调制。

（1）抽样

抽样的任务是对模拟信号进行时间上的离散化，即每隔一段时间对模拟信号抽样一个样值。经抽样后，模拟信号的信息被调制到了脉冲序列的幅度上，因此样值序列被称为脉冲幅度调制信号（PAM）。那么，抽样脉冲的重复频率 f_s 必须满足什么条件才能保证收信端正确地加以重建？这就是抽样定理。

抽样定理：一个频率受限的低通信号，抽样频率必须满足为原信号上限频率的 2 倍以上，即 $f_s \geqslant 2f_m$。也就是说，抽样间隔必须不超过 $\frac{\pi}{\omega_m}$。例如，话音信号的最高频率通常为 3400Hz，则均匀抽样为每秒 6800 个抽样点，但在实际中常用的抽样频率为 8kHz。

假定，被抽样信号的频谱为 $F(\omega)$，最高角频率为 ω_m，抽样后信号可用 $f_s(t)$ 来表示，即：

$$f_s(t) = f(t) \cdot \delta_T(t) = f(t) \sum_{-\infty}^{+\infty} \delta(t - nT_s)$$

式中，$\delta_T(t)$ 的频谱为：

$$\delta_T(t) \leftrightarrow \delta_T(\omega) = \omega_s \sum_{-\infty}^{\infty} \delta(\omega - n\omega_s)$$

利用卷积定理，可得其傅立叶变换为：

$$F_s(\omega) = \frac{1}{2\pi}\left[F(\omega) \cdot \delta_T(\omega)\right]$$

$$= \frac{1}{2\pi}\left[F(\omega) \cdot \omega_s \sum_{-\infty}^{\infty}\delta(\omega - n\omega_s)\right] = \frac{1}{T_s}\sum_{-\infty}^{\infty}F(\omega - n\omega_s)$$

根据以上采样信号的频谱分析，作以下几点说明。

1）抽样后，信号的频谱是由无限多个分布在 ω_s 各次谐波左右的上下边带所组成，即抽样后信号的频谱等于把原信号的频谱 $F(\omega)$ 搬移到 $0，\pm\omega_s，\pm 2\omega_s，\cdots\cdots$ 等处，如图 3-17 所示。

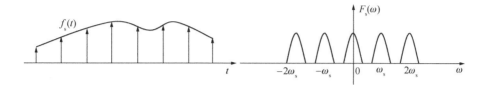

图 3-17　采样信号的频谱图

2）$k = 0$ 处的频谱是抽样前信号的频谱 $F(\omega)$。

3）抽样后，频谱多了无限多个等间隔分布的上下边带，为了使频谱能够划分开，要求位于 ω_s 处的上下边带频谱与基带频谱分开，这样，必须满足：

$$\omega_s - \omega_m \geqslant \omega_m$$

即：

$$\omega_s \geqslant \frac{2\pi}{T_s}$$

也就是说，抽样时必须满足抽样定理，否则抽样后频谱重叠会使恢复时信号失真。当然，抽样频率也不宜太高；否则，在信道中传输的抽样值必然会增加，从而降低信道的复用率。

4）接受抽样后信号的恢复过程也可以用一个低通滤波器来完成，从抽样后的信号频谱中，将基带频谱 $F(\omega)$ 提取出来，低通滤波器滤出的信号频谱为：

$$S(\omega) = \frac{1}{T_s}F(\omega)$$

这里只有大小区别，而无失真产生。

（2）量化和编码

通过以上的抽样过程，形成了 PAM 信号，由于 PAM 信号只在时间上是离散的，而每个抽样值却是模拟量，因而无法用有限状态的数字信号来表示。为了用有限状态的数字信号来表示，需要将模拟量量化为离散量，即把每个样值用振幅域上离散的值来近似。这种将模拟量量化为离散量的过程叫作量化。量化也叫分层，其方法是将消息样值的变化范围划分成若干"层"（若干个量化电平）。每个样值都按"四舍五入"的方法归为某一最接近的"整数"值。例如在图 3-17 中，消息 $f(t)$ 落在 0～7V 范围内，若取量化电平间隔为 1V，则 0～7V 可划分为 0，1，2，$\cdots\cdots$7 共 8 个量化电平，即量化电平数目 $N = 8$。根据量化原则，小于 0.5V 量化为 0V，0.5～1.5V 量化为 1V，$\cdots\cdots$，大于 6.5V 量化为 7V。因此图 3-18（a）的 5 个精确抽样值 2.2、4.0、5.0、2.8、1.8V 分别量化为 5 个量化抽样值2、4、5、3和2V。由于量化电平数目是有限的，所以对每一个量化电平能够用一定位数的代码（二进制或多进制）来表示。这种把经量化后的样值进一步交换为表示其量化电平大小的二进制或多进制代码的操作叫作编码。在脉码调制中最常采用的是二进制码或二元码。对于单极性编码，用有脉冲代表码元1，无脉冲代表0，如图3-18（d）所示。因此，一个二进制码是一组有限的0和1的脉冲序列。码中每一位脉冲叫作1比特（bit），或称为二进制位。在一个码中，表示一组离散值之一的所有比特的具体组合叫作码字(码组)。

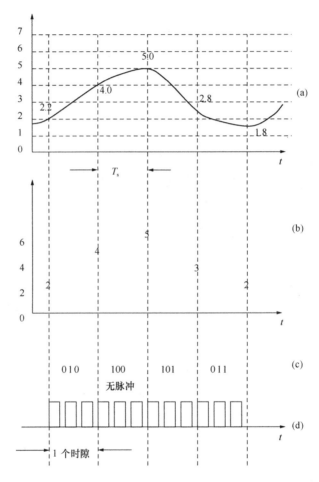

图 3-18　PCM 调制过程波形图
(a) 消息及精确抽样；(b) 量化抽样；(c) 二进制码；(d) 单极性 PCM

从上面的分析可得，如果一个码字含有 n 个比特数（位数），那么它所表示的量化电平数目 N 为 $N = 2^n$。可见，对于8个量化电平，只需三位（$n = 3$）二进制编码就够了。另外，如果一个码字含有 n 个比特，信号经编码后进入信道的传码率为：

$$R_b = f_s k$$

PCM 信道的理想传输带宽为：

$$B = \frac{1}{2} R_b$$

故增加量化电平数，同时将增加编码位数，PCM 信道的传输带宽也将增加。数字信号的带宽远大于模拟信号的带宽。

例如，话音信号的频带为 300～3400Hz，国际电报电话咨询委员会 CCITT 规定，话音信号的抽样率为 8kHz，如果量化数采用 256 个，可以用 7 个二进制码表示一个量化后的样值幅度，另 1 个码元表示样值极性。传输量化后语音信号样值需在 1s 内发出的码元数为：

$$8 \times 8000 = 64 \text{kbit}$$

相当于带宽为 32kHz，要比原来的模拟信号的宽度至少要高出 8 倍以上。频带宽，信道利用率低是数字通信的缺点。

实际上，量化过程就是用有限个数的幅度取样值来代替原模拟信号无限个数的幅度取样值，把这种取代称为量化。量化过程中总会有误差，由于量化而导致的量化值和样值的误差称为量化误差，可用 $e(t)$ 来表示，即 $e(t) =$ 量化值－样值。量化误差在重现信号时是以噪声的形式出现的，由量化而产生的噪声称为量化噪声。要减少量化噪声，可增加量化电平数 N，这时量化阶距随之减小，因而，量化误差也减小。但很明显，这样必然会增加数字信号的带宽，两者是一对矛盾。

以上通过一个简单的例子解释了 PCM 调制的基本原理，下面就量化和编码的具体内容作简单介绍。其实，量化过程和编码过程是同时进行的，硬件也合为一体，但为方便理解，现分开介绍。

1）均匀量化。量化可以分为均匀量化和非均匀量化两种。均匀量化的量化级差在整个信号的电平范围内是均匀分布的，即不管信号幅度的大小，量化阶距都相同。图 3-18 所示为均匀量化，可见量化值和抽样值的最大误差（即量化误差）为 ±0.5V，这说明，量化噪声相同。但衡量一个信号的质量并不是看它所包含的噪声有多大，而在于信号功率和噪声功率之比，即信噪比。对于均匀量化，量化噪声和信号的大小无关，因此大信号时信噪比大，而小信号时信噪比小；量化级数越多，量化级差越小，量化信噪比越大。这些使得小信号的恢复比较困难，或者需要更多的量化级数，即编码位数加大。对于语言信号来讲，满足信噪比要求至少要 2048 个量化电平，即 11 位码，这是均匀量化的缺点。

2）非均匀量化。通过大量的统计，语音信号出现小信号的概率要远远高于大信号的概率，故提高通信质量重点要提高小信号的信噪比，即小信号的量化误差要小。对于大信号，很小的量化误差没有太多必要，同时，量化误差小，量化级数就多，就得用更多位的编码去表示每一个量化级，提高了编码率。解决这样一个问题，可采用非均匀量化，即对于大、小信号采用不同的量化级差，大信号采用大的量化级差，小信号采用小的量化级差，使大、小信号的信噪比比较均匀。因而能降低在整个范围内的量化电平数，即码位数，减小传输带宽。均匀量化与非均匀量化的区别，如图 3-19 所示。

3）编码。信号通过抽样、量化后，成为可以编码的量化信号。量化信号通过模/数变换可以变换成各种各样的编码信号，然后可以送入信道中进行传输。

代码的形式通常采用二进制码，主要有自然二进制码、反射二进制码（又称格雷码）、折叠二进制码 3 种。表 3-4 列出了这几种编码的关系。

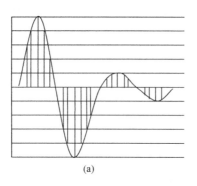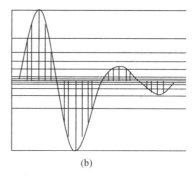

图 3-19　均匀量化和非均匀量化

(a) 均匀量化；(b) 非均匀量化

几种编码关系　　　　　　　　　　　　　　　　　　　　表 3-4

量化电平	自然二进制	格雷码	折叠二进制
0	000	000	011
1	001	001	010
2	010	011	001
3	011	010	000
4	100	110	100
5	101	111	101
6	110	101	110
7	111	100	111

　　自然二进制码与最普通的二进制数相对应，它不仅编码操作简便，而且译码也可逐比特立独行地进行。将自然二进码，从最低权位到最高权位依次给以 2 倍的加权，就可变换为十进制数。如设二进码为：

$$a_{n-1}, a_{n-2}, \cdots, a_1, a_0$$

　　则：

$$D = a_{n-1}2^{n-1} + a_{n-2}2^{n-2}, \cdots, a_1 2^1 + a_0 2^0$$

便是其对应的十进制数（表示量化电平值）。这种性质称为"可加性"，它可简化译码器的结构。但格雷码、折叠二进制码都不具有可加性，译码时不能逐比特独立进行，因此还要转换为自然二进码后再译。

　　设表示同一量化电平的自然二进制码和格雷码分别为 $a_{n-1}, a_{n-2}, \cdots, a_1, a_0$ 和 b_{n-1}, $b_{n-2}, \cdots, b_1, b_0$，则它们的变换规律为：

$$b_{n-1} = a_{n-1}$$
$$b_i = a_{i+1} \oplus a_i \qquad (0 \leqslant i \leqslant n-2)$$

　　式中，$\oplus$ 表示模 2 加。

　　折叠二进码是量化范围的上半部分，即量化电平 4~7，与自然二进码完全相同；而下半部分的码字则是以量化范围的一半为中线把上半部分的码字折叠过来，然后只把最高位的数字 1 变为 0 的结果。可以把这种码认为其最高位表示信号的正和负，其余各位表示信号的绝对值。因此，折叠二进码适合于表示双极性的信号。

设对应于自然二进码 $a_{n-1}, a_{n-2}, \cdots, a_1, a_0$ 的折叠二进码为 $c_{n-1}, c_{n-2}, \cdots, c_1, c_0$，则从自然二进码到折叠二进码的变换为：

$$c_{n-1} = a_{n-1}$$
$$c_i = \overline{a}_{n-1} \oplus a_i$$

折叠二进制码的优点是，对于双极性信号可以采用单极性编码方法，大大简化编码电路。例如一个双极性信号具有 128 个量化级，在采用一个极性判别电路后，只要采用一个 64 个量化级的编码电路就可以了。

折叠二进码和自然二进码相比，其另一个优点是，如果在传输过程中出现误码，它对小信号影响较小。例如对于大信号的 111 误为 011，自然二进码的误差为 4 个量化级，而对折叠二进制，误差为 7 个量化级。显然，大信号时误码对折叠码影响大。但误码发生在小信号，若 100 误为 000，则折叠码误差仅为 1 个量化级，而自然二进制码误差却为 4 个量化级。折叠二进制码的这一优点是很可贵的，因为语音信号小幅度出现概率比大幅度大。它是 A 律 13 折线 PCM 调制设备常用的码型。

（3）译码和滤波

经抽样、量化和编码后，送入信道的是一组组代表一个个数字的脉冲信号，这样，接收端要首先经过译码，把相应的一组脉冲信号还原成一个量化值脉冲，再把脉冲序列经低通滤波器平滑，还原为模拟信号。当然在变换过程中存在着各种误差。

最后需要指出，在脉码通信系统中，同步设备是能够顺利进行的必备条件。因为对于一个二进制码来说，码字（组）中的每一位码（0，1），当它在码字中所处的位置不同时，它所代表的量化电平值是不同的。所以在接收端收到 PCM 信号后，必须能区分每一组码字及每一位码在码字中的位置，这样才能正确译码，这是同步设备所要完成的任务，此外，在进行多路传输时，还要利用同步设备来区分"帧"和"路"，所以同步也是时分多路复用不可缺少的环节，时分多路复用后续章节讲解。

综上所述，PCM 原理是由抽样、量化、编码三个步骤构成。其功能是完成模/数转换，实现连续消息数字化。

2. 增量调制（ΔM 调制）

在 PCM 系统的基础上，又提出了对模拟信号的增量调制。在 PCM 中信号的抽样值是用多位二进制码来代替的，为了提高系统的质量，要压缩量化阶距，如果量化阶距压缩，会使码长增加，设备变得复杂。能否用较短的码长，甚至只用 1 位码来反映相邻采样信号的增减情况呢？这就是增量调制的出发点。

二进制码元只代表两种状态，所以只能表示量化级数少于 2 的抽样值，但可以用来表示相邻两个抽样值的相对大小，或者可以用一位码来表示后一个抽样值相对于前一个抽样值的增量符号。

增量调制是预测编码中最简单的一种。它将信号瞬时值与前一个抽样时刻的量化值之差进行量化。而且只对这个差值的符号进行编码，而不对差值的大小编码。因此，量化只限于正和负两个电平，只用一比特传输一个样值。如果差值是正的，就发"1"码，若差值为负就发"0"码。因此，数码"1"和"0"只是表示信号相对于前一时刻的增减，不代表信号的绝对值。图 3-20（a）画出了增量调制过程的波形图。

这一阶梯波形是如何形成的呢？当 $t = t_0$ 时的 $f(t)$ 的实际抽样值 $f_s(t_0)$ 与上一个抽样点的量化电平 $f_q(t_0 - T_s)$ 进行比较：如果 $f_s(t_0) > f_q(t_0 - T_s)$，取 $f_s(t_0)$ 的抽样量化值为：

$$f_q(t_0) = f_q(t_0 - T_s) + v_q$$

得一正的 v_q，如果 $f_s(t_0) < f_q(t_0 - T_s)$，取 $f_s(t_0)$ 的抽样值为：

$$f_q(t_0) = f_q(t_0 - T_s) - v_q$$

得一负的 v_q，当增量为正时，可发送"1"码，为负时，将发送"0"码，这样，便得增量调制信号。由此可见，ΔM 调制所传送的二进制码代表抽样值增量的符号故称为增量调制。

在接收端，每收到一个"1"码，译码器的输出相对于前一个时刻的值上升一个量阶；每收到一个"0"码就下降一个量阶。当收到连"1"码时，表示信号连续增长；当收到连"0"码时，表示信号连续下降。译码器的输出再经过低通滤波器滤去高频量化噪声，从而恢复原信号。只要抽样频率足够高，量化阶距大小适当，收端恢复的信号与原信号非常接近，量化噪声可以很小。

在 ΔM 调制中量化误差产生的噪声可分为一般量化噪声和斜率过载（量化）噪声。前者是由电平的量化产生的，而后者是由于当输入信号的斜率较大，调制器跟踪不及而产生的。因为在 ΔM 调制中每个抽样间隔内只容许有一个量化电平的变化，所以当输入信号的斜率比抽样周期决定的固定斜率大时，量化阶的大小便跟不上输入信号的变化，因而产生斜率过载噪声，如图 3-20（b）所示。

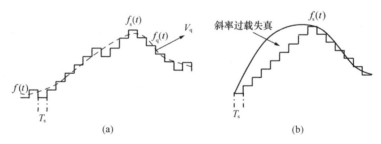

图 3-20　ΔM 调制波形图

（a）ΔM 调制的原理图；（b）斜率过载失真波形图

在 ΔM 调制中，要说明如下几点：

1）ΔM 调制是 PCM 调制的一个特例；

2）它只用一位编码，但这一位编码不是用来表示信号抽样值的大小，而是表示抽样时刻波形的变化趋势，这是 ΔM 波形和 PCM 波形的本质区别。

3）在 ΔM 调制中，量化误差产生的噪声可以分为一般的量化噪声和斜率过载噪声。

下面分析斜率过载噪声。

$f_q(t)$ 的增长速率是每隔 T_s 时间增长 Δ，即其最大可能斜率为 Δ / T_s。故为了避免斜率过载，必须使：

$$\left| \frac{\mathrm{d}f(t)}{\mathrm{d}t} \right|_{\max} \leqslant \frac{\Delta}{T_s}$$

式中，$\left| \dfrac{\mathrm{d}f(t)}{\mathrm{d}t} \right|_{\max}$ 是 $f(t)$ 的最大斜率。如果输入信号为 $f(t) = A\sin(\omega t)$，则：

$$\left| \frac{\mathrm{d}f(t)}{\mathrm{d}t} \right|_{\max} = A\omega$$

不发生斜率过载的条件为：

$$A \leqslant \frac{\Delta}{2\pi}\left(\frac{f_s}{f}\right)$$

另外，上式可以改写为 $f_s \geqslant \dfrac{A}{\Delta}\omega = \dfrac{A\pi}{\Delta}2f$。

由于 $A \gg \Delta$，所以为了不致发生过载现象，ΔM 的抽样频率要比 PCM 的抽样高得多。故传输 ΔM 信号的带宽比 PCM 信号要宽很多。

在 ΔM 系统中，一个码源只代表一个量阶，一个码元的失误只损失一个增量。故它对误码不太敏感，对信道误码率的要求比较低，一般为 $10^{-3} \sim 10^{-4}$。对于 PCM 来讲，误码的影响要严重得多，尤其是高位码元，错一位可造成许多量阶的损失，对信道误码率要求较高，一般为 $10^{-5} \sim 10^{-6}$。

3.3.2 数字信号的基带传输

模拟信号经过信源编码得到的信号，即未经调制的数字信号称为数字基带信号，PCM 和 ΔM 等信号就是基带信号，这些信号经过码型变换直接送入信道中传输，称为数字信号的基带传输，这种传输方式主要用于数字信号近距离传输。还有一种传输方式是将数字基带信号经过调制转化成数字载波信号再进行传输，这种方式称为数字信号的载波传输，这种传输方式可以实现数字信号的远距离传输。

为了使数字信号在传输过程中获得优质的特性，需要选择合适基带信号的码型。在选择传输码型时，要考虑传输信道的特性和时钟提取的要求，如不适合在基带信道传输要进行码型变换。下面介绍几种主要码型。

1. 基带传输码型

对于不同的基带传输系统，不同的信道特性有不同的指标要求，故要采用不同的数字脉冲波形作传输码型。

（1）单极性不归零（NRZ）码

这种码是种最简单的数字基带信号形式，信号脉冲的零电平和正（或负）电平分别对应于 "0" 和 "1" 码，即用脉冲的有、无分别表示 "1" 和 "0" 二进制码，如图 3-21（a）所示。这种脉冲特点是脉冲极性单一，有直流分量且脉冲之间无空隙间隔，一般用于近距离信号传输。

（2）双极性不归零（NRZ）码

在双极性波形中，脉冲的正、负分别对应一进制代码的 "1" 和 "0"，如图 3-21（b）所示。当 "1" "0" 码出现的概率相等时，该波形的电平平均值为零，无直流分量，在接收端恢复信号时判决电平也为 0，这样可以消除信道对直流衰减所带来的判决电平变化的影响。

（3）单极性归零（RZ）码

这种信号的特点是电脉冲的宽度小于码元长度，每个电脉冲总是要回到零电平，如图

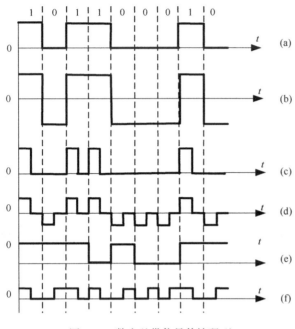

图 3-21　数字基带信号传输码型

(a) 单极性 NRZ 波形；(b) 双极性 NRZ 波形；(c) 单极性 RZ
波形；(d) 双极性 RZ 波形；(e) 差分波形；(f) 曼彻斯特波形

3-21（c）所示。它的脉冲窄，占空比通常为 50%，有利于减小码元间波形的干扰，同时便于同步时钟的提取。

（4）双极性归零（RZ）码

它与双极性不归零码的区别只是代表"1""0"代码的正负极性脉冲，正负极性脉冲都在码元宽度时间内回到零点。这种波形很容易从中提取码元同步信息，如图 3-21（d）所示。

（5）差分码（相对码）

差分码中代码"0"和"1"反映的相邻码元的相对极性变化。代码"1"表示极性改变，代码"0"表示极性不改变，如图 3-21（e）所示。这种波形它所代表的信元和码元本身极性无关，而仅与相邻码元的极性变化有关。这种码型可以消除设备初态的影响。

（6）曼彻斯特码

如图 3-21（f）所示，每一个码元被分成高电平和低电平两部分，前一半代表码元的"0"值，后一半是前一半的补码。如果"1"码前一半是高电平，后一半码元应该是低电平；"0"码反之。这种波形无论代码如何分布，其高、低电平的延续时间最多不会超过一个码元的长度，很容易提取码元同步信号。

在线路传输中常用以下几种码型，这类码型没有直流分量，编码时遵循一定的规律，具有一定的自检测能力。

（7）传号交替（AMI）码

AMI 码又称平衡对称码，这种码的编码规则是，把单极性脉冲序列中相邻"1"码（即正脉冲）变为极性交替的正、负脉冲。在 AMI 编码中，将"0"码保持不变，把"1"码变为 +1、-1 交替的脉冲。例如：

消息序列　　 100000　 　1　　 　1　　 0000　　 　1

AMI 码　　 +100000　 -1　　 +1　　 0000　 　-1

AMI 码具有以下几个特点。

1）由于 +1 和 -1 各占一半，因此，AMI 码不含直流分量，低频分量也比较小。

2）具有内在检查能力，这是因为若在传输过程中出现误码，将会破坏交换编码规律（+1 与 -1 交换），从而在接收端可以发现这种错误。

3）当 AMI 码中出现长连"0"时，AMI 码中长时间无电平跳变，致使定时信号难以提取。为了克服这个缺点，提出了 HDB3 码。

（8）三阶高密度双极性（HDB3）码

高密度双极性码又称四连"0"取代码，三阶高密度双极性码通常简记为 HDB3 码。它改进了 AMI 码中对长连零个数无法限制的缺点。

下面讨论 HDB3 码的编码规则。

1）首先把消息代码变换成 AMI 码，检查 AMI 码的连 0 情况，当无 3 个以上连 0 出现时，这时 AMI 码就是 HDB3 码。

2）当出现 4 个或 4 个以上连 0 中时，将每 4 个连零段的第四个 0 变为 1 码。这个由 0 改变来的 1 码称为破坏脉冲，用 V 码来表示；而原来的所有 1 码称为信码，用 B 码来表示。

3）加入 V 码后，V 码和 B 码的正负必须满足以下两个条件：①V 码和 B 码各自都始终保持极性交替的变换规律，以便确保编好的码中没有直流成分；②V 码必须与前一个码（信码 B）同极性，以便和正常的 AMI 码区别开来。如果得不到满足，必须在 4 个连零码的第一个 0 码位置上加一个与 V 码同极性的补码，用 B' 码表示。

其实，是否添加 B' 码，可由以下规则来定：当 2 个 V 码之间的 B 码个数为偶数个时，应该在后面这个 V 码的前 3 个码位上将 0 码改为 B' 码；反之，当 2 个 V 码之间的 B 码个数为奇数个时，不再加 B' 码。例如：

信码	0	1	0	0	1	1	0	0	0	0	0	1	0	1	1	1	0	0	0	0	1	0
AMI 码	0	+1	0	0	−1	+1	0	0	0	0	0	−1	0	+1	−1	+1	0	0	0	0	−1	0
B 和 V 码	0	B	0	0	B	B	0	0	0	V	0	B	0	B	B	B	0	0	0	V	B	0
B' 码	0	B_+	0	0	B_-	B_+	0	0	0	V_+	0	B_-	0	B_+	B_-	B_+	B'	0	0	0	V_-	B_-	0
HDB3 码	0	+1	0	0	−1	+1	0	0	0	+1	0	+1	−1	+1	−1	+1	−1	0	0	−1	+1	0

在接收端译码时，由两个相邻同极性码找出 V 码，即同极性码中的后面那个码就是 V 码。由 V 码向前数第三个码如果不是零码，表明它是补信码 B'。把 V 码和 B' 码去掉后留下的就是信码。

（9）CMI 码和 DMI 码

CMI 码称为编码传号反转码，是英文名称 Coded Mark Inversion 的缩写，是一种二电平不归零码。其编码规则为：NRZ 码中的"0"码编为"01"码；"1"码交替地编为"00"码或"11"码。编码后每位码占单位时隙的一半。

DMI 码为差分模式反转码，是英文名称 Differential Mode Inversion 的缩写。它也是一种二电平不归零码。其编码规则为：NRZ 码中的"1"码交替地编为"00"码或"11"码。对"0"码，若前两个码为"01"或"11"则编为"01"；若前两个码为"10"或"00"则编为"10"。

CMI 码和 DMI 码波形编码示例如图 3-22 所示。

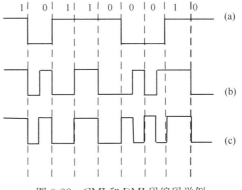

图 3-22　CMI 和 DMI 码编码举例
（a）NRZ 码；（b）CMI 码；（c）DMI 码

CMI 码和 DMI 码共有的优点是：因为编码状态交替，因此有误码的检测能力；0、1 变换频繁，最长连"0"和连"1"码个数小于 3，有利于时钟的提取。CM 码是 CCITT 建议在 30/32 路 POM4 次群设备中使用的接口码型。

2. 数字基带信号的频谱

数字信号的频谐和数字信号的波形有关，为分析方便，假设信号是一个"1"和"0"交替变换的单极性矩形波形，对其进行傅立叶级数展开，有：

$$f(t) = \frac{\tau}{T}A\left[1 + 2\sum_{N=1}^{\infty}\frac{\sin(n\Omega\tau/2)}{(n\Omega\tau/2)}\cos n\Omega\tau\right] \tag{3-5}$$

由式（3-5）可以看出，$\frac{\tau}{T}A$ 是信号的直流分量，$\frac{2\tau A}{T}\frac{\sin(\Omega\tau/2)}{(\Omega\tau/2)}$ 是信号基波分量的振幅，$\frac{2\tau A}{T}\frac{\sin(n\Omega\tau/2)}{n(\Omega\tau/2)}$ 是信号的 n 次谐波的振幅，其频谱图如图 3-23（a）所示。图中每一条谱线表示一个正弦波分量。式（3-5）表明，非正弦周期信号可以分解成无数个正弦波之和，每条谱线的角频率 $\omega = n\Omega = n2\pi/T$，相邻两谱线的间隔 $\Omega = 2\pi/T$，谱线间隔仅与数字信号的周期有关。对于矩形脉冲而言，各谱线端点连线形成的外包络呈衰减振荡波形，如图 3-23 中虚线所示。其表达式为：

$$f(\omega) = \frac{2\tau A}{T}\frac{\sin(\omega\tau/2)}{(\omega\tau/2)}$$

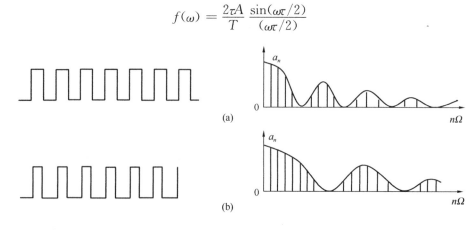

图 3-23　脉冲宽度与频谱的关系
(a) 宽脉冲频谱图；(b) 窄脉冲频谱图

当 $\omega\tau/2 = n\omega$，即 $\omega = 2n\pi/\tau$ 时，外包络线为 0。说明信号的频带宽度与脉冲宽度有关，如图 3-23（b）所示。比较图 3-23（a）、（b）两图，由于周期相同，因而相邻谱线间隔相同；脉冲宽度越窄，频谱包络线的零点频率越高，相邻两个包络零点之间所包含的谐波分量就越多（信号频率轴下降的速度越慢），因而信号所占据的频带宽度越宽。对于数字通信来讲，传输的数字信号大多数是随机的，这和周期信号有很大的区别。这种信号的频谱并不像周期信号那样是离散的，随机脉冲信号的功率在频率轴上的分布是连续的。

3.3.3　数字信号的载波传输

前面提到的数字基带传输不适合进行长距离电缆传输和无线传输，要想实现长距离传输需要借助连续波调制进行频率搬移，将数字基带信号变换为适合于信道传输的数字频带信号，用载波调制方式进行传输，这就是数字频带传输。数字信号对高频载波的调制与模拟信号相类似，用数字信号去控制高频载波的振幅、频率和相位，使高频载波的振幅、频率和相位随数字信号而变化。但由于数字信号的离散性，其对载波信号进行调制的过程，相当于对高频信号进行开关控制的过程，所以数字调制又称为数字键控。数字信号的载波调制有 3 种方式，即幅移键控（ASK）、频移键控（FSK）和相移键控（PSK）。

1. ASK 信号

假定调制信号是单极性非归零的矩形脉冲序列，并以此数字基带信号来控制载波的幅度。当信号为 1 码时，输出载波 $A\cos\omega_0 t$；当信号为 0 码时，输出载波幅度为 0。ASK 产生原理和波形如图 3-24 所示。

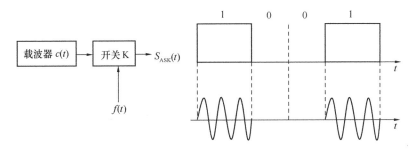

图 3-24　ASK 信号的原理及波形图

ASK 信号的表达式为：

$$S_{ASK} = \begin{cases} A\cos\omega_0 t & \text{“1”} \\ 0 & \text{“0”} \end{cases}$$

可以看出，ASK 信号实际上是单极性非归零码和高频载波相乘的结果。根据模拟调制，ASK 信号的频谱相当于把信码波形的频谱向左、向右搬移到载波频率 $\pm\omega_0$ 处，如图 3-25所示。所以，ASK 信号的带宽是基带数字信号带宽的 2 倍。由前面数字信号的频谱可知，数字信号的带宽是无限的，把数字信号的频谱的第一个过零点的宽度认为是数字信号的带宽，即 $B = 2f_s$，其中，f_s 是数字基带信号的码元速率。故 ASK 信号的 $B = 2f_s$。

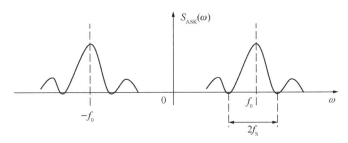

图 3-25　ASK 信号的频谱

同样，ASK 信号可以采用包络检波和相干解调两种方式进行解调，具体和模拟幅度调制完全相同，只是调制信号变为数字基带信号而已。

2. FSK 信号

频率键控是利用数字基带信号控制载波的频率来传送信号。例如，1 码用频率 f_1 来传输，0 码用频率 f_2 来传输。因此 FSK 信号可看成是两个交错 ASK 信号之和，其中一个载频为 f_1，另一个为 f_2。产生 FSK 信号的一种方法是用数字信号去控制两个开关电路的通断，假定 1 码时 K_1 闭合，K_2 打开，输出 f_1；0 码时 K_2 闭合，K_1 打开，输出 f_2。显然，这种产生 FSK 的方法一般相位不连续，还有一种是相位连续的，FSK 信号产生的原理及波形如图 3-26 所示。

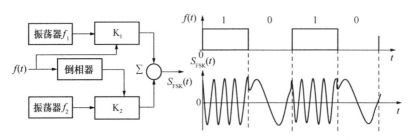

图 3-26 FSK 信号的原理及波形

FSK 该信号的表达式为：

$$S_{FSK} = \begin{cases} A\cos\omega_1 t & \text{"1"} \\ A\cos\omega_2 t & \text{"0"} \end{cases}$$

分析 FSK 信号可以发现，FSK 相当于载波频率分别为 f_1 和 f_2 的 2 个 ASK 信号的合成，故 FSK 信号的频谱应当是两个 ASK 信号的频谱的合成，如图 3-27 所示。其中 $f_c = (f_1 + f_2)/2$，FSK 信号的频带宽度 $B = |(f_1 - f_2)| + 2f_s$，其中 f_s 为基带信号的带宽。

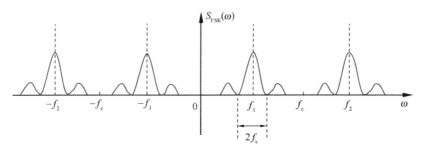

图 3-27 FSK 信号的频谱

由于 FSK 信号是两个 ASK 信号的合成，故就其解调方式也有相干和非相干两种。由于 FSK 是两个频率源交替传输的，所以 FSK 接收机由两个并联的 ASK 接收机组成，其相干和非相干解调接收机方框图如图 3-28 所示。

3. PSK 和 DPSK 信号

PSK 和 DPSK 信号是利用载波振荡的相位变化来传递信息，分为绝对调相和相对调相两种方式。绝对调相利用载波相位的绝对值来表示数字信号。例如，1 码用 0 相位来表示，0 码用 π 相位来表示。相对调相则是利用相邻码元的载波相位的相对变化来表示数字信号。相对相位指本码元载波初相与前一码元载波终相的相位差。例如，0 码载波相位不变化，即与前一码元载波终相相同；1 码载波相位变化 π，即与前一码元载波终相差 π。PSK 信号和 DPSK 信号产生的原理和波形如图 3-29 所示。

PSK 信号的表达式为：

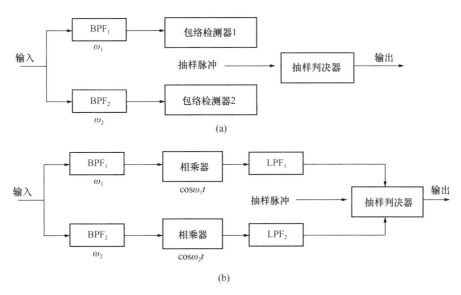

图 3-28 FSK 信号的接收机方框图

(a) 非相干；(b) 相干

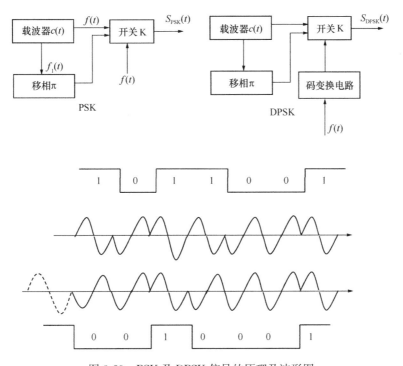

图 3-29 PSK 及 DPSK 信号的原理及波形图

$$S_{PSK} = \begin{cases} A\cos\omega_1 t & \text{"1"} \\ A\cos(\omega_2 t + \pi) & \text{"0"} \end{cases}$$

从 PSK 和 DPSK 信号产生的原理可以看出，把原数字信号变换成其对应的相对码，然后再进行绝对调相，便可得相对调相信号。

观察 PSK 和 DPSK 信号的波形，其实质是双极性非归零码和高频载波相乘的结果，这一点和 ASK 信号很相似，只是 ASK 的调制信号（单极性非归零码）中含有直流分量，相乘后含有载波分量，而 PSK 的调制信号中（双极性非归零码）中不含有直流分量，故相乘后不含有载波分量，这一点相当于 DSB-SC。所以，PSK 信号的带宽与 ASK 信号一样，是基带信号带宽的 2 倍，即：

$$B = 2f_s$$

PSK 和 DPSK 信号具有恒定的包络，只能采用相干解调。

3.3.4 时分多路复用

1. 时分多路复用的原理

时分多路复用，是指各路信号在同频信道上占用不同时间间隙进行通信，各路信号的频谱是重叠的，而时间上不重叠。在该系统中各路信号在时间上互不重叠，但将同时占据全部频域，因为经时间分割而形成的各路样值脉冲都有无限宽的频谱。

时分多路复用的理论基础是采样定理，即抽样定理。采样定理的一个重要作用是将时间上连续的信号变换成为一个时间上离散的信号。其在信道占用的时间是有限的，为多路信号沿同一信道传输提供了条件，即把时间分成为均匀的时隙，将各路信号的传输时间分配到不同的时间间隙，以达到互相分开互不干扰的目的。这种按照一定的时间次序依次循环地传输各路消息，以实现多路通信的方式叫作时分多路通信。这种方法称作时分复用（TDM）。

下面以 PAM 为例说明 TDM 的原理。这些原理对于其他脉冲调制（PDM、PPM、PCM 等）也是适用的。

假设有 N 路 PAM 信号进行时分多路复用，实现方法之如图 3-30 所示。首先各路信号通过相应的 LPF 使之变为带限信号。然后送到抽样开关（或转换开关）。转换开关（电子开关）每 T_s 秒将各路信号依次采样一次，这样 N 个样值按先后顺序错开纳入采样间隔 T_s 之内。合成的复用信号是 N 个采样消息之和，如图 3-30（d）所示。由各个消息构成单一采样的一组脉冲叫作一帧，一帧中相邻两个脉冲之间的时间间隔叫作时隙，未被采样脉冲占用的时隙部分叫作防护时间。为了防止脉冲波形通过信道后所产生的失真会引起邻路干扰，因此每路信号脉冲所占用的时间为：

$$T = \tau + T_g$$

式中，T_g 为防护间隔时间；τ 为脉冲宽度。根据采样周期的大小，就可以确定时间复用系统内能容纳的通道数目，即：

$$N = \frac{T_s}{T}$$

多路复用信号可以直接送入信道传输，或者加到调制器上交换成适于信道传输的形式送入信道。在接收端，合成的时分复用信号由分路开关依次送入各路相应的重建 LPF，LPF 的输出即恢复原来的连续信号。

2. 时分多路复用的实现

三路输入信号用 C_1、C_2、C_3 来表示，各路接通时间由电子开关 S_1 和 S_2 不停地旋转来完成，如图 3-31 所示。电子开关接通时刻相当于对信号进行取样，再经过 PCM 编码、

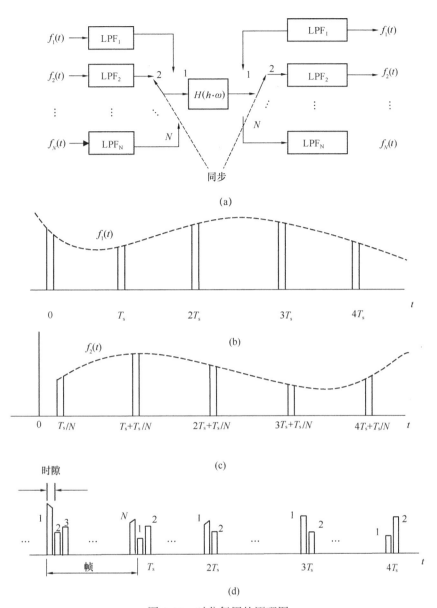

(a)

(b)

(c)

(d)

图 3-30　时分复用的原理图

（a）时空复用原理图；（b）第 1 路信号的抽样；（c）第 2 路信号的抽样；（d）多路复用信号

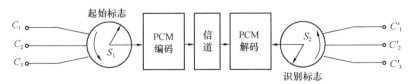

图 3-31　PCM 时分多路复用实现示意图

传输和解码最后由开关送给对方的 C'_1、C'_2、C'_3 接收端。为了使收发两端能在时间上对应准确，在输入端一定要加入起始标志码，在接收端要设置标志识别装置。也就是说，在时分多路复用中，要保证电子开关的瞬时位置总是接在相对应的通道上，即必须同频同相。

同频是指，两个开关的旋转速度要完全相同；同相是指，发端旋转开关连接第一路信号时，收端旋转开关也连接第一路，收发双方保持严格的同步关系。

在 TDM 中，发送端的转换开关和接收端的分路开关必须同步。所以在发端和收端都设有时钟脉冲序列来稳定开关时间。同步就是保持两个序列合拍。实现同步的方法与脉冲调制方式有关。一种方法是在每帧中分配一个（或多个）时隙，发出一个预定的同步脉冲（有时也用无脉冲来表示）。同步脉冲的参数（幅度、宽度等）与其他消息脉冲有明显的差别，以便在接收机中易于识别。时间标志的另一种方法是在时分复用传输带宽之外发射导频。另一种方法是在每帧中传送一个预先规定好的同步码，这个码字由接收机鉴别并使定时系统同步。

3. 时分多路复用信号的带宽

时分复用 PAM 信号进行传输时，理论上需要无限带宽。但是在 PAM 中，我们关心的是 PAM 信号所携带的信息，而不是 PAM 脉冲形状。由于 PAM 信号的信息携带在幅度上，因此只要幅度信息没有损失，则脉冲形状的失真无关紧要。

假设信号的最高频率是 f_m，则依据采样定理，采样频率为 $2f_m$，即一秒钟传送 $2f_m$ 个 T_s 值，即 1s 传送 $2f_m$ 的帧数。设 N 是每帧内复用的路数，k 是每路的比特数，故 N 路 PCM 时分复用信号传送的传码率为：

$$R_b = 2f_m \cdot N \cdot k$$

所以，传输 N 路 PCM 复用信号所需要的理想带宽 $B = R_b/2$。

时分多路复用的目的是提高信道利用率，但这种方式的利用率是不是已经不能再提高了呢？其实不是，我们提出统计时分多路复用。

4. 统计时分多路复用

事实上，并不是所有的终端都一直有传送数据的要求。在任一时刻都有可能出现某一个或几个终端无数据传送或无数据接收的情况。由于 TDM 多路复用是取决于每帧中数据的位置，若某些终端无数据传送，就有可能导致接收端数据被错误解释。为了避免这种情况，当发送端 TDM 复用器扫描某个端口而此端口又无数据传送时，TDM 复用器就在此中插入空字符。接收端的复用器一旦发现空字符，就不将其输入至相应的端口，而是直接丢弃它。

尽管插入空字符保证了正确的多路分解，但也表明了 TDM 多路复用并不像想象的那么有效。这种低效性导致了另一种多路复用器的开发，即统计时分多路复用 STDM。STDM 具有更高的线路利用率。图 3-32 对 TDM 和 STDM 进行了比较。图 3-32 中有 4 个用户并给出了 4 个时间（t_0、t_1、t_2、t_3）内产生的数据。在 TDM 方式中，每一用户在每一 TDM 帧中占有一个固定位置的时隙。例如，在第一时间 t_0 内，用户 C 和 D 没有产生数据，那么在复用器输出的 t_0 时间帧（即第一帧）里 4 个时隙中有两个是空的；而在 STDM 的帧结构中，时隙是动态地按需分配的，STDM 复用器不送出空闲时隙。因此，在第一帧中，STDM 帧中内只包含 A 和 B 时隙，第二帧包含 B 和 C 两个时隙。由于 SIDM 帧中不包含空闲时隙，所以能提高线路的利用率。

然而在这种方式下，时隙的位置失去了意义，事先无法知道哪一个用户的数据会占有哪一个位置的时隙。因此，在每一帧中必须带有地址信息，以便接收端复用器能正确地分离各路数据。例如，STDM 多路复用器连接了 12 个终端设备，假使在一次扫描中只有终

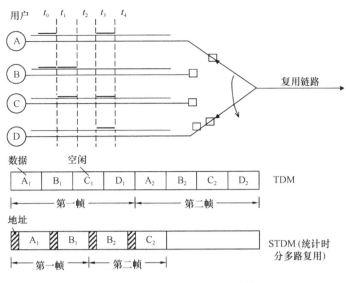

图 3-32　TDM 和 STDM 的比较

端 1、4、5、12 分别发送了字符（ASCII 码）A、B、C、D，若用 5bit 表示地址信息，那么这时 STDM 的帧为 52bit。

通常情况下，STDM 的复用链路速率之和，即同样速率的复用链路，STDM 能复用更多的低速线路，一般来说是 TDM 的 2~4 倍。例如，假设多路复用的复用链路速率是 9600bits，当用常规的 TDM 复用数据时，可以为 8 个 1200bit/s 速率的终端服务；而用 STDM 时，若 STDM 服务用户的数目是 TDM 的 2 倍，则它就可以为 16 个 1200bit/s 速率的终端服务，即对于 STDM，多路复用可以接收的输入数据速率为输出的 2 倍。

考虑最坏的情况，即每个终端都在发送连续的数据序列，那么这时 STDM 的全部输入为 19200bit/s，已超过输出线路 9600bit/s 的工作速率。所以采用 STDM 时，要在复用器上加进缓冲存储器，以容纳临时超过的输入，同时为了防止数据丢失，当缓冲区达到一定容量时，STDM 就启动流量控制，关闭一个或多个终端设备，然后让缓冲区中的数据传送到线路上。当缓冲区中的数据减少到一定的程度时，STDM 关闭流量控制，让与多路复用器相连的设备重新开始传送。

到了 1990 年，几乎 80% 的 TDM 系统都增加了统计多路复用过程。不过，在那些不能有延迟的系统中还是采用 TDM 技术。

3.4　无线信息传输

前面介绍的数字信息的基带传输，而基带信号经过载波调制后就成了频带信号。无线信息传输就是通过射频调制后的射频信号传输信息的。

无线信息传输在移动通信系统中发挥着核心作用。在交通信息工程内，无线信息传输同时是主要的信息传输方式。目前，在智能交通系统中广泛应用的无线传输网络主要包括无线通信专网、无线局域网以及卫星通信网。本节主要介绍无线信息传输及其关键技术。

3.4.1　无线传播概述

利用电磁波的辐射和传播，经过空间传送信息的通信方式称为无线电通信（Radio Communication），也称为无线通信。利用无线通信可以传送电报电话、传真、数据、图像以及广播和电视节目等通信业务。

电磁波传播的特性是研究任何无线通信系统首先要遇到的问题。传播特性直接关系到通信设备的能力、天线高度的确定、通信距离的计算以及为实现优质可靠的通信所必须采用的技术措施等一系列系统设计问题。不仅如此，对于移动通信系统的无线信道环境而言，其信道环境比固定无线通信的信道环境更复杂，因而不能简单地用固定无线通信的电波传播模式来分析，必须根据移动通信的特点按照不同的传播环境和地理特征进行分析。

对于不同频段的无线电波，其传播方式和特点是不相同的。在陆地移动系统中，移动台处于城市建筑群之中或外干地形复杂的区域，其天线将接收从多条路径传来的信号，再加上移动台本身的运动，使得移动台和基站之间的无线信道越发多变而且难以控制。

无线信号最基本的四种传播机制为直射、反射、绕射和散射。

1）直射：即无线信号在自由空间中的传播。

2）反射：当电磁波遇到比波长大得多的物体时，发生反射，反射一般在地球表面、建筑物、墙壁表面发生。

3）绕射：当接收机和发射机之间的无线路径被尖锐的物体边缘阻挡时发生绕射。

4）散射：当无线路径中存在小于波长的物体并且单位体积内这种障碍物体的数量较多的时候发生散射。散射发生在粗糙表面小物体或其他不规则物体上，一般树叶、灯柱等会引起散射。

3.4.2　无线传播的基本特性

无线通信与有线通信最大的区别在于，不同的通信目的和通信手段构成了不同的无线传播环境。

例如，卫星通信的电波传播环境与地面移动通信系统、微波中继通信的传播环境具有明显的不同。但各种无线通信系统均采用无线电波传播，因此在电波的传播上具有共性。

无线信道的基本特征如下。

1）带宽有限。其取决于可使用的频率资源和信道的传播特性。

2）干扰和噪声影响大。由无线通信工作的电磁环境所决定。

3）在移动通信中存在多径衰落。在移动环境下，接收信号起伏变化。

1. 电磁辐射

无线信息传输将载有信息的射频信号通过天线向空间发射，也就是发射天线把发射机输出的高频电流能量变换成电磁波能量，并向自由空间辐射。电磁波在自由空间里以类似光的运动状态存在，形成无线电波。这个把天线电流的能量变为电磁波能量的过程叫作无线电波的辐射。导线载有射频电流时，就可以形成电磁波的辐射，其辐射能力与导线的电长度（物理长度与工作波长之比）和负载有关。如果将两导线张开，这时负载为无限大，传导电流几乎为零，而位移电流很大，因此发射天线主要依靠高频位移电流来发射。当导线的长度增大到可与波长相比拟时，导线间的位移电流就大大增加，因而就能形成较强的辐射。通常将上述能产生辐射的导线称为有源振子天线，其辐射原理如图 3-33 所示。

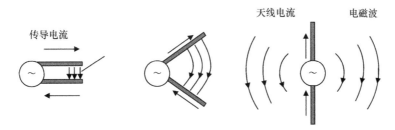

图 3-33　有源振子天线辐射原理图

向外辐射能量是发射天线的任务之一。发射天线在点对点的固定通信系统中，希望辐射出去的能量集中在一个方向，也就是对准对方的方向，而不应将无线电波发散到四面八方，这样才能提高接收点的电场强度，减少其他方向电台的干扰。因此，发射天线的另一任务是使辐射出去的无线电波向预定的某一方向或某一区域传播。当接收终端的位置不固定时，也就是说接收天线的相对方向不固定时，就要求发射天线在水平方向均匀地辐射，成为在水平面里没有方向性的发射天线。相反地，如果发射天线在某一方向辐射很强，而在其他方向辐射减弱甚至不辐射，则它属于有方向性的发射天线。因为移动通信采用超短波传播方式，所以基站架设悬挂式垂直天线。

为了接收发射天线发射的无线电波，在接收端需要接收天线。接收天线接收无线电波的过程在正好与发射过程相反，即电磁波在接收天线上感应出电流，再经过馈线流入接收机的输入回路。所以，接收天线的任务之一是把无线电波的能量变换成高频电流的能量。接收天线的另一个任务是最有效地分辨出从需要接收的电台方向传来的无线电波，将从其他方向传来的干扰电波减弱或不接收，这就叫作接收天线的方向性。接收天线与发射天线是可逆的。同一个天线既可用于发射又可用于接收，它的特性不变。在移动通信基站必须悬挂一副天线，它们共同完成双向收发任务。

2. 电波传播特性

无线电波是由导体中或由若干导体组成的天线中的电子流动而产生的，并以横向电磁波（TEM）的形式在空间中传播，这意味着电场、磁场和无线电波的传播方向是垂直的。电波传播过程如图 3-34 所示。

（1）自由空间传播

无线电波一旦被发射出去，就能够在自由空间中以及其他物质材料中进行传播。自由空间是指理想的电磁波传播环境。自由空间传播损耗的实质是因电波扩散损失的能量，其基本特点是接收电平与距离的平方以及频率的平方均呈反比关系。

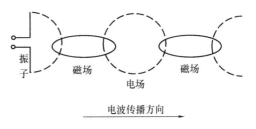

图 3-34　电波传播过程

无线电波在自由空间中的传播速度与光速一样，为 300000km/s，无线电波在其他传播媒介中的传播速度要低一些。在频率低于 27MHz 时（此时空气介电常数接近于 1），无线电波的损耗极小。

无线电波的传播具有覆盖的特性，容易形成面的覆盖。无线电波利用高度定向天线还具有点的特性，因此也可作为点对点通信的传输媒介。

（2）电波的地面传播

电波的地球表面传播与自由空间传播的最明显区别：地面传播的范围常常受到地平面的限制，信号从地球本身反射回来，而且在发射机与接收机之间存在各种各样的障碍物。

电波的地球表面传播示意图如图 3-35 所示。

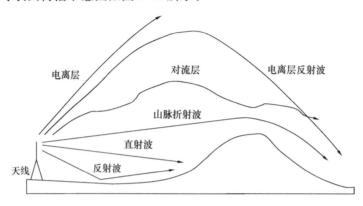

图 3-35　电波的地球表面传播示意图

1）视距传播

视距传播的实际通信距离受到地球表面曲率的限制。一般无线通信的视距距离要比可视的视距长 1/3。要获得最大通信距离，需要结合使用合理的大功率发射机和高增益天线，并且使天线的位置越高越好。

实际应用中并不总是需要获得最大的通信距离，有时还需要限制有效通信距离，例如蜂窝移动通信系统。

2）多径传播

尽管视距传播使用从发射机到接收机的直接路径，但是接收机有时也能拾取反射信号，直接信号与反射信号将会相互干扰。多径传播示意图如图 3-36 所示。

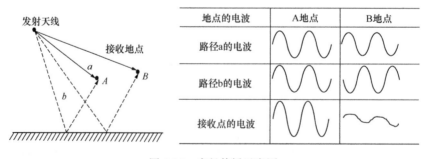

图 3-36　多径传播示意图

干扰是加强型还是削弱型，取决于两信号之间的相位关系。若两信号为同相，则结果信号是加强的；若两信号的相位相差 180°，则会有部分抵消，其效应称为衰落。

当信号从大型建筑物等大型目标物体反射回来时，将不仅存在相位的抵消，还存在显著的时间差别。目标指向直射信号方向的定向接收天线能够减小固定接收机的这种反射问题。

3）移动环境

在发射机和接收机都固定的环境中，可按减小多径干扰影响的方式来安装天线。但在实际应用中，发射机或接收机常处于不断运动中，使电波传播条件恶化，其多径状态也处于不断变化的状态中，移动和便携式环境还由于来自建筑物和交通工具的多个反射而变得混乱。

同时，当发射机和接收机的一方或多方均处于运动中时，将会使接收信号的频率发生偏移，即多普勒效应，且移动速度越快，多普勒效应越严重。

（3）电波的多径传播和衰落

无线电波在传播中，会受到长期慢衰落和短期快衰落的影响，如图 3-37 所示。

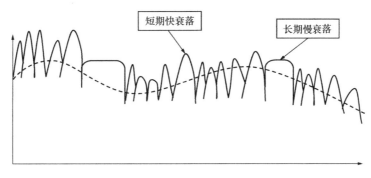

图 3-37　无线电波在传播中的衰落

1）长期慢衰落

长期慢衰落由传播路径上的固定障碍物（如建筑物、地形等）的阴影引起，其信号衰落缓慢，且衰落速率与工作频率无关，仅与地形、地物的分布和高度及物体的移动速度有关。

2）短期快衰落

电波具有反射、折射、绕射的特性，接收信号是发送信号经过多种传播途径的叠加信号。而反射、折射、绕射物体的位置可能随时间而变化，因此接收端接收到的多径信号可能不同时刻有所不同，信道条件随时间变化，即接收信号具有多径时变特性。无线通信中的电波传播经常受到这种多径时变（短期快衰落）的影响。

由于无线传播环境的复杂性和特殊性，不同的无线通信系统的传输技术也各异。利用各种方法来对抗无线传输中的多径时变特性，已成为无线通信技术的一大特色。

另外，无线电波的传播环境是开放的，各种电波均有可能同时传播，因此无线通信又具有易受干扰的特性，通信的安全性日益成为无线通信中的一个重要问题。

3.4.3　多址技术

传输技术中很重要的一点是有效性问题，也就是如何充分利用信道的问题。信道可以指有形的线路，也可以指无形的空间。充分利用信道就是要同时传送多个信号。在两点之间的信道上同时传送互不干扰的多个信号是信道复用问题，在多点之间实现互相间不干扰的多边通信称为多元连接或多址通信。例如，在卫星天线的波束所覆盖的区域内，任一点都可以设置地面站，这些地面站可以共用一颗通信卫星的转发器来实现相互间的通信。

当分别以传输信号的载波频率不同、存在的时间不同和码型不同来区分信道建立多址接入时，则分别称为频分多址（FDMA）、时分多址（TDMA）和码分多址（CDMA），如图3-38所示。另外，采用智能天线技术，可以构成空间上用户的分割，称为空分多址（SDMA），该方式一般需要与其他多址方式结合。

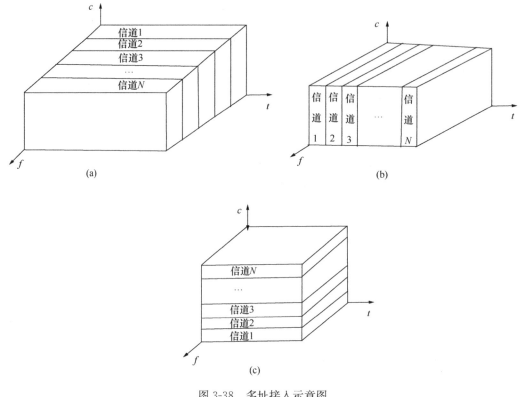

图 3-38　多址接入示意图
(a) FDMA；(b) TDMA；(c) CDMA

1. 频分多址（FDMA）

FDMA技术广泛地应用在卫星通信、移动通信系统中。它把传输频带划分为若干个较窄的且互不重叠的子频带，如图3-39所示。

每个用户分配到一个固定的频带，按频带区分用户。信号调制到该子频带内，各用户信号同时传送，接收时分别按频带提取，从而实现多址通信。实际的滤波器总达不到理想条件，各信号间总有一定的干扰，各频带之间必须留有一定的保护间隔以减少各频带之间的串扰。FDMA有采用模拟调制的也有采用数字调制的，也可以由一组模拟信号用频分复用方式或一组数字信号用时分复用方式形成一组复用信号，然后再调制到相应的子频带后再传送到同一地址。总的来讲，FDMA技术比较成熟，应用比较广泛。

2. 时分多址（TDMA）

TDMA是在给定频带的最高数据传送速率的条件下，把传送时间划分为若干个时间间隔，即时隙，用户的收发各使用一个指定的时隙，以突发脉冲序列方式发送接收信号，如图3-40所示。

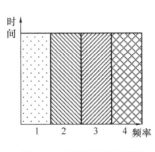

图 3-39　FDMA 示意图

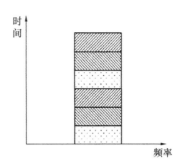

图 3-40　TDMA 示意图

多个用户依序分别占用时隙，在一个宽带的无线载波上一较高速率传送信息数据，接收并解调后，各用户分别提取相应时隙的信息，按时间区分用户，从而实现多址通信。总的码元速率是各路之和，还有一些位同步、帧同步等开销。TDMA 各用户在时间上互不重叠，而在同一频带中传送，这是它的特征。TDMA 系统总是采用数字体制，每时隙可以是单个用户占用，也可以是一组时分复用的用户占用。TDMA 的主要问题是整个系统要有精确的同步，要由基准站统一各站的时钟，才能保证各站准确地按照时隙提取本站需要的信号。

3. 码分多址（CDMA）

CDMA 方式是用一个带宽远大于信号带宽的高速伪随机编码信号或其他的扩频码调制所需传送的信号，使原信号的带宽被扩展，再经载波调制后发送出去，如图 3-41 所示。接收端使用完全相同的扩频码序列，同步后与接收的宽带信号作相关处理，使宽带信号解扩为原始信息。不同用户使用不同的码序列，它们占用相同的频带，接收机虽然能收到，但不能解

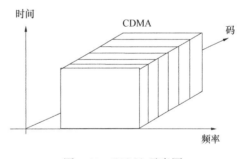

图 3-41　CDMA 示意图

调，这样可以实现互不干扰的多址通信。码分多址中所用的扩频码也就是地址码，根据扩频方式的不同，码分多址可以分为两种方式，直接序列码分多址和跳频码分多址。下面以直接序列码分多址为例说明 CDMA 的工作原理，如图 3-42 所示。

4. 空分多址（SDMA）

SDMA 方式利用不同的用户空间特征来区分用户，从而实现多址通信的方式，如图 3-43 所示。目前利用最多最明显的特征就是用户的位置。配合电磁波传播的特征可以使不同地域的用户在同一时间使用相同的频率实现互不干扰的通信，例如，可以使用定向天线或窄波束天线，使电磁波按一定指向辐射，局限在波束范围内，不同波束范围可以使用相同频率，也可以控制发射的功率，使电磁波只能作用在有限的距离内。在电磁波作用范围以外的区域仍能使用相同的的频率，以空间区分不同用户，如图 3-43 所示。

5. 蜂窝制中多址技术的应用

蜂窝网中的多址连接与系统的特点有关，根据系统的特点合理地选用多址方式是蜂窝系统的关键问题之一。蜂窝网由大量基地台组成，每个基地台有数量有限、传播距离也有

99

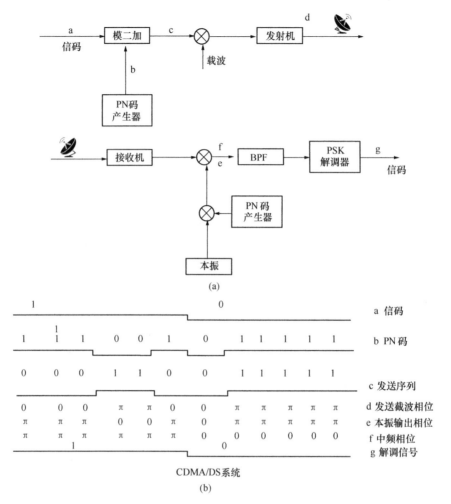

图 3-42 CDMA 的原理图

（a）方框图；（b）扩谱信号传输图解

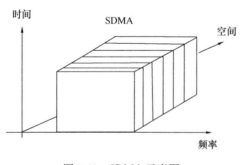

图 3-43 SDMA 示意图

限的无线信道根据用户的申请指配使用。信道的指配、交换等控制功能由移动交换局通过移动局与基地台的地面网络实现。移动用户也可以通过移动局与市话局、长话局之间的网络实现与本地或外地固定用户和移动用户的通信。蜂窝系统实际上是运用无线通信和有线通信等多种手段的综合通信网络。不仅如此，蜂窝系统还依靠综合运用多种多址技术使用较有限的信道（频谱）构成大容量并能覆盖较大范围的通信系统。选用多址方式还应考虑到蜂窝系统工作在较恶劣的城市环境之中，建筑物林立、电磁波吸收、散射及多径效应影响严重，工业及各种电磁干扰众多，而且用户位置是迅速变化的，接收条件也随之迅速变化。多址方式必须适应这种工作环境。

在实际的蜂窝系统中，TDMA 系统总是和 FDMA 一起使用。由于系统的特点，在本小区内要将总频带划分为若干个频段，在时分多址的基础上实现频分多址，而且相邻小区间必须采用不同载频。为了能用有限的频谱或一定数量的正交扩频码覆盖较大的城区范围并承担较大的业务量，无论 FDMA、TDMA 还是 CDMA 均需妥善地运用 SDMA 技术。在不同的地域采用同样的频率或扩频序列，以空间位置的不同实现多址。可以说，正确和巧妙地运用多种多址技术是构建高性能蜂窝系统的关键问题之一（表 3-5）。

在移动通信中各种多址技术的特点 表 3-5

类型	特点	选择信号方法	优缺点
频分多址	1. 每信道用一个载频； 2. 每信道传一路信号； 3. 小区及相邻小区的各路信号频谱不重叠； 4. 可以是模拟制或数字制	频率选择电路	1. 技术成熟； 2. 移动台简单； 3. 基地台庞大，每信道要配一套收发信机，需用天线共用器； 4. 越区切换复杂，易丢失数据
时分多址	1. 采用数字制； 2. 信道划分为若干不重叠的时隙； 3. 每时隙穿一路信号	时间选通门	1. 速率高时需用自适应均衡以减少码间串扰； 2. 移动台需用语音编解码器； 3. 基地台简单； 4. 越区切换简单； 5. 需要精确同步
码分多址	1. 采用数字制； 2. 各路信号按所用扩频码址区分； 3. 各路信号在同一时间内和相同频带中传送	相关检测器和相对应的扩频码	1. 抗干扰能力强，有一定保密性； 2. 越区切换简单，可"软切换"； 3. 容量有一定弹性，即"软容量"； 4. 需要严格的功率控制； 5. 有的方案需用 GPS 定时
空分多址	1. 若干不同频率的小区构成空分单元； 2. 相同频率结构的空分单元占有不同空间	利用电波传播范围的局限性	1. 有限的频率或扩频码构成大范围大容量的系统； 2. 需精确划分空分单元； 3. 需与其他多地址方式结合，不单独运用

6. 卫星通信中的多址技术

卫星通信具有覆盖面积大的特点，在卫星天线波束覆盖范围内的任何地球站通过共同的卫星的中继和转发来进行双边或多边连接，实现多址通信。与用大量覆盖范围极小的基地台转发信号的蜂窝通信相比，卫星通信的多址方式有其特殊性，特别是如何利用和分配公用的卫星转发器的功率和频带。卫星通信系统中的所有用户共享转发器的带宽和功率，系统容量也就受转发器的带宽和功率的限制，称为带宽和功率受限系统（图 3-44）。

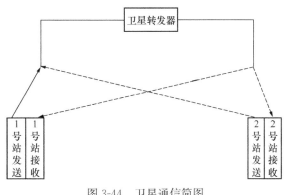

图 3-44 卫星通信简图

蜂窝制中的多址连接是根据移动用户的需要由移动交换局指配的。卫星通信中有预先分配方式，也可以是按需要分配，或是两种方式相结合。

表 3-6 比较了 3 种卫星移动通信系统的主要参数和性能。

3 种卫星移动通信系统的主要性能　　　　　　　表 3-6

系统名称	"铱"系统	"全球星"系统	"ICO"系统
主要经营者	Motorola	Loral/Qualcomm	Inmarsat
卫星数目（备份）	66（6）	48（8）	12（2）
轨道高度	765	1414	10355
双向话路数/星	3840	2800	4500
卫星可视时间（min）	9	10～12	120
最小仰角（°）	8.2	10	20
多址方式	TDMA/FDMA/SDMA	CDMA/FDMA/SDMA	TDMA/FDMA/SDMA
调制方式	QPSK	QPSK	
数据速率（kbit/s）	1.2～9.6	4.8（话）2.4（数据）	

7. 光纤通信中的 CDMA 技术

CDMA 技术具有抗干扰性好、保密性强、多址和复用灵活的特点，已广泛应用于卫星网与蜂窝网中，并显示出强大的生命力，但由于占用较多的带宽资源，限制了它的应用。利用光纤的巨大带宽资源，可以充分发挥 CDMA 技术灵活的多址性能。在光纤网络中应用 CDMA 多址技术，称为 FO-CDMA。

光纤 CDMA 系统也是一种扩频多址系统，在发送端用相互正交的扩频码序列对不同用户送来的光脉冲序列调制后发送。在接收端采用相关解调技术恢复对应用户的原始数据，其他用户由于解扩序列与扩频序列不同，输出仅为噪声，而不是有用数据，从而实现互不干扰的多址通信。

图 3-45 给出了光纤 CDMA 多址系统的框图。该图给出的系统其扩频和解扩均在光路部分，也可以都在电路部分完成，即用扩频后的电脉冲序列调制激光脉冲的强度，接收时还原为电脉冲后再解扩，也可以采用电扩频光解扩的方案。从发展的观点来看，全光系统能解决带宽瓶颈，更有发展前途。但扩频序列可调的全光编解码器的实现有一定难度，正在研究解决中。图例系统采用的是星形结构，对环形和总线形结构同样适用。由于采用了扩频技术，各用户使用相互正交的扩频序列，互不干扰或有较小干扰，较好地解决了碰撞和排队问题。

图 3-45　光纤 CDMA 系统

习 题

3.1 试画出数字通信系统组成框图，并说明各部分的作用。

3.2 举例说明现代通信的几种方式。

3.3 模拟信号与数字信号的主要区别是什么？

3.4 通信系统是如何分类的？

3.5 简述数字通信的主要优缺点，如何理解采用数字通信便于组成多媒体数字通信网，如何理解数字通信的抗扰能力优于模拟通信？

3.6 信息传输速率和频率有什么区别？

3.7 什么叫比特率？什么叫码元速率？两者有什么不同？

3.8 设在 $1\sim25\mu s$ 内输出 256 个二进制码元，计算信息传输速率为多少？若该信息在 55 个码元内有 6 个码元产生误码，试问其误码率为多少？

3.9 某一数字信号的码元传输速率为 1200Baud，试问它采用四进制或二进制传输时，其信息传输速率各为多少？

3.10 假设信道频带宽度为 1024kHz，传输速率为 2048kbit/s，其频带利用率为多少？若信道频带宽度为 2048kHz，其频带利用率又为多少？

3.11 模拟信号转换成数字信号要分哪几个步骤？

3.12 试述从 AM 调制、双边带调制、单边带调制到残余边带调制是如何演化的？

3.13 什么是角度调制？调频和调相有何区别与联系？

3.14 SSB 调制与 AM 调制相比的最大优点是什么？

3.15 相干解调和非相干解调有何区别？

3.16 试述抽样定理；若已知信号组成为 $f(t)=\cos\omega_i t+\cos2\omega_i t$，用理想低通滤波器来接收抽样后的信号，试确定最低抽样频率。

3.17 若将话音调制信号的频率限制在 $300\sim3400\mathrm{Hz}$，试问在 $3\sim30\mathrm{MHz}$ 的短波频段内可最大限度地传送多少路 AM 信号？可传递多少路 SSB 信号？

3.18 已知一个 AM 广播电台输出功率是 50kW，采用单频余弦信号进行调制，调幅指数为 0.707。试计算：

（1）调制效率；

（2）载波功率。

3.19 已知调频信号 $\varphi(t)=\cos(\omega_c t+100\cos\omega_m t)$，$K_{FM}=2\ \mathrm{rad/(V\cdot s)}$，试求：

（1）试求调制信号 $f(t)$；

（2）最大频偏。

3.20 在数字通信中为什么要进行采样和量化？

3.21 已知 $u(t)=4\cos400\pi t+6\cos640\pi t$，$f_B$ 应选多少？为什么？

3.22 对频率范围为 $300\sim3400\mathrm{Hz}$ 的话音信号进行均匀量化的 PCM 编码，试完成：

（1）求最低抽样频率 f_s 是多少？

（2）若量化电平数 L 为 256，求 PCM 信号的信息速率 R_b，为多少？

（3）若考虑防卫间隔，取 $f_s=8\ \mathrm{kHz}$，则 PCM 信号的信息速率 R_b 为多少？

3.23 抽样后的模拟信号包含哪些频率成分？如果模拟信号的频带为 $60\sim1300\mathrm{Hz}$，求其抽样频率 f_B，并写出抽样后频谱中前 7 项的各自频率范围。

3.24 基带信号 $m(t)=\cos2\pi t+2\cos4\pi tm(t)$，对其抽样，为了在接收端能不失真地从已抽样信号 $m_s(t)$ 中恢复 $m(t)$，试问抽样间隔应为多少？

3.25 如果取样开关的频率 $f_B=4\mathrm{kHz}$，声音信号的频带为 $0\sim5\mathrm{kHz}$，能否完成 PAM 通信？为什

么？如何解决？

3.26 为什么要量化？量化误差与量化级差有什么区别？

3.27 什么是均匀量化和非均匀量化？均匀量化有什么优缺点？非均匀量化的基本原理是什么？它能克服均匀量化的什么缺点？

3.28 设信号 $m(t) = 9 + A\cos\omega t$，其中，$A \leqslant 10$。若 $m(t)$ 被均匀量化为 41 个电平，试确定在确定所需二进制码组的位数 N 和量化间隔 Δ。

3.29 某设备按 13 折线进行编码，已知未过载电压的最大值 $U_m = 4096mV$，问 Δ 和 δ_4 时，应选多少 mV？

3.30 在 A 律 13 折线中 8 个段落的量化级之间存在什么关系？最大量化级是最小量化级的多少倍？

3.31 试画出 ΔM 编码 101011101001 的波形。

3.32 什么是基带信号？对基带信号有哪些基本要求？

3.33 设二进制代码为 010110001010，试画出对应的单极性 NRZ 码、RZ 码、双极性 NRZ 码和相对码的波形。

3.34 简述 AMI 码、HDB3 码和 CMI 码的特点。

3.35 设二进制代码序列为 0100001010000010000，试画出对应的 AMI 码、HDB3 码和 CMI 码的波形。

3.36 信道限带传输对信号波形有何影响？其输出波形有何特点？

3.37 码间干扰是如何形成的？

3.38 无码间干扰传输的条件是什么？

3.39 设基带传输系统等效为理想低通网络，截止频率为 1000kHz，数字信号采用二进制传输，数码率为 2048kbit/s，问取样判决点是否无码间干扰？

3.40 说明眼图的各部分对反映数字基带传输系统的性能有何作用？

3.41 设数字信号为：010110010，试画出 ASK、FSK、PSK 的信号波形。

3.42 什么是幅移键控？如何产生 ASK 信号？解调时对相干载波信号有何要求？

3.43 什么是频移键控？简述产生频移键控信号的两种常用方法的原理；比较相干检测 FSK 和包络检测 FSK 信号的特点。

3.44 什么是相移键控？什么是绝对调相？什么是相对调相？

3.45 设二进制数字序列为：011001101，其数码率为 1200bit/s，调相时的载波频率为 2400 Hz，试分别画出 S_{PSK} 和 S_{DPSK} CMI 码的波形。

3.46 设相对码序列 $\{b_n\}$ 为 0110101010011101110，试求绝对码序列 $\{a_n\}$。

3.47 什么是最小频移键控（MSK）？设数字序列为 $-1+1+1-1-1-1+1+1$，试画出 MSK 信号的相位变化图（$\theta_0 = 0$）。

3.48 已知 ASK 系统的码元传输速率为 10^3 Baud，所用的载波信号为 $A\cos(4\pi \times 10^3)t$。试完成：

(1) 设所传送数字信息为 011011，试画出相应的 2ASK 信号波形示意图；

(2) 求 ASK 信号的带宽。

3.49 某 FSK 系统的码元传输速率为 2×10^6 Baud，数字信息为"1"时的频率 $f_1 = 10$ MHz，数字信息为"0"时的频率 $f_2 = 10.4$ MHz，求 FSK 信号的传输带宽。

3.50 什么是时分复用？它与频分复用的区别是什么？

3.51 什么叫频分多路复用？其特点是什么？

3.52 画出立体声调频广播信号的频谱，说明各频率段所传送的信号。

3.53 时分多路复用与频分多路复用有什么不同？

3.54 在数字时分复用系统中，为什么要有定时与同步系统？定时与同步系统的作用是什么？

4 交通信息传输系统

4.1 光纤通信系统

光波属于电磁波范畴，其中，紫外线、可见光、红外线都属于光波。光纤通信是以光波为载波，以光导纤维为传输媒介的信息传输过程或方式。

4.1.1 光纤通信系统及其概述

光纤通信是以光波为载体，以光纤为传输介质的一种通信方式。由于光纤通信具有传输频带宽、通信容量大、损耗低、不受电磁干扰等一系列特殊的优点，光纤通信技术近年来发展速度之快、应用范围之广是通信史上罕见的。可以说光纤通信技术是世界新技术革命的重要标志，是未来信息社会中各种信息网的主要传输工具。

1. 光波的波段划分

光波是人们最熟悉的电磁波，其波长在微米级、频率为 $10^{12} \sim 10^{16}$ Hz 数量级。由图 4-1 电磁波谱中可以看出，紫外线、可见光、红外线均属于光波的范畴。

目前光纤通信使用的波长范围是在近红外区内，即波长为 $0.8 \sim 1.71 \mu m$，可分为短波长波段和长波长波段两部分。短波长波段适用工作波长为 $0.85 \mu m$，长波长波段适用工作波长 $1.31 \mu m$ 和 $1.55 \mu m$，这是目前所采用的三个通信窗口。

2. 光纤通信系统的特点

虽然光和电都是电磁波，但光纤通信与电通信方式的主要差异有两点：一是用光波作为载频传输信号，二是用光导纤维构成的光缆作为传输线路。因

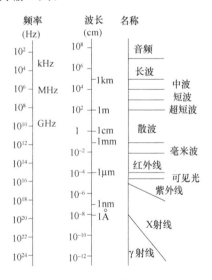

图 4-1 电磁波谱

此，在光纤通信中起主导作用的是产生光波的激光器和传输光波的光导纤维。

从 1970 年美国康宁公司研制出损失为 20dB/km 的光纤开始，光纤的通信历史也才只有 50 多年的时间。光纤通信在短时间内飞速发展，是由于其具备以下优点：

（1）传输频带宽，通信容量大

由信息理论可知，载波频率越高，通信容量越大。光传输以光波为载频，传输带宽极宽，能满足大容量的通信要求。一般多模光纤的带宽为 $1 \sim 10$GHz/km，而单模光纤的带宽可达 1.5THz/km 以上。若采用光波分复用方式，在光纤低损耗区域内设置 100 个光波长通道，则一根光纤的传输容量至少可达到 1Tbit/s（100×10Gbit/s），相当于传输 1200 万路电话或 10 万路高清晰度电视节目。

（2）损耗低，中继距离长

目前使用的光纤均为石英（SiO_2）系光纤，主要是依靠提高玻璃纤维的纯度来减小光纤损耗。由于目前制成的 SiO_2 玻璃介质的纯净度极高，所以光纤的损耗极低。在光波长 $\lambda = 1.55\mu m$ 附近，衰耗有最低点，可低至 $0.2dB/km$，现今已接近理论极限值。光纤的损耗低，中继距离可以很长，进而在通信线路中减少中继站的数量，降低成本并提高了通信质量。

（3）不受电磁干扰

光纤是非金属的绝缘材料，它不受电磁干扰。

（4）体积小，质量轻，可挠性好

由于光纤的直径很小，只有 $0.125mm$ 左右，制成光缆后，直径要比电缆细，且重量轻。这样在长途干线或市内干线上，空间利用率高，而且便于制造多芯光缆。

（5）资源丰富，节约有色金属

光纤通信除上述主要优点之外，还有抗化学腐蚀等特点。当然，光纤本身也有缺点，如光纤质地脆、机械强度低；要求更好的切断、连接技术；分路、偶合费时等，上述问题在一定程度上都得到了解决。

3. 光纤通信系统基本构成

目前使用的光纤通信系统，普遍采用的是数字编码、强度调制——直接检波通信系统。这种系统的示意方框图如图 4-2 所示。其中，强度调制是指用信号去直接调制光源的光强，即单位面积上的光功率，使之随信号电流呈线性变化；直接检波是指信号直接在接收机的光频上检测为电信号。

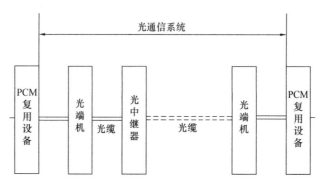

图 4-2　光纤通信系统结构图

电端机就是通常的脉冲编码调制（Pulse Code Modulation，PCM）多路复用设备，送出 PCM 信号。

光端机分为光发送端机与光接收端机两种。其中，光发送端机是将电信号变换成光信号的光发射机，采用的光源是半导体激光器（Laser Diode，LD）或半导体发光二极管（Light Emitting Diode，LED）。它们都是通过加正向偏置电流而使其发光的半导体二极管，LD 发出的是激光，LED 发出的是荧光。光发送端机将已调制的光波送入光导纤维，经光导纤维传送至光接收端机。

光接收端机是将光信号变换成电信号的光接收机。光信号经过光纤传输到达接收端，首先经 PIN 光电二极管或 APD 雪崩光电二极管检波变为电脉冲，然后经放大，均衡，判决等适当处理，恢复成送入发送端时的电信号，再送至接收电端机。光缆的作用是将光定向传输到接收端，完成信息传输任务。

光中继器主要是由光检测器、判决再生和光源组成，它兼有收、发光端机两种功能。光信号经光纤或光缆的长距离传输后，光能量被衰减，波形发生畸变。为保证通信质量，光中继器将收到的微弱光信号变换成电信号，经过判决再生处理后，又驱动光源产生光信号，将光信号耦合到光纤或光缆线路中继续传输。光中继器的作用有两个：一是补偿受到损耗的光信号；二是对已经失真的信号进行整形。

光纤是信息传输的媒介，目前一般采用 $1.314\mu m$ 的长波长单模光纤，组成光缆的光纤芯线一般在 8～48 芯之间。

4. 光纤通信的传输码型

光传输系统中的常用线路码型如下。

1）mBnB 码：又称分组码，是把输入的信息码流以 m 比特（mB）分为一组，再按一定规则变换成 n 比特（nB）一组的码组输出，例如 5B6B 码。mBnB 码使变换后的码流产生多余比特，用来传送与误码检测相关的信息。

2）插入比特码：把输入的信息码流按 m 比特分为一组，再在每组的 m 位之后插入一个比特，组成线路码。

3）加扰码：把已知的二进制序列按一定方法加入信息码流中；在接收端，用同样方法再恢复出原来的信息码流。

4.1.2 光纤及光缆

光纤是传输光信号的主要介质，在实际的光纤线路中，为保证光纤能在各种环境及条件下长期使用，必须将光纤构成光缆。

1. 光纤的结构与分类

（1）光纤的结构

目前，通信用的光纤是石英玻璃制成的横截面很小的多层同心圆柱体，如图 4-3 所示。

其中，未经涂覆和套塑的光纤称为裸光纤，由纤芯和包层组

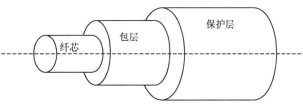

图 4-3 光纤的结构

成；折射率高的中心部分叫作纤芯，其折射率为 n_1，直径为 $2a$（对于多模光纤 $50\mu m$，对于单模光纤为 $10\mu m$），其作用是导光；折射率低的中心部分称为包层，其折射率为 n_2，直径为 $2b$，大约 $125\mu m$，它的作用是将光封闭在芯-包界面内使光向前传输；由于石英玻璃质地脆、易断裂，为了保护光纤表层，增加光纤的机械强度，在裸光纤的外面还要加缓冲层及进行两次涂覆而构成光纤芯线。一次涂覆的作用是防尘、增加机械强度；缓冲层的作用是防止光纤遇冷弯曲；二次涂覆（套塑）作用是便于操作、识别及进一步增加光纤强度。

（2）光纤的分类

按不同的方式分，光纤的分类不同，通常采用的分类方法如下：

1）按光纤的组成材料分：

石英玻璃光纤（主要材料为 SiO$_2$）；多组分玻璃光纤（由 SiO$_2$ 和少量的 Na$_2$O、CaO 等氧化物组成）；塑料包层玻璃芯光纤；全塑光纤。光通信中主要用石英光纤，后文所说的光纤也主要是指石英光纤。

2）按折射率分布分：

阶跃型光纤：又称均匀光纤。光纤纤芯的折射率 n_1 和包层的折射率 n_2 都为一常数，且 $n_1 > n_2$，在光纤和包层的交界面折射率呈阶梯形变化，用符号 SI 表示，如图 4-4（a）所示。

渐变型光纤：又称非均匀光纤。从光纤轴线到纤芯与包层交界处折射率 n_1 随半径的增加而按一定规律缓慢地、逐渐地减小到 n_2，用符号 GI 表示，如图 4-4（b）所示。

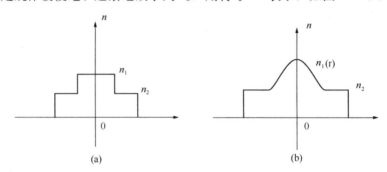

图 4-4　阶跃光纤及渐变光纤折射率分布
（a）阶跃光纤的折射率分布；（b）渐变光纤的折射率分布

3）按传输模式多少来分：

所谓模式，实质上是电磁场的一种分布形式。模式不同其电磁场的分布形式不同。

多模光纤（MMF-Multi Mode Fiber），当光纤中传输多个模式时，这种光纤称为多模光纤。目前多模光纤的折射率分布多呈渐变型，但也有阶跃型的，其传输性能较差，带宽较窄，传输容量较小。

单模光纤（SMF-Single Mode Fiber），当光纤中传输一种模式时，称为单模光纤。单模光纤的折射率分布多呈阶跃型，这种光纤传输频带宽、容量大，适用于大容量、长距离的光纤通信，是当前研究和应用的重点，也是光波技术和光纤发展的必然趋势。

2. 光缆的结构

实际通信线路中，往往将多根光纤制成不同结构形式的光缆。根据不同用途和不同环境，光缆的形式很多，但不论其结构形式如何，都是由缆芯、加强构件和护层组成。缆芯由光纤芯线组成，一般分为单芯和多芯两种，主要完成传输信息的任务。加强构件用来增强光缆的抗拉强度，通常采用铜丝或非金属的合成纤维。护层主要是对已形成缆的纤芯线起保护作用。常用的光缆结构如图 4-5 所示。

3. 光纤与光缆的连接

光纤的连接有两种，即固定连接和活动连接。光纤的连接应满足如下条件：

1）连接损耗要小，因为接头的插入损耗直接影响光缆系统的无中继距离，一般要求直接损耗要小于 0.3dB；

2）连接点要有一定的机械强度，保证连接可靠，可承受一定的拉力；

3）操作简便，以便在条件较差的施工现场快捷地完成连接。

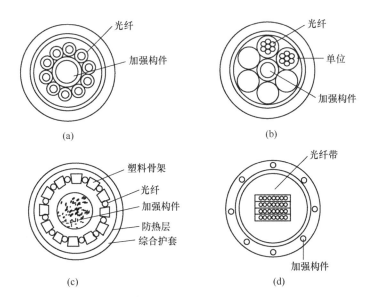

图 4-5 光缆结构

（a）层绞式；（b）单位式；（c）骨架式；（d）带状

固定连接有熔接法和粘接法等不同工艺，一般用于光纤线路上光纤与光纤的连接，这种接头常称为死接头。活动连接主要依靠光纤连接器来完成，是一种可以拆卸的接头，一般用于机与线或机与机之间的连接，这种接头常称为活接头。接头是光纤连接必不可少的，但不能因此而影响整个光纤通信系统的传输质量。因此，对光纤连接的根本要求是附加损耗低，机械强度高，可靠性好，便于安装维修。

4.1.3 光纤导光原理

光纤的导光原理，可以用射线传播理论和模式传播理论加以解释。射线传播理论是用几何光学的方法来描述光纤的导光理论，模式传播理论认为光是一种波长极短的电磁波，因此光在光纤中的传播可以应用电磁场在介质中的传播理论加以解释。

（1）射线传播理论

一般来讲，光纤中传输的光可分为两种不同的形式：一种是光线在经过轴心的平面内传递，这种光线称为子午光线，它是在一个平面内弯曲进行传播的光线，在一个周期内和光线的轴线相交两次，在端面上的投影是一条直线；另一种是不交轴的光线，这种光线不在一个平面内，是不经过光纤轴线的空间折线。从光的端面观察，其光线的轨迹是一组构成多边形的折线，如图 4-6（a）、（b）所示。

首先梳理一下射线理论的要点。

①光视为光射线。在均匀介质中是直线传播，到达不同的介质将产生反射和折射；

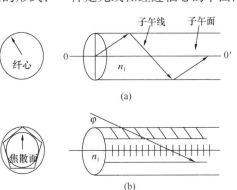

图 4-6 射线传播理论

（a）子午线；（b）斜射线

②反射和折射遵从反射定律和折射定律；③光的折射率可以用公式来表示：

$$n = \frac{c}{v} \qquad (4\text{-}1)$$

式中　n——光在某种传输媒质中的折射率；

c——光在空气中的传播速度，$c = 3 \times 10^8 \mathrm{m/s}$；

v——光在某介质中的传播速度。

从上面的表达式可知：折射率均大于 1；在空气中折射率最小，约等于 1；

简图如图 4-7 (a)、(b)、(c) 所示：

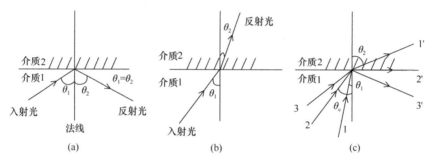

图 4-7　光的折射和反射

(a) 光的反射；(b) $n_1 < n_2$；(c) $n_1 > n_2$

当光从一种折射率 n_1 的介质进入另一种折射率为 n_2 的介质时，要产生折射，折射定律为：

$$n_1 \cdot \sin\theta_1 = n_2 \cdot \sin\theta_2 \qquad (4\text{-}2)$$

折射分为两种情况（图 4-7）：当 $n_1 < n_2$ 时，$\theta_1 > \theta_2$，当 θ_1 变小时，θ_2 也变小；当 $n_1 > n_2$ 时，$\theta_1 < \theta_2$，当 θ_1 变大时，θ_2 也变大，当 θ_1 增至某一角度 θ_c 时，折射角 $\theta_2 = 90°$，此时为临界情况，θ_c 称之为临界角，故按折射定律：

$$\sin\theta_c = \frac{n_2}{n_1} \qquad (4\text{-}3)$$

凡入射光线大于临界角 θ_c 的光都不能进入折射率低的介质 2 中，如图 4-7 中 3-3′ 所示，这种现象叫作全反射。

根据以上射线理论要点，便很容易理解光在光纤中传播情况了。

（2）光在阶跃光纤中的传播

如图 4-8 所示为阶跃光纤的导光原理，即光在光纤中的传播过程。

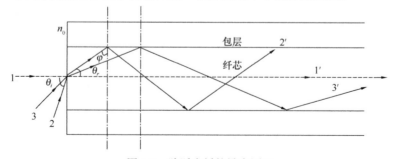

图 4-8　阶跃光纤的导光原理

① 光线 2 与光纤轴线成 θ_i 的角度入射到光纤中，由于空气折射率 $n_0 \geqslant 1$ 最小，所以光纤与空气界面的折射效应 $n_1 < n_2$ 的情况，光线向轴线偏移，沿着与光纤轴线成 θ_r 角的方向入射到纤芯的界面上。

② 在纤芯与包层的界面上，纤芯的折射率大于包层的折射率 $n_1 > n_2$，如果入射角 φ 大于临界角 θ_c，则光线将会在纤芯和包层界面上产生全反射。

③ 当全反射的光线再次入射到纤芯和包层的分界面时，它被再次全反射回纤芯中，这样所有满足 $\varphi > \theta_c$ 的光线都会被限制在纤芯中向前传播。

综上，这就是光纤导光的基本原理。

下面说明几点：

注 1：以上光纤导光的基本原理中，要求 $\varphi > \theta_c$，也就是光在光纤中的传播是有条件的，并不是所有入射到光纤端面上的光线都能进入光纤内部进行传播。

由光在光纤中的传播条件 $\varphi > \theta_c$，而 $\varphi + \theta_r = 90°$，所以可得：$\theta_r < 90° - \theta_c$。

根据折射定律：$\theta_i < \theta_{imax} = \theta_k$，可得 θ_{imax} 与 θ_c 呈对应关系。

即当入射角小于某一个角度 $\theta_{imax} = \theta_k$ 的光线，才能在光纤内部传播，如图 4-9 所示。

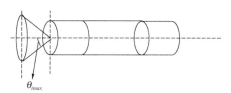

这一角度的正弦值就定义为光纤的数值孔径 NA，$NA = \sin\theta_k = \sin\theta_{imax}$。

图 4-9　数值孔径

现在我们来看一下数值孔径和哪些参量有关，看临界状态：

由光的折射定律：

$$
\left.
\begin{aligned}
\sin\theta_{imax} &= n_1 \sin\theta_r \\
\theta_r &= 90° - \theta_c
\end{aligned}
\right\}
\Rightarrow
\left.
\begin{aligned}
\sin\theta_{imax} &= n_1 \sin(90° - \theta_c) \\
\sin\theta_c &= n_2/n_1 \Rightarrow \cos\theta_c = \sqrt{1 - \frac{n_2^2}{n_1^2}}
\end{aligned}
\right\}
\Rightarrow
$$

$$
\left.
\begin{aligned}
\sin\theta_{imax} &= \sqrt{n_1^2 - n_2^2} \\
由设 \quad \Delta &= (n_1 - n_2)/n_1 \\
光纤的 n_1 和 n_2 &相差很小
\end{aligned}
\right\}
\Rightarrow \sin\theta_{imax} = \sin\theta_k \approx n_1\sqrt{2\Delta}
$$

$$(4\text{-}4)$$

式中，Δ 表示纤芯和包层折射率的变化，称之为相对折射率差。

数值孔径是光纤的重要参量，它表示光纤收集光的能力，主要反映光纤从端面接收光能多少的一个物理量，它主要由纤芯和包层的折射率的相对变化来表示，从提高光纤的收集光的能力来讲，希望 Δ 越大越好，但 Δ 太大，即便数值孔径大，也必然造成严重的色散，不利于数据的传输。

注 2：所谓模式色散，理解为不同入射光同时进入光纤的输入端，但是它们到达光纤的输入端的时间却是不一样的。

不同的入射光线，其在光纤中的传播路径是不一样的，但由于在同一介质中传播，故传播速度一样，因此到达光纤输出端所用的时间是不一样的，产生了时延，这种现象就是色散。如果输入一个光脉冲，其所包含的光由于经过不同的路径而在不同的时间到达光纤终端，结果使光脉冲的宽度展宽。脉冲展宽的程度，即模式色散大小，由最短及最长的光线路径产生的时延差来表示。

最短的光线路径：$\theta_i = 0$，即路线长度＝光纤长度 L，从输入端到达输出端的时间

为 T_1，

所以：

$$T_1 = L/v \tag{4-5}$$

由于：

$$n_1 = c/v \tag{4-6}$$

所以：

$$T_1 = Ln_1/c$$

最长的光线路径：$\theta_i = \theta_{imax}$ 所经路线长度为 $L/\sin\theta_c$，从输入端到达输出端的时间为 T_2，

所以：

$$T_2 = L/(v \cdot \sin\theta_c) = Ln_1/(c \cdot \sin\theta_c) \tag{4-7}$$

又由于：

$$\sin\theta_c = n_2/n_1 \tag{4-8}$$

可得：

$$T_2 = \frac{Ln_1}{c} \cdot \frac{n_1}{n_2}$$

所以：

$$\Delta T = T_2 - T_1 = \frac{Ln_1}{c} \cdot \left(\frac{n_1}{n_2} - 1\right) \tag{4-9}$$

又因：

$$\Delta = \frac{n_1 - n_2}{n_1} \tag{4-10}$$

由此：

$$\Delta T = \frac{Ln_1^2}{cn_2} \cdot \Delta$$

又由于光纤的 n_1 和 n_2 相差很小，故可得

$$\Delta T \approx \frac{Ln_1}{c} \cdot \Delta$$

因此可以看出，时延差 ΔT 随 Δ 的增大而增大，但如果 Δ 过大，则加大模式色散，影响通信系统容量。

注3：系统容量可用传输距离 L 与码率 B 的乘积表征。现将 ΔT 与码率 B 联系起来，脉冲时延差 ΔT 不能大于比特时间 $T_B = 1/B$，即由以下公式：

$$\frac{Ln_1^2}{cn_2}\Delta < \frac{1}{B} \tag{4-11}$$

所以：

$$LB < \frac{n_2 c}{n_1^2 \Delta}$$

可见系统容量与光纤的相对折射率差呈反比。例如，一条无包层的石英光纤，$n_1 = 1.5$，$n_2 = 1$，即 $\Delta = 0.33$，此时系统容量仅为 $LB < 0.4$（Mbit/s）·km。如果在纤芯外加一层折射率略小于纤芯包层，则情况大为改善。一般通信用光纤都设计成 $\Delta < 0.01$，如 Δ

$=2\times10^{-3}$，则 $LB<100$（Mbit/s）·km。

由于阶跃光纤产生的模式色散很大，为了减少模式色散，可以采用渐变光纤。

（3）光在渐变光纤中的传播

渐变光纤的纤芯折射率不是一个常数，而是由纤芯中心的最大值 n_1，逐渐减小到与包层交接的最小值 n_2，其分布可以表示为：

$$n(r)=\begin{cases}n_1\left[1-\Delta\left(\dfrac{r}{a}\right)^a\right] & r<a\\ n_2 & r\geqslant a\end{cases} \tag{4-12}$$

其中：a 为纤芯半径，r 为径向变量；α 为折射率变化参数。若 α 取无穷大，则为阶跃光纤；若 α 取 2，则为抛物线分布折射率光纤。

设光纤由多层同心圆环组成，每层圆环的折射率不同，在两层交界面处光都要产生弯曲，光的方向不断变化，在界面处光的方向会朝向轴心，如果折射率分布由轴心沿半径成抛物线规律，这样，这些折线组成的曲线会近似为类似正弦分布的曲线。

在渐变光纤中光线传播情况如图 4-10 所示。

因为纤芯折射率是变化的，所以光线以类似正弦曲线向前传播。由于光在介质中传播的速度为 $v=\dfrac{c}{n}$（c 是指在真空中传播的光速，n 是指折射率），所以，靠近光纤轴线的光线（入射角小）虽然

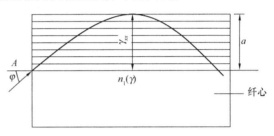

图 4-10　渐变光纤中的子午线

传播的路径较短，但由于轴线附近的折射率较高，传播速度较慢。而靠近包层的光线（入射角大）传播路径虽然长，但折射率较低，速度快。因此通过选择合适的折射率分布这些光线几乎能同时到达终点，可以大幅减小时延差，即大幅地降低了模式色散。

要达到完全消除模式色散的目的，则需使用单模光纤。当光波导的尺寸与所传光相近时，应用射线理论分析，会产生很大的误差，因此应利用模式理论，即波动光学来分析。这就是导光原理的另外一种解释——模式传播理论。

（2）模式传播理论

模式传播理论认为光既然是一种波长极短的电磁波，因此光在光纤中的传播可以应用电磁场在介质中的传播理论加以解释。

光是一种电磁波，光在光纤中传播是一种电磁波的传播，基于麦克斯韦理论可知，交变的电磁场是互相激励并进行传播的。也可以说是一种波导——光波导。从波导理论来分析，在波导光纤中可以有各种电场和磁场的组合分布，我们称每种分布形式为一个模式。而场型分布，是指电力线和磁力线的分布。

模式不同，电力线和磁力线分布也不同，用 LP_{nm} 表示。其中，nm 表示不同的 LP 模的特征。通常将光纤中最低工作模式称为主模（或基模），其他所有的模式统称为高次模。并不是所有模式的光都能在光纤中传输。判断某一模式的光能否在光纤中传输，一般是通过光纤归一化频率 V 值的大小来判断。经推导知：

$$V = \sqrt{2\Delta} k_0 n_1 a \tag{4-13}$$

式中　　$\Delta = \dfrac{n_1 - n_2}{n_1}$；

　　　　k_0——真空中波数，$k_0 = \dfrac{2\pi}{\lambda} = \dfrac{\omega}{c}$；

　　　　n_1——纤芯折射率；

　　　　a——纤芯半径。

由上式可以看出，V 值的大小取决于光纤的参数，它是一个直接与光频率呈正比的无量纲的参量，因此称为归一化频率。限制在纤芯中的光波，通过纤芯和包层的界面来导行，沿轴线方向传输，称之为导波。当包层中存储一定的能量，光波不能在纤芯中正常传输，则认为导波截止。导波截止时的归一化频率，称为归一化截止频率，用 V_c 表示。经理论分析知，某种模式的光信号可在光纤中导行、截止和临界的条件分别为：①导行条件：$V > V_c$；②截止条件：$V < V_c$；③临界条件：$V = V_c$。

单模光纤指在给定的工作波长上，只传输单一主模的光纤。在所有的导模中，LP_{01} 模的 V_c 最低，因此 LP_{01} 模是光纤中的主模，与 LP_{01} 模最邻近的高一次模是 LP_{11} 模，其 $V_c = 2.405$。因此单模光纤中的单模传输条件为：$0 < V < 2.405$。当 $V > 2.045$ 时，单模传输条件被破坏。如 V 值很大，则光纤中可有许多模式存在，这便是多模光纤。根据理论分析，多模光纤中允许传输的模式数是与归一化频率 V 有关的。

对于阶跃型多模光纤允许传输的模数量：

$$N_s = \frac{V^2}{2} \tag{4-14}$$

对于渐变型多模光纤允许传输的模数量：

$$N_s = \frac{V^2}{4} \tag{4-15}$$

下面对单模光纤和多模光纤进行介绍：

1) 单模光纤（SM-Single Mode Fiber）

单模光纤的纤芯直径很小，为 $4 \sim 10\mu m$，理论上只传输一种模式。

由于单模光纤只传输主模，从而完全避免了模式色散，使得这种光纤的传输频带很宽，传输容量很大，常用于大容量、长距离的光纤通信。所以这种光纤是当前研究和应用的重点，也是光纤通信与光波技术发展的必然趋势。

2) 多模光纤（MM-Multi Mode Fiber）

在一定的工作波长下，当有多个模式在光纤中传输时，则这种光纤称为多模光纤。多模光纤剖面折射率的分布有均匀的和非均匀的，前者称为多模阶跃型光纤，后者称为多模渐变型光纤。

多模阶跃型光纤的纤芯直径一般为 $50 \sim 70\mu m$，包皮直径为 $100 \sim 200\mu m$，由于其纤芯直径较大，传输模式较多，所以这种光纤的传输性能较差，带宽较窄，传输容量也较小。

多模渐变型光纤纤芯直径一般也为 $50 \sim 70\mu m$，这种光纤频带较宽，容量大，是 20 世纪 80 年代初采用的较多的一种光纤形式。所以一般多模光纤指的是多模渐变光纤。

4.1.4 光端机

光纤通信系统可分为三大部分：光发射、光传输和光接收。前面介绍了光传输，这一节主要介绍光发射和光接收部分。光端机是光发射机和光接收机的总称，因为在双向通信系统中，每端都必须有光发射机和光接收机，故统称之为光端机。光发射机的作用是在发射端将电信号转变成适合于在光纤中传输的光信号，光接收机的作用是在接收端将接收到的光信号转变成电信号，再经放大和处理。

在光端机中实现电光和光电变换的主要部件是光电器件，光发射机的光源、光接收机的光电检测器。在光纤通信中常采用半导体光源和检测器，它们具有体积小、效率高、可靠性好、工作波长与光纤低损耗窗口相对应，便于与光纤耦合、调制（或响应）、速率高等优点。

1. 光发射机

光发射部分的核心是产生激光或荧光的光源，它是组成光纤通信系统的重要器件。目前，用于光纤通信的光源包括 LD 和 LED，都属于半导体器件，它们的共同特点是体积小、重量轻、耗电量小；LD 和 LED 的区别在于 LD 发出的是激光，LED 发出的是荧光，因此 LED 的谱线宽度较宽，调制速率较低。因为 LED 发出的光是无方向性的，故其与光纤耦合效率较低。但是 LED 也有许多优点：它的输出特性曲线线性好，使用寿命长，成本低，适用于短距离、小容量的传输系统。而 LD 具有方向性最强的辐射特性，易于与光纤耦合，降低了耦合损耗，且 LD 输出的光功率较大，产生的是单色光，降低了波长色散，一般适用于长距离、大容量的传输系统。

（1）光源调制

目前广泛使用的是强度调制——直接检波的调制解调方式，即将电信号调制到光波上，也就是直接调制半导体激光器的注入电流。

LED 是无阈值的半导体器件，随着注入电流的增加，输出光功率近似呈线性增加，其 P-I 曲线如图 4-11 所示。因此，在进行调制时，其动态范围大，信号失真小。

LD 是有阈值的半导体器件，当外加正向电流达到某一值时，输出光功率将急剧增加，这时将产生激光振荡，这个电流值称为电流，用 I_t 表示。如图 4-12 所示，当 $I<I_t$ 时，激光器发出的是荧光；当 $I>I_t$ 时，激光器才发出激光。这个曲线即是半导体激光器的输出特性曲线。为了使光纤通信系统稳定可靠地工作，希望阈值电流越小越好。目前，最好的半导体激光器的阈值电流可小于 10mA。

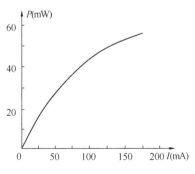

图 4-11　发光二极管 P-I 特性

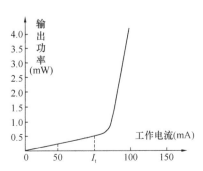

图 4-12　激光器输出特性曲线

　　另外，LD还有一个明显的特性——温度特性，即阈值电流和输出功率随温度的变化而变化，阈值电流随温度的增高而加大，如图4-13所示。

　　下面就不同的调制方法进行介绍：

　　1）模拟信号的直接调制

　　这种调制方法就是直接让LED的注入电流跟随反映语音或图像等模拟量变化，从而使LED管的输出光功率跟随模拟信号变化，如图4-14所示。

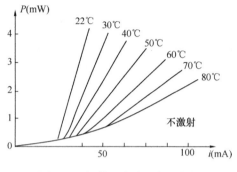

图4-13　阈值电流随温度的变化

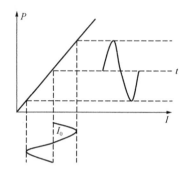

图4-14　LED模拟信号调制

　　由图4-14可见，为了使已调制的光波信号的非线性失真小，应适当选择直流偏置注入电流的大小。

　　2）数字信号的直接调制

　　当光纤通信系统传输一系列"0""1"数字信号时，用LED管进行数字信号直接调制的原理如图4-15（a）所示。用LD管进行数字信号直接调制时，如图4-15（b）所示。

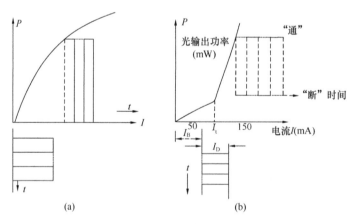

图4-15　数字信号调制

（a）LED管；（b）LD管

　　图4-15（b）中I_B为偏置电流，I_t为LD管的阈值电流，I_D为注入调制电流，其中I_B稍低于I_t，保证必要的消光比$\left(E_{xt}=\dfrac{\text{全"0"码的平均光功率}}{\text{全"1"码的平均光功率}}\right)$。一个被调制的好的光源，应当在"0"码时没有光功率输出；否则，它将使光纤系统产生噪声，接收灵敏度下降。因此，要求消光比越小越好，一般要求小于10％。

（2）光发射机电路

在光纤通信系统中，光发射机的作用是把电端机送来的电信号转变成光信号，送入光纤线路进行传输。

若光发送机输入的电信号是PCM数字脉冲序列，那么用此信号去激励光源，使光强随着PCM数字脉冲变化，就可以获得以光频为载频的数字光信号，这就是数字光发射机。若光发射机输入的电信号是振幅、频率或相位随信息连续变化的模拟电信号，用此电信号去激励光源，就可以获得以光频为载频的模拟光信号，这就是模拟光发射机。

在光纤通信系统中，要求光发射机要有合适的输出光功率（耦合进光纤的功率）、较好的消光比 E_{xt}、较好的调制线性（要求调制效率和调制频要高，以满足大容量、高速率光纤通信系统的需要）、电路简单、成本低、光源寿命长等。图4-16是光发射机的原理方框图。包括输入电路（输入盘）和电光转换电路（发送盘）两大部分。

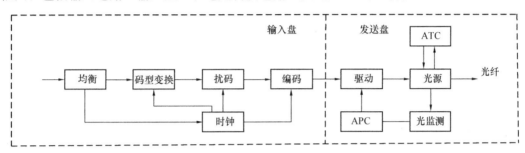

图 4-16　光发射机原理方框图

1）输入电路各部分功能：

由PCM端机送来的三阶高密度双极性码（High Density Bipolar of Order 3 Code，HDB3）或信号反转码（Code Mark Inverse，CMI）码流，首先要进行均衡用以补偿由电缆传输产生的衰减或畸变，以便正确译码。

码型变换，是指将均衡器输出的HDB3码或CMI码变换为二进制单极性码，即不归零编码（Non-return-to-zero Code，NRZ）码，以便处理。

扰码，是指有规律地破坏长连"0"或长连"1"的码流，从而达到"0""1"等概率出现，便于时钟的提取。由时钟提取电路提取的时钟信号，供给码型变换和扰码电路使用。

编码，是指对经过扰码以后的信码流进行编码，使其变换为适合在线路中传送的线路码型。

2）电—光转换电路：

电—光转换电路主要将电信号转换成光信号，并送入光纤线路。各部分功能如下：

光电驱动电路是电光转换电路的核心，它用经过编码后的数字信号来调制发光器件的发光强度，完成电—光转换任务。

对于由LD管构成的光源，还需要有自动光功率控制（Automatic Power Control，APC）和自动温度控制（Automatic Temperature Control，ATC）电路以稳定输出光功率。根据LD的特性，阈值电流随LD管的老化或温度的升高而加大，使输出光功率发生变化。为稳定输出光功率，必须采用APC和ATC来稳定LD管的阈值电流。

① APC 电路。激光器的输出光功率与温度变化和老化效应密切相关。保持激光器输出光功率稳定，通常利用一个光电二极管检测激光器的背向光，测量其输出光功率的大小，并以此控制激光器的偏置电流，构成一个负反馈回路，达到稳定输出光功率的目的，如图 4-17 所示。

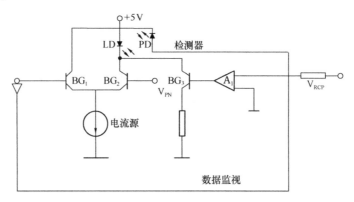

图 4-17　激光器自动功率控制电路

② ATC 电路。热敏电阻 R_T 接在电桥的一个臂上，在设定的温度下，电桥的状态应刚好使制冷器没有电流通过，而当温度升高时，感温电桥产生一个误差信号，该信号经放大后，使控制电路对制冷器的控制电流增加，使制冷器温度下降，恢复到原来的工作温度；相反，当温度下降时，控制电路使制冷器温度增加，保证激光器工作在设定的温度，如图 4-18 所示。

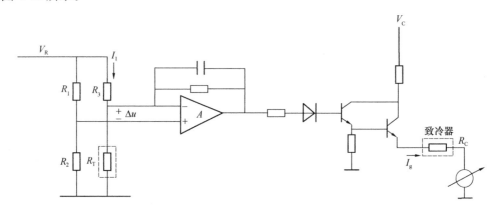

图 4-18　ATC 温控电路

此外，还有一些辅助电路。光源过载保护电路使光源不至于因为通过电流过大而损坏；无光告警电路作用是当光发送机出现故障或输入信号中断或激光器失效时，致使激光器"较长时间"不发光，这时电路发出告警指示。

2. 光接收机

（1）光接收机电路

光纤数字接收机的作用是光电转换。目前使用的光纤通信系统，在绝大多数情况下，所传送的是数字信号，因此在这里仅介绍光纤数字接收机的组成。如图 4-19 所示是光纤数字接收机的方框图。

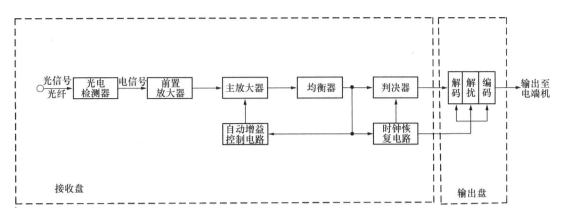

图 4-19　光纤数字接收机的原理图

1）光电检测器

光电检测器的作用是利用光电二极管将由发射光端机经光纤传输过来的光信号转变为电信号。目前在光纤通信中广泛使用的光电检波管（PIN）是半导体光电二极（APD）。

2）前置放大器

由图 4-19 看出，前置放大器与光电检测器相连，故称前置放大器。在一般的光纤通信系统中，经光电检测器输出的光电流是十分微弱的。为了使光接收机判决电路正常工作，必须将这种微弱的电信号通过多级放大器进行放大。

放大器在将信号放大的过程中，放大器本身的电阻将引入热噪声，放大器的晶体管将引入霰散弹噪声。在一个多级放大器中，后一级放大器在把前一级放大器输出信号放大的同时，把前一级放大器的引入噪声也放大了。

综上所述，信号本来就微弱又引入了噪声，而且噪声还被同样放大。因此，对多级放大器的前级就有特别要求，它应是低噪声、高增益的，这样才能得到较大的信噪比。前置放大器的输出，一般为毫伏数量级。

3）主放大器

主放大器的作用有两个：①将前置放大器输出的信号电平放大到判决电路所需要的信号电平；②增益可调节的放大器。当光电检测器输出的信号出现起伏时，通过光接收机的自动增益控制电路对主放大器的增益进行调整，以使主放大器的输出信号幅度在一定范围不受输入信号的影响。一般主放大器的峰—峰值输出是几伏的数量级。实际设备中的主放大器往往是由集成电路来构成。

4）均衡器

① 均衡器的必要性

众所周知，在光纤数字通信系统中送到发送光端机进行调制的数字信号是一系列矩形脉冲。由信号分析可知，理想的矩形脉冲具有无穷的带宽。这种被调制的脉冲从发射光端机输出后要经过光纤、光电检测器、放大器等部件。然而，这些部件的带宽却是有限的。这样，矩形脉冲频谱中只有有限的频率分量可以通过。这个结果从时域的角度来看，从接收机主放大器输出的脉冲形状将不会再是矩形的了，将可能出现很长的拖尾，如图 4-20 所示。这种拖尾现象将会使前、后码元的波形重叠产生码间干扰，严重时，造成判决电路误判，产生误码。

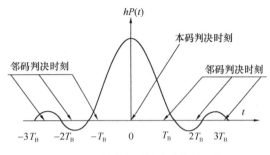

图 4-20 未均衡时的脉冲拖尾现象

② 均衡器的作用

使经过均衡器以后的波形成为有利于判决的波形，例如成为升余弦频谱脉冲，即经过均衡以后的波形有如下的特点：

在本码判决时刻，波形的瞬时值应为最大值，而这个本码波形的拖尾在邻码判决时刻的瞬时值应为零。

这样，即使经过均衡以后的输出波形仍有拖尾，但是这个拖尾在邻码判决的这个关键时刻恰好为零，从而这种拖尾不干扰邻码的判决。从图 4-21 中（a）与（b）的 $\pm T_B$、$\pm 2T_B$、$\pm 3T_B$ 这些关键时刻可以看出均衡前、后的差别。

5）判决器和时钟恢复电路

判决器由判决电路和码形成电路构成。

判决器和时钟恢复电路合起来构成脉冲再生电路。脉冲再生电路的作用是将均衡器输出的信号，恢复为"0"或"1"的数字信号。

从均衡器的输出信号判决出是"0"码还是"1"码，首先要知道应在什么时刻进行判决。将"混在"信号中的时钟信号（又称定时信号）提取出来；接着再根据给定的判决门限电平，按照时钟信号所"指定"的瞬间来判决由均衡器送来的信号。若信号电平超过判决门限电平则判为"1"码；若低于门限电平，则被判为"0"

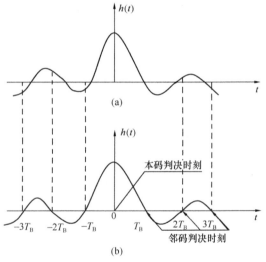

图 4-21 单个脉冲均衡前后波形的比较
（a）平衡前接收到的脉冲波形；（b）均衡后的脉冲波形

码。这样，就把从均衡器输出的升余弦频谱脉冲信号恢复（再生）为"0""1"码信号。上述这种信号的恢复过程波形图可从图 4-22 中明显地看出。

6）自动增益控制

光接收机的自动增益控制，就是用反馈环路来控制主放大器的增益，在采用 APD 的接收机中还通过控制 APD 的高压来控制 APD 的雪崩增益。当信号强时，则通过反馈环路使上述增益降低；当信号变弱，则通过反馈环路使上述增益提高，从而使送到判决器的信号稳定，以利判决的目的。显然，自动增益控制的作用是增加光接收机的动态范围。

7）解码、解扰电路

由前面的讨论可知，为使信码流能够在光纤中传输，光发射机输出的信号是经过扰码、编码处理的。这种信号经过光纤传到接收机后，还将送入 PCM 系统中。因此，还需要将上述经过扰码、编码处理过的信号进行一系列的"复原"工作，由解码、解扰电路来完成。

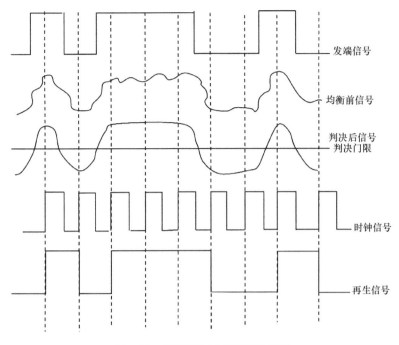

图 4-22 信号再生过程波形示意图

（2）接收机的主要指标

光接收机的主要指标包括光接收机灵敏度、光接收机的动态范围以及接收机的频率响应。下面主要介绍前两个指标。

1）光接收机灵敏度

光接收机灵敏度是描述接收机被调整到最佳状态时，在满足给定的误码率指标条件下，接收机接收微弱信号的能力。它可以用三种物理量来体现：①最低接收平均光功率；②每个光脉冲中最低接收光子能量；③每个光脉冲中最低接收平均光子数。

这里采用工程常用的物理量：最低平均光功率 P_{min}，即光接收机的灵敏度。它是指接收机被调整到最佳状态时，在满足给定的误码率条件下，接收机接收微弱信号的能力。

光接收机灵敏度中的光功率采用相对值来描述，工程上常用 dBm 来表示，即：

$$P_r = 10\lg \frac{P_{min}}{10^{-3}} \text{dBm} \tag{4-16}$$

式中，P_{min} 为在满足给定的误码率指标条件下最低接收光功率。10^{-3} 是指 1mW 光功率。

从物理概念上来看，上述灵敏度定义也是容易理解的，如果一部光接收机在满足给定的误码率指标下所需的平均光功率低，说明这部接收机在微弱的输入光条件下就能正常工作，显然，这部接收机的性能是好的，是灵敏的。目前，1400Mbit/s 光端机的接收灵敏度，在保证系统误码指标为 10^{-11} 条件下，我国原邮电部的技术指标为 $-36 \sim -40$dBm。

从物理概念上也容易理解，限制接收机灵敏度的主要因素是噪声。由于接收机存在噪声，因而，为了保证正常接收，就需要有足够大的输入功率。

2）光接收机的动态范围

光接收机的动态范围 D 是在保证系统的误码率指标要求下，接收机的最低输入光功率（用 dBm 来描述）和最大允许输入光功率（用 dBm 来描述）之差（dB）。即：

$$D = 10\lg \frac{P_{max}}{10^{-3}\lg\dfrac{P_{max}}{P_{min}}} = 10\lg\frac{P_{max}}{P_{min}}(\mathrm{dB}) \qquad (4\text{-}17)$$

$$10^{-3}\lg\frac{\dfrac{P_{max}}{10^{-3}}}{\dfrac{P_{min}}{10^{-3}}}$$

式中，$10\lg\dfrac{P_{min}}{10^{-3}}$ 就是上面所讲的接收机灵敏度，单位为 dBm；P_{max}、P_{min} 的单位为 mW。

要求光接收机有一个动态范围，是因为当环境温度变化时，光纤的损耗将产生变化；随着时间的增长，光源输出光功率亦将变化，也可能因一个按标准化设计的光接收机工作在不同的系统中，从而引起接收光功率不同。因此要求接收机有一个动态范围。低于这个动态范围的下限（即灵敏度），将产生过大的误码，高于这个动态范围的上限，判决时亦将造成过大的误码。显然，一台质量好的接收机应有较宽的动态范围。

3. 光中继器

光脉冲信号从光发射机输出经光纤传输若干距离以后，由于光纤损耗和色散的影响，将使光脉冲信号的幅度受到衰落，波形出现失真。这样，就限制了光脉冲信号在光纤中做长距离的传输。为此，就需在光波信号经过一定距离传输以后，加一个光中继器，以放大衰减的信号能恢复失真的波形，使光脉冲得到再生。

目前已实用化的光中继器尚不能对光信号直接进行放大，而是采用光—电—光的转换方式，即先将接收光纤的已衰减信号用光电检测器接收，经放大和再生恢复原来的数字电信号，再对光源进行驱动，产生光信号送入光纤，图 4-23 是最简单的光中继器原理方框图。显然，一个幅度受到衰减，波形发生畸变的信号经过中继器的放大、再生之后就可恢复为原来的情况。

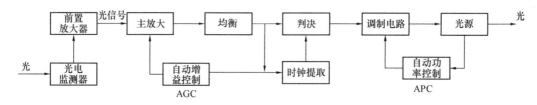

图 4-23　最简单的光中继器原理

但是作为一个实用的光中继器，为了便于维护，显然还应具有公务通信、监控、告警的功能，有些功能更多的中继器（机）还有区间通信的功能。另外，实际上使用的中继器应有两套收、发设备，一套用于发送信号，另一套用于接收信号。

另外一种光中继器，称为光—光中继器，即采用光放大器。光放大器是将光信号进行直接放大的一种设备，从而实现了全光光纤通信。目前，光放大器有两种，半导体行波放大器和光纤放大器。光纤放大器主要是波长为 $1.55\mu m$ 的掺铒光纤放大器。

4.1.5　光纤通信中的复用技术

我国首次完成"1.06Pbit/s 超大容量波分复用及空分复用的光传输系统"实验。该传输容量是目前商用单模光纤传输系统最大容量的 10 倍，传输 130TB（1TB=1000GB）数据仅需 1s，相当于 4000 多万首 MP3 歌曲，或 300 亿人同时双向通话。它的成功标志着我国在"超大容量、超长距离、超高速率"光通信系统研究领域迈上了新的台阶。

近年来，波分复用（Wavelength Division Multiplexing，WDM）技术的成熟使得光传输网的建设又有了新的发展，N32.5Gbit/s 的密集波分复用（DWDM）已用于我国干线传输网上。

在我国码速率高达 2.5Gbit/s（大约相当于 3 万多路电话）的光纤通信系统，近年已进入实用阶段。国际上码速率 10Gbit/s 的系统也已商用。其至 20Gbit/s 系统多年前也在实验室实现。然而，这种时分复用方式由于它的码速率不断提高，给器件的制造带来很大的困难，而且从经济上看也不很合理。另外，以单模光纤为例，它的两个低损耗波长范围为 $1.26 \sim 1.36 \mu m$（对应于 $1.31 \mu m$）；$1.48 \sim 1.58 \mu m$（对应于 $1.55 \mu m$），约有 $0.2 \mu m$ 的低损耗区。这个范围相当于有 $3 \times 10^4 GHz$ 的带宽，这样，如果不采用光波复用技术相当于只利用了上述带宽的 0.01%，这是很可惜的。

考虑了上述因素后，若要进一步扩展光纤系统的容量，显然采用光波复用技术是一种合理的选择。下面介绍光波分复用和频分复用系统，最后介绍另一种复用方式——副载波强度调制系统。

1. 光波分复用系统

光波分复用（Wavelength Division Multiplexing，WDM）是指在一根光导纤维中同时单向传输几个不同波长的光波信号。当然，也希望在一根光导纤维中实现多个波长的双向传输。

图 4-24 所示的方框图就是在一根光导纤维上单向传输 N 个光波波长的波分复用系统。单向传输结构中一根光线中只传输一个方向的光信号，而双向传输结构中一根光纤中光信号可以在两个方向中传输，即几个波长的光载波沿一个方向传播，另几个波长的光载波沿相反方向传播。

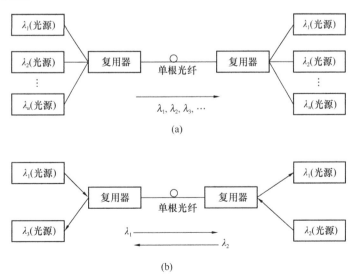

图 4-24　单向和双向传输的波分复用系统

（a）单向多波长复用；（b）双向多波长复用

这 N 个系统在发端有 N 台光发射机（即有 N 个不同波长的光源）。这 N 个光波信号通过复用器——合波器将来自 N 台光发射机的光信号合并起来耦合进同一根光导纤维中传输。当这些被合并的光波传到接收端后，又通过一个复用器——分波器，它将合并的信号分开，再分别送到各相应的光电检测器通道中，从而实现了在一根光导纤维上传输多个光源信号的目的。当然，每个光源本身又能传输成百上千路的信号，如传输多次群（7680 路）信号。通过这样的复用方式，使在一根光导纤维中的实际传输容量得到成倍地增加。

在 WDM 系统中，分波、合波器是关键器件。合波器的作用是将不同波长的光信号合并一起送入一根光纤进行传输。分波器的作用是将接收到的合成的光波信号按波长的不同分开。对分波器、合波器的主要要求是插入损耗小、串光小、复用的光波数较多等。

WDM 系统的应用有以下主要特点。

1）充分利用光纤的巨大带宽。光纤的带宽很宽，在一根光纤的两个低损耗窗口的总带宽计算如下。

波长为 $1.31\mu m$（$1.25\sim1.35\mu m$）的窗口，相应的带宽为：

$$B = \frac{c}{\lambda_1} - \frac{c}{\lambda_2} = 17700\text{GHz} \tag{4-18}$$

式中，c 为真空中的光速；λ_1、λ_2 为低损耗窗口的临界波长。波长为 $1.55\mu m$（$1.50\sim1.60\mu m$）的窗口，相应的带宽为：

$$B = 12500\text{GHz}$$

两个窗口和在一起总带宽超过 30THz，如果信道频率间隔为 10GHz，在理想情况下，一根光纤中可以容纳 3000 个信道。

2）同时传输多种不同类型的信号。由于在 WDM 系统中，各波长的信道互相独立，因此可以传输特性和速率完全不同的信号，完成各种电信业务的综合传输。

3）复用和解复用器结构简单、体积小、可靠性高。复用器是一个无源纤维光学器件，由于不含电源，因而器件具有简单、体积小、可靠和易于与光纤耦合等特点。

4）存在插入损耗和串光问题。复用器的使用会存在插入损耗，降低系统的可用功率，当然，一根光纤中不同波长的光信号会产生相互影响，造成串光，从而影响接收灵敏度。

2. 光频分复用系统

光频分复用（Optlical Frequency Division Multiplexing，OFDM）系统的组成方框图如图 4-25 所示。

OFDM 与上面讨论的光波分复用方式本质上是一样的，其区别在于当波分复用的光载波间隔变窄，即相当于光载频的频率在几个 GHz 附近时，就将这个系统称为 OFDM 系统。

这种系统光发射端是这样构成的：N 个相同的激光器 LD_1、LD_2、…、LD_n，用温度调谐法将它们的工作频率稍调开为 ω_1、ω_2、…、ω_n，并将这些光源的频率作为光载频。然后，把各个多路群信号分别对上述光载频进行调制（例如用频移键控 FSK）。这样，每个激光器的光载波就分别载上了各自的多路群信号（例如 7680 路信号），并将上述 N 个光频信号经耦合器送入光纤进行传输。

频分复用系统的接收端，有以下两种方案可以采用：

（1）用可调谐的光滤波器及直接检测来接收

由光纤传来的光信号经过一个可调谐光滤波器等，同时完成选频及将 FSK 变成幅移键控（Amplitude Shift Keying，ASK）的功能。选出从发送端送来的某个光信号。最后，将上述多路光信号送给 APD 光电检波器恢复出电的多路群信号。

（2）相干解调方式接收

由光纤送来的光信号通过一台光本机振荡器（产生一个单一频率的光波信号）和光混频器，将接收到的光波信号和本振光信号混频（差拍）并由光电检测变为电的中频信号，最后由电的滤波器将各个群信号取出，如图 4-25 所示。

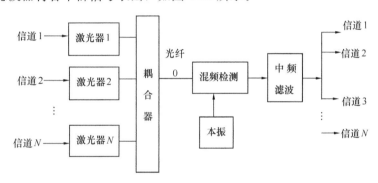

图 4-25　光频分复用系统组成

这种方式接收的优点是灵敏度高，能使频道间隔更窄，可以传送更多的群信号。目前国际上可做到传 100 个 622Mbit/s 的群信号。但同时也具有光路复杂、成本高的缺点。

4.1.6　视频接入光纤传输网络

视频监控系统是信息技术服务（Information Technology Services，ITS）的重要组成部分，目前在 ITS 中图像、语音、数据的应用越来越广泛，它们可以为管理人员提供更加直观、具体的交通情况，其中图像的信息量是最大的，也是智能交通最重要的信息平台。一旦发生交通事故、车道拥塞等意外事件，通过报警、联动等功能，工作人员可以对事故地传回的图像信息直接观察和确认，及时做出正确决策，保障道路的安全畅通。

1. 视频远距离传输

大容量的交通视频监控系统的信息传输可以采用点对点的数字非压缩光端机、数字以太网编解码和节点级联光端机方式实现。

（1）点对点光端机方式

要想实现实时视频图像及辅助信号的实时、高质量、远距离传输，可以采用光端机方式传输。视频光端机本质上是以传输非压缩数字视频为主（包括其他数据、音频、开关量、以太网、电话等信号）的光电转换传输设备。

外场每个监控点和监控中心采用点对点方式（图 4-26），这种方式结构简单，视频信号采用数字非压缩方式传输，一路或多路图像占用一路光纤，技术成熟，图像没有经过压缩处理，采用时分多址用技术，质量好、无延时，但占用光纤资源多系统扩容容量有限。

（2）以太网编解码方式

随着宽带 IP 网络的发展以及图像压缩标准的逐步完善，交通视频监控系统转换成全

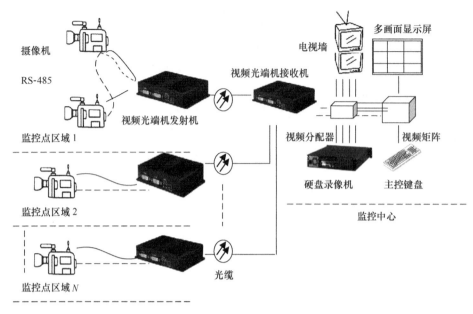

图 4-26　点对点视频信息传输方式

数字型方案，而数字监控设备通过 IP 地址进行标识以网络设备的形式存在，增加设备只是意味着 IP 地址的扩充。只需给设备分配相应的 IP 地址，充分利用计算机网络的传输能力、交换能力和扩展能力进行系统的扩展。

以太网编解码方式采用压缩方法将图像进行数字化处理，它是对每一幅图像（称之为帧）进行帧内和帧间压缩，即用一定的算法对图像帧自身以及相邻两帧之间的冗余部分进行去除。视频信号通过光端机汇集到外场区域交换机，再通过编解码转换成 IP 包上传中心，数字化编码格式采用 MPEG-2 或 H.263，图像交换在千兆网络上实现。主干的 IP 环传输系统采用工业千兆以太网技术。以上结构由于外场视频信号向就近通信节点汇集，大大减少了主干光缆芯数的使用。图像在各个通信节点实现了数字化，通过组播技术可以实现各个点的图像共享。

（3）节点级联光端机方式

级联光端机采用波分复用技术，仅通过单芯纤，便可以将沿线分布的各监控点的视频及多路音频、数据、以太网、电话等信号传送到监控中心充分节省用户设备的投资成本，大大提高了一根光纤的使用限度。例如，如果光纤资源有限，重新铺设光纤工程条件又不允许的情况下，当现有的一根光纤已经被使用，又需要传输多个站点的视频信号，此时就采用该级联光端机的方式。

（4）三种方案比较

以上三种方案技术上均已经成熟，点对点的传输方案应用广，设备选择面广，图像质量好，单个视频点和单路光纤的故障不会影响到其他图像。由于现在光纤成本不断降低，因此系统成本也比较低。但在通信管孔有限，光纤资源紧张的场合下系统扩容有限，各传输通道独立很难做到对所有设备进行统一管理。以太网编解码技术使图像信号在本地实现了以太网数字化，MPEG-2 编解码技术趋于成熟，图像质量和传输控制延时均达到了监控要求，编解器可以进行集中网络管理，且通过以太网组播技术可实现一次编码多点同时观看。终端既可以还原成模拟图像在监视器和大屏幕上进行显示，还可以在电脑上进行软解，适合网站图像发布等应用。以太网交换和路由自身的自愈技术可以实现光纤链路的自愈保护。但是大容量视频数字编码传输要求以太网设备具有较强路由能力和组播控制能力，在外场条件相对恶劣的场合多采用工业以太网设备，系统成本较高。节点级联光端机传输方式很大程度上节省了光纤资源，但存在单点设备故障可能导致对整条链路的影响。

2. 高速公路收费站监控系统组网

高速公路各收费站收费车道设置的车道摄像机、亭内摄像机、拾音器、告警踏板采集到的监控数据通过电缆接入收费亭内的多路远端接入设备，各车道的远端接入设备与收费站机房内设置的本地接入设备通过光纤连接，构成光纤自愈环网。收费广场设置的广场摄像机通过电缆接入临近的单路远端接入设备，该单路远端设备通过光纤与机房内的本地接入设备进行点对点连接。收费站机房内的本地接入设备通过 IP 网络连接系统终端、数字视频检测服务器、存储服务器、磁盘阵列，实现对系统的控制、管理、智能视频分析和录像存储功能。同时，收费站监控网络通过通信系统的 IP 通道与分中心的监控系统连接，构成路段整体监控系统，网络结构如图 4-27 所示。

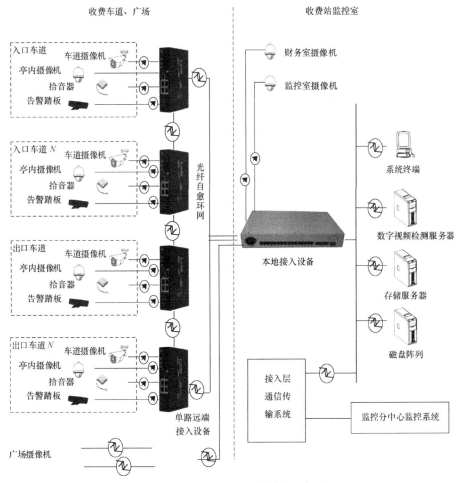

图 4-27　收费站监控网络结构示例图

4.2 移动通信系统

移动通信作为公用通信和专业通信的主要手段,是近年来发展最快的通信领域。我国的移动语音业务已超过固定电话业务;而移动通信所能交换的信息已不限于语音,各种非语音服务(如数据、图像等)也纳入移动通信的服务范围。移动通信具有快捷、方便、可靠的特点,已成为一种理想的个人通信形式。第三代移动通信(3G)引入了宽带化,移动通信将向更高速率和支持宽带多媒体业务方向发展。第四代移动通信(4G)集3G与无线局域网(Wireless Local Area Networks,WLAN)于一体,并能够快速传输数据、高质量音频、视频和图像等。第五代移动通信(5G)是4G的真正升级版。

4.2.1 移动通信概述

移动通信是通信的双方或至少有一方处在运动中通过通信网络进行信息交换。例如:固定点与移动体之间、移动体与移动体之间、人与人之间或人与移动体之间的通信,都属于移动通信。它能够满足人们在活动中与固定终端或其他移动载体上的对象进行通信联系的要求,为人们更有效地利用时间提供了可能,从而提高工作效率,具有很大的社会效益和经济效益。

蜂窝移动通信有很多诱人的特色,主要在于,用蜂窝移动通信时呼叫的是人而不是地点,这使通信具有个性并变得自由了。蜂窝移动通信在技术和功能两方面不断发展。第一代模拟移动电话开创了移动业务,但仅提供了有限的容量并且急功近利。20世纪90年代初,第二代数字蜂窝系统放松了容量制约,同时质量改善,性能更先进。第三代移动通信系统的主要目标是进一步扩大系统容量和提高频谱利用率,同时满足多速率、多环境和多业务的要求,逐步将现有通信系统集成为统一的、可替代的系统。

1. 移动通信的分类

目前移动通信的基本业务是语音业务。基于移动通信网络的移动数据业务也得到了迅速发展,主要有消息型业务(如短信息业务和多媒体信息业务)和无线IP业务(如通过移动端上网)等;基于移动数据业务的各种增值业务可实现多种数据通信应用。移动智能网可在移动通信网上快速有效地生成和实现智能业务。

1)汽车调度通信:出租汽车公司或大型车队建有汽车调度台,车上有汽车电台,可以随时在调度员与司机之间保持通信联系。

2)公众移动电话:这是与公用市话网相连的公众移动电话网。大中城市一般为蜂窝小区制,小城市或业务量不大的中等城市常采取大区制。用户有车台和手持台两类。

3)无绳电话:这是一种接入市话网的无线话机。它将普通话机的机座与手持收发话器之间的连接导线取消,而代之以用电磁波在两者之间的无线连接,故称为无绳电话。一般可在50~200m的范围内接收或拨发电话。

4)无线寻呼:这是一种单向无线通信,主要起寻人呼叫的作用。当有人寻找配有寻呼机的个人时,可用一般电话拨通寻呼中心,中心的操作员将被寻呼人的寻呼机号码由中心台的无线寻呼发射机发出,只要被寻呼人在该中心台的覆盖范围之内,其所配的寻呼机收到信号即发出Bi-Bi响声(俗称BP机或BB机)。

5）集群无线电话：所谓集群，是指无线电信道不是仅给某一用户群专用，而是若干个用户群共同使用。这实际上是把若干个原各自用单独频率的单工工作调度系统，集合到一个基台工作。这样，原来一个系统单独用的频率现在可以为几个系统共用，故称为集群系统。

6）卫星移动通信业务：这是把卫星作为中心转发台，各移动台通过卫星转发通信。它特别适合海上移动的船舶通信，也适合航空通信。

2. 移动通信系统的组成

移动通信系统一般由移动台（Mobile Station，MS）、基站（Base Station，BS）及移动业务交换中心（Mobile Services Switching Center，MSC）组成。它与市话网（Public Switched Telephone Network，PSTN）通过中继线相连接，从而实现移动用户和市话用户的通信如图 4-28 所示。

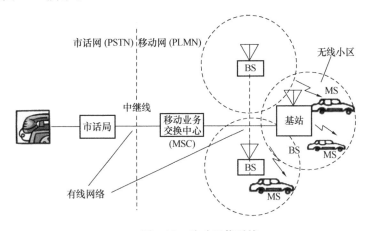

图 4-28　移动通信系统

基站和移动台设有收、发信机和天馈线等设备。每个基站都有一个可靠通信的服务范围，称为无线小区。无线小区的大小主要由发射功率和基站天线的高度决定。基站根据业务需要可设一个或多个，主要负责管理无限资源，实现固定网和移动网之间的通信连接，传送系统信令信息和终端用户信息。它与 MSC 采用有线信道（光缆）或数字载波与中继链路相连。

每一个基站具有基站收发信机（Base Station Transceiver，BTS）和对它进行控制管理的基站控制器（Base Station Controller，BSC）。BSC 单元用来与 MSC 进行数据交换，与 MS 在无线信道上进行通信。BTS 属于基站子系统的无线部分，由 BSC 控制，服务于某个小区的无线收发信设备，完成 BSC 和无线信道之间的消息传输，实现 BTS 与 MS 通过空中接口进行通信及相关控制功能。BTS 主要由基带单元、射频单元、控制单元三大部分组成，每个 BTS 都含有若干个收发信单元（Total Resistance Exercise，TRX），其数目与分配给该小区的载频数目相同，与需要同时通话的用户数有关。MSC 与公众电话网 PSTN 用网关（Gate Way，GW）相连。而 MSC 仅设立一个，它连接各个基站与连接长、市话通信网，来处理信息的交换和整个移动通信系统的集中控制和管理。由多个基站区构成一个移动通信网。移动业务交换中心的主要作用是提供路由器进行信息处理和对整个系统进行集中控制管理。实际上，MSC、拜访位置寄存器（Visitor Location Register，

129

VLR)、归属位置寄存器（Home Location Register，HLR)、鉴权中心（Authentication Centre，AC）和操作管理中心（Operations and Maintenance Center，OMC）等部分共同构成交换与控制处理子系统，完成移动通信的集中控制与交换，并实现与其他移动通信系统和公众网的接口。MSC 负责交换和传输 MS 的呼叫，并通过标准接口与 BS 及其他 MSC 相连。MSC 还完成移动终端越区切换、多个 MSC 之间的漫游以及计费等功能。

MS 分为车载、手持和便携三种。MS 由收发信机、频率合成器、数字逻辑单元、拨号按键和送/受话器等组成，它可以自动扫描基站载频、相应寻呼、自动更换频率和自动调整发射功率。建立呼叫时，MS 可以与最近的基站之间建立一个无线信道，并通过 MSC 的接续与被叫用户通话。

3. 移动通信的特征

移动通信是通信条件比较差的一种通信方式，在陆地上受地形、地物、环境干扰等因素的影响较严重。移动通信主要有以下特点：

（1）移动通信是有线与无线相结合的通信方式

移动通信是保持信号发出物体和信号接收物体处在运动状态中的通信。通信物体在一定面积范围内运动时的通信应不受环境、运动速度和面积范围大小的影响，这决定了移动通信必然是无线通信与有线通信的结合，而不能是单纯的有线通信。

（2）移动通信系统的信道传输特性较复杂

移动体可能在各种环境中运动，而电磁波在不同的环境中受到地形、地物的影响很大。电磁波不仅会因建筑物阻挡而造成阴影效应（即阴影衰落），还会因移动台运动产生多普勒频移等。经过多点反射，移动台接收到的是多径信号，即信号经过多种路径到达接收天线，其中包括直射波、地面反射波和建筑物等障碍物所引起的散射波。这些多径信号的幅值、相位和到达时间都不一样，它们互相叠加会产生电平衰落，同时，移动台不断移动，也导致接收信号的幅值、相位随时间不断变化。这些影响因素要求移动台必须具有良好的抗衰落技术功能。

（3）干扰和噪声的影响很大

移动台的工作环境是无法自由选择的，外部噪声和各种干扰很难避免。例如，汽车噪声、工业噪声，还有移动通信的收发信设备之间产生的互调干扰、邻道干扰、同频干扰，都给移动通信带来了比较严重的影响。

（4）适合移动通信系统使用的无线电频率有限

无线电频率作为一种资源十分有限。如果从电波传播特性、外部噪声和干线等方面考虑，较适合于陆地移动通信的频率范围是 150MHz、450MHz 和 900MHz 三个频段。随着移动用户数的不断猛增，移动通信系统将向 1～3GHz 频段扩展。除了开发新的频段，还需要采用有效利用频谱的措施，如缩小频道间隔、压缩带宽、多波道共用和扩频技术等。

（5）移动通信综合了各种通信技术

移动通信是建立在各种通信技术的基础上发展起来的，从无线系统（收发信机、天线及电波传播）到交换技术、计算机、组网技术等无所不包。因此，移动通信是集中多种通信技术为一体的综合通信技术。

（6）对设备技术要求苛刻

为了适应运动状态中的通信，移动通信设备不仅要体积小、重量轻、操作简便、维修方便，还要保证在振动、冲击、高温、低温等恶劣环境中能稳定可靠的工作，同时还要求造价低廉省电。

（7）存在远近效应

当两个移动台和基站的距离不同，而以相同的频率和功率发送信号时，由于接收信号点和发送信号点距离不同，导致移动台之间出现近处移动台干扰远处移动台的现象，称为远近效应。因此，要求移动台的发射功率进行自动调整，同时因通信距离不断改变，移动台的收信机应有良好的自动增益控制。

（8）存在阴影区（盲区）

移动台进入某些特定区域，因电波被吸收或反射而导致收信设备收不到信号。

（9）产生多普勒效应

由于移动台处于运动中，接收载频将随运动速度的变化产生不同的频移，即多普勒效应。当频率增高，移动速度加快时，多普勒效应很明显，将产生附加调制。多普勒频偏的最大值可以用下式计算：

$$\Delta f_{max} = \frac{v}{\lambda}\cos\theta \tag{4-19}$$

式中，v 是运动速度，λ 是载波波长，θ 为电波入射角。此式表明，移动速度越快，入射角越小，则多普勒效应越严重。

（10）组网技术复杂

在移动通信中必须允许移动终端在整个服务区充分自由移动。要求交换中心必须随时确定移动终端的位置，实现越区切换和漫游等服务。所以，移动通信必须具有很强的控制功能，包括信道的建立和拆除，信道的控制和分配，用户登记和定位，以及越区切换与漫游等。

4. 移动通信的工作方式

（1）按无线电通信工作方式划分

1）单向通信方式是一种最简单最原始的通信方式，它可以以两个移动无线电台为通话对象，一个发射另一个接收。这种方式通常用在传达指令和指挥调度。也可以 BS（基站）为一方，MS 为另一方。

2）双向通信方式，是指通信双方都可以对话，BS（MS）和 MS 都能发送和接收，如常见的对讲机。

3）中继通信方式是指两个用户距离较远，或者受到地形的影响，如建筑物、高山阻挡时，可以通过中继转发台转发，以扩大移动通信的服务范围。

（2）按设备的使用频率的方式划分

1）单频单工方式，是指通信双方收信机、发信机轮流工作。一部收发信机使用一个频率，在发射时不能接收，接收时不能发射，也就是不能同时发射接收，所以这种方式称为单频单工方式 [图 4.29（a）]。这种无线电台有一个按讲开关，当讲话时按下按讲键（S 键），电台即处于发射状态，对方却不能按 S 键，以使自己处在接收状态；同样，对方讲话也要按 S 键，接收一方不按 S 键，以此完成通话。异频单工 [图 4-29（b）]，是指电台接收和发送的工作频率具有一定的间隔。考虑到设备的制造成本也配有 PTT 按讲键，也就是发射时按下 PTT 键，以发射频率进行发射；不按 PTT 键时则处在接收状态，以接收频率进行接收。

2）半双工方式，其组成如图 4-29（d）所示。移动台采用异频单工的"按讲"方式，它通常处于收听状态，仅在发话时按下开关 S 使发信机工作，基站是双工方式，收发信机各用一副天线。这种工作方式收发使用两个不同的频率。集群移动通信系统大多采用半双工方式。

3）双频双工方式，是指基站移动台双方能同时工作，任一方发话的同时可以接受对方的话音，无须发话按键。基站的发射机、接收机分别使用一副天线，移动台通过双工器共用一副天线，天线双工器的作用是将发射信号与接收信号隔离，使发射机的输出功率通过天线共用器送到天线发送出去，同时该天线接收到对方发射的信号经过天线共用器送到接收机。发与收使用两个不同的频率，如图 4-29（e）所示。蜂窝移动通信就是采用双工制。

4.2.2 移动通信的组网技术

移动通信按照一定的规范，采用相应的技术组成移动通信网络，以保障网内所有用户有序通信，很好地利用了有限的频率资源和可用频道数，满足了不断增加的移动用户数和移动业务的要求。

1. 大区制与小区制

移动通信的体制可根据其服务区域覆盖方式分为两大类：一类是小容量的大区制；另一类是大容量的小区制。

（1）大区制移动通信网

大区制就是在一个服务区域（如一个城市）内，只有一个基站，由它负责移动通信的联络和控制。通常为了扩大服务区域的范围，基站、天线架设得都很高，发射机输出功率也较大（一般在 200W 左右），覆盖半径为 30～50km。但由于电池容量有限，通常移动台发射机的输出功率较小，故移动台距基站较远时，移动台可以收到基站发来的信号（即下行信号），但基站却收不到移动台发出的信号（即上行信号）。为了解决两个方向通信不一致的问题，可以在适当地点设立若

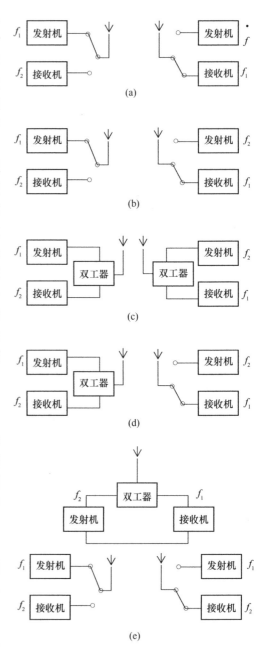

图 4-29 移动通信设备的工作方式
（a）单频单工方式；（b）异频单工方式；
（c）双频双工方式；（d）半双工方式；
（e）中继转发方式

干个分集接收站，以保证在服务区内的双向通信质量。

在大区制中，为了避免相互间的干扰，在服务区内，所有频道（一个频道包含收、发一对频率）的频率都不能重复。例如：移动台 MS_1 使用频率 f_1 和 f_2，那么另一个移动台 MS_2 就不能同时使用这对频率，否则将产生严重的互相窜扰。因而大区制的频率利用率及通信的容量都受到了限制。大区制的优点是简单、投资少、见效快，所以在用户较少的地区，大区制得到广泛应用。图 4-30（a）是大区制的示意图，图中 R 表示分集接收站。

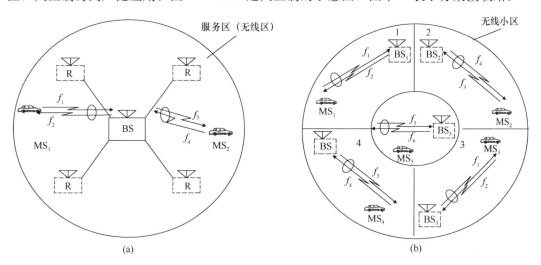

图 4-30　移动通信网
（a）大区制；（b）小区制

（2）小区制移动通信网

图 4-30（b）是小区制移动通信网的示意图。小区制就是把整个服务区域划分为若干个半径为 $2\sim20km$ 的小区，每个小区分别设置一个基站，负责本区移动通信的联络和控制。同时又可在移动控制中心（移动业务交换中心）的统一控制下，实现小区间移动用户通信的转接，以及移动用户与市话用户的联系。例如，把一个大区制覆盖的服务区域一分为五，每一个小区各设一个小功率基站（$BS_1\sim BS_2$），发射功率一般为 $5\sim10W$，以满足各小区移动通信的需要。移动台 MS_1 在 1 区使用频率 f_1 和 f_2 时，而在 3 区的另一个移动台 MS_3 也可使用这对频率进行通信。这是由于 1 区和 3 区相距较远，且隔着 2、5、4 区，功率又小，所以即使采用相同频率也不会相互干扰，在这种情况下，只需 3 对频率（即 3 个频道），就可与 5 个移动台通话。而大区制下要与 5 个移动台通话，必须使用 5 对频率。显然，小区制提高了频率的利用率。

无线小区的范围还可根据实际用户数的多少灵活确定。采用小区制，用户在四处移动时，系统可以自动地将用户从一个小区切换（转接）到另一个小区。这是使蜂窝用户具有移动性的最重要的特点。当用户到达小区的边界处，计算机通信系统就会自动地进行呼叫切换。与此同时，另一个小区就会给这个呼叫分配一条新的信道。当小区中话务量太高时，也会进行呼叫切换。遇到这种情况，基站将对无线电频道进行扫描，从邻近小区中寻找一条可利用的信道。如果这个小区内没有空闲的信道，那么用户在拨打电话时就会听到忙音信号。

采用小区制时，在移动通话过程中，从一个小区转入另一个小区的概率增加了，移动台需要经常地更换工作频道。无线小区的范围越小，通话过程中越过的小区越多，通话中转换频道的次数就越多。这样对控制交换功能的要求就提高了，再加上基站数量的增加，建网的成本就提高了，同时也会影响通信质量。所以无线小区的范围也不宜过小。小区的大小取决于一个地区的用户密度。在人口密集的地区，可以通过缩小一个蜂窝小区的实际面积或者增加更多的部分重叠的小区来提高蜂窝网的容量。这样既可以增加可用的信道数，又无需增加实际使用的频率数量。

（3）大、小区制的区别

大区制和小区制从表面看起来，好像小区制只是把大区缩小并集中起来，实际上小区制的运行控制要比大区制复杂得多，主要有以下几点：

1）大区制的信道交换、控制等均集中于基站，而小区制的基站只提供信道本身，其交换、控制都集中到 MSC。MSC 的作用相当于一个市话交换局，因为一个 MSC 管理控制多个小区，所以它是一个较大的程控交换机，其控制功能要比市话交换机更复杂。

2）一个移动台从一个小区进入另一小区，就要改为受另一小区基台的服务。经过小区边界时，可能正在通话。这时需从原基台的信道切换到新基台的信道上来，还不能影响正在进行的通话，此功能称为"过区切换"功能，或简称"过区"功能，是蜂窝网电话所特有的。

3）当一个移动台从本管理区出发进到其他管理区内时，仍要保持它的电话号码不变，照样可以被呼叫到，这称为漫游功能。

以上表明小区制的控制远比大区制复杂。以上三点是其基本特征。但若在某地区建立两个以上的基台，而它们之间并无"过区"或漫游功能，则不能认为是蜂窝网，只能算是几个大区的叠加。

2. 服务区域的划分

无线频率是一种有限的资源，在无线通信中，一个重要的问题就是如何利用有限的资源为尽可能多的用户提供服务。在没出现蜂窝技术时，提高无线通信容量的习惯做法是通过分割频率获得更多的可用信道。然而这种做法缩小了指配给每个用户的带宽，造成服务质量下降。

蜂窝技术不是分割频率而是分割地理区域。这种将服务区分割成多个蜂窝小区的办法是一个关键的变革，因为它能更加有效地使用无线频率。

按服务区形状来划分，可分为带状网和蜂窝网。

（1）带状网

带状网是指铁路的列车无线电话、船舶无线电话等，主要用于覆盖公路、铁路、海岸等狭长区域。基站可以使用定向天线（方向性强的天线），小区则是按纵向排列覆盖整个服务区，如图 4-31 所示。

对于沿着海岸线距离海岸数十公里的海面上，或者连接大城市主要道路干线的服务区就是线状服务区，在这种情况下，往往采用并排多个小区。为了防止同频干扰，相邻区域不能使用同一频率，可以采用 f_2、f_3、f_4 个频率依次分配给相邻的小区，交替使用。使用几个频率进行频率配置称作几频组。而且每几个小区重复使用同一频率，这种小区制的系统结构简单。例如，内河船舶电话、新干线火车电话或飞机电话等都采用 3 个小区重复

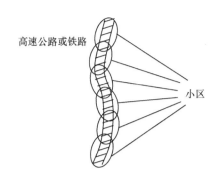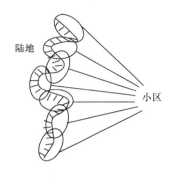

图 4-31　带状服务区示意图

使用同一频率的结构，如图 4-32 所示。

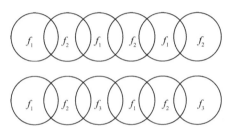

图 4-32　带状网多频组工作方式

（2）蜂窝网

蜂窝网用于服务区较宽的区域，例如，汽车电话系统，它是多个小区平面分布，并以一定的重复图案无间隙地覆盖着整个服务区，构成比较复杂，以下主要介绍这种方式。

蜂窝组网的目的是为了解决移动通信系统频率紧缺、容量小、服务质量差以及频率利用率低等问题。

1）蜂窝组网的基本思想

① 蜂窝小区覆盖和小功率发射。蜂窝组网不是采用点对点传播和广播覆盖模式，而是将移动通信服务区划分成由许多小区构成的覆盖区域。用较低功率的发射机就可以覆盖一个小区，在较小的区域内有可供服务且相当数量的终端。当小区内用户数目增加时，可以进行蜂窝小区裂变，进而增加蜂窝小区的数目。

② 频率复用。传播损耗可以为蜂窝系统的基站工作频率提供足够的隔离度，在相隔一定距离的另一个基站可以重复使用同一组工作频率，从而缓解频率资源紧缺的矛盾，增加用户数和系统容量。

③ 多信道共用。多信道共用技术利用移动信道占用的间隔性，使许多移动终端能够任意合理的选择信道，提高信道利用率。

④ 跟踪交换。由于系统是由很多蜂窝小区构成的，可移动的用户分散在各个小区中，所以要求蜂窝系统必须实现位置登记、漫游和越区切换等跟踪交换技术。

⑤ 有线、无线通信系统的互连。移动终端通过基站和交换机接入公众网，可以实现移动用户与市话用户以及长途用户的连接。

2）蜂窝网的具体内容

① 小区图案

在研究面状无线区域划分与组成时，涉及无线区的形状，它取决于电波传播条件和天线的方向性。为研究方便，假定整个服务区的地形、地物相同，基站采用全向天线，它的覆盖大体上是一个圆，即无线区是圆形的。当多个小区彼此邻接覆盖整个服务区时，用圆的内多边形来近似地代替圆形。可以证明，由正多边形彼此邻接构成平面时，只能是正三角形、正方形和正六边形，它们分别称为正三角形小区、正方形小区、正六边形小区，如图 4-33 所示。

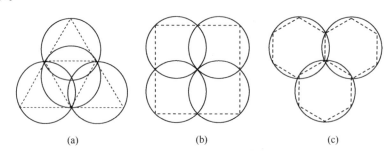

图 4-33　小区构成几何图形

(a) 三角形小区；(b) 正方形小区；(c) 正六边形小区

小区图案特征：

a. 小区间隔。采用上述 3 种方法覆盖平面时，对于相邻小区的中心间隔，若正三角形为 R，则正方形为 $\sqrt{2}R$，正六边形为 $\sqrt{3}R$。由此可知，正六边形的小区间隔最大，这里 R 为小区半径。

b. 小区面积与重叠面积。采用相同半径的圆形小区配置小区时，单位小区面积与重叠部分的面积随正多边形不同而异。经计算，采用正六边形的结构，其覆盖面积最大。由此可知，覆盖相同区域时，采用正六边形的结构小区数目最少。重叠小区宽度也随正多边形不同而不同，正六边形重叠小区宽度最小。

c. 需要的最少频率数。邻接小区会产生干扰，因此不能使用相同的频率。当邻接小区使用不同频率时，需要的最小频率数目随构成小区方法而异，如正三角形需要 6 个频率，正方形需要 4 个频率，而正六边形需要 3 个频率。

综上所述，根据从邻接小区的中心间距、单位小区的有效面积、交叠区域面积、交叠距离、所需最少无线频率的个数等几个方面加以比较，用正六边形无线小区邻接构成整个面状服务区是最好的。因此，正六边形的结构在现代移动通信网中得到了广泛的应用。由于这种面状服务区的形状很像蜂窝，所以称之为蜂窝网。

② 正六边形无线区群的构成

蜂窝系统可在不同的地理位置重复使用无线信道，即频率复用。

蜂窝式移动电话网通常是先由若干邻接的无线小区组成一个无线区群，由若干无线区群构成整个服务区，为了防止同频干扰，要求每个区群（即单位无线区群）中的小区，不得使用相同频率，只有在不同无线区群中，才可使用相同的频率。

a. 区群组成的条件。为了避免不同区群中的同频小区之间产生同频干扰，区群的构成应满足两个基本条件：一是，若干区群彼此连接，无空隙，无重叠，组成蜂窝式服务区域；二是，邻接区群中同频小区的间距相等且足够大，要做到使用频率完全对称。

根据上述条件，区群形状和区群间的无线小区数不是任意的，可以证明，区群间的无线小区数 N 应满足：

$$N = i^2 + ij + j^2 \tag{4-20}$$

式中，i、j 均为正整数，其中可以一个为零，但不能同时为零。根据不同的 i、j 值，

可算出选取的 N 值，如表 4-1 所示。

区群内的无线小区数 N　　　　　　　　　　　　　　　　　表 4-1

i	1	0	1	0	2	1	0	2	1	0	3	2
j	1	2	2	3	2	3	4	3	4	5	3	4
N	3	4	7	9	12	13	16	19	21	25	27	28

不同 N 的无线区群组成的服务区域图形，如图 4-34 所示。它们分别为 3 频率组、4 频率组、7 频率组 13 频率组的小区群。

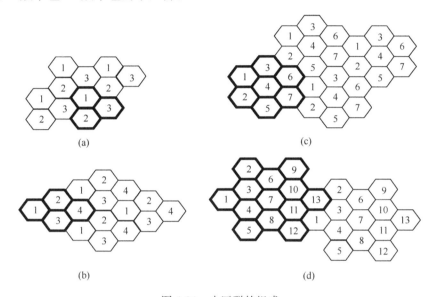

图 4-34　小区群的组成
(a) 三频率组；(b) 四频率组；(c) 七频率组；(d) 十三频率组

b. 同频无线区的距离。在图 4-34 中，如何确定同频小区的距离呢？自某一个小区 A 出发，沿六边形边的垂线方向跨 j 个小区，再向左或向右转 60°，再跨 i 个无线小区，这样就可以找到同频无线小区 A。在正六边形的 6 个方向上，可以找到 6 个相邻的同频无线区，所有 A 小区之间的距离都相同。

设无线小区的半径为 R，N 为一个区群中小区的数目，则同频无线小区间的距离：

$$D = \sqrt{3N} \cdot R \tag{4-21}$$

可以看出随着 N 的增加，同频无线小区的距离也增加，同信道无线区的复用距离越远，抗同频道干扰的性能越好。但在覆盖同样服务区的情况下，由 N 个无线小区组成的通信网，配备 N 个信道组。频率利用率随 N 的增加而下降。究竟应该选择哪种无线区群结构呢？首先应考虑通信质量，即不产生严重的同信道干扰，然后再考虑频率利用率，两个指标综合平衡考虑。

c. 系统的容量解释。提出蜂窝移动通信网的一个重要目的是通过频率资源的空间划分，扩大系统容量。那么，根据上面小区群的概念具体解释一下。

设蜂窝系统总的双工信道数量为 S，如果每个小区分配 k 个信道，$k<S$，那么这 S 个信道应分配给一个区群中的 N 个小区使用。设每个小区所分配的信道数量相等，则一个

区群中总信道数 $S=kN$。也就是说，一个区群中的所有小区使用了系统的全部信道资源。如果在整个系统中，有 M 个区群，即区群被占用了 M 次，则整个系统所能提供的总的双工信道数量为：

$$C = MkN = MS \qquad (4\text{-}22)$$

式中，C 称之为系统容量。由此可知，如果小区的半径不变，而 N 值减小，即在一个区群中小区的数量减少，区群的服务区面积也相应减小。那么原来的蜂窝系统就需要再占用更多的区群，即 M 值增大。在上式中，如果 S 不变，M 值增加，则系统总容量 C 就增加了，也就是说，系统的容量 C 与区群中小区的数量 N 呈反比，N 越小，系统容量越大。所以，N 值增加，同频小区的距离增加，同频干扰减少，但系统容量将减少，这两个指标是一对矛盾，要综合平衡考虑。

③ 小区的分裂

以上分析是在假设整个服务区的地形、地貌完全相同，用户密度均匀分布，无线小区大小相同，每一小区分配的信道数一样的前提条件下做出的。但是一个实际的移动通信网，其服务区内的用户密度并不是均匀分布的，通常城市中商业区用户密度高，郊区用户密度低。为了适应这种情况，应该在用户密度高的区域减少小区面积或增加信道数；在用户密度低的地区增大小区面积或减少信道数。对于已经设置好的移动蜂窝网，考虑到用户数随时间的增加而不断增加，当原无线小区的用户数目高到出现话务阻塞时，可以将原有的无线小区进步分裂，以增加系统的容量和用户数。

常用天线区域结构，如图 4-35 所示。在建网的初期采用全向天线（即中心激励方式，

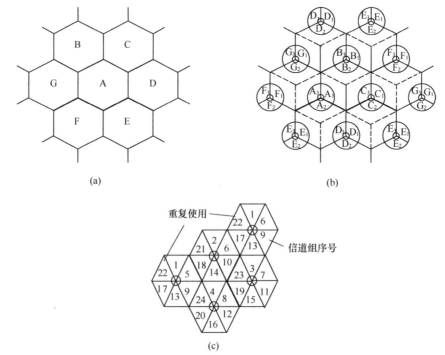

(a)

(b)

(c)

图 4-35 常用无线区域结构示意图

(a) 7 个无线小区模型（每个基地站 1 个无线小区）；(b) 21 个无线小区模型（每个基地站 3 个无线小区）；

(c) 24 个无线小区模型（每个基地站 6 个无线小区）

基站设在小区的中央），每 7 个小区为一组，构成一个区群，如图 4-35（a）所示。每个小区的中心设一个基站，它包括发送、接收天线和切换设备。每个无线小区配置一个信道组（或频率组），这样一个无线区群将配置 7 个信道组，分别用 A、B、C、E、F、G 表示。随着用户数量的增加，用户密度的提高，促使话务量增加，就需要进行小区分裂。可以一分为三也可一分为六，基站位置不变，只是把全向天线变换成 3 副呈 120°扇形张角的定向天线，每个基站控制 3 个小区，每个小区配给一个信道组。这样每个无线区群由 21 个小区组成，配给 7×3＝21 个信道组。通常把这种方式称为 21 个无线小区模型，如图 4-35（b）所示。若基站位置不变，只是把全向天线变换成 6 副互相呈 60°扇形张角的定向天线，每个基站控制 6 个小区，每个小区配给一个信道组，这样每个无线区群由 24 个小区组成，配给 24 个信道组。通常把这种方式称为 24 个无线小区模型，如图 4-35（c）所示。以上所述的小区的分裂方法，实际上大大提高了覆盖范围和用户数。

总之，蜂窝移动通信系统利用小区覆盖和频率复用的方法，可以用有限的频道覆盖无限的区域，解决频率资源少、用户容量大的矛盾，大大提高了频率利用率和用户数。但这种体制在通话过程中，从一个小区转入另一个小区的概率增加了，移动台需要经常更换工作频道，对控制交换功能的要求提高了，再加上基台数目的增加，建网的成本也提高了，所以无限小区的范围不宜过小。

3. 蜂窝网中的越区切换、漫游和位置登记

（1）越区切换

当移动台在通话过程中经过两个基地台覆盖区的相邻边界时，由一个基地台分配给移动台的某一条无线信道和中继线"切换"到另一基地台分配的另一条无线信道和中继线。这一切换必须使通话人完全感觉不到，切换时间要在 100ms 以内，而且必须是完全自动的。有时由于信道条件恶劣，基地台将移动台转移到质量好的信道上去，也是一种切换，但属本小区范围内的切换，不是越区切换。切换标准的合理性和切换的可靠性直接影响蜂窝系统的总业务量、中断率及服务质量。

（2）漫游功能

"漫游"的含义是移动台离开本管区范围，移动到其他管区时，其他用户仍能用它原来的局号和电话号码呼叫该用户，该用户在新管区也能呼叫和通话。显然如蜂窝系统无漫游功能，将无法和这一移动台接通。为适应漫游功能的需要，在移动局内增设 HLR 和 VLR 两个存储功能块，其中 HLR 存储本系统的用户信息，包括用户的有效性、应具有的功能、当前的位置等。VLR 存储正在服务的用户信息。

（3）位置登记

通常全球移动通信系统（Global System for Mobile Communications，GSM）系统将整个服务区划分为许多位置区，并指定不同的识别码，这些位置区识别码（Location Area Code，LAI）分别由各区的广播控制信道（Broadcast Control Channel，BCCH）广播。移动台开机后，可搜索此 BCCH 信道，从而可以知道所在位置区识别码。一般移动台均须经过位置登记方能进行通信。

所谓位置登记是通信网络为了跟踪移动台的位置变化，而对其位置信息进行登记、删除更新的处理过程。位置信息存储在原籍 HLR 和 VLR 中。

当一个移动用户首次进入 GSM 蜂窝系统时，必须通过 MSC，在相应的 HLR 中进行注册，把有关的数据，如国际移动用户识别码（International Mobile Subscriber Identity，IMSI），移动用户 ISDN 号码（MSISDN）、位置信息、业务类型等，存放在 HLR 中。

MS 不断移动导致其位置信息也不断变化，通过接收 BCCH 可以知道是否进入新的位置区。当 MS 发现收到的 LAI 已经改变，则可以判定移动用户已漫游到新位置区了，这时它必须向该地区的 VLR 申请位置登记（用 IMSI 证明其身份）。VLR 要从该用户的 HLR 查询有关的数据，并给该用户分配一个临时性的漫游号码（MSRN），并通知 HLR 修改该用户的位置信息，此时 HLR 要临时保存该 VLR 提供的位置信息，以便为其他用户呼叫此用户提供所需的路由。VLR 所存储的位置信息不是永久性的，如果移动用户由一个 VLR 服务区移动到另一个 VLR 服务区时，HLR 在修改该用户的位置信息后，还要通知原来的 VLR，删除此移动用户的位置信息。由此可以看出，位置更新总是由移动台启动的。图 4-36 给出的是涉及两个 VLR 的位置登记过程。位置登记之后，便可进行继续了。

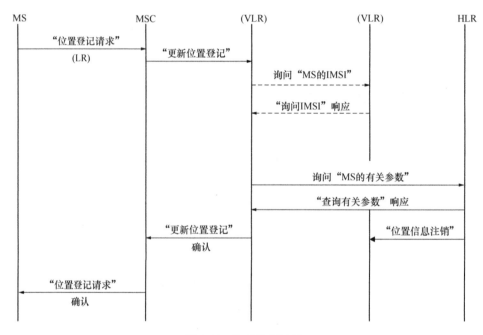

图 4-36　位置登记过程

（4）蜂窝网的接续技术

由于用户位置的不确定性，交换局如何了解用户的需要？如何为用户提供信道？如何寻找被叫用户？接续方法和过程均不同于普通市话。而且，由于用户的移动性，接续中还应具有越区切换和漫游功能。

在市话网中，用户与电话局是直接固定相连的，用户向市话局直接发出摘机、挂机、拨号等信令，由电话局实现交换和控制等功能。在蜂窝制中，移动用户通过基地台与移动交换局相连，基地台只提供信道，包括移动用户与基地台间的无线信道和基地台与移动局间的中继线。由于用户的移动性，二者均是多用户共用方式根据需要指配使用，指配、交换、控制等均由移动局完成。移动局如何知道移动用户的位置及其需要的呢？如何根据移动用户的位置指配信道呢？大量控制信息要在基地台和移动局间交换，还有移动台的身份识别、功率控制、越区切换、位置登记等指令，在话音信道建立以前，基地台与移动台之间的信息交换也必须另有传送控制信息的渠道。这也是移动通信的特点，它的指令系统比普通市话复杂得多。不同体制的程序、控制方式、指令也不同，下面简单描述移动用户通话的接续过程，从而了解蜂窝通信的接续、控制以及信令系统的基本特点。

1）等待状态：手机开通（加电）后，按预定程序，每隔一定时间扫描一次控制信道。每个基地台均有专用控制信道。移动台在信号最强的信道上等候，也就是选择自己所在小区的基地台。

2）主叫过程：

① 主叫用户拨号（存入存储器），按发送键后发送。因主叫用户已停留在所在小区的控制信道上，如无碰撞，连移动台本身的序号（识别码）和所要的号码一起通过反向控制信道送至基地台，参见图4-37。

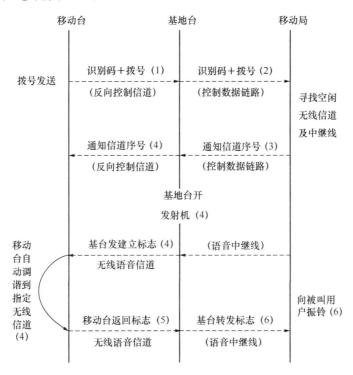

图 4-37　主叫接续过程

② 基地台收到后，通过与移动局间的数据链路转发给移动局。

③ 移动局将所整定的无线信道号码和相应的中继线通过数据链路通知该基地台。

④ 由基地台一方面打开所指配无线信道的发射机，随同发出一个标志信号。另一方面，通过正向控制信道通知移动台所指配的无线信道，移动台自动调谐至该信道。

⑤ 移动台将由上行无线语音信道收到的标志信号自动地通过下行无线语音信道返回基地台，确认无线语音信道已接通。

⑥ 基地台将标志信号转发给移动局，确认指配工作完成，即向市话网发出呼叫信号（振铃）。

3）被叫过程：

① 呼叫及响应。市话用户拨出移动用户的号码后，市话局根据号码接到相关的移动局。移动局将之转换为该台的识别号码。

② 移动局向所有基地台发出寻呼该移动台的信号。

③ 各移动台在各自的正向控制信道上寻呼该台。

④ 被叫移动台收到后，通过反向控制信道向基地台作出响应，基地台通过数据链路报告移动局。

⑤ 指配信道。移动局通知该基地台指配的该台的无线信道及中继线。

⑥ 由基地台一方面打开所指配无线信道的发射机，随同发出一个标志信号。另一方面通过正向控制信道通知移动台指配的无线信道。

⑦ 移动台自动调谐至该信道，并由该信道返回标志信号，确认无线信道建立。

⑧ 基地台收到后接通中继线，并由中继线转发移动台返回的标志信号，确认语音信道接通。移动局向主叫用户发回铃音。

⑨ 基地台在接通中继线的同时，向移动用户发振铃信号。

⑩ 移动用户摘机，发出摘机信号。基地台转发摘机信号。

⑪ 移动局收到摘机信号后，即停发回铃音，接续完成，开始通话。

全过程参见图 4-38。

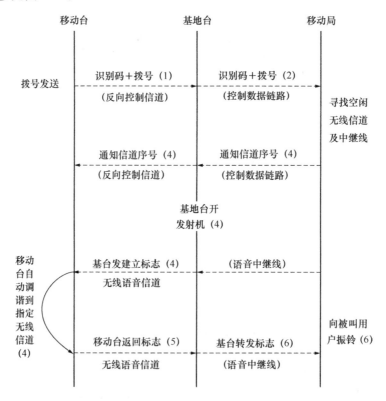

图 4-38 被叫接续过程

如果被叫的是移动用户，则通过中继线接到该用户所属的移动局，然后按被叫过程操作，让所有基地台在控制信道上寻呼被叫移动台。该移动台响应后，移动局指配一条空闲信道和相应的中继线，基地台通过控制信道通知被叫移动台。移动台自动调谐到该信道并发出确认指令，移动局收到指令后，向被叫用户振铃。

由此可见，蜂窝移动通信系统的通话建立过程远较一般市话的复杂。市话通信中的用户都由固定线路连接到交换机，而在蜂窝系统中，由于用户的移动性，移动交换局必须知道主叫或被叫用户的位置，才能指定相应的基地台指配无线信道和中继线给主叫和被叫用户。要由移动用户与基地台之间的上下行控制信道以及基地台与移动局之间的数据链路进行申请、选择和指配等一系列信息交换后，才能确定所用的无线信道和中继线。主被叫用户所用的信道和中继线都确定以后，才能像市话一样通话。

4. 移动通信中的多址连接技术

在无线通信环境的电波覆盖区内，如何建立用户之间的无线信道的联接，便是多址联接问题。在移动通信系统中，基站覆盖区内存在许多移动台，移动台必须能识别基站发射的信号中哪一个是发往本地址的信号，基站也必须能从众多移动台发射的信号中识别并区分出每一个移动台所发射的信号，这样才能建立通信。因此，多址技术在蜂窝移动通信系统中占有重要地位。目前数字移动通信系统中的多址技术可分为三类：频分多址、时分多址和码分多址。

（1）频分多址（FDMA）

模拟信号和数字信号都可以采用频分多址方式传输，模拟蜂窝移动通信系统就是建立在 FDMA 基础之上。FDMA 是指把通信系统的总频段分成若干个等间隔的互不重叠的频道，同时供多个不同地址用户使用不同的频道来实现多址联接的通信方式。在这种方式中一个频道只传送一路语音信号，一个基站和 k 个移动台构成的 FDMA 系统，移动台 MS_1、MS_2、$\cdots$、MS_k 分别配有发射频道 f'_1、f'_2、f'_3、$\cdots$、f'_k 和接收频道 f_1、f_2、f_3、$\cdots$、f_k，如图 4-40 所示。将移动台的接收频道即基站向移动台方向的信道叫作前向信道。将移动台的发射频道即移动台向基站方向信道叫作反向信道。

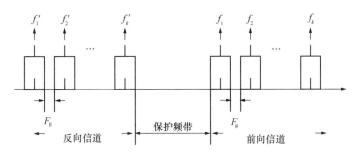

图 4-39　FDMA 的频道划分

FDMA 的频谱分割如图 4-39 所示。由图可见，为减小发射机对接收机的干扰，前向信道和反向信道之间要有保护频带。另外，为避免因系统的频率漂移而造成相邻频道间的干扰，在用户频道之间设有保护时隙 F_g，也称频道间隔。例如，我国的频分模拟移动通信的频段是 890～905MHz（移动台发，基站收）和 935～950MHz（基站发，移动台收），收发间隔即保护频带为 45MHz，频道间隔 25kHz。

利用频道和移动用户具有一一对应的关系，只要知道用户频道号即可实现选址通信。当然在蜂窝移动通信系统中，由于频率资源有限，不可能每个用户独占一个固定的频道，大多采用多信道共用方式，即由基站通过信令信道给移动用户临时指配通信频道。

（2）时分多址（TDMA）

TDMA 是基于时间分割的信道，把时间域分割成若干周期性时帧，每一帧再分割成若干时隙，然后根据一定的时隙分配原则，给每个移动用户分配一个时隙来实现多址联接的通信方式。如图 4-41 所示为 TDMA 示意图，MS_1、MS_2、……、MS_k 各占一时隙，且这些时隙在时域上互不重叠。各移动台在规定的时隙内向基站周期地发射信号，基站发向移动台的

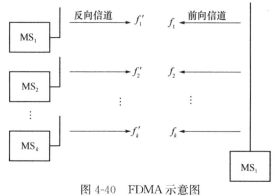

图 4-40　FDMA 示意图

信号也是在规定的时隙中发射。在时隙内传送的信号称作突发或子帧，突发的内容包括报头和报文（消息），为保证相邻时隙中的突发不发生重叠，设有保护时间 T_g。TDMA 帧结构如图 4-42 所示。

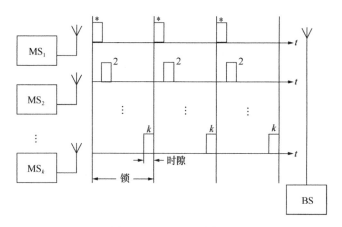

图 4-41　TDMA 示意图

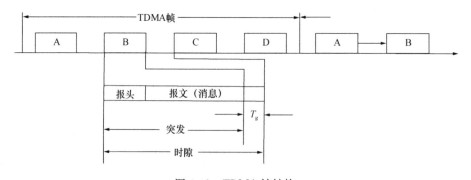

图 4-42　TDMA 帧结构

在蜂窝移动通信系统中，为充分利用信道资源，这些时隙是由基站通过信令信道给移动用户临时指配的，而不是独占固定的时隙。这样，利用时隙和移动用户的一一对应关

系，只要知道用户地址号（帧号和时隙号）可实现选址通信。

现在使用的 TDMA 蜂窝系统实际上是 FDMA 和 TDMA 的组合。如泛欧的 GSM 数字蜂窝系统就是先使用了 200kHz 的频分信道，每个频道再采用时分多址接入（TDMA）方式，分成 8 个时隙，即 8 个信道同时进行传输。

（3）码分多址（CDMA）

所谓 CDMA，就是每个移动用户分配有一个伪随机二进制序列地址码，且这些码型相互正交（互不重叠），利用扩频技术，各个地址用户的信号都与各自的伪随机码一起传送以实现多址连接的通信方式。

CDMA 系统既不分频道也不分时隙，是基于码型分割信道，从频域或时域来看，多个 CDMA 信号是互相重叠的。即在 CDMA 移动通信系统中，不同的移动用户传输信息所用的信号不是靠频率不同或时隙不同来区分，而是用各自不同的编码序列来区分。这样，利用码型和移动用户的一一对应关系，只要知道用户地址码便可实现选址通信。系统的接收端必须与发送端有完全一致的本地地址码，接收机用相关器从多个 CDMA 信号中选出其中预先设定的码型信号，其他使用不同码型的信号因为与接收机产生的本地码型不同而不能被解调。

在蜂窝移动通信系统中，为了充分利用信道资源，这些信道（地址码型）是动态分配给移动用户的，其信道指配也是由基站通过信令信道进行的。

4.2.3 信令系统

1. 电话接续的基本信令流程

如图 4-43 所示两个用户通过两个端局进行电话接续的基本信令流程。

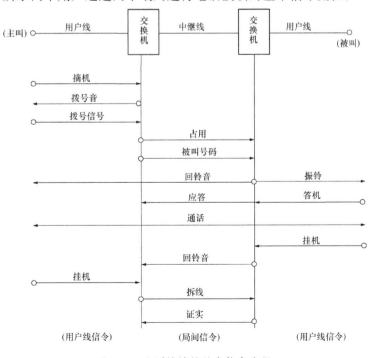

图 4-43 电话接续的基本信令流程

2. 信令的基本类型

信令可以指导终端设备、交换系统及传输系统协同运行，在指定的终端之间建立临时的通信信道，并维护网络本身正常运行。信令的传送要遵守一定的规约。信令方式包括信令的结构形式、信令在多段路由上的传送方式、控制方式。信令的分类方法如下。

（1）按信令传输方式分类

局间信令按传输方式（即信令信道与语音信道的关系）可分为两类。

1）随路信令，是指使用语音信道传送各种信令，即信令和语音在同一条通路中传送。随路信令系统示意图如图 4-44（a）所示。

2）公共信道信令（共路信令），是指传送信令的通道和传送语音的通道在逻辑上或物理上完全分开，有单独传送信令的通道，在一条双向信令通道上，可传送上千条电路信令消息。共路信令方式具有许多优点：信令传送速度快；信令容量大，可靠性高；具有改变和增加信令的灵活性；信令设备成本低；在通话的同时可以处理信令；可提供多种新业务等。原 CCITT 通过的 No.7 信令系统是一种新型的应用于电话网、移动网、综合业务数字网和智能网的共路信令系统。共路信令系统示意图如图 4-44（b）所示。

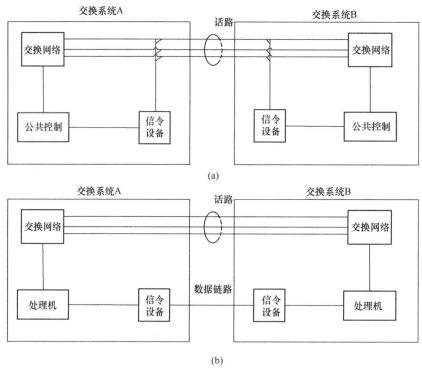

图 4-44　信令系统示意图
（a）随路信令；（b）共路信令

（2）按信令的功能分类

1）监视信令。用以检测或改变中继线呼叫状态和条件，以控制接续的进行。

2）选择信令。又称地址信令（在随路信令中称记发器信令），主要用以传送被叫（或主叫）的电话号码，供交换机选择路由以及选择被叫用户。话机（根据其类型不同）发出的选择信令的波形分为直流脉冲型和双音多频型（DTMF）。目前多用双音多频型，用户拨一位号码沿着用户线送出两个不同频率的正弦信号，以频率的不同组合代表号码数值。

3）音信令。交换机通过用户线发给用户的各种可闻信令称为音信令，包括拨号音、忙音、振铃信号、回铃音、催挂音等。

4）维护管理信令。仅在局间中继线上传送，在通信网的运行中起着维护和管理作用。

（3）按信令的传送区域分类

1）用户线信令。用户话机和交换机间传送的信令，包括监视信令、选择信令、音信令。

2）局间信令。交换机之间（或交换机与网管中心）、数据库之间传送的信令，包括监视信令、选择信令、维护管理信令。

（4）按信令的传送方向分类

1）前向信令。指信令沿着从主叫端局到被叫端局的方向传送。

2）后向信令。指信令沿着从被叫端局到主叫端局的方向传送。

3. No.7 信令系统

No.7 信令系统是国际标准化的公共信道信令系统，是目前通信网中使用的主流信令。它适于由数字程控交换机和数字传输设备所组成的综合数字网，并广泛应用于多种业务网中。

No.7 信令系统能满足传送呼叫控制、遥控、维护管理信令及处理机之间事务处理信息的要求，并提供可靠方法，使信令按正确的顺序传送又不致丢失或重复。

（1）No.7 信令系统结构

No.7 信令系统属于局间计算机的数据通信系统。计算机间数据通信系统采用开放式系统互联（Open System Interconnect，OSI）参考模型描述，故 No.7 信令系统功能结构描述也参照 OSI 参考模型，采用分层格式。No.7 信令系统从功能上可以划分为两部分：公用的消息传递部分和各自独立的用户部分。

消息传递部分作为一个公共传送系统，在相应的两个用户部分之间可靠地传递信令消息。其功能分为信令数据链路功能级、信令链路功能级和信令网功能级 3 个功能级。

用户部分是使用消息传递部分传送能力的功能实体，每个用户部分具有各自特有的功能，包括电话用户部分、数据用户部分、综合业务数字网用户部分、移动通信用户部分、信令连接控制部分、事务处理能力应用部分、操作维护应用部分和信令网维护管理部分等。

No.7 信令系统结构如图 4-45 所示。

（2）No.7 信令系统的主要应用

在通信网中，No.7 信令系统的主要应用范围如下：

1）传送电话网的局间信令。

2）传送电路交换数据网的局间信令。

3）传送综合业务数字网的局间信令。

4）在各种运行、管理和维护中心传递有关信息。

5）传送移动通信网中与用户移动有关的控制信息。

6）在业务交换点和业务控制点间传送各种数据信息。

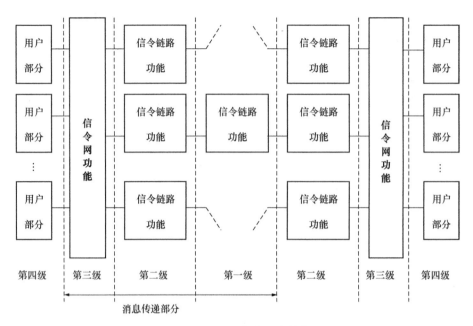

图 4-45　No. 7 信令系统结构

　　7）支持各种类型的智能业务。

4. No. 7 信令网

　　信令网实际上是一个载送各种信息的数据传送系统，是一个专用的数据通信网。

　　No. 7 信令网是现代通信网的三大支撑网（数字同步网、No. 7 信令网、电信管理网）之一，是通信网向综合化、智能化发展的基础。

　　（1）No. 7 信令网组成

　　当电话网采用共路信令方式后，信令和语音分开传送，除原有电话网外，还要有一个独立的数据通信网，即信令网。信令网除传送呼叫控制等电话信令以外，还要传送网络管理与维护等信息。

　　信令网由信令点（Signaling Point，SP）、信令转接点（Signaling Transfer Point，STP）和连接它们的信令链路组成，是专门用于传送信令消息的数字网。

　　SP：在信令网内能提供共路信令消息的节点。

　　STP：把一条信令链路收到的消息，转发到另一条信令链路。

　　信令链路：是连接各个信令点以传送信令消息的物理链路，可以是数字通路或高质量的模拟通路，可以是有线的或无线的传输媒介。

　　信令网结构：无级信令网、分级信令网。

　　（2）No. 7 信令网的功能

　　1）电话网的局间信令完成本地网、长途网和国际网的自动、半自动电话接续。

　　2）电路交换的数据网局间信令完成本地网、长途网和国际网各种数据的接续。

　　3）综合业务数字网（Integrated Services Digital Network，ISDN）网的局间信令完成本地网、长途网和国际网各种电话和非语音业务的接续。

　　4）智能网的信令网可以传递与电路无关的各种数据信息，完成业务交换点（Service

Switching Point，SSP）和业务控制点（Service Control Point，SCP）间的对话，开放各种增值业务。

4.2.4 数字移动通信发展进程

图 4-46 表示了移动通信技术标准的演进过程。移动通信每十年出现新一代技术，通过关键技术的引入，实现频谱效率和容量的成倍提升，推动全球业务类型不断涌现。随着 4G 在全球范围内规模商用，5G 已经成为全球业界研发焦点，制定全球统一的 5G 标准已经成为业界共识。中国的通信已经从 2G 时代的模仿，3G 时代有一定话语权，4G 时代的积极参与，到成为 5G 时代领跑者。

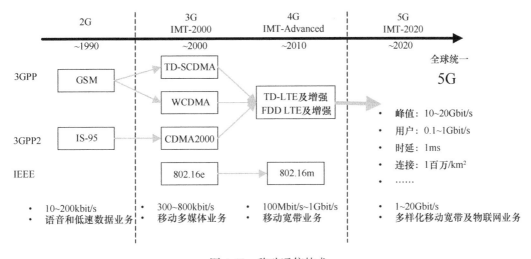

图 4-46　移动通信技术

1. 第二代移动通信系统

第二代移动通信系统（2G）是以数字技术为主体的移动经营网络。在中国，以 GSM 为主、IS-95 和 CDMA 为辅的第二代移动通信系统只用了十年的时间，就发展了近 2.8 亿用户，并超过固定电话用户数。

第二代移动通信系统主要采用的是数字的 TDMA 技术和 CDMA 技术。2G 提供数字化的语音业务及低速数据业务，其克服了模拟移动通信系统的弱点，语音质量、保密性能得到大的提高，并可进行省内、省际自动漫游。

2. 第三代数字移动通信系统

3G 是 3 Generation 的缩写，全称为第三代移动通信系统。最早由 ITU 于 1985 年提出，当时称为未来公众陆地移动通信系统（Future Public Land Mobile Telecommunication System，FPLMTS），1996 年更名为 IMT-2000（International Mobile Telecommunication-2000，国际移动通信-2000），意即该系统工作在 2000MHz 频段，最高业务速率可达 2000 kbit/s。第三代移动通信系统是历经第一代、第二代移动通信系统发展而来的。

国际电信联盟（International Telecommunication Union，ITU）对 3G 系统划分频带为上行（MS→BS）1885～2025MHz；下行（BS→MS）2110～2200MHz。其中，1980～2010MHz 和 2170～2200MHz 用于移动卫星业务（Mobile Satellite Services，MSS），其他

频段上下行不对称，可采用频分双工（FDD）和时分（TDD）方式。附加频段为 806～960MHz、1710～1885MHz、2500～2690MHz。

ITU 目前批准的 3G 主流技术标准分别为 WCDMA、CDM2000 和 TD-SCDMA。3 种 3G 主流技术各具有技术优势，并根据其工作方式采取了不同的关键技术措施。WCDMA 由欧洲标准化组织 3GPP 所制定；CDMA2000 体制是基于 1S-95 的标准基础上提出的 3G 标准，目前其标准化工作由 3GPP2 来完成；TD-SCDMA 标准由中国无线通信标准组织 CWTS 提出，目前已经融合了 3GPP 关于 WCDMA-TDD 的相关规范中。

3. LTE 技术

LTE 技术是在无线通信技术不断使用过程中演变成的一种技术，其主要通过结合正交频分复用技术和多信道输入输出技术，所产生的作用效果可有效减小多径衰弱，并且能够使无线频谱的综合利用率得以提升，从而使得无线网络数据传输处理能力与速度均可有效提高。LTE 技术所形成的系统主要以实现分组域实时进行业务管理为发展目标。在 1.8GHz 附近的 20MHz 波谱频段内，可实现 LTE 的运行，在其运行使用期间，来自不同传输设备的射频信号所产生的相互干扰均可被有效避免，在 20MHz 波谱频段的带宽下，LTE 技术则可提供一个 50～100Mbit/s 的信号传输率和峰值信号速率。因此将 LTE 技术应用于轨道交通通信系统中，同样可实现较好的通信效果。

4. 第四代数字移动通信系统

4G 技术又称 IMT-Advanced 技术。业内对时分同步码分多址接入技术向 4G 最新进展的 TD-LTE-Advanced 常被称为准 4G 标准。世界很多组织给 4G 下了不同的定义，而 ITU 代表了传统移动蜂窝运营商对 4G 的看法，认为 4G 是基于 IP 协议的高速蜂窝移动网，现有的各种无线通信技术从现有 3G 演进，并在 3G LTE 阶段完成标准统一。ITU 4G 要求传输速率比现有网络高 1000 倍，达到 100 Mbit/s。4G 关键技术包括以下内容：正交 OFDM 技术、软件无线电技术、智能天线技术、多输入多输出（Multiple-Input Multiple-Output，MIMO）技术、基于 IP 的核心网。

5. 第五代移动通信系统

移动通信已经深刻地改变了人们的生活，但人们对更高性能移动通信的追求从未停止。为了应对未来爆炸性的移动数据流量增长、海量的设备连接、不断涌现的各类新业务和应用场景，5G 系统应运而生。

5G 系统将渗透到未来社会的各个领域，以用户为中心构建全方位的信息生态系统。5G 系统将使信息突破时空限制，提供极佳的交互体验，为用户带来身临其境的信息盛宴；5G 系统将拉近万物的距离，通过无缝融合的方式，便捷地实现人与万物的智能互联。5G 系统将为用户提供光纤般的接入速率，"零"时延的使用体验，千亿设备的连接能力，超高流量密度、超高连接数和超高移动性等多场景的一致服务、业务及用户感知的智能优化，同时将为网络带来超百倍的能效提升和超百倍的比特成本降低，最终实现"信息随心至，万物触手及"的总体愿景，如图 4-47 所示。

5G 关键技术有以下方面：新波形技术、新多址技术、新编码技术、多天线传输、毫米波技术、同时同频全双工技术、灵活的信道状态信息结构。

6. 5G 与 4G 的区别

5G 是指第五代移动通信技术，与前四代不同，5G 不是一个单一的无线技术，而是现

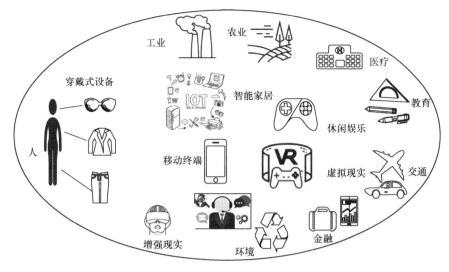

图 4-47　5G 愿景

有无线通信技术的融合。目前，LTE 峰值速率可以达到 100Mbit/s，5G 的峰值速率将达到 10Gbit/s，比 4G 提升了 100 倍。现有的 4G 网络对于部分高清视频、高质量语音增强语音、增强现实、虚拟现实等业务还不能处理。5G 将引入更加先进的技术，通过更加高的频谱效率、更多的频谱资源以及更加密集的小区等共同满足移动业务流量增长的需求，解决 4G 网络面临的问题，以构建一个高速传输速率、高容量、低延时、高可靠性、优秀用户体验的网络社会。

4.3　卫星通信系统

卫星通信是指利用人造地球卫星作为中继站转发无线电信号，在两个或多个地面站之间进行的通信过程或方式。卫星通信属于宇宙无线电通信的一种形式，工作在微波频段。卫星通信是现代通信技术、航天技术、计算机技术相结合的重要成果。近 30 年卫星通信在国际通信、国内通信、军事通信、移动通信以及广播电视等领域，得到了广泛的应用。

4.3.1　卫星通信概述

作为一种飞速发展的通信技术，卫星通信目前已经成为无线电通信的重要技术之一。与其他远距离通信方式相比，卫星通信具有覆盖能力强、不受地理条件限制、性能可靠稳定、通信频带宽、信道容量大、成本与通信距离无关等许多优点，因此能够传输高质量的电视、卫星电话和其他各种类型的信号。

1. 卫星通信的概念

卫星通信，是指利用人造地球卫星作为中继站转发或反射无线电波，在两个或多个地球站之间进行的通信。由于作为中继站的卫星处于外层空间，这就使卫星通信方式不同于其他地面无线电通信方式，而属于宇宙无线电通信的范畴。通信卫星按其结构可分为无源卫星和有源卫星；按其运转轨道可分为运动卫星（非同步卫星）和静止卫星（同步卫星）。

目前，在通信中应用最广泛的是有源静止卫星。所谓静止卫星就是发射到赤道上空 35786.6km 处圆形轨道上的卫星，它运行的方向与地球自转的方向相同，绕地球一周的时间恰好是 24h，和地球的自转周期相等，从地球上看去，如同静止一般。由静止卫星作中继站组成的通信系统称为静止卫星通信系统或称同步卫星通信系统。图 4-48 为一个简单的卫星通信系统示意图。

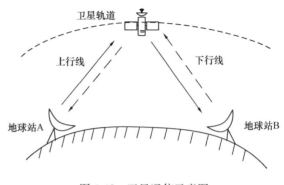

图 4-48　卫星通信示意图

由图 4-48 可知，地球站 A 通过定向天线向通信卫星发射的无线电信号，首先被卫星的转发器所接收，经过卫星转发、放大和变换后，再由卫星天线转发到地球站 B，当地球站 B 接收到信号后，就完成了从 A 站到 B 站的信息传递过程。从地球站发射信号到通信卫星所经过的通信路径称为上行线路。同样，地球站 B 也可以向地球站 A 发射信号来传递信息。

图 4-49 是静止卫星与地球相对位置的示意图。从卫星向地球引两条切线，切线夹角为 17.34°，两切点间弧线距离为 18101km，可见在这个卫星电波波束覆盖区内的地球站都能通过该卫星来实现。若以 120° 的等间隔在静止卫星轨道上配置 3 颗卫星，则地球表面除了两极区未被卫星波束覆盖外，都在覆盖范围之内，而且其中部分区域为 2 个静止卫星波束的重叠地区。因此借助在重叠区内地球站的中继（称之跳跃），可以实现在不同卫星覆盖区内地球站之间的通信。由此可见，只需 3 颗等间隔配置静止卫星就可以实现全球通信，这一特点是其他任何通信方式所不具备的。目前国际卫星通信和绝大多数国家的国内卫星通信大都采用静止卫星通信系统。例如，国际卫星通信组织负责建立的世界卫星通信系统（INTELSAD，简称 IS），就是利用静止卫星来实现全球通信的，静止卫星所处的位置分别在太平洋、印度洋和大西洋上空。它们构成的全球通信网承担着 80% 的国际通信业务和全部国际电视转播。此外，我国的东方红通信卫星也是静止通信卫星。

2. 卫星通信的特点

（1）静止卫星通信的优点

与其他通信手段相比，采用静止卫星进行通信具有以下特点。

1）通信距离远，且费用与通信距离无关。由图 4-49 可见，利用静止卫星，最大通信距离达 18000km 左右。此外，建站费用和运行费用不因通信站之间的距离远近及两站之间地面上的自然条件恶劣程度而变化。建站费用和运行费用使得在远距离通信上，静止卫星通信比地面微波中继、电缆、光缆、短波通信等有明显的优势。除了国际通信外，在国内或区域通信中，尤其对边远城市、农村和交通、经济不发达地区，卫星通信是极有效的现代通信手段。

2）覆盖面积大，可进行多址通信。许多其他类型的通信手段，通常只能实现点对点通信。例如，只有在地面微波中继线路干线或分支线路上的中继站方能参与通信，而不在这条线上的点就无法利用它进行通信。由于卫星通信是大面积覆盖，因此在卫星天线波束覆盖的整个区域内的任何一点都可设置地球站，且这些地球站可共用一颗通信卫星来实现

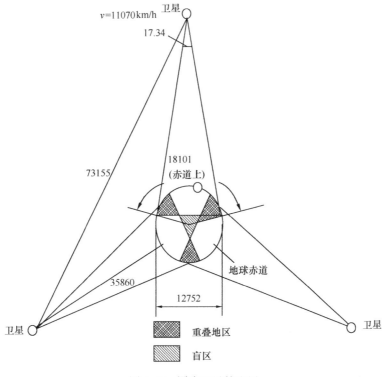

图 4-49 同步卫星的配置

双边或多边通信，即进行多址通信。

由于卫星覆盖区域很大，且在这个范围内的地球站基本上不受地理条件或通信对象的限制，这意味着有一颗在轨道上的卫星就相当于在全国铺设了可以通过任何一点的无形电路，因此使通信线路具有很大的灵活性。

3）通信频带宽，传输容量大，适于多种业务传输。由于卫星通信使用微波频段，其信号所用带宽和传输容量要比其他频段大得多。目前，卫星带宽可达 3000MHz 以上。一颗卫星的容量可达 3 万路电话，并可传输 3 路彩色电视、高分辨率的照片和其他信息。

4）通信线路稳定可靠，通信质量高。卫星通信的电波主要是在大气层以外的宇宙空间传输，而宇宙空间是接近真空状态的，可看作是均匀介质，电波传播比较稳定。同时它不受地形、地物如丘陵、沙漠、丛林、沼泽地等自然条件的影响，且不易受人为干扰以及通信距离变化的影响，故通信稳定可靠，传输质量高。

5）通信电路灵活。地面微波通信要考虑地势情况，要避开高空遮挡，在高空中、海洋上都不能实现通信，而卫星通信解决了这个问题，具有较大的灵活性。

6）机动性好。卫星通信不仅能作为大型地球站之间的远距离通信干线，而且可以为车载、船载、地面小型机动终端以及个人终端提供通信，能够根据需要迅速建立同各个方向的通信联络，能在短时间内将通信网延伸至新的区域，或者使设施遭到破坏的地域迅速恢复通信。

7）可以自发自收进行监测。当收发端地球站处于同一覆盖区域内时，发送端地球站同样可以收到自己发出的信号，从而可以监视本站所发消息是否正确传输，以及传输质量的优劣。

基于上述突出的优点，卫星通信获得了迅速的发展并成了强有力的现代化通信手段之一。应用范围极其广泛，不仅用于传输语音、电报、数据等，且由于卫星所具有的广播特性，它也特别适用于广播电视节目的传送。

(2) 静止卫星通信存在的不足之处

1) 两极地区为通信盲区，高纬度地区通信效果不好。

2) 卫星发射和控制技术比较复杂。

3) 由于静止卫星轨道只有一条，因此轨道上容纳的静止卫星数目有限。

4) 摄动。在卫星轨道上运行的卫星，主要受地球引力的作用，同时还要受到一些次要因素的影响，使卫星轨道的实际运行轨迹偏离理想运行轨道的现象就是所谓的摄动。引起卫星摄动的主要原因可分为两点。首先是太阳、月亮的引力。太阳的引力约为地球引力的 1/37，月亮的引力约为地球引力的 1/6800。这些引力使卫星在轨道上的位置发生微小摆动，累计起来约使卫星轨道的倾角平均每年发生 0.85° 的变化。其次是地球引力不均匀、地球大气层的阻力和太阳的辐射压力等其他原因也会引起卫星摄动。对于静止卫星通信来说，必须采用卫星位置稳定技术，以便克服摄动影响，使卫星的纬度和经度稳定在允许的范围内。

5) 存在日凌中断和星蚀现象。每年春分和秋分前后几天，当卫星进入中午前后的一段时间内时，太阳、卫星和地球共处在一条直线上；当卫星处在太阳和地球之间时，地球站天线对准卫星的同时，也会对准太阳，这时太阳干扰太强，会导致有几分钟的通信中断。这种现象通常称为日凌中断现象。日凌中断每年在春分和秋分前后各发生一次，每次持续约 6 天。在每年的春分和秋分前后 23 天中，当卫星进入地球阴影区，即地球挡住了射到卫星上的太阳光，造成了卫星的日蚀，称作星蚀。在星蚀期间，卫星靠蓄电池供电。由于卫星质量限制，星载电池除维持星体正常运转需要外，难以为转发器提供充足的电能，故尽量把星蚀发生的时间调到卫星通信业务量最低的时间内。

6) 有较大的信号传播延迟和回波干扰。在静止卫星通信系统中，从地球站发射的信号经过卫星转发到另一地球站时，其单程传播时间约为 0.27s。进行双向通信时，一问一答往返传播延迟约为 0.54s。通话时给人一种不自然的感觉。此外，如果不采取特殊措施，由于混合线圈不平衡等因素还会产生"回波干扰"，即发话者 0.54s 以后会听到反射回来的自己讲话的回声，成为一种干扰，这是卫星通信的明显缺点。为了消除或抑制回波干扰，地球站要增设回波抵消或抑制设备。

3. 卫星通信系统的组成及网络形式

(1) 卫星通信系统的组成

一个卫星通信系统是由空间分系统、通信地球站群、跟踪遥测及指令分系统和监督管理分系统四大功能部分组成。如图 4-50 所示，其中有的直接用来进行通信，有的用来保障通信进行。

1) 空间分系统

空间分系统即通信卫星，通信卫星内的主体是通信装置，另外还有星体的遥测指令、控制系统和能源装置等。

通信卫星主要起无线电中继站的作用。它是靠卫星上通信装置中的转发器和天线来完

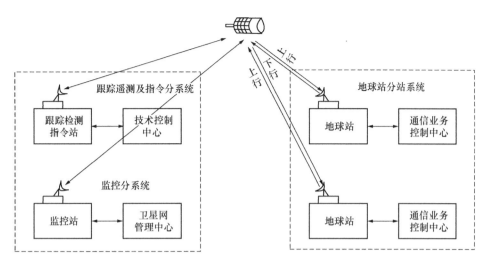

图 4-50　卫星通信系统的基本组成

成的。一个卫星的通信装置可以包括一个或多个转发器，每个转发器能接收和转发多个地球站的信号。显然，当每个转发器所能提供的功率和带宽一定时，转发器越多，卫星的通信容量就越大。

2）地球站分系统

地球站群一般包括中央站（或中心站）和若干个普通地球站。中央站除具有普通地球站的通信功能外，还负责通信系统中的业务调度与管理，对普通地球站进行监测控制以及业务转接等。

地球站具有收、发信功能，用户通过它们接入卫星线路，进行通信。地球站有大有小，业务形式也多种多样。通常，地球站的天线口径越大，发射和接收能力越强，功能也越强。

3）跟踪遥测及指令分系统

跟踪遥测及指令分系统也称为测控站，它的任务是对卫星跟踪测量，控制其准确进入静止轨道上的指定位置；待卫星正常运行后，定期对卫星进行轨道修正和位置保持。

4）监控管理分系统

监控管理分系统也称为监控中心，它的任务是对定点的卫星在业务开通前、后进行通信性能的监测和控制，例如对卫星转发器功率、卫星天线增益以及各地球站发射的功率、射频频率和带宽、地球站天线方向图等基本通信参数进行监控，以保证正常通信。

（2）卫星通信的网络形式

与地面通信系统一样，每个卫星通信系统都有一定的网络结构，使各地球站通过卫星按一定形式进行联系。由多个地球站构成的通信网络，可以是星形的，也可以是网格形的，如图 4-51 所示。在星形网络中，外围各边远站仅与中心站直接发生联系，各边远站之间不能通过卫星直接相互通信，必要时需经中心站转接才能建立联系。这样，中心站为大站，而众多的边远站为尺寸较小的小站，以便大幅度降低建设费用。网格形网络中的各站，彼此可经卫星直接沟通。除此之外，也可以是上述两种网络的混合形式。网络的组成形式应根据用户的需要在系统总体设计中加以考虑。

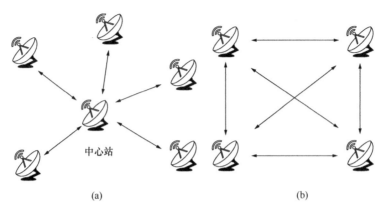

图 4-51　卫星通信网络结构

(a) 星形；(b) 网格形

在静止卫星通信系统中，大多是单跳工作，即只经一次卫星转发后就被对方接收。但也存在双跳工作的现象，即发送的信号要经两次卫星转发后才能被对方接收。发生双跳大体有两种场合：一是国际卫星通信系统中分别位于两个卫星覆盖区内且处于其共视区外的地球站之间的通信，必须经其共视区的中继地球站，构成双跳的卫星接力线路，如图 4-52（a）所示；二是在同一卫星覆盖区内的星形网络中，边远站之间需经中心站的中继，两次通过同一卫星的转发来沟通通信线路，如图 4-52（b）所示。

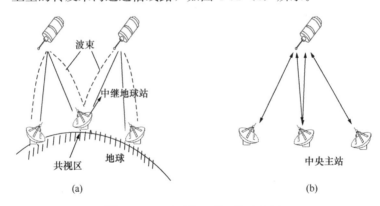

图 4-52　卫星通信双跳工作示意图

4. 卫星通信系统线路的组成

卫星通信线路就是卫星通信电波所经过的整个线路，它不仅包括通信卫星和地球站等各主要单元，还包括电波在各单元之间的传播途径。图 4-53 为卫星通信线路的组成方框图。下面结合图示说明各单元部件的工作原理和信息传递的过程。

来自地面通信线路的各种信号（可以是电报、电话、数据或电视信号），经过地球站 A 的终端设备（可以是模拟终端或数字终端），输出一个对模拟信号采用频率复用和对数字信号采用时间复用的多路复用信号，即基带信号。基带信号通过调制器把它们调制到一个较高的中频（如 70MHz）信号上。调制方法通常采用调频（模拟信号）或相移键控（数字信号）。调制器输出的已调中频信号在发射机的上变频器中变成频率更高的发射频率 f_1（如 6GMHz 左右），最后经过发射机的功率放大器放大到足够高的电平（可达约

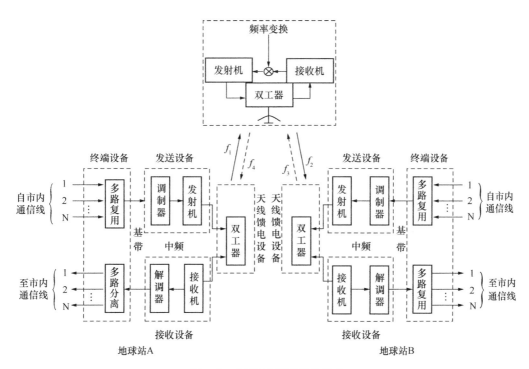

图 4-53　卫星通信线路的组成

30dBW），通过双工器由天线向卫星发射出去。这里双工器的作用是把发射信号与接收信号分开，使收发信号共用一副天线。

从地球站 A 发射的射频信号，穿过大气层以及自由空间，经过一段相当远的传输途径，才能到达卫星转发器，射频信号在这段上行线路中要受到很大的衰减，并且要混进大量的各种噪声。当射频信号传输到卫星时，卫星转发器的接收机首先将接收到的射频信号变成中频信号，并且进行适当的放大（也可以对射频直接进行放大），然后再进行频率转换，变成频率为 f_2（如 4GHz 左右）的射频信号，经过发射机进行功率放大，最后由天线转发下来。为了使比较强的转发信号不至于通过转发器天线反过来干扰接收信号，转发器发射载波频率与接收频率之间必须有足够的频差。

卫星转发器转发下来的射频信号同样要经过很长一段传输途径才能到达地球站 B。在这段下行线路中，射频信号同样要受到很大的衰减，并且也要混进大量的各种噪声。由于卫星转发器发射的功率比较小，故地球站 B 接收到的信号强度就显得更加微弱了。

地球站 B 的接收机，经天线把微弱的转发信号接收下来，一般先经过低噪声放大器加以放大，再变成（在下变频器中）中频信号进一步进行放大，然后经解调器把其基带信号解调出来。最后通过终端设备把基带信号分路，再送到地面其他通信线路。

以上就完成了卫星通信线路的一个单向通信过程；反过来，从地球站 B 向地球站 A 的通信过程也是相似的。这时，上行线路采用与 f_1 稍有差别的频率 f_3，下行线路频率采用与 f_2 稍有差别的频率 f_4，以避免相互干扰。

5. 卫星通信的工作频段

卫星通信工作频段的选择十分重要，因为它会影响卫星通信系统的容量、质量、可靠性、设备的复杂程度以及与其他通信系统的关系等。综合考虑各方面因素，卫星通信应选择在微波波段工作。工作频段的选择主要从以下两个方面考虑：

1) 从传输损耗、噪声方面考虑。当频率小于 10GHz 时，大气层对电磁波的吸收小；当频率大于 10GHz 以后，则吸收将会猛增。另外，当频率小于 1GHz 时，存在的外部噪声较大，但当频率大于 1GHz 时，存在的外部噪声却很小。因此，综合分析，卫星通信的波段应该在 1～10GHz 之间。

2) 从与其他通信设备的干扰考虑。由于略早于静止卫星通信建立的微波地面中继线路已分配使用 4～6GHz 频段，因此使用 C 波段的卫星通信与微波地面中继线路之间存在无线电干扰，其中主要是微波地面中继线路发射功率和卫星地球站的发射功率分别对对方接收设备的干扰。为解决相互间的干扰，要对地球站、卫星站、微波站等设备各自的天线方向、发射功率等加以限制，并将 C 波段的卫星通信地球站的站址设在远离城市的地区（因为微波地面中继线路在城市内较为集中）。卫星通信系统的使用波段列于表 4-2 中。

卫星通信的工作频段 表 4-2

频　段	范围（GHz）	频　段	范围（GHz）
UHF	0.3～1.12	Ku	12.4～18
L	1.12～2.6	K	18～26.5
S	2.6～3.95	Ka	26.5～40
C	3.95～8.2	毫米波	40～300
X	8.2～12.4		

目前，大部分国际、国内通信卫星使用 6/4GHz 频段，即上行线为 5.925～6.425GHz，下行线为 3.7～4.2GHz，转发器带宽可达 500MHz。许多国家政府和军事卫星用 8/7GHz 频段，即上行线为 7.9～8.4GHz，下行线为 7.25～7.75GHz；近年来，14/11GHz 频段已被开发，即上行线为 14～14.5GHz，下行线为 11.7～12.2GHz 或 10.95～11.2GHz；目前 11.45～11.7GHz 频段已用于民用卫星通信和广播卫星业务。卫星通信用的频段正在向高频发展。30/20GHz 频段已开始使用，其上行频率为 27.5～31GHz，下行频率为 17.7～21.2GHz。该频段带宽可达 3.5GHz。

总之，卫星通信系统中主要采用 C 波段，但 Ku 波段由于其更适合卫星通信并能与地面中继通信分开而被广泛采用。

4.3.2　通信卫星和地球站

1. 通信卫星

（1）卫星轨道的分类

由于卫星轨道的高度、倾角、运转周期等的不同，因此可把卫星分为不同的类型。若按卫星离地面最大高度 h_{max} 的大小，通常把卫星分作 3 类：

1) 低高度卫星：$h_{max}<5000km$，周期 $T<4h$；

2) 中高度卫星：$5000km<h_{max}<20000km$，周期 T 为 4～12h；

3) 高高度卫星：$h_{max}>20000km$，周期 $T>12h$。

若按倾角 θ 的大小分，卫星可分为 3 类：

　　1）赤道轨道卫星：$\theta=0°$，轨道面与赤道面重合；

　　2）极轨道卫星：$\theta=90°$，轨道面穿过地球的南北两极，即与赤道面垂直；

　　3）倾斜轨道卫星：$0°<\theta<90°$，轨道面倾斜于赤道平面。

　　若按卫星的运转周期，卫星通常又可分为如下类型：

　　1）同步卫星：运转周期 $T=24$ 恒星时，故轨道的长半轴 $A=42164.6\text{km}$；

　　2）准同步卫星：$T=24/N$ 或 $24N$ 恒星时（$N=2$、3、$4\cdots$），故轨道的长半轴 $A=42164.6/N^{2/3}$ 或 $42164.6N^{2/3}\text{km}$；

　　3）非同步卫星 $T\neq24$ 或 $24/N$、$24N$。

　　在卫星通信中，按卫星同地球表面之间的相对位置的关系，将卫星分成以下两大类：

　　1）对地静止卫星：相对于地球表面任一点，卫星位置保持固定不变；

　　2）对地非静止卫星：相对于地球表面任意一点，卫星位置不断变化。

　　（2）卫星的组成

　　通信卫星起中继作用，它将发自某一地球站的电波接收并放大返送到另一地球站。通信卫星的通信频带很宽，整个工作频带约有 500MHz 的宽度。如果要全部一起放大和发射，同时保证功率足够大和带内信号交叉调制足够小等指标，其技术十分复杂。因此卫星上通常设置若干个转发器来处理信号的变频、接收、放大和发送。另外通信卫星还必须设置必要的辅助设施。

　　通信卫星除星体外，主要由以下 6 个分系统组成：

　　1）天线分系统

　　卫星上装有两种天线，一种是遥测、指令和信标天线，一般是高频或其高频全向天线；以便可靠地接收指令并向地面发射遥测数据和信标。另一种是通信用微波天线，根据需要可设计成全球波束天线、区域波束天线、点波束天线和赋形波束天线。

　　对于自旋稳定方式的卫星，由于卫星本体是旋转的，因此要采用机械或电子消旋措施，使天线波束始终对准通信区域。而对三轴稳定卫星，星体本身不旋转，故无需采用消旋天线。

　　2）通信分系统

　　卫星上的通信系统又叫转发器或中继器，实质上是一部宽频带的、高灵敏度的收、发信机，转发器的上、下行频率应取不同的数值，以使两者相互隔离。对转发器的基本要求是：以最小的附加噪声和失真、足够的工作频带和输出功率，为各地球站有效而可靠地转发无线电信号。转发器通常分为两类：

　　① 透明转发器。当它收到地球站发来的信号后，除进行低噪声放大、变频、功率放大外，不对信号作任何加工处理，只是单纯地完成转发任务。也就是说，它对工作频带内的信号都是"透明"的通路。透明转发器有一次变频和二次变频两种，如图 4-54 所示。

　　② 处理转发器。它除了具有转发信号的功能外，还具有处理信号的功能。包括对信号的解调、处理，然后再进行重新调制、变频、功放后再发射回地球站。如图 4-55 所示。首先，接收到的信号经微波放大和下变频后变为中频信号。然后对信号进行相干检测和数据处理，从而得到基带数字信号。在发射机中，先将上述基带数字信号调制到某一中频（如 70MHz）上，而后再上变频到下行频率上，最后由功率放大器经发射天线转发到地面。

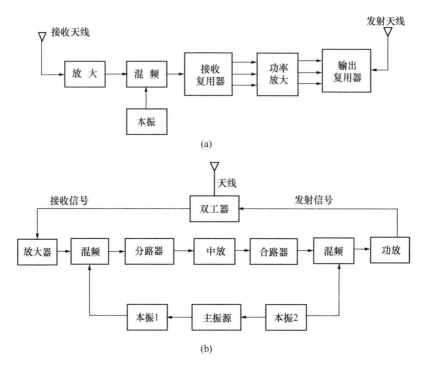

(a)

(b)

图 4-54 透明转发器的组成

（a）透明转发器一次变频；（b）透明转发器二次变频

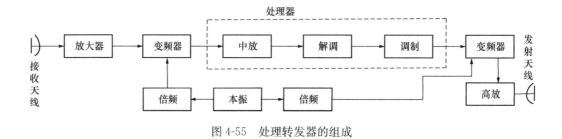

图 4-55 处理转发器的组成

在数字卫星通信系统中，处理转发器可以消除噪声的积累，因此在保证同样通信质量的情况下，可以减小转发器的发射功率；其次，上行线路和下行线路可以选用不同的调制方式，从而得到最佳传输；另外，还可以在处理转发器中对基带信号进行其他各种处理，以满足不同的需要。当然，处理转发器的设备，相对前两种转发方式而言要复杂一些。

3）遥测指令系统

为了保证通信卫星正常运行，需要了解其内部各种设备的工作情况，必要时通过遥测指令调整某些设备的工作状态。为了使地面站天线能跟踪卫星，卫星要发射一个信标信号。此信号可由卫星内产生，也可由一个地面站产生，经卫星进行频率变换后转发到地面。常用的方法是将遥测信号调制到信标信号上，使遥测信号和信标信号一起发向地面。

遥测信号包括：表示工作状态（如电流、电压、温度、控制用气体压力等）的信号、来自传感器的信号及指令证实信号等。这些信号经多路复用、放大和编码后调制到副载波或信标信号上，然后与通信用的信号一起发向地面。

为了对卫星进行位置和姿态控制，需用喷射推进装置。这些装置的点火、行波管高压的开、关及部件的切换都是根据遥控指令信号进行的。指令信号来自地面控制站，在转发器中被分离出来，经检测、译码后送到控制机构。

4）控制系统

控制系统包括两种控制设备：一是姿态控制设备；二是位置控制设备。姿态控制是使卫星对地球或其他基准物保持正确的姿态。对同步卫星来说，主要是用来保证天线波束始终对准地球和太阳能电池帆板对准太阳。姿态控制的方法很多，可用角度惯性或质量喷射等方式。

位置控制系统用来消除摄动的影响，以便使卫星与地球的相对位置固定。位置控制是利用装在星体上的气体喷射装置，由控制站发出指令进行工作的。

5）电源系统

通信卫星的电源要求体积小、重量轻和寿命长。常用的电源有太阳能电池和化学能电池。一般使用太阳能电池，当卫星进入地球的阴影区时，则使用化学能电池。

① 太阳能电池

太阳能电池由光电器件组成，一般制成（1×2）cm^2 或（2×2）cm^2 小片，再按所需的电流、电压大小，经串、并联构成微型组件。在组件下面垫上绝缘薄膜，贴在卫星星体表面上，这就构成了卫星太阳能电池。

② 化学能电池

为了使卫星在地球的阴影区也能连续工作，通常备有可以充电的化学能电池，如镍镉电池等。平时由太阳能电池给它充电，当卫星进入阴影区则由它供电。

6）温控系统

卫星受到太阳能辐射和环绕地球转到背向太阳一面时，温度差别很大，而且变化频繁，同时卫星内因行波管功率放大器及电源系统等产生热而升温。而卫星内的电子设备必须温度稳定（如本振等），否则影响通信质量，所以卫星上必须装载有温度控制系统。

2. 地球站

地球站实际是卫星系统和地面通信网的接口，是卫星通信系统的重要组成部分，所有的地面用户通过地球站出入卫星系统，形成连接系统。地球站的主要作用有两个：一是向卫星发射信号；二是接收经卫星转发的、来自其他地球站的信号。

对于一个标准的地球站，应由天线系统、大功率发射系统、高灵敏度接收系统、终端接口系统、监控通信系统以及电源系统等部分组成。

（1）天线系统

天线系统包括天线、馈电设备和定向跟踪设备。天线既要把发射机送来的射频功率信号辐射给卫星，又要接收卫星转发来的弱小信号送给接收机。通常由于收、发信机共用同一副天线，因此为了使收发信号隔离开，还需接入双工器。对地球站天线的基本要求是：高增益、低噪声和较高的对卫星的指向精度。大型标准地球站采用卡塞格伦天线，其抛物面直径可达 30m 以上，增益达 60dB，半功率点波束宽度约为 0.18°。这样窄的波束宽度对天线的定向提出了很高的要求，对大型标准地球站的天线系统一般有一套对卫星的自动跟踪设备，连续检测天线指向卫星的误差，驱动天线辐射方向始终对准卫星。

（2）信号发射系统

发射系统的主要作用是将基带信号调制成中频信号上，变频为上行频率信号，经功率放大器放大到一定的电平后由馈电设备馈送到天线发射出去。发射系统通常由调制器上变频器、发射波合成器、激励器、大功率放大器以及自动功率控制电路等组成。发射系统应满足大功率、宽频带、多载波、高稳定度和高可靠性要求。

（3）信号接收系统

接收系统由低噪声前置放大器、接收波分离装置（用于多载波的情况）、下变频器、中频放大器、滤波器及解调器组成。其中低噪声前置放大器是接收系统的关键部分，它决定着系统的等效噪声温度。因此应将低噪声前置放大器尽可能靠近天线馈源安装，一般安装在室外，而接收系统的其他部分可以安装在室内。卫星转发来的信号经天线接收，再通过馈电设备送至接收系统，接收系统将其下变频为中频信号，最后送到解调器解调出有用的信号。对接收系统的基本要求是极高的灵敏度（或极低的噪声温度）和足够的工作带宽。

（4）信道终端系统

信道终端系统是地球站与地面通信网之间的接口。它的任务主要有两个：一是要对地面线路送来的各种信号进行变换，处理成适合于卫星信道传输的新的信号形式，送给发射系统；二是要把接收系统解调出的信号形式变换成适合于地面线路传输的信号形式，再把该信号送给地面通信网。

（5）通信控制系统

通信控制系统由系统监视设备、控制设备和测试设备组成。监视设备主要用来监视地球站各系统的总体工作状态，工作人员可通过它了解各种设备的工作状态、故障情况等。控制设备能完成对站内各主要设备的遥控，如对在线设备和备用设备的切换。测试设备包括各种测试仪器仪表，用于测量各种设备的工作状态数据，为管理和控制地球站的各个系统提供依据。

（6）电源系统

电源系统对地球站来说当然是极其重要的。电源系统一般由一至两路的外线交流市电、自备柴油发电机组、大容量蓄电池组成。

4.3.3 卫星通信体制

1. 卫星通信体制的概述

一个通信系统最基本的任务是传输和交换含有信息的信号。所谓通信体制，指的就是通信系统所采用的信号传输方式和信号交换方式，即系统中采用的是什么信号形式（时间波形与频谱结构）以及怎样进行传输（包括各种处理和变换）、用什么方式进行交换等。

除了一般的无线通信都要涉及的基本信号形式、调制方式等问题外，卫星通信又有其特殊的问题。卫星通信由于具有广播和大面积覆盖的特点，因此特别适用于多个站之间的同时通信，即多址通信。多址通信是指卫星天线波束覆盖区内的任何地球站可以通过共同的卫星进行双边或多边通信连接，常称之为"多址连接"。这就涉及多址连接方式的问题。此外，卫星通信是利用卫星实现中继通信的，因此如何充分利用卫星转发器的功率和频带，是卫星通信的另一个重要问题。这个问题涉及卫星信道的分配方式，通常称之为"分配制度"。所以卫星通信系统的体制有其自己的特点，并且通常按照采用基带信号类型及复用方式、调制方式、多址连接方式、信道分配及交换制度的不同划分为不同的卫星通信系统体制。卫星通信系统的通信体制主要包含以下几个基本内容：

1）基带信号的传输方式，指信源传输方式，一般分为模拟方式传输和数字方式传输；语音数字化采用 PCM 还是 ΔM。

2）调制方式，采用频率调制（FM）或者相移键控（PSK）等。

3）多址连接方式。地球站＝建立各自通信线路的方式，如频分多址、时分多址、空分多址，还是码分多址等。

4）信道的分配和交换制度。信道的分配是指卫星信道的分配方式，如预分配、按需分配、随机占用等。交换制度指转发器有无交换功能，如何交换等。

下面就这几方面的内容进行简单说明。

（1）基带信号形式

在数字卫星通信方式中，它传递的信号可以是数字信号，也可以是数字化的语音信号。模拟信号数字化在卫星通信系统中一般采用 PCM 和 ΔM 调制，以及它们的各种改进型。

（2）调制方式

一个通信系统的质量，在很大程度上依赖于所采用的调制方式。调制是为了使信号特性与信道特性相匹配，因此，调制方式的选择是由系统的信道特性决定的，不同类型的信道特性要用不同类型的调制方式。

模拟卫星通信系统中，主要采用调频（FM）制，其技术成熟、传输质量好、有较高的信噪比，已被大量应用。

在数字卫星通信系统中，主要以 PSK 调制为主。从图 4-56 卫星通信系统传输数字信

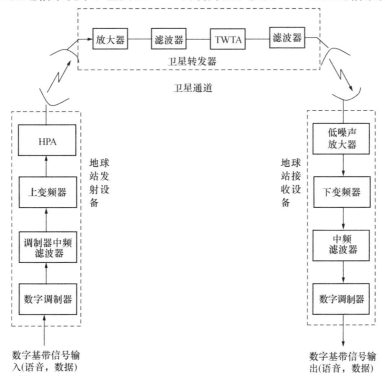

图 4-56　卫星通信系统传输数字信号的方框图

163

号的方框图可以看出，卫星通信信道是较典型的带限和非线性的恒参信道。图中收、发两端的中频滤波器使得信道的通频带具有带限的特性。发射设备的高功率放大器（HPA）及转发器中的行波管放大器（TWTA）都是非线性部件，其输入、输出特性是非线性的，而且具有幅相转换（AM/PM）效应，即当输入信号幅度变化时，能够转换为输出信号的相位变化。但信道的自由空间部分基本上是恒定参数的。故在卫星通信中，对调制方式的要求主要有以下几点：

1）由于卫星通信信道的非线性及 AM/PM 效应，要求调制后的波形尽量具有等幅包络结构的特点，很少采用幅度变化的数字调制技术。

2）数字调制器的输入为"1"或"0"的脉冲序列（即数字基带信号），在接收端解调后只要求能在各种干扰的条件下正确判决出信号的数字值。因为衡量传输质量的参量是错判的概率，即比特差错率（误码率）。所以要尽量使用比特差错率低（抗干扰能力强）的数字调制技术，以节省卫星功率。

3）由于卫星通信的频带受限，所以选择调制方式要考虑频谱利用率，以节约卫星转发器的频带。

在数字调制技术中，PSK 以及以此为基础的其他调制方式基本上能满足上述要求，因为这些调制方式的已调信号是等幅包络的，且具有带宽较窄、频带利用率高、抗干扰能力较强的特点。数字卫星通信系统建立的初期主要使用的是二进制相移键控（Binary Phase Shift Keying，BPSK），那时转发器的主要问题是功率太小，频带富裕，转发器处于功率受限状态。而 2 相 PSK 在比特差错率相同时，需要功率最小。后来随着通信容量的增加及转发器输出功率可以做得较大，转发器的矛盾由功率受限转化为频带受限，开始使用了多元相移键控（MPSK）技术，如 4 相 PSK、8 相 PSK 等。它们的带宽利用率高，但功率利用率较低。目前已广泛利用，且电路已集成化。理论与实践皆证明，已调波的相位如有突跳，当其通过滤波器的带限，进入非线性部件，会使已滤除的带外分量几乎又被恢复出来，这种现象称频谱扩展。因此，人们又研究了以已调波相位路径连续变化而不突跳或突跳小为特征的各种新的调制技术。

（3）多址连接方式

多址连接是卫星通信的显著特点之一，它是指多个地球站通过共同的卫星，同时建立各自的通道，从而实现各地球站相互之间通信的一种方式。多址方式的出现，大大提高了卫星通信线路的利用率和通信连接的灵活性。设计一个良好的多址系统是一件复杂的工作。一般要考虑如下因素：容量要求、卫星频带的有效利用、卫星功率的有效利用、互连能力要求、对业务量和网络增长的自适应能力、处理各种不同业务的能力、技术与经济因素等。多址连接方式和实现的技术是多种多样的。目前常用的多址方式有 FDMA、TDMA、CDMA 和 SDMA 以及它们的组合形式。

另外，多址连接技术不只是应用在卫星通信上，在地面通信网中，多个通信台、站利用同一个射频信道进行相互间的多边通信也需要多址连接技术。例如一点对多点微波通信。扩频通信以及移动通信和数据通信中普遍采用的随机多址（ALOHA）方式等。

（4）信道分配技术

卫星通信中，和多址连接方式密切相关的还有一个信道分配问题。它与基带复用方式、调制方式、多址连接方式互相结合，共同决定转发器和各地球站的信道配置、信道工作效率、线路组成及整个系统的通信容量，以及对用户的服务质量和设备复杂程度等。在信道分配技术中，"信道"一词的含义在 FDMA 中，是指各地球站占用的转发器频段；在 TDMA 中，是指各站占用的时隙；在 CDMA 中，是指各站使用的码型。常用的分配制度有以下三种：

1）预分配方式（PA）。在 FDMA 系统中，卫星信道（频带、载波）事先分配给各地球站，业务量大的地球站分配的信道数多一些，反之少一些。在 TDMA 系统中，事先把转发器的时帧分成若干分帧，并分配给各地球站，业务量大的站分配的分帧长度长，反之分配的分帧长度短。为了减小固定分配（FPA）的不灵活性，还可以采用按时预分配制（TPA），这是一种修正型的、基本上仍是固定预分配的制度。它可根据网中各站业务量的重大变化规律，事先约定作几次站间信道重分。

2）按需分配方式（DA）。按需分配方式是所有信道归各站共用，当某地球站需要与另一地球站通信时，首先提出申请，通过控制系统分配一对空闲信道供其使用。一旦通信结束，这对信道又归共用。由于各站之间可以互相调剂使用信道，因而可以用较少的信道为较多的站服务。这种分配方式信道利用率高，但其控制系统比较复杂。

3）随机分配方式（RA）。随机分配是面向用户需要而选取信道的方法，通信网中的每个用户可以随机地选取（占用）信道。因数据通信一般发送数据的时间是随机的、间断的，通常传送数据的时间很短促，对于这种"突发式"的业务，如果仍使用预分配甚至按需分配，则信道利用率就很低。采用随机占用信道方式可大大提高信道利用率。当然这时每逢两个以上用户同时争用信道时，势必发生"碰撞"。因此必须采取措施减少或避免"碰撞"并重发已遭"碰撞"的数据。多址通信是卫星通信的基本特点，所以卫星通信的技术体制往往以多址方式为代表，因此下文着重介绍几种最常用的多址方式。

2. 多址连接技术

前面已经谈到，卫星通信的一个基本特点是，能进行多址通信（或者说多址连接）。系统中的各地球站均向卫星发送信号，卫星将这些信号混合并作必要的处理（如放大、变频等）与交换（如不同波束之间的交换），然后向地球某一区域转发或向地球的某些区域分别转发。那么，用怎样的信号传输方式，才能使接收站从这些信号中识别出发给本站的信号并知道发自哪个站呢？又怎样使转发器中进行混合的各站信号间的相互干扰尽量小呢？这是多址通信首先要解决的问题，也就是所谓多址连接方式问题。

应该指出，如果一个站只发送一个射频载波（或一个射频分帧），则其多址的概念是清楚的。但是，很可能一个站发送几个射频载波（或多个射频分帧），而我们关心的是区分出不同的射频载波或分帧。因此，有时把多址连接改称为"多元连接"。

（1）频分多址（FDMA）

1）预分配频分多址方式

这种 FDMA 的基本特征是，把卫星转发器的可用射频频带分割成若干互不重叠的部分，分配给各地球站所要发送的各载波使用。因此，FDMA 方式中，各载波的射频频率不同。发送的时间虽然可以重合，但各载波占用的频带是彼此严格分开的。

如何实现频分多址有若干不同的方案，但基本的 FDMA 方案如图 4-57 所示。FDM—FM—FDMA 方案，每个站的群路被频分复用成多路信号，然后进行频率调制，而转发器按频分实现多址连接。

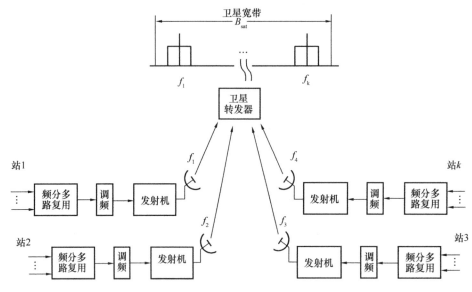

图 4-57 FDM—FM—FDMA 示意图

按 FDMA 方式通信时，为了区分站址，常用的方法是：给每个地球站分配一个专用的载波，把所有需要向其他地球站发射的信号按 FDM 方式安排在基带内不同的基群中，再调制到一个载波上发射到卫星上去。如图 4-58 所示，f_1、f_2、f_3、f_4 是各站发射的射频频率，由前面介绍，卫星通信的上行频率必须与下行频率不同，故 f_1'、f_2'、f_3'、f_4' 是各站经卫星转发后的下行频率。各站接收时，可根据载波的不同频率来识别发射站。如当 1 站收到 f_2' 时，就知道是 2 站发来的信号，接收端用相应频段的带通滤波器就可以分离出这些信号。同时，如果 2 站发出的信号中有给 1 站、3 站、4 站的，那么 1 站、3 站、4 站的信息按 FDM 的方式安排在基带内的不同基群，相应的站利用相应滤波器进行还原，这种方式称为群路单载波方式。不难看出，任一地球站为了能接收其他所有地球站的信号，都必须设有能接收其他所有站经卫星转发后的下行频率的电路。

FDMA 的主要优点是：技术成熟、设备简单、不需网同步、工作可靠、可直接与地面频分制线路接通、工作于大容量线路时效率较高，特别适用站址少而容量大的场合。

但它也有一些不可忽视的缺点：转发器要同时放大多个载波，容易形成交调干扰。为了减少交调，转发器要降低功率，因而降低了卫星通信容量。各上行功率电平要求基本一致，否则引起强信号抑制弱信号的现象，因此，大小站不易兼容，而且需要保护频带，故频带利用不充分。

2）单路单载波—频分多址方式（SCPC—FDMA）

SCPC—FDMA 方式是在每一载波上只传输一路电话，或相当于一路电话的数据或电报，并采用"语音激活"（又称"语音开关"）技术，即不讲话时关闭所用载波，有语音时才发射载波，从而节省卫星功率，增加卫星通信容量。通过对大量通话系统的统计研究表明，同一时间只有 25%～40% 的话路处于工作状态，也就是说每一路话只有 25%～40% 的工作概率。采用"语音激活"后，可使转发器容量提高 2.5～4 倍。此外，由于载波时通时断，转发器内载波排列具有某种随机性，可减小交调影响。

单路单载波系统可以采用数字调制 SCPC—PCM（或 ΔM）—PSK—FDMA 方式，也可采用模拟调制 SCPC—FM—FDMA 方式。由于各载波独立工作，可以一部分载波用模拟调制，另一部分载波用数字调制，实现数模兼容，提高使用的灵活性。由于这种系统设备简单、经济灵活、线路易于改动，特别适合站址多、业务量少（轻路由）的场合使用，因此不仅国际通信卫星系统采用，近年来许多国家对这种系统也很重视，广泛用于数据专用通信和船舶、飞机等移动卫星通信中。

单路单载波系统既可以采用预分配方式，也可采用按需分配方式。SPADE 系统就属于后一种。预分配 SCPC 系统的频率配置可以采用与国际通信卫星 SPADE 系统相同的方法，不同点只是预分配不需要公用信号信道（CSC）。

3）按需分配—频分多址（SPADE）方式

最典型的是"单路单载波—脉码调制—按需分配—频分多址"（SPADE）系统。其中频率配置如图 4-58 所示。它把一个转发器的 36MHz 带宽以 45kHz 的等间隔划分为 800个信道。这些信道以导频为中心在其两侧对称配置，导频左右两个间隔 18.045MHz 的信道配对使用构成一条双向线路。这样配对的结果在地球站设备中收、发可共用一个频率源。其中 1-1′、2-2′和 400-400′三对信道闲置不用，余下的 794 个信道提供 397 条双向线路。通信采用 64kbit/s PCM，载波调制采用 QPSK。每信道带宽为 38kHz。各地球站均以某个地球站发射的导频为基准进行自动频率控制。

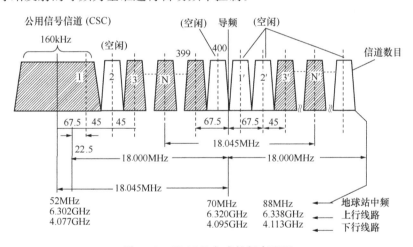

图 4-58　SPADE 方式的频率配置

SPADE 系统采用分散控制。按需分配控制信号和各站的交换信号（如信道的分配信息）通过一个公用信号信道（CSC）来传递。CSC 安排在转发器频带的低端，其载频距导频为 18.045MHz，带宽为 160kHz。CSC 采用 BPSK，速率为 128kbit/s，误码率为 10^{-7}。所有地球站的申请和信道分配都通过 CSC 来完成。在 SPADE 系统中 CSC 采用时分多址，每个地球站分配一个分帧，TDMA 时隙长度为 50ms，1ms 为一分帧，除了第一帧为基准分帧外，可供 49 个地球站参与多址连接。

这种方式的信号流程和工作过程如下：假定 A 站地区电话用户呼叫 B 站地区用户，A 站申请建立到 B 站的一条卫星线路。首先是 A 站的电话用户拨号呼叫，市话局根据呼叫号码自动地接到长话局，长话局把申请者发出的呼叫信号传到 A 地球站，并送入 A

站——按需分配的信号和转换单元内。这个装置平时就通过卫星的公用信号信道来掌握所有地面站正在使用的公共载波频率的分配情况，并用载波频率忙闲表记录下来。当它收到呼叫 B 站的申请信号后，就从频率忙闲表中选出一对空闲的载频率，作为 A、B 两站之间发、收信号之用。同时，A 站还将占用这对频率的信号，通过公用信号信道发到所有地面站去。其他所有地面站收到该信号后，便在各自的频率忙闲表中记录下这时刚被分配占用的载波频率，而被呼叫的 B 站，若在此之前没有接到其他站使用这一对频率的呼叫，便立即发出应答信号，并通过 B 站的"按需分配信号和转换装置"，把线路分配控制信号加到接收频率合成器，产生这对频率，并且通过 B 站的接口装置连接至该站地区的长话局，根据传至长话局的呼叫拨号，经该局长途自动电话交换机自动地（或人工地）选接到被叫用户所属的市话局，再由市话局呼叫到被叫用户。一个按需分配的卫星通信（双向）线路就沟通了。从 A 站向 B 站发出申请频率开始，到接到 B 站的回答时间约 600ms。在这个时间内，A 站一直监视着公用信号信道装置。如果申请的频率被其他站提前占用，那么 A 站就在自己的频率忙闲表中记录下该频率，同时重新申请其他频率，直到连通线路为止。在 A 站和 B 站之间建立通信线路后，按需分配信号和转换单元可以继续办理到来的或发出的另外的申请。当 A 站与 B 站通信结束时，通过卫星就在公用信号信道上向所有地球站发送终止信号。于是，所有地球站都记下这一频率，以备再分配。

4）PCM-TDM-PSK-FDMA 方式

这种多址方式先把语音信号进行脉冲编码调制（PCM），再经过时分多路复用（TDM），然后载波相移键控，最后根据载波频率不同来区分地球站（FDMA）。

FDMA 系统存在一个严重的问题，就是产生交频调制干扰。它给线路增加了许多的麻烦，而且影响通信质量。产生交调干扰的主要因素是：当卫星转发器的行波管放大器（TWTA）同时放大多个不同频率的信号时，由于输入、输出特性和调幅/调相转换特性的非线性，使输出特性中出现各种组合频率成分。当这些组合频率成分落在工作频带内时，就会造成干扰。产生交调干扰的主要原因有以下两点：

① 输入—输出特性非线性引起的交调干扰。为了充分而高效地利用转发器频带，总是希望行波管工作在饱和点附近。但是这时行波管具有非线性特性。当行波管同时放大 f_1、f_2 等多个不同频率的信号时，就会因输入—输出特性的非线性，使输出信号中出现 $nf_1 \pm mf_2$（n、m 为正整数）形式的许多组合频率成分，并干扰被放大的信号。这种现象的存在，既影响了通信质量，又浪费了卫星功率。有些频带不得不因此被禁用，这又造成了频带的浪费。另外，如果被放大的各载信号强度不同（如大、小站的信号同时被放大），还会产生强信号抑制弱信号的现象，不利于大小站兼容。

② 调幅—调相（AM—PM）转换引起的交调干扰。载波通过行波管系统时要产生相移。注入的信号功率不同，所产生的射频相移也不同。测试结果表明，射频相移是包络功率的函数。而当输入多载波时，其合成信号包络必定会有幅度变化。这样必然在每个载波中产生一附加相移，它随总输入功率变化而变化。在一定条件下，相位变化转化为频率变化，即产生新的频率分量，这就是所谓 AM—PM 转换。与幅度非线性的影响一样，它可能形成对有用信号的干扰。

减少交调干扰方法，即载波不等间隔排列，对于上行线路载波功率进行控制，加能量扩散信号。所谓加能量扩散信号是指对调频、调相信号来说，根据能量守恒定律，未调制时载波的功率应等于调制后功率谱中各频率分量之和，而未调制的功率谱为单一谱线，全部功率集中在其上面。而调制后，其功率谱占有一定带宽，但总功率不变。因此，已调波的功率谱其单位频带上的功率是比较小的，即载波功率扩散开了。多个已调信号通过行波管放大时，产生的互调不是离散的谱线，而是具有一定分布的功率谱密度曲线，这就意味着，互调噪声也被扩散开分布在一定的频带内。在 FDMA 方式中，对于多路电话（电报）信号调制的已调波来说，满载时的功率谱密度较为扩散，而多路电话线路负荷很轻（不通话或通话路数很少）时，它们的载波频谱就会出现能量集中分布的高峰，互调影响较为严重。这样需要加适当的信号（无信息量）对已调波进行附加的调制，使互调干扰噪声广为扩散，以减少对各通路的影响。为此目的所加的调制信号称为能量扩散信号。要完全解决交调干扰问题，需要采用时分多址（TDMA）技术措施。

（2）时分多址（TDMA）

TDMA 方式中，分配给各地球站的不再是一个特定的频率载波，而是一个特定的时间间隙（简称时隙）。各地球站在定时同步系统控制下，只能在指定的时隙内向卫星发射信号，而且时间上互不重叠。在任何时刻转发器转发的仅是某一个地球站的信号，这就允许各站使用相同的载波频率，并且都可以利用转发器的整个带宽。采用单载波工作时，不存在 FDMA 方式的交调问题，因而允许行波管工作在饱和状态，更有效地利用了卫星功率和容量。

TDMA 系统的组成如图 4-59 所示。在 TDMA 系统中，基准站相继两次发射基准信号的时间间隔称为一帧。每个地球站占有的时隙称为分帧（或子帧）。不同的系统其帧结构可能不同，但其完成的任务是相似的。

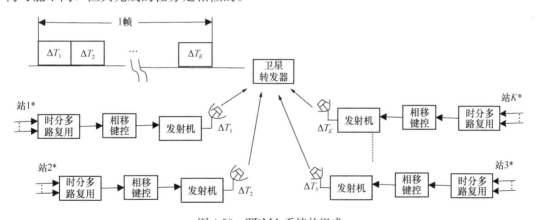

图 4-59　TDMA 系统的组成

图 4-60 所示为一典型的帧结构。帧周期 T_f 一般取为 PCM 的取样周期（125μs）或其整数倍。卫星的一帧由参加卫星通信的所有地球站分帧（包括基准分帧）组成。各地球站分帧的长度可一样也可以不一样，根据业务量而定。它们均由前置码和数据两部分组成。

（3）空分多址（SDMA）

SDMA 的基本特征是卫星天线有多个窄波束，它们分别指向不同区域的地球站，利用波束在空间指向的差异来区分不同的地球站。不同区域的地球站所发射的电波在空间不会重叠，即使在同一时间，不同区域的地球站使用相同频率来工作，它们之间也不会形成

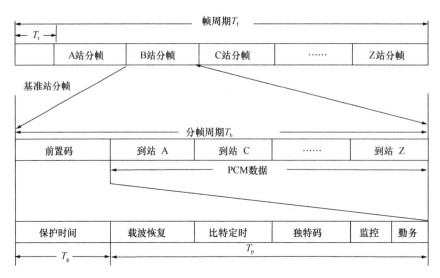

图 4-60 TDMA 帧结构

干扰。这种方式要求天线波束的指向应非常准确。空分多址一般要与频分多址、时分多址和码分多址结合起来使用,形成混合多址的形式。

下面对空分多址—卫星转换—时分复用(SDMA—SS—TDMA)方式作一简单介绍。SDMA—SS—TDMA 方式的系统组成如图 4-61 所示,这种方式中卫星相当于一台自动电

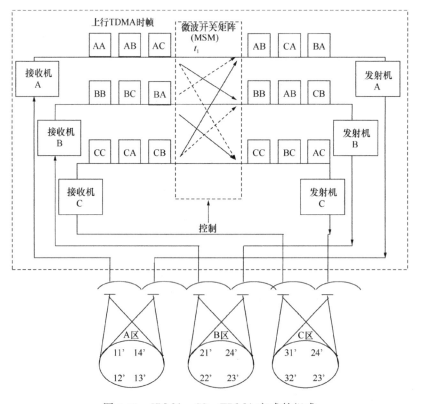

图 4-61 SDMA—SS—TDMA 方式的组成

话交换机。可以看出，在卫星上安装了 3 个收发两用的窄波束天线，用来形成 3 个相互分离的波束，以覆盖 3 个不同的通信区域（*A*、*B*、*C*）。

如果波束区域 *A* 内某地球站的用户要与 *A*、*B*、*C* 内某地球站的用户通信，区域 *A* 内该地球站应在自己的终端设备中，先把要向 *A*、*B*、*C* 区域传送的信号数字化，而且分别编入上行 TDMA 时帧中的 *AA*、*AB*、*AC*3 个分帧。同理，波束区域 *B* 内的地球站要发送的信号数字化后分别编入上行 TDMA 时帧中的 *BB*、*BC*、*BA*3 个分帧，*C* 波束区域内的某地球站发出的 TDMA 时帧中三个分帧为 *CC*、*CA*、*CB*。

上述所有上行 TDMA 信号进入卫星转发器的微波开关矩阵（MSM）网络后被重新组合，编排成新的 TDMA 下行帧，例如发往波束区 *A* 的一帧由 *AA*、*CA* 和 *BA* 等分帧组成。据控制信号的指示，开关矩阵网络把各区的帧信号接通到发往各相应波束区用的放大器和天线，并且在重新编排的时隙内，把各分帧信号分别转发给相应波束区的指定地球站。

不难看出，要保证空分多址方式的系统能正常工作，必须要有精确的同步控制。

（4）码分多址（CDMA）

码分多址方式是将不同的地球站占用同一频率和同一时间段，但各站被分配不同的伪随机码（相当于识别码），接收端以这种识别码作为区分和选择信号的依据。由于在原发送信号中叠加了类似噪声的伪随机码，使信号频谱大大展宽，因此 CDMA 方式抗干扰性能优越，适用于要求保密性强的卫星通信系统。

图 4-62 示出了伪随机码扩频多址方式的原理方框图。各地球站的电话信号先经过 PCM 或 ΔM 调制变成二进制数字信号，然后在伪随机码调制器（模 2 加法器）中对 PN 码进行调制，再利用已调的 PN 码序列对载波进行 PSK 调制，最后经发射机上变频器、功率放大器和天线发向卫星，在接收端采用相关接收方式，即一个站发出的信号只能用具有与其相同 PN 码的相关接收机才能检测出来。

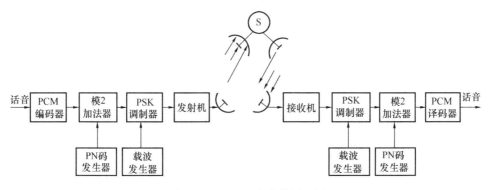

图 4-62 CDMA 方式的原理图

由于 PN 码的码元宽度远小于 PCM 信号的码元宽度，故已调 PN 码的带宽远大于 PCM 信号。由卫星转发的扩频信号到达接收端后，经接收机放大、下变频和 PSK 解调后与接收端 PN 码（设与发端码型相同且同步）进行模 2 相加，即可得到与发送端相同的 PCM 信号，最后由 PCM 译码器恢复成原来的语音信号。

至于其他地球站发来的信号，虽然也可以加入接收机，但由于没有相应的地址码，它表现为背景噪声，可以被后面电路去掉。

4.3.4 移动卫星通信

1. 移动卫星通信系统的特点

移动卫星通信通常是指利用卫星中继实现地面、空中、海上移动用户间或移动用户与固定用户间的相互通信。它是移动通信和卫星通信相结合的一个新的发展方向，是地面移动通信的重要补充。

移动卫星通信由于受条件的限制，一般站址天线口径小，指向能力低，收发信能力弱，卫星必须提供较高的有效全向辐射功率。另外，在行进中通信又可能遇到背景噪声、传输延迟、多路径、遮挡等不良环境，因此移动卫星通信系统比固定站址的卫星通信系统要复杂。其特点为通信范围广，系统应用变化范围大，可用较小的投资覆盖较大的区域。

2. 移动卫星通信系统的组成

移动卫星通信系统主要由卫星转发器、地面主站、地面基站、地面网络协调站和众多的远程移动站等组成。

1）卫星转发器也称中继站，用来转发地面、空中、海上固定站和移动站的信息。

2）地面主站也称关口站或信关站（Gateway），是移动卫星通信系统的核心，负责移动卫星通信网和公众电话网之间的连接，为远端移动站和固定站用户提供语音和数据传输通道。对于公众网数据业务的传送和接收，主站主要完成数据的分组交换、接口协议变换、路由选择等。网络控制中心也设在主站内，它承担全网络的管理。

3）地面基站是小容量的固定地球站，主要完成远程移动终端和地面蜂窝通信网之间的转接作用，其接口、协议和信令要与相应的地面网制式兼容。

4）网络协调站负责某覆盖区内的信道分配和网络管理。

5）远端移动站可以是车、船、飞机及步行的人等，其设备包括：天线、射频单元和终端，终端又可分为无线电终端、电话终端、数据终端。

3. 移动卫星通信的分类

移动卫星通信系统的分类可以按应用来分，也可以按所采用的技术手段来分。

移动卫星通信系统按应用分类，可分为海事移动卫星系统（Maritime Mobile Satellite System，MMSS）、航空移动卫星系统（Aeronautical Mobile-Satellite Service，AMSS）和陆地移动卫星系统（Land Mobile Satellite System，LMSS）。

移动卫星通信系统按照系统采用的技术来分，可分为静止轨道（Geostationary Orbit，GEO）系统和低轨道（Low Earth orbit，LEO）系统。GEO 系统采用静止轨道卫星（卫星距地面约为 35860km，卫星运行周期约为 24h），其组成与固定业务卫星系统基本相同。LEO 系统则采用多颗低轨道卫星（卫星距地面 500～5000km，卫星运行周期 2～4h）组成星座，与 GEO 系统有较大的不同。

4. 低轨道移动卫星通信系统

20 世纪 80 年代后期，人们提出了实现全球个人通信的新构思。所谓全球个人通信是指任何人、在任何地点、任何时间都能够利用手持式通信终端与在任何地方的另一个人进行通信或通话。实行全球个人通信的一个方案就是利用低轨道移动卫星通信系统，该系统的卫星轨道低，链路传输损耗小，有利于地面移动终端设备的简化、体积、质量的减小和成本的降低。其基本思路是利用数十颗低轨道卫星构成星座，覆盖全球，使人们可以在地球上任何地方用廉价的手持机进行通信。目前国际上比较典型的有全球星系统（Globalstar）和"铱"（Iridium）星系统。

全球星系统是美国的一家多国集团公司（Loral Qualcomm Satellite Services，LQSS），于1991年6月3日向美国联邦通信委员会（Federal Communications Commission，FCC）提出低轨道移动卫星通信系统。

全球星系统基本设计思想是用48颗绕地球运行的低轨道卫星在全球范围（不包括南北极）向用户提供无缝隙覆盖的、低价的卫星移动通信业务，业务包括语音、传真、数据、定位等。全球星系统作为地面蜂窝移动通信系统和其他移动通信系统的延伸，与这些系统具有互运行性。全球星系统组成如图4-63所示，主要由空间段、地面段和用户段3部分组成。

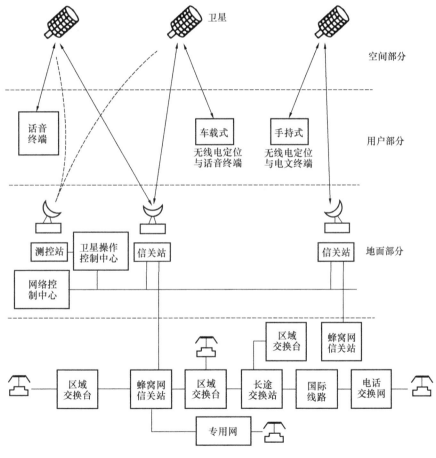

图 4-63　全球星系统的组成

空间部分由48颗卫星加8颗备用卫星组成。这些卫星分布在8个倾角为52°的圆形轨道平面上，轨道高度约为1389km，每个轨道平面6颗卫星，另有1颗备用星。整个系统的覆盖区为南北纬70°以内的地区，各个服务区总是被2~4颗卫星覆盖，用户可随时接入该系统。每颗卫星能够与用户保持17min的连通，然后通过软切换办法转到另一颗卫星，用户感觉不到切换。而前一颗卫星又转而为别的区服务。卫星采用三轴稳定，寿命约为7.5年。全球星系统综合应用 CDMA—FDMA—SDMA 等多址技术，16.5MHz 的上下行带宽各分成 1.25MHz 的 FDMA 信道，每条信道可以支持 27～44 个 CDMA 用户，每颗卫星上有 6 个点波束天线，采用相同的 CDMA—FDMA 多址方式，按 SDMA 的原则覆盖不同的区域。

地面部分包括全球星控制中心（NCC）和关口站（信关站）。NCC 负责管理全球星系统的地面接续，即管理关口站、数据网，并监视 48 颗卫星的运行情况。

关口站是指设置在全球各地的地球站，每一个关口站可与 3 颗卫星通信，它承担转接全球星系统和地面公众网（PSTN—PLMN）的任务。它把来自不同卫星或同一卫星的不同数据流信号组合在一起，以提供无缝隙的覆盖。它把卫星网和地面公众网连接起来，每一用户终端可通过一颗星或几颗卫星利用 CDMA 的分集接收技术和一个关口站实现与全球任何地区的通信。

用户部分是指使用全球星系统业务的用户终端设备，包括手持式、车载式和固定式。手持式终端有 3 种模式：全球星单模（只能在全球星系统内使用）、全球星—GSM 双模和全球星—CDMA—AMPS 三模。这样，用户可使用双模或三模式手持机，既可工作在地面蜂窝通信模式，也可工作在卫星通信模式（在地面蜂窝网覆盖不到的地方），用户一机在手，就可实现全球范围内任何地点、任何个人在任何时间与任何人以任何方式通信，即所谓的全球个人通信。

另外，全球星系统没有星际链路，无须星上处理，系统控制较简单，大大降低了系统投资费用。并且全球星系统采用了"先通后断"的软切换技术以及路径分集接收技术，不仅使切换可靠平稳，而且大大提高了通信质量。

5. VSAT 卫星通信系统

甚小口径（天线）终端（Very Small Aperture Data Terminal，VAST）是一种具有甚小口径天线的智能卫星通信地球站，天线尺寸小于 2.4m，很容易在用户办公地点安装，通常运行时由大量的这类微型站与一个大型中枢地球站，也称主站协同工作，组成 VSAT 网，主要用于进行 2Mbit/s 以下低速数据的双向通信，支持广大范围内的双向综合电信和信息业务。

VAST 具有以下 3 个特点：

① 微型化的地球站。VAST 用户小站对环境条件要求不高，不需要设在远郊，可以很方便地架设在办公地点，如办公楼的楼顶或办公室的窗外等。主要使用 14/11GHz 的 Ku 波段或 C 波段。

② 具有智能的地球站。整个 VAST 网络采用了一系列的高新技术并加以优化综合，将通信与计算机技术有效地结合在一起，使得在信号处理、各种业务的自适应，改变网络结构及网络容量的灵活性以及网络控制中心对关键电路进行工作参数的检测和控制等监控管理功能，都有不同程度的智能化。一般中枢站有主计算机，VSAT 有小型计算机或很强的微处理器。运行时，软件参与占有很大比例。

③ 具有处理双向综合电信和信息业务的能力。VSAT 的业务不单纯是语音业务，而且还具有数据、图像、视频信号等综合业务。

典型的 VSAT 网络组成示意图如图 4-64。

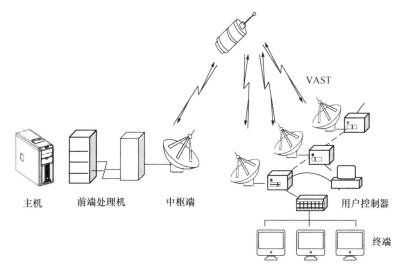

图 4-64 典型的 VSAT 系统组成

使用最多的 VSAT 网络是星形网络。它由多个经过内向链路（小站到中心站）和外向链路（中心站到小站）与中心站通信或通过中心站的转接进行通信的远地小站组成。在单跳方式中，远地小站只与中心站通信，小站之间不相互通信。这个最简单的通信方式在商务等部门被广泛采用，如中心站设置在公司总部而远地小站设置在分公司或销售点等。在这种应用中不需要分公司之间相互通信。在双跳方式中，远地小站通过中心站相互连接，所有的小站载波信号被中心站接收，中心站作为地面处理单元，进行译码、多路分离、再生、多路合成、编码和载波变换等，然后经过外向链路发射出数据信息到相应的目的小站。发展全面的星形网络能以单跳和双跳两种方式工作。

如果小站的信号功率足够大，可以被卫星接收，并且卫星也有足够的功率转发信号，那么远地小站之间同样也可以在中心站控制下直接连接。考虑到经济性，要求小站使用小口径天线和低功率发射机，因此，要求远地小站之间直接连接的条件可能不满足。全网状网络相对于双跳星形网络的优点是延时短，这个优点可能被双跳星形网络提供的较高链路质量和较低的设备费用相抵消。

VSAT 采用的典型调制技术是相移键控（QPSK）。对于连续性的业务，时分多路复用（TDM）和单路单载波（SCPC）是最常用的配置和多址连接方式。为缓和交调干扰和减少引入的其他载波干扰的影响，可有选择地采用像直接序列码分多址（DS—CDMA）的扩频多址连接方式。

4.4 数据传输网络系统

4.4.1 数据传输网络概述

1. 数据通信网的构成

数据通信网由分布在各地的数据终端设备、数据交换设备和数据传输链路所构成，在网络协议（软件）的支持下实现数据终端的数据传输和交换。数据通信网示意图如

图 4-65所示。

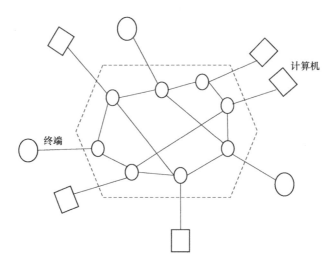

图 4-65　数据通信网示意图

数据通信网的硬件构成包括数据终端设备、数据交换设备和数据传输链路。

（1）数据终端设备

数据终端设备是数据通信网中信息传输的源点和终点，它的主要功能是向网（传输链路）输出数据和从网中接收数据，并具有一定的数据处理和数据传输控制功能。数据终端设备可以是计算机，也可以是一般的数据终端。

（2）数据交换设备

数据交换设备是数据通信网的核心。它的基本功能是完成对接入交换节点的数据传输链路的汇集、转接接续和分配。

这里需要说明的是：在数字数据网（Digital Data Network，DDN）中是没有交换设备的，它采用数字交叉连接设备（Digital Cross Connector，DCC）作为数据传输链路的转接设备。

（3）数据传输链路

数据传输链路是数据信号的传输通道。包括用户终端的入网路段（即数据终端到交换机的链路）和交换机之间的传输链路。传输链路上数据信号传输方式有基带传输、频带传输和数字数据传输等。

2. 数据通信网的分类

数据通信网分类如下所示：

（1）按网络拓扑结构分类

数据通信网按网络拓扑结构分类，有以下几种基本形式：

1）网状网与不完全网状网

网状网中所有节点相互之间都有线路直接相连，网状网的可靠性高，但线路利用率比较低，经济性差。

不完全网状网也叫网格形网，其中的每一个节点均至少与其他两个节点相连，网格形网的可靠性也比较高，且线路利用率又比一般的网状网要高（但比星形网的线路利用率低）。数据通信网中的骨干网一般采用这种网络结构，根据需要也有采用网状网结构的。

2）星形网

星形网是外围的每一个节点均只与中心节点相连，呈辐射状。星形网的线路利用率较高，经济性好，但可靠性低，且网络性能过多地依赖于中心节点，一旦中心节点出故障，将导致全网瘫痪，一般用于非骨干网。

3）树形网

树形网是星形网的扩展，它也是数据通信非骨干网常采用的一种网络结构。

4）环形网

环形网是各节点首尾相连组成一个环状。

（2）接传输技术分类

按传输技术分类，数据通信网可分为交换网和广播网。

1）交换网

根据采用不同的交换方式，交换网又可分为电路交换网、报文交换网、分组交换网、帧中继网。另外，还有采用数字交叉连接设备的 DDN。

2）广播网

在广播网中，每个数据站的收发信机共享同一传输媒质，从任一数据站发出的信号可被所有的其他数据站接收，且在广播网中没有中间交换节点。

4.4.2　计算机通信网络

为了完整地给出局域网（LAN）的定义，必须使用两种方式：一种是功能性定义，另一种是技术性定义。前一种将 LAN 定义为一组台式计算机和其他设备，在物理地址上彼此相隔不远，以允许用户相互通信和共享，组成类似于打印机和存储设备等计算资源方式互连在一起的系统。这种定义适用于办公环境下的 LAN、工厂和研究机构中使用的 LAN。

就 LAN 的技术性定义而言，它是指由特定类型的传输媒体（如电缆、光缆和无线媒体）和网络适配器（亦称为网卡）互连在一起的计算机，并受网络操作系统监控的网络系统。

功能性和技术性定义之间的差别是很明显的，功能性定义强调的是外界行为和服务；技术性定义强调的则是构成 LAN 所需的物质基础和构成的方法。

LAN 的名字本身就隐含了这种网络地理范围的局域性。由于较小的地理范围，LAN 通常要比广域网（WAN）具有高得多的传输速率。目前 LAN 的传输速率为 10Mbit/s，FDDI 的传输速率为 100Mbit/s，而 WAN 的主干线速率国内目前仅为 64kbit/s 或 2.048Mbit/s，最终用户的上线速率通常为 14.4kbit/s。

LAN 的拓扑结构目前常用的是总线形和环形。这是由于有限地理范围决定的。这两种结构很少在广域网环境下使用。

LAN 还有高可靠性、易扩缩和易于管理及安全等多种特性。

（1）LAN 的基本部件

组成 LAN 需要下述 5 种基本结构：计算机（特别是 PC 机）；传输媒体；网络适配器；网络连接设备；网络操作系统。

（2）LAN 的网络拓扑结构

网络拓扑结构是指用传输媒体互连各种设备的物理布局。将参与 LAN 工作的各种设备用媒体互连在一起有多种方法，实际上只有几种方式能适合 LAN 的工作。

如果一个网络只连接几台设备，最简单的方法是将它们都直接相连在一起，这种连接称为点对点连接。用这种方式形成的网络称为全互连网络。图 4-66 中有 6 个设备，在全互连情况下，需要 15 条传输线路。如果要连的设备有 n 个，所需线路将达到 $n(n-1)/2$ 条。显而易见，这种方式只有在涉及地理范围不大、设

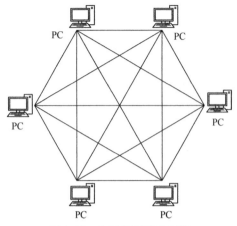

图 4-66　全互连网络示意图

备数很少的条件下才有使用的可能。由于当需要通过互连设备（如路由器）互连多个 LAN 时，将有可能遇到这种广域网（WAN）的互连技术，因此本节对该拓扑结构进行了介绍。

目前大多数 LAN 使用的拓扑结构有 3 种、星形拓扑结构、环形拓扑结构；总线形拓扑结构。

1）星形拓扑结构

星形拓扑结构是最古老的一种连接方式，人们每天都使用的电话属于这种结构，如图 4-67 所示。其中，图 4-67（a）为电话网的星形结构，图 4-67（b）为目前使用最普遍的以太网（Ethernet）星形拓扑结构，处于中心位置的网络设备称为集线器，英文名为 Hub。

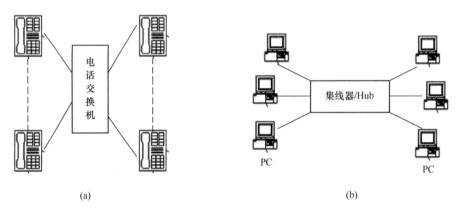

(a)　　　　　　　　　　　　　　　　　(b)

图 4-67　星形拓扑结构

(a) 电话网的星形结构；(b) 以 Hub 为中心的结构

这种结构便于集中控制，因为端用户之间的通信必须经过中心站。由于这一特点，也带来了易于维护和安全等优点。端用户设备因为故障而停机时也不会影响其他端用户间的通信。但这种结构非常不利的一点是，中心系统必须具有极高的可靠性，因为中心系统一旦损坏，整个系统便趋于瘫痪。对此中心系统通常采用双机热备份，以提高系统的可靠性。

这种网络拓扑结构的一种扩充便是星形树。每个 Hub 与端用户的连接仍为星形，Hub 的级连而形成树。然而，应当指出，Hub 级连的个数是有限制的，并随厂商的不同而有变化。

以 Hub 构成的网络结构，虽然呈星形布局，但它使用的访问媒体的机制却仍是共享媒体的总线形式，如图 4-68 所示。

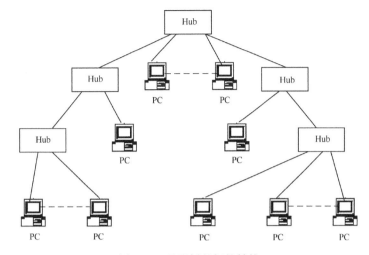

图 4-68　星形树的拓扑结构

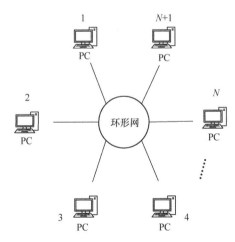

图 4-69　全互联网络示意图

2）环形拓扑结构

环形拓扑结构在 LAN 中使用较多。这种结构中的传输媒体从一个端用户到另一个端用户，直到将所有端用户连成环形。这种结构显而易见消除了端用户通信时对中心系统的依赖性。

环形拓扑结构的特点是，每个端用户都与两个相临的端用户相连，因而存在着点到点链路，但总是以单向方式操作。于是，便有上游端用户和下游端用户之称。例如图 4-69 中，用户 N 是用户 $N+1$ 的上游端用户，$N+1$ 是 N 的下游端用户。如果 $N+1$ 端需将数据发送到 N 端，则几乎要绕环一周才能到达 N 端。

环上传输的任何报文都必须穿过所有端点，因此，如果环的某一点断开，环上所有端间的通信便会终止。为克服这种网络拓扑结构的脆弱，每个端点除与一个环相连外，还连接到备用环上，当主环故障时，自动转到备用环上。

3）总线形拓扑结构

总线形拓扑结构是使用同一媒体或电缆连接所有端用户的一种方式，如图 4-70 所示，即连接端用户的物理媒体由所有设备共享。使用这种结构必须解决的一个问题是确保端用户使用媒体发送数据时不能出现冲突，如果这条链路是半双工操作，只需使用很简单的机

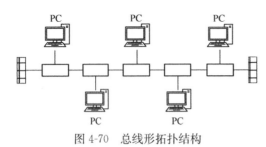

图 4-70　总线形拓扑结构

制便可保证两个端用户轮流工作。在一点到多点方式中，对线路的访问依靠控制端的探询来确定。然而，在 LAN 环境下，由于所有数据站都是平等的，不能采取上述机制。对此，研究了一种基于总线共享型网络使用的媒体访问方法：带有碰撞检测的载波侦听多路访问（Carrier Sense Multiple Access with Collision Detection，CSMA—CD）。

这种结构具有费用低、数据端用户入网灵活、站点或某个端用户失效不影响其他站点或端用户通信的优点。缺点是一次仅能一个端用户发送数据，其他端用户必须等待到获得发送权，媒体访问获取机制较复杂。尽管有上述一些缺点，但由于具有布线要求简单、扩充容易、端用户失效或增删不影响全网工作的优点，所以是 LAN 技术中使用最普遍的一种。

（3）LAN 的标准

开放系统互连参考模型（OSI RM）在网络发展中一直起了主导作用，不仅促进了网络技术的繁荣和发展，而且逐渐使得网络标准化。局域网络标准化委员会于 1980 年 2 月制定的 IEEE 802 标准是目前广泛认可的标准。值得注意的是，在 OSI RM 的整个框架下，除了物理层和数据链路层以外，其余五层至今还没有实现具体化，各生产厂商在自己的产品开发过程中，并没有形成统一的标准，相信在不久的将来会有统一的标准。

IEEE 委员会提出的局域网参考模型（LAN RM）描述了低两层，对应于 OSI RM 的物理层和数据链路层。LAN RM 与 OSI RM 对比，如图 4-71 所示。在 LAN RM 中，数据链路层分为逻辑链路控制子层（LLC）和介质访问子层（MAC）。LLC 子层为不同的高层协议与 MAC 子层之间提供了一个统一的协议接口，使得高层协议独立于 MAC 层和物理层，高层协议只需与 LLC 子层打交道，并使用标准的 LLC 高层协议接口。

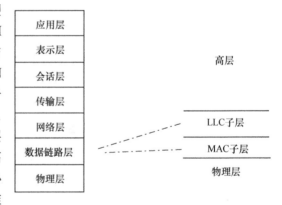

图 4-71　LAN RM 和 OSI RM 的对照

物理层：与 OSI RM 的物理层相对应。涉及一个节点到另一个节点的通信，主要完成信号的编码/译码、时钟同步、载波检测、信号的发送与接收等，并向链路层提供服务。

MAC 子层：具体管理通信实体进入信道而建立数据链路的控制过程。该层与网络的拓扑结构及传输介质有关，完成介质的访问控制和对信道资源的分配。

LLC 子层：主要完成两节点间的数据帧传输。提供一个或多个服务访问点（SAP）以复用形式建立起多点之间的数据通信。该层不仅实现差错控制与流量控制，而且还要提供本应在 OSI RM 第三层提供的数据报服务和虚电路服务。

如图 4-72 所示，IEEE 802 标准由 13 个标准组成。①IEEE 802.1：描述 LLC、MAC 和物理层及较高层次接口标准和网络互连。②IEEE 802.2：描述 LLC 子层标准，并提供 MAC 层与高层协议的接口。③ IEEE 802.3：描述 CSMA/CD 总线局域网标准，即介质访问的方法和物理层规范。④IEEE 802.4：描述令牌总线局域网标准，即 Token Bus、MAC 子层和物理层规范。⑤IEEE 802.5：描述令牌环网标准，即 Token Ring、MAC 子层和物理层规范。⑥ IEEE 802.6：描述城域网标准，即 MAC 子层和物理层规范。⑦IEEE 802.7：描述宽带技术的建议和咨询。⑧IEEE 802.8：描述使用光纤作为传输介质的建议和咨询。⑨IEEE 802.9：描述综合语音/数据局域网的 MAC 子层和物理层规范。⑩IEEE 802.10：描述局域网互联安全机制。⑪ IEEE 802.11：描述无线局域网的 MAC 子层和物理层规范。⑫ IEEE 802.12：描述使用按需优先访问方法的 100Mbp/s 快速以太网标准。⑬ IEEE 802.13：描述 100BASET 标准。

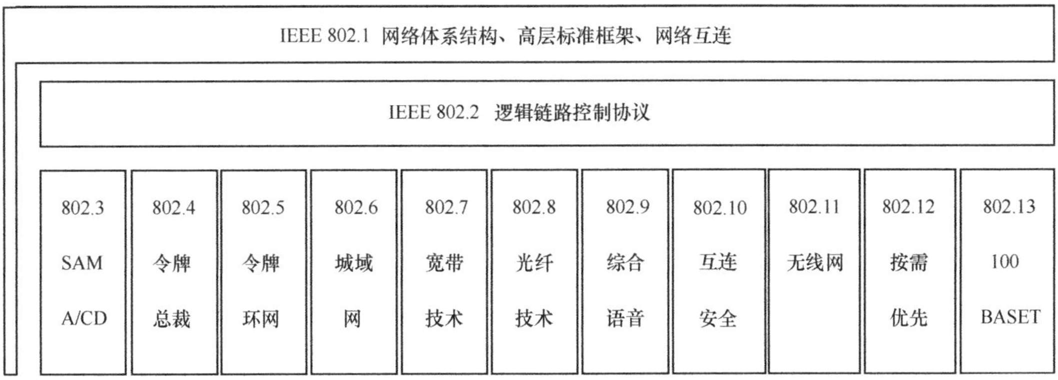

IEEE 802.1　网络体系结构、高层标准框架、网络互连										
IEEE 802.2　逻辑链路控制协议										
802.3 SAM A/CD	802.4 令牌 总裁	802.5 令牌 环网	802.6 城域 网	802.7 宽带 技术	802.8 光纤 技术	802.9 综合 语音	802.10 互连 安全	802.11 无线网	802.12 按需 优先	802.13 100 BASET

图 4-72　IEEE 802 标准

（4）局域网络访问控制方式

局域网访问控制方式是指局域网中访问传输介质时所采用的控制方法。它涉及节点因发送信息而访问传输介质时如何获得信道的使用权，如何合理地分配信道，当多个节点发送信息时，如何避免冲突产生等问题。

在局域网中常用的访问控制方式有三种，CSMA/CD、Token Ring 和 Token Bus。它们分别用于不同的网络拓扑结构中。

1）CSMA/CD

该控制方式多用于总线形网络、树形网络和星形网络中。

CSMA/CD 原理比较简单，在技术上容易实现。虽然网络中各节点地位均等，但是该访问控制方式不能提供明确的优先级控制和确定的延迟时间。在负载较大的情况下，为发送信号，需要等待较长时间。为克服以上缺点，目前出现了一些改进方式，如带优先权的 CSMA/CD、带回答的 CSMA/CD、避免冲突的 CSMA/CA 等访问控制方式。

2）Token Ring

Token Ring 是指 Token Passing Ring（令牌通行环），该访问控制方式适用于环形网络。其主要特征是环网中的信息沿环单向流动，无路径选择。只有持有令牌（一种特殊的标志）的节点才能占有信道，发送帧信息。令牌沿环向每个节点流动，当某一个节点准备发送帧，正好检测到一个空令牌到来时，将令牌置为"忙"，并随发送的帧一同在环上传递，且每一节点随时检测传送来的帧和令牌。发送帧来到目的节点时，目的节点一边拷贝传递来的信息，一边又转发该帧信息，以便让源发送点回收。当转发的帧信息被源发送点接收到时，源发送点将令牌置空，放弃发送权，空令牌继续沿环流动，让其他节点得到空令牌，并随时发送它们的帧。

在环中，如果节点没有得到令牌，那么这些节点必须等待。在令牌环方式中，当网络上负载较重时，各站点得到令牌的机会相等，工作效率较高。与 CSMA/CD 不同的是，令牌环可提供优先权服务，这也是令牌环的主要优点。它的主要缺点在于需要对令牌进行维护，以避免令牌丢失或重复，而维护令牌需复杂的控制电路才能实现。

3）Token Bus

Token Bus 是 Token Passing Bus 的简写，意为令牌通行总线。该方式主要用于总线形或树形网络中。它综合了 Token Ring 访问控制方式和总线网的优点，在总线结构网中实现令牌传递控制。

该方式应用于总线布局时，网中节点将进行排序，形成一个逻辑环。信息在逻辑环上双向传递，每个节点可侦听信道，但只有收到令牌的节点才能开始发送帧，从而避免了原总线结构中的冲突产生。

该方式的优点是：吞吐能力好，网中每个节点无需检测冲突。最大缺点是节点可能必须等待多次无效的令牌传输后才能得到令牌。

（5）LAN 的媒体

LAN 常用的媒体有同轴电缆、双绞线和光缆，以及在无线 LAN 情况下使用的辐射媒体。LAN 技术在发展过程中，首先使用的是粗同轴电缆，其直径近似 13 mm（1/2 英寸），特性阻抗为 50Ω。由于这种电缆很重、缺乏挠性以及价格高等问题，随后出现了细缆，其直径为 6.4mm（1/4 英寸），特性阻抗也是 50Ω。使用粗缆构成的 Ethernet 称为粗缆 Ethernet，使用细缆的 Ethernet 称为细缆 Ethernet。在 20 世纪 80 年代后期广泛采用了双绞线作为传输媒体的技术，即 10Base-T 以及其他 LAN 实现技术。为将 LAN 的范围进一步扩大，随后又出现了 10Base-F，这种技术是使用光纤构成链路段，使用距离可延长到 2km 但速率仍为 10Mbit/s。FDDI 则是与 IEEE 802.3、802.4 和 802.5 完全不同的新技术。构成 FDDI 的媒体，不仅是光纤，而且访问媒体的机制有了新的提高，传输速率可达 100Mbit/s。

4.4.3　开放式系统互联参考模型（OSI RM）

在 20 世纪 70 年代，计算机网络发展很快，相继出现了十多种网络体系结构，而这些网络体系结构所构成的网络之间无法实现互联。为在更大范围内共享网络资源和相互通信，人们迫切需要一个共同的可以参考的标准，使得不同厂家的软硬件资源和设备都能够互联。为此，国际标准化组织 ISO 于 1977 年成立了信息技术委员会 TC97，专门进行网络体系结构标准化的工作。在综合了已有的计算机网络体系结构的基础上，于 1984 年制定了著名的开放式系统互联参考模型（OSI RM），目前 OSI 已成为国际标准的网络体系结构。

OSI RM 将网络通信过程划分为 7 个相互独立的功能组（层次），并为每个层次制定一个标准框架。7 个层次自下而上分别称为物理层、数据链路层、网络层、传输层、会话层、表示层和应用层。用数字排序自下而上分别为第 1 层、第 2 层、…、第 7 层。上面 3 层与应用问题有关，而下面 4 层则主要处理网络控制和数据传输/接收问题。

第 7 层：应用层，负责用户程序和网络其他业务之间交换信息，支持应用和用户程序，且为应用进程访问网络提供了窗口。该层能够处理一般的网络接入、流量控制、差错恢复和文件传输。

第6层：表示层，采用软件应用可以理解的格式来表示信息。该层通过完成数据格式的转换，从而可以提供一个标准的应用接口和公共的通信服务，它提供的服务有加密、压缩和转换格式。

第5层：会话层，负责会话连接的建立、管理和安全性。用户与用户逻辑上的联系（两个表示层进程的逻辑联系）通常称为会话。

第4层：传输层，负责纠正传输差错并保证信息可靠地传送，并提供端到端的差错恢复和流量控制，包括包的处理、消息的再打包、将消息分割成小的包以及差错的处理。

第3层：网络层，区分网络上的计算机并决定如何在网络上传送信息。换句话说，该层负责选路和转发。它定义了网络之间以及设备之间如何传递信息。

第2层：数据链路层，将数据组装起来等待传输。它将一些"0"和"1"比特封装进一个帧中，使得信息可以在相同网络上的两个设备之间传递。

第1层：物理层，定义了传输介质如何连接到计算机上，以及电信号或光信号如何在传输介质上传输。

OSI模型描述了通过网络传递信息所必须完成的工作。当数据通过网络传输时，它必须通过OSI模型的每一层。数据经过每一层时都要附加上一些信息。到了接收端，这些附加的信息又被移走。第4～7层在端节点实现，称为上层协议；第1～3层称为底层协议，其功能是由计算机和网络共同执行的。OSI模型仅仅是一个模型，也就是一个概念框架，用于描述网络设备或成员所必需的功能。

开放系统互联参考模型的特点有以下几点：

1）每层的对应实体之间都通过各自的协议进行通信；

2）各个计算机系统都有相同的层次结构；

3）不同系统的相应层次具有相同的功能；

4）同一系统的各层次之间通过接口联系；

5）相邻的两层之间，下层为上层提供服务，上层使用下层提供的服务。

4.4.4　TCP/IP协议体系与IP技术

TCP/IP（Transmission Control Protocol/Internet Protocol，传输控制协议/互联网络协议）协议是Internet最基本的协议，即由底层的IP协议和TCP协议组成的。

在Internet没有形成之前，各个地方已经建立了很多小型的网络即局域网，Internet的中文意义是"网际网"，它实际上就是将全球各地的局域网连接起来而形成的一个"网之间的网（即网际网）"。然而，连接之前各式各样的局域网却存在不同的网络结构和数据传输规则，将这些小网连接起来后各网之间要通过什么样的规则来传输数据呢？TCP/IP协议正是Internet上的"世界语"。

TCP/IP协议的开发工作始于20世纪70年代，是用于互联网的第一套协议。

1. TCP/IP的参考模型

要理解Internet，并不是一件非常容易的事。TCP/IP协议的开发研制人员将Internet分为五个层次，以便理解，它也称为互联网分层模型或互联网分层参考模型，如表4-3所示。

物理层：对应于网络的基本硬件，这也是Internet物理构成，即人们可以看得见的硬件设备，如 PC 机、互联网服务器、网络设备等，必须对这些硬件设备的电气特性制定一个规范，使这些设备都能够互相连接并兼容使用。

互联网分层模型	表 4-3
应用层（第五层）	
传输层（第四层）	
互联网层（第三层）	
网络接口层（第二层）	
物理层（第一层）	

网络接口层：它定义了将数据组成正确帧的规程和在网络中传输帧的规程，帧是指一串数据，它是数据在网络中传输的单位。

互联网层：本层定义了互联网中传输的"信息包"格式，以及从一个用户通过一个或多个路由器到最终目标的"信息包"转发机制。

传输层：为两个用户进程之间建立、管理和拆除可靠而又有效的端到端连接。

应用层：它定义了应用程序使用互联网的规程。

2. 网际协议 IP

Internet 上使用的一个关键的低层协议是网际协议，通常称 IP 协议。利用一个共同遵守的通信协议，从而使 Internet 成为一个允许连接不同类型的计算机和不同操作系统的网络。要使两台计算机彼此之间进行通信，必须使两台计算机使用同一种"语言"。通信协议类似于两台计算机交换信息所使用的共同语言，它规定了通信双方在通信中所应共同遵守的约定。

计算机的通信协议精确地定义了计算机在彼此通信过程的所有细节。例如，每台计算机发送的信息格式和含义，在什么情况下应发送规定的特殊信息，以及接收方的计算机应做出哪些应答等。IP 协议提供了能适应各种各样网络硬件的灵活性，对底层网络硬件几乎没有任何要求，任何一个网络只要可以从一个地点向另一个地点传送二进制数据，就可以使用 IP 协议加入 Internet 了。

如果希望在 Internet 上进行交流和通信，则每台连上 Internet 的计算机都必须遵守 IP 协议。为此使用 Internet 的每台计算机都必须运行 IP 软件，以便时刻准备发送或接收信息。

IP 协议对于网络通信有着重要意义：网络中的计算机通过安装 IP 软件，使许许多多的局域网络构成了一个庞大而又严密的通信系统，从而使 Internet 看起来好像是真实存在的。但实际上它是一种并不存在的虚拟网络，只不过是利用 IP 协议把全世界上所有愿意接入 Internet 的计算机局域网络连接起来，使得它们彼此之间都能够通信。

3. 传输控制 TCP 协议

尽管计算机通过安装 IP 软件，从而保证了计算机之间可以发送和接收数据，但 IP 协议还不能解决数据分组在传输过程中可能出现的问题。因此，若要解决可能出现的问题，连上 Internet 的计算机还需要安装 TCP 协议来提供可靠且无差错的通信服务。

TCP 协议被称作一种端对端协议。这是因为它为两台计算机之间的连接起了重要作用：当一台计算机需要与另一台远程计算机连接时，TCP 协议会让它们建立连接、发送和接收数据以及终止连接。

TCP 协议利用重发技术和拥塞控制机制，向应用程序提供可靠的通信连接，使其能够自动适应网上的各种变化。即使在 Internet 暂时出现堵塞的情况下，TCP 协议也能够保证通信的可靠。

众所周知，Internet 是一个庞大的国际性网络，网路上的拥挤和空闲时间总是交替不定的，加上传送的距离也远近不同，所以传输数据所用时间也会变化不定。TCP 协议具有自动调整"超时值"的功能，能很好地适应 Internet 上各种各样的变化，确保传输数值的正确。

因此，从上文可以了解到：IP 协议只保证计算机能发送和接收分组数据，而 TCP 协议则可提供一个可靠的、可流控的、全双工的信息流传输服务。

综上所述，虽然 IP 协议和 TCP 协议这两个协议的功能不尽相同，也可以分开单独使用，但它们是在同一时期作为一个协议来设计的，并且在功能上也是互补的。只有两者相结合，才能保证 Internet 在复杂的环境下正常运行。凡是要连接到 Internet 的计算机，都必须同时安装和使用这两个协议，因此在实际中常把这两个协议统称作"TCP/IP 协议"。

4. IP 地址

在 Internet 上连接的所有计算机，从大型机到微型计算机都是以独立的身份出现，称其为主机。为了实现各主机间的通信，每台主机都必须有一个唯一的网络地址。就好像每一个住宅都有唯一的门牌一样，才不至于在传输数据时出现混乱。Internet 的网络地址是指连入 Internet 网络的计算机的地址编号。所以，在 Internet 网络中网络地址与计算机是一一对应的关系。

TCP/IP 用 IP 地址（或称 Internet 地址）来标识源地址和目标地址，但源和目标主机都位于某个网络中。源和目标地址都由网络号和主机号组成，但这种标号只是一种逻辑编号，而不是路由器和计算机的 MAC 地址，所以说 IP 地址只是用来标识计算机与网络的连接，而非计算机本身。一台计算机在网络上位置的改变，其 IP 地址也需随之改变。IP 地址由网络信息中心（NIC）来分配。倘若局域网不与 Internet 连接，该网络也可以定义它自己的 IP 地址，但一旦准备连入 Internet，必须向 NIC 申请正式的 IP 地址。

IP 地址与网上设备并不一定是一对一的关系，网上不同的设备一定有不同的 IP 地址，但同一设备也可被同时分配几个 IP 地址。例如路由器若同时接通几个网络，它就需要拥有所接各个网络的 IP 地址。在 Internet 中，一台计算机可以有一个或多个 IP 地址，就像一个人可以有多个通信地址一样，但两台或多台计算机却不能共用一个 IP 地址。如果有两台计算机的 IP 地址相同，则会引起异常现象，无论哪台计算机都将无法正常工作。

5. 子网分割

（1）基本概念

同一网络上的所有主机都必须有相同的网络 ID 号。而网络 ID 号是由 ISP 提供的。如果多所大学在合并后，一开始就在因特网上有一个 B 类的网络 ID 号，B 类地址允许有 65534（216-2）个可用的节点，这对于合并后的大学来说，可用的节点数足够使用了。但是，在合并前后，每所大学分布的地理位置不同，每所大学都有一定数量的节点。如何使用一个网络 ID 号将分布在不同的地理位置上的所有节点连接起来呢？

解决这个问题的办法是建立子网络。将网络内部分成多个部分，但对外像任何一个单独网络一样，这多个部分都称作子网（subnet）。子网是 TCP/IP 协议环境中的一个物理网段，该网段有独立的子网 ID，子网 ID 是从原主机 ID 中获取的。

把网络划分成一定数量子网的过程称为子网分割。在子网分割时，需要用到子网掩码，而子网掩码是由 32 位二进制组成，对应 E 地址中的网络 ID 部分全置 1，并把 E 地址中主机 D 分成两个部分，一部分用于标志子网，另一部分用于标志主机。

我们知道，一个物理网络上的主机都使用一个网络号。当一个单位的主机很多而且分布在很大的地理范围时，往往需要用一些网桥将这些主机互连起来。但网桥容易引起广播风暴，当网络出现故障时也不太容易隔离和管理。有了子网的概念后，在 E 地址中增加一个"子网 ID"字段。用 E 地址中原主机 D 字段中的前若干位作为"子网 ID"字段，后面剩下的仍为主机 D 字段。这样做就可以在本单位的各子网之间用路由器来互连，因而便于管理。需要注意的是，子网的划分纯属本单位内部的事，在本单位以外是看不见这样的划分的。从外部看，这个单位仍只有一个网络号。只有当外面的分组进入到本单位范围后，本单位的路由器再根据子网号进行路由，最后找到目的主机。

（2）子网分割的优点

1）减少交通拥挤。由于将一个较大的网络划分为多个子网，所以子网内部的冲突将减少，也在一定程度上减少了传播。

2）允许一个网络 ID 为多个物理网段所共享。

3）网络中允许使用多种网络技术。如以太网、令牌网和环形网等技术。

6. 因特网

因特网是从英文 Internet 翻译过来的，又称为国际互联网，它是一个世界范围内的"网络的网络"。因特网通过各种通信线路和软件把全球范围内的计算机网络连接成一个整体，而不管这些网络的类型是否相同、规模是否一样以及距离的远近。因特网含有极为丰富的信息资源，是人类巨大的信息宝库，这些资源大得超过任何一个人的想象力。我们可以把它看作一个全球性的博物馆、一个无比神奇的游艺宫、一个发表自己见解的论坛、一个结交朋友的场所。在因特网上可以实现资源共享、相互通信、远程教学等。如通过因特网就可以在自己家中的计算机上查阅学校图书馆的书目或北京图书馆的资料；可以到中央电视台的网站上去查阅节目预告甚至收看电视节目；可以在几秒钟内把书信、照片、音乐等传给远在美国的朋友；可以去网上购物；可以到网上学校去获取你所想要学习的知识；也可以为相隔万里的学生答疑，等等。

因特网起源于美国的 ARPA 网，20 世纪 60 年代中期开始，一些专家在美国国防部的高级研究计划局（即 ARPA）的资助下，研究如何把美国国内的几个不同的计算机网络连接起来。当时的设想是，当网络的某一部分在战争等特殊情况下受到攻击而损坏时，不影响网络中其他部分的正常工作。因此，ARPA 网采用分布式控制与处理，较好地满足了这方面的要求，网络上的计算机处于平等地位，没有哪一个部分是特别重要、不可缺少的。20 世纪 70 年代他们设计了新的在不同的计算机网络之间实现通信的协议（TCP/IP 协议组），并公开了所有的 TCP/IP 协议网络规范和有关的技术成果，使得 TCP/IP 协议得到了广泛的支持和迅速的推广。TCP/IP 协议应用于 ARPA 网标志着真正意义上的 Internet 出现了，从 1983 年开始因特网的规模基本以逐年翻一番的速度增长，从开始只有约 200 台连接的计算机发展到目前全球已有几千万台计算机与因特网相连，并从美国走向世界，逐步形成了一个真正覆盖全球的大网络。

因特网含有极其丰富的信息资源，它能使处于异地的计算机方便地进行信息交流与资源共享。因特网在我国的发展还只是近几年的事，但它正迅速地改变着我们的学习、工作、生活的方方面面。

利用 WWW（World Wide Web 即万维网）获得所需要的信息和资料。在 Internet 上有很多计算机使用一种软件，通过这种软件可以把信息放入 Web 页面中，Web 页面以"超文本"的方式允许页面中文本和图形交叉链接到其他信息。用户使用一种叫"浏览器"的程序即可访问 Web 页面。Internet 上全部 Web 服务器的集合便称之为 WWW。WWW 是 Internet 上发展最为迅速的部分，它是基于超文本方式的信息查询工具，它把文本、声音、图形、图像、电影等多媒体信息集成在一起，任何人在网络上的任何地方，用不同的计算机，都可以查阅到这些信息。

利用网络进行 E-mail（电子邮件）的收发。在日常生活中，我们与远方的朋友联系，最常用的方法是写信。信件是通过邮局来传递的。我们将信写好，装入信封，写上收、发信人地址，然后投入邮筒，邮局工作人员按信封上的地址，利用各种交通工具将信件送交到收信人手中。

用"新闻组"等功能和因特网上的其他用户进行交流。Internet 上有很多新闻服务器，计算机中只要有一种称为"新闻阅读器"的程序，就可以连接到 Internet 的某个新闻服务器，阅读由它提供的分类消息。用户同时也可以将自己的意见或见解提交给新闻服务器，由新闻服务器将它作为一条消息发布出去，供其他人阅读。

用文件传输协议 FTP 获取或传输计算机文件。利用 FTP 可以在 Internet 上查找到自己需要的，或者是感兴趣的软件，然后从远程主机向自己的计算机传输文件（即下载，Download）。也可以使用 FTP 从自己的计算机向远程主机传输文件（即上载，Upload）。

4.4.5 基础数据网

1. 分组交换网

随着微电子技术、计算机技术的飞速发展，交换技术得到了空前的发展。从电话交换一直到当今数据交换、综合业务数字交换，交换技术经历了人工交换到自动交换的过程。人们对可视电话、可视图文、图像通信和多媒体等宽带业务的需求，也大大地推动了异步传输技术（ATM）和同步数字系列技术（SDH）及宽带用户接入网技术的不断进步和广泛应用。分组交换也称包交换，是将用户传送的数据划分成一定的长度，每个部分称为一个分组。在每个分组的前面加上一个分组头，用以指明该分组发往何地址，然后由交换机根据每个分组的地址标志，将他们转发至目的地，这一过程称为分组交换。进行分组交换的通信网称为分组交换网。

2. 数字数据网（数字数据网）

数字数据网络（Digital Data Network，数字数据网）是利用数字信道传输数据信号的数据传输网，是利用光纤（数字微波和卫星）数字传输通道和数字交叉复用节点组成的数字数据传输网，可以为用户提供各种速率的高质量数字专用电路和其他新业务，以满足用户多媒体通信和组建中高速计算机通信网的需要。数字数据网业务区别于传统模拟电话专线的显著特点是数字电路传输质量高，时延小且通信速率可根据需要选择；电路可以自动迂回，可靠性高；一线可以多用，既可以通话、传真、传送数据，也可以组建会议电视系统，开放帧中续业务，做多媒体服务，或组建自己的虚拟专网，设立网管中心，自己管理自己的网络。它的主要作用是向用户提供永久性和半永久性连接的数字数据传输信道，既可用于计算机之间的通信，也可用于传送数字化传真、数字语音、数字图像信号或其他数字化信号。

3. 帧中继（FR）

帧中继（Frame Relay，FR）技术是在 OSI 第二层上用简化的方法传送和交换数据单元的一种技术。

帧中继技术是在分组技术充分发展，数字与光纤传输线路逐渐替代已有的模拟线路，用户终端日益智能化的条件下诞生并发展起来的。帧中继仅完成 OSI 物理层和链路层核心层的功能，将流量控制、纠错等留给智能终端去完成，大大简化了节点机之间的协议；同时，帧中继采用虚电路技术，能充分利用网络资源，因而帧中继具有吞吐量高、时延低、适合突发性业务等特点。作为一种新的承载业务，帧中继具有很大的潜力，主要应用在广域网（WAN）中，支持多种数据型业务，如局域网（LAN）互连、计算机辅助设计（CAD）和计算机辅助制造（CAM）、文件传送、图像查询业务、图像监视等。

4. 分组交换网、帧中继和数字数据网的关系

分组交换网主要是业务网，数字数据网是传输网，帧中继则既是业务网又可以进行中继传输。

这三种网络之间的关系具体来说是这样的：分组交换网和帧中继网均可作为业务网用来传输和交换数据信息等；帧中继网和数字数据网又都可作为分组交换网节点之间的中继传输网，为分组交换节点间提供高速、可靠的数据传输。

由于分组交换网技术成熟，业务开展较早，目前已经占据了相当规模的市场，但分组交换网在适应当前的新技术和新业务时存在着很多不足。发展帧中继业务对分组交换业务会产生一定影响和业务分流，但只要采取一些措施仍能使两者都得到有序的发展。一是对信息速率低于 64kbit/s 的数据用户，特别是一般 PC 机终端用户，应尽量引导其使用分组交换网；二是将帧中继的骨干网用于分组交换网节点机之间的中继传输，不仅可以大大提高分组交换网效率，还可以减少大量的扩容设备投资。

帧中继网和数字数据网均可进行局域网互连，但二者在提供局域网互连应用方面既有区别，也有渗透。帧中继网资费比数字数据网专线便宜，对于实时性要求不很高的局域网用户，帧中继业务是一种经济合理的选择；而数字数据网具有可靠性高、实时性强和时延小的特点，对于需要及时可靠地传送数据的局域网用户来说，数字数据网是最佳选择。

5. 综合业务数据网（ISDN）

ITU-T 对 ISDN 是这样定义的："ISDN 是以综合数字电话网（IDN）为基础发展演变而成的通信网，能够提供端到端的数字连接，用来支持包括语音在内的多种电信业务，用户能够通过有限的一组标准化的多用途用户—网络接口接入网内。"

传统的各种通信网，如电话网、电报网、数据通信网等都是各自独立的。当用户需要进行多种信息交换服务时，就需要按业务类型申请安装多种终端和相应的用户线，因此它使用不便，线路利用率低。ISDN 是一个将语音、数据、图像等信息综合在一起的网络。引入 ISDN 后，用户只需申请一条用户线和一个电信号码就可将不同业务类型的终端接入网内，并按统一的规程进行通信。

6. 异步传输模式 (ATM)

异步转移模式 (Asynchronous Transfer Mode, ATM) 已被国际电联电信标准部于 1992 年 6 月定义为未来宽带综合业务数字网 (B-ISDN) 的传递模式。术语"转移"包括了传输和交换两个方面，所以转移模式意指信息在网络中传输和交换的方式。"异步"是指在接续中和用户端带宽分配的方式。因此，ATM 就是一种在用户接入、传输和交换级综合处理各种通信量的技术。

ATM 技术是在电路交换和分组交换的基础上发展起来的一种全新的通信技术，是实现 B-ISDN 的核心技术。ATM 技术既有电路交换技术所具有的固定的传输延迟和预约的传输能力，又有分组交换技术所具有的非常强的适应性和有效处理非连续传输的能力，为高速传输语音、数据、图像、视频等各种信息提供可伸缩的多媒体宽带传输，是一种传输方式透明、基于长度固定信元中继的先进技术。

异步传输模式是相对于同步传输模式而言。同步传输模式 (STM) 采用的是时分多路复用 (TDM) 技术，TDM 采用预先为用户分配时间片的方法，当用户不传输信息时，分配到的时间片就会空闲，造成带宽的浪费。而 ATM 技术中时间片是根据需要来进行分配的。与 TDM 不同的是信息与时隙的位置在不同的帧中不是固定不变的，用户信息不需要以某个固定的时隙周期出现，而是根据需要"异步"地分时使用信道，即异步时分复用 (Asynchronous Time Division Multiplex, ATDM)，也称统计复用 (Statistic Multiplex)。

4.4.6 以太网

以太网 (Ethernet) 是目前应用最广泛的局域网 (LAN)，在实际应用的计算机网络系统中约占 80% 份额。由于以太网带宽和网络性能大大提高、新协议和新标准的出现以及光纤通信技术的飞速发展，使得以太网技术愈加成熟和实用。

1. 概述

以太网是一种共享媒介的数据网，采用随机访问控制方式，结构简单，性价比高。目前，以太网从共享型发展到交换型，实现了全双工技术，使整个以太网系统的带宽成百倍增长，并保持足够的系统覆盖范围。以太网正以其高性能、低价格、使用方便的特点继续发展。

(1) 媒介访问控制方式

以太网的媒介访问控制方式是以太网的核心技术，决定了以太网的主要网络性质。传统以太网与前述的基础数据网 (交换式数据网) 有着很大的差别，其核心思想是利用共享的公共传输媒介。

在公共总线形或树形拓扑结构的局域网上，通常使用带冲突检测的 CSMA/CD。CSMA/CD 又可称为随机访问或争用媒体技术，其讨论网络上多个站点如何共享一个广播型的公共传输媒体问题。由于网络上每一站的发送都是随机发生的，不存在用任何控制来确定该轮到哪一站发送，故网上所有站都在时间上对媒体进行争用。

CSMA/CD 基本原理：欲发送信息的工作站，首先要监听媒体，以确定是否有其他的站正在传送；若媒体空闲，该工作站则可发送信息。在同一时刻，经常发生两个或多个工作站都欲传输信息的情况，这样会引起冲突，双方传输的数据将受到破坏，导致网络无法正常工作。为此，当工作站发送信息后的一段时间内仍未确认，则假定为发生冲突并且重传，因此需要争用。

为了解决上述问题，CSMA/CD采用了监听算法和冲突监测。为减少同时抢占信道的情况，监听算法使得监听站都后退一段时间再监听，以避免冲突。该方法不能完全避免冲突，但通过优化设计可把冲突概率减到最小。冲突检测的原理是在发送期间同时接收，并把接收的数据与站中存储的数据进行比较，若结果相同表示无冲突，可继续；若结果不同，说明有冲突，立即停止发送，并发送一个简短的干扰信号令所有站都停止发送，等待一段随机长的时间重新监听，再尝试发送。

（2）协议结构

以太网体系结构以局域网的IEEE 802参考模型为基础。该模型与OSI的区别：局域网用带地址的帧来传送数据，不存在中间交换，故不要求路由选择，所以不需要网络层；在局域网中只保留了物理层和数据链路层，其中数据链路层分成两个子层，即媒体接入控制子层（MAC）和逻辑链路控制子层（LLC）。

MAC负责媒体访问控制，以太网采用适于突发式业务的竞争方式，LLC负责没有中间交换节点的两个站点之间的数据帧传输。其不同于传统的数据链路层，即不仅要有差错控制、流量控制，还需有复用、提供无连接的服务或面向连接的服务等功能。

在以太网的寻址问题中，MAC地址标识局域网上的一个站地址，即计算机硬件地址（网络上的物理连接点）；LC地址则标识一个LC用户（即LLC上的服务访问点SAP），即进程在某一主机中的地址。

（3）以太网系统基本结构

在早期由双绞线连接的10Base-T（IEEE 802.3）以太网中，采用基带传输方式，其传输速率为10Mbit/s，T表示用双绞线连接，传输距离限制为100m。

在10Base-T以太网中，定义了星形拓扑结构，有一组站点和一个中心节点（集线器，即多端口转发器），以太网系统则由集线器（UB）、双绞线和网卡组成。每个站点通过双绞线连接到集线器，集线器的主要功能是媒体上信号的再生和定时，检测冲突并扩展端口。置于计算机中的网卡功能则分别由网卡内编码/译码模块和收发器实现，收发器向媒介发送或从媒介接收信号，并识别媒介是否存在信号和识别冲突。10Base-T以太网系统以其价格低廉、安装维护方便、性能高且扩展性好等特点成为局域网技术的热点，并对整个局域网技术的发展具有很大的影响。

2. 以太网技术的发展

以太网从最初的同轴电缆上共享10Mbit/s传输技术，发展到现在双绞线和光纤上的100Mbit/s甚至1Gbit/s的传输技术、交换技术等应用技术已成熟。

（1）10Base-F光纤以太网

使用光纤作为网络传输媒介可带来带宽的拓展及媒介段长度的增加，且其抗外界磁场干扰及抗泄漏性能是铜质媒介所无法比拟的。10Base-F的传输速率仍为100Mbit/s但其使用环境与10Base-T是不同的，如媒介段最长可达2km。

（2）100Base-X高速以太网

100Base-X技术是在10Base-T和10Base-F基础上，借助于双绞线、光缆以及星形拓扑结构的特点而实现的。100Base-TX（使用双绞线）和100Base-FX（使用光纤）高速以太网的帧结构、差错控制及信息管理与10Base-X相同，其拓扑结构和使用的媒介分别与

10Base-T 或 10Base-F 相仿，而传输速率为 100Mbits/s。

（3）交换型以太网

共享型以太网的带宽由所有站点共同分割，随着站点的增多，每个站点能得到的带宽将减少，网络性能将迅速下降。由于会发生数据冲突，共享型以太网在同一时刻，只能有一个站点与服务器通信，且局域网的覆盖范围受 CSMA/CD 的限制。

交换型集线器技术的产生，使用光缆的交换型集线器与全双工以太网技术的结合，使得局域网的带宽以及覆盖范围都有了很大的发展。

（4）千兆位以太网

千兆位以太网（以下简称千兆以太网）被称为第三代以太网，是一种新型高速局域网，可提供 1Gbit/s 的通信带宽，为局域主干网和城域主干网（借助多模光纤和光收发器）提供了一种高性价比的宽带传输交换平台，并已得到广泛的应用。

千兆以太网采用和传统 10/100Mbit/s 以太网相同的 CSMA/CD 协议、帧格式和帧长，因此可以实现在原有低速以太网的基础上平滑、连续性的网络升级，从而能最大限度地保护用户以前的投资。

在千兆以太网协议中，共享媒体集线器模式比基础的 CSMA/CD 模式在两个方面有较大提高。

1）载波扩充。在短的 MAC 帧末尾加上了一组特殊的符号，使每一帧从 10Mbit/s 和 100Mbit/s 的最小的 512bit 提高到至少 4096bit，从而保证一次传输的帧长度超过 1Gbit/s 时的传输时间。

2）帧突发。允许连续发送某个限制内的多个短帧，无须在每个帧之间放弃对 CSMA/CD 的控制。帧突发可避免当某站点有多个短帧要发送时，载波扩充所产生的耗费。

每个工作组的集线器既支持以 1Gbit/s 的链路连接到主干网集线器上，以支持高性能的工作组服务器；同时又支持以 100Mbit/s 的链路连接到主干网集线器上，以支持高性能的工作站、服务器。

（5）10G 以太网

10G 以太网（10GE，万兆以太网）是以太网在速度和距离方面的自然演化。尽管以太网速度在不断提高，但其基本帧格式仍保持不变。10GE 遵循的标准是 IEEE 802.3ae，对应 OSI 的数据链路层，包括 IEEE 802.1 MAC 媒体接入控制子层和 IEEE 802.2 LLC 逻辑链路控制子层，对 P 数据包的封装采用 RFC104 建议。10GE 以全双工模式工作，取消了 CSMA/CD 冲突检测。10GE 支持局域网和广域网两种物理接口。为了适用于广域网，10GE 在 MAC 子层增加了数据控制模式使 MAC 子层的数据速率适配到 SONET/SDH 的数据速率。

以太网速率发展到 10G，不仅是带宽的提升，还标志着以太网技术已经从传统局域网范围扩展到城域网应用领域，进一步应用于广域网。

4.4.7 数据传输网络在交通系统中的应用

1. 交通控制中心内部局域网

某个交通指挥中心内部的结构采用经典的三层模型，将整个网络划分为核心层、分布层和访问层，如图 4-73 所示。

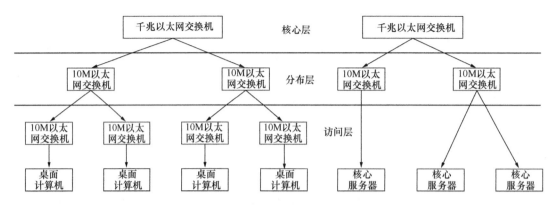

图 4-73　交通控制中心内部局域网

2. 网络技术在高速公路收费系统中的应用

收费广场的各收费车道的收费依据，经多模数据光端机、光缆和收费广场的共享式集线器到收费站的交换式集线器，完成收费车道的收费数据到收费站的传输，如图 4-74 所示。

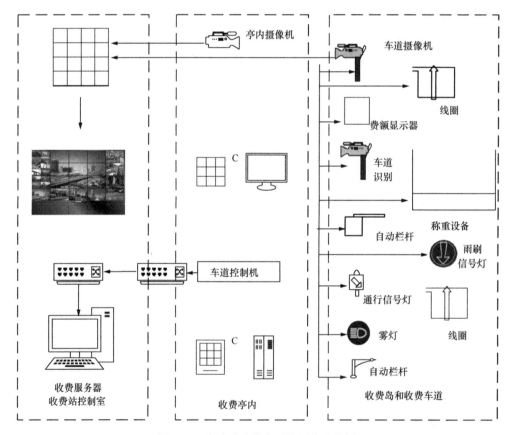

图 4-74　高速公路收费系统网络连接图

由计算机局域网和自愈环形网实现了收费数据从收费车道到收费站，从收费站到收费分中心，然后再由收费分中心经路由器进入城域网，到达省级结算中心的网络平台。

4.5 其他通信系统

4.5.1 ZigBee 紫蜂通信

ZigBee 技术被认为是最有可能像 Wi-Fi、蓝牙一样改变人们生活的通信技术之一，该技术能够将传感器接入互联网的技术。

在家庭自动化控制和工业遥测遥控领域，对无线数据通信的需求越来越强烈，且这种无线数据传输必须是高可靠性的，并能抵抗现场的各种电磁干扰。

ZigBee 的特点就在于功耗更低、实时在线、同一个网关接入数量巨大并且可以自组网，在物联网的发展中具有广阔的应用空间。

1. ZigBee 技术概述

ZigBee 一词源自蜜蜂群在发现花粉位置时，通过跳 ZigZag 形舞蹈来告知同伴，达到交换信息的目的。可以说是一种小的动物通过简捷的方式实现"无线"的沟通。人们借此称呼一种专注于低功耗、低成本、低复杂度、低速率的近程无线网络通信技术，亦包含此寓意。

它是基于 IEEE 802.15.4 协议发展起来的一种短距离无线通信技术，被业界认为是最有可能应用在工控场合的无线方式，如图 4-75 所示。ZigBee 是一个由可多到 65000个无线数传模块组成的无线数传网络平台，在整个网络范围内，每一个 ZigBee 网络数传模块之间可以相互通信，每个网络节点间的距离可以从标准的 75m 无限扩展。相比其

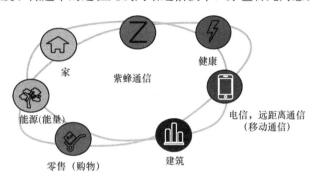

图 4-75 ZigBee 应用

他无线通信技术，ZigBee 技术具有功耗低、成本低、容量高、安全性高等优势，作为一种中短距离的无线通信技术，其通信距离通常在 10～100m，通过一系列措施将其发射功率提高后，其通信距离可提高至 1～3km。除此之外，ZigBee 技术响应速度快，从睡眠状态转换至工作状态仅需 15ms，节点连接进入网络也仅需要 30ms。

2. ZigBee 的技术特点

ZigBee 是一种无线连接，可工作在 2.4GHz（全球流行）、868MHz（欧洲流行）和915MHz（美国流行）3 个频段上，分别具有最高 250kbit/s、20kbit/s 和 40kbit/s 的传输速率，它的传输距离在 10～75m 的范围内，但可以继续增加（图 4-76）。

1）低功耗。由于 ZigBee 的传输速率低，发射功率仅为 1mW，而且采用了休眠模式，功耗低，因此 ZigBee 设备非常省电。据估算，ZigBee 设备仅靠两节 5 号电池就可以维持长达 6 个月到 2 年左右的使用时间，这是其他无线设备望尘莫及的。

2）成本低。ZigBee 模块的初始成本在 6 美元左右，估计很快就能降到 1.5～2.5 美元，并且 ZigBee 协议是免专利费的，低成本对于 ZigBee 也是一个关键的因素。

3）低复杂性。ZigBee 协议的大小一般在 4～32kB，而蓝牙和 Wi-Fi 一般都超过

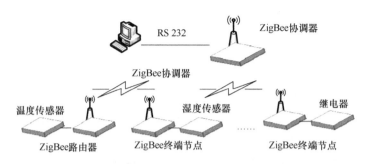

图 4-76　无线传感执行网络系统结构图

100kB。

4）时延短。通信时延和从休眠状态激活的时延都非常短，典型的搜索设备时延30ms，休眠激活的时延是15ms，活动设备信道接入的时延为15ms。因此 ZigBee 技术适用于对时延要求苛刻的无线控制（如工业控制场合等）应用。

5）网络容量大。一个星型结构的 ZigBee 网络最多可以容纳254个从设备和一个主设备，一个区域内可以同时存在最多100个 ZigBee 网络，而且网络组成灵活。并且在一个网络中最多可以有65000个节点连接。

6）网络建立。ZigBee 能够自动建立其所想要的网络。

7）可靠。采取了碰撞避免策略，同时为需要固定带宽的通信业务预留了专用时隙，避开了发送数据的竞争和冲突。MAC 层采用了完全确认的数据传输模式，每个发送的数据包都必须等待接收方的确认信息。如果传输过程中出现问题可以进行重发。

8）安全。ZigBee 提供了基于循环冗余校验（CRC）的数据包完整性检查功能，支持鉴权和认证，采用了 AES-128 的加密算法，各个应用可以灵活确定其安全属性。

3. ZigBee 在交通中的应用

（1）智能交通控制系统

如图 4-77 所示，采用 ZigBee 和太阳能相结合的无线控制系统，无须挖路布设控制线

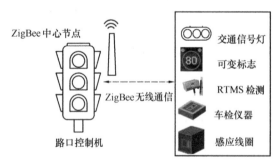

图 4-77　ZigBee 在交通中的应用

路，各设备之间能够实现无线自动组网连接，在降低系统安装成本的同时，避免了传统安装方式对交通干扰所带来的经济损失，也避免了由于城市快速发展、道路拓展等变化对原有预埋管线的干扰。

随着 ZigBee 技术的不断完善，它将成为当今世界最前沿的数字化无线技术。ZigBee 所具有的低功耗、低成本、低速率和使用便捷等显著优势，使它必将有着广阔的应用前景。每个家庭将拥有一定量的 ZigBee 器件。相信在不久的将来，会有越来越多的具有 ZigBee 功能的产品进入我们的生活，为我们的生活和工作带来极大的方便和快捷。

（2）边坡检测施工区

在露天矿的边坡监测工程应用中，由于工程周期较长，对数据的实时性要求较低。而

且由于监测过程环境的特殊性，维修或者更新设备困难，因此需要设备的自供能系统比较完备，对于无线传输网络的节能性、可扩展性和健壮性有较高要求。ZigBee 技术在功耗、网络可扩展性、网络的组网能力、运营成本等众多方面都可以满足边坡监测中无线传输的问题，因此非常适用于多参数、多测点的边坡监测预警系统当中。

（3）在轨道交通中的应用

ZigBee 是基于 IEEE 802.15.4 标准的低功耗局域网协议，通过对协议进行大幅简化，使得其对通信控制器的要求有所降低。城市轨道交通所使用的备电系统当中的电池状态，会对城市轨道交通，尤其是地铁的供电系统造成影响，因此在电池使用数量较多的情况下，仅使用电缆进行通信在操作和成本方面均会对轨道交通的运营造成一定压力。将 Zig-Bee 技术应用于轨道交通，既可实现通信数据的稳定传输，也可降低操作难度和运营成本。

4.5.2　Wi-Fi（Wireless Fidelity）通信

Wi-Fi 在无线局域网的范畴是指"无线相容性认证"，实质上是一种商业认证，同时也是一种无线联网技术；以前通过网线连接计算机，现在则通过无线电波联网。Wi-Fi 是允许电子设备连接到无线局域网（WLAN）的一种技术，通常使用 2.4G UHF 或 5G SHF ISM 射频频段。连接到无线局域网通常有密码保护，也可是开放的，这就允许在 WLAN 范围内的设备都可连接上，其目的是改善基于 IEEE 802.11 标准的无线网络产品之间的互通性。

1. 主要功能

无线网络上网可以简单地理解为无线上网，几乎所有的智能手机、平板电脑和笔记本电脑都支持 Wi-Fi 上网。Wi-Fi 是当今使用最广的一种无线网络传输技术，其将有线网络信号转换成无线网络信号，使用无线路由器供支持其技术的相关计算机、手机、平板设备等接收。手机若有 Wi-Fi 功能，则可在 Wi-Fi 环境下不通过运营商的网络上网，省去了流量费。

无线上网在城市较为常用，由 Wi-Fi 技术传的无线通信质量尽管还不够理想，数据安全性能尚不如蓝牙，传输质量也有待改进，但其传输速度非常快，能满足一般需求。Wi-Fi 的主要优势是不需要布线，可以不受布线条件的限制，因而适合移动办公用户的需要，且因其发射信号功率低于 100MW，低于手机发射功率，所以 Wi-Fi 上网的辐射强度也相对安全。Wi-Fi 信号由有线网络提供（如 ADSL、小区宽带等），只需接一无线路由器，即可将有线信号转换成 Wi-Fi 信号。

2. 拓扑结构

Wi-Fi 模块包括两种类型的无线网络的拓扑形式：基础网（Infra）和自组网（Ad-hoc）。无线网络的拓扑形式需了解以下两个基本概念：

1）AP：无线接入点是无线网络的创建者，是网络的中心节点。一般家庭或办公室使用的无线路由器就是一个 AP（热点）。

2）STA 站点：每一个连接到无线网络中的终端（如笔记本电脑及其他可联网的用户设备）都可称为一个站点。

两种无线网络的拓扑形式如下：

1）基于 AP 组建的基础无线网络（Infra）：又称为基础网，是由 AP 创建及众多 STA 加入所组成的无线网络。AP 是整个网络的中心，网络中所有通信都通过 AP 转发完成，如图 4-78 所示。

2）基于自组网的无线网络（Adhoc）：又称为自组网，是指仅依靠两个及以上的 STA 组成，网络中不存在 AP。该网络是一种松散的结构，网络中 STA 所有都可以直接通信，如图 4-79 所示。

3. Wi-Fi 无线通信技术的特点

1）高速率。采用同步数据传输方式，能在需要高效率、高要求的应用中更好地发挥出高速率的特性。传输速率可以随信道传输率的变化而变化，适应能力比较强，这种自动调节的传输方式拓展了通信范围，而且为较短距离数据传输创造了极为合理的数据吞吐量，缩短了信道使用时间，将通信性能大幅度提高。

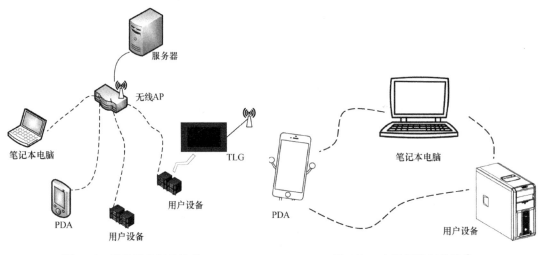

图 4-78　基础网络拓扑结构　　　　　图 4-79　自组网络拓扑结构

2）移动性强，活动范围广。无线局域网的使用不受空间的限制，能够在室内及室外使用，任何无线设备只要在其覆盖的可控区域内就能实现连接。因此，每一个基点都不受地理位置的影响，可以放置在任何位置，且可以随意移动。

3）覆盖面积大。虽然可通信范围受限制半径通常在 150m，但是采用数据中继方式可将覆盖范围扩展到几千米。

4）产生辐射能量低。根据 IEEE 802.11 功率标准，辐射标准规定在 100mW 之内。普通 Wi-Fi 设备辐射低于 70mW，而且用户不与工作状态下的设备接触，保持一定距离，其辐射值会更加微小，几乎对用户无伤害。

5）扩展性能较强。Wi-Fi 存在网络多种配置，每个接入点都可以连接近百个分支，这样一接百地增加接入点扩大用户使用范围，即可使小区域网络扩展成用户量庞大的网络状。

6）传输性能准确可靠。为了避免用户信息在传输过程中损坏或丢失，该技术提供避免冲突的规范和错误重发等检错系统，保障数据传输的安全性能，使数据传输更为可靠。

7）便捷的组网方式。Wi-Fi 组网比较方便，实现各种规模的网络也比较容易，这都依赖于 Wi-Fi 拓扑结构的多样化，使得无线局域网节省了网络布线的工作量。

4. Wi-Fi 在交通中的应用

作为一种高效可靠的无线通信技术，该技术可以在城市轨道交通无线通信系统中发挥作用和价值。但是 Wi-Fi 技术在城市轨道交通无线通信系统的实践中存在一定的问题，即 Wi-Fi 技术与列车移动电视、信号系统 CBTC、PIDS 乘客信息系统同在 2.5GHz 频段，会产生一定的干扰。对此，就需要在 Wi-Fi 技术应用过程中采取一定的措施来保证无线通信质量和效率。如在 Wi-Fi 技术应用过程中，为了保证城市轨道交通通信的稳定性和可靠性，可以将 Wi-Fi 频段固定在 5.8GHz，这对于减少干扰问题具有重要的作用。在 Wi-Fi 技术应用过程中，也可以应用 PIDS 和 CBTC 系统，这对于提高 Wi-Fi 技术的整体应用可靠性也具有重要的作用。但是如果应用 PIDS 和 CBTC 系统，则需要对轨道交通系统进行较大的改造，所以这需要根据轨道交通系统的建设需求和现状慎重实施。为了更好地避免干扰问题，也可以对 Wi-Fi 技术进行创新和完善，比如可以将 Wi-Fi 与地铁的信号系统设置在不同的信道当中，以此来起到避免干扰的效果。

4.5.3 蓝牙（Bluetooth）通信

蓝牙（Bluetooth）是一种短距离无线通信技术，是实现语音和数据无线传输的全球开放性标准。其使用跳频（FH/SS）、TDMA 和 CDMA 等先进技术，在小范围内建立多种通信与信息系统之间的信息传输。

1. 蓝牙技术概述

蓝牙技术是涉及现代通信网络终端的一种无线互联技术，其研究开发的目标是使移动电话、笔记本电脑、掌上电脑等信息设备都能用一种低功率、低成本的无线通信技术连接起来，而不再用电缆连接。

各种移动便携式信息设备在无线网络覆盖范围之内，都能无缝地实现资源共享。嵌入了蓝牙技术的设备相互之间都能自动进行联络与确认，利用相应的控制软件，不需要用户干预就可自动建立连接并传输数据。

蓝牙技术的主要特点如下：

（1）工作频段与信道

蓝牙技术使用全球通行（无须申请许可证即可使用）的 2.4GHz ISM 频段（ISM 频段指对工业、科学、医疗范围内所有无线电系统的开放频段）。其收发信机采用跳频技术，可有效避免各种干扰。在发射带宽（载频间隔）为 1MHz 时，其数据传输速率为 1Mbit/s，并采用低功率时分复用（TDD）双工方式发射。

（2）抗干扰技术

跳频技术是使用蓝牙的关键技术之一。对应于单时隙分组，蓝牙的跳频速率为 1600 跳/s；在建立链路时，提高为 3200 跳/s 的高跳频速率，具有足够高的抗干扰能力。蓝牙技术通过快跳频和短分组来减少同频干扰，以保证传输的可靠性。

（3）低功耗无线传输

蓝牙是一种低功耗的无线技术。采用低功率时分复用方式发射时，其有效传输距离约为 10m，加上功率放大器后，传输距离可扩大为 100m。当检测到距离小于 10m 时，接收设备可动态调节功率。当业务量减小或停止时，蓝牙设备可进入低功率工作模式。

（4）连接方式

蓝牙技术支持点到点以及点到多点的连接，可以采用无线方式将若干个蓝牙设备连成一个微微网（Piconet）；若干相互独立的微微网以特定的链接方式又可互联成分布式网络，从而实现各类设备间的快速通信。

蓝牙能在一个微微网内寻址 8 个设备（其中只有 1 个为主设备，7 个为从设备）。不同的主从设备可以采用不同的连接方式，在一次通信中，连接方式也可以任意改变。在蓝牙中没有基站的概念，所有的蓝牙设备都是对等的。

（5）业务支持

蓝牙支持电路交换和分组交换业务。其支持实时的同步定向连接（SCO 链路）和非实时的异步不定向连接（ACL 链路），前者主要传送语音等实时性强的信息，后者以数据包为主。语音和数据可以单独或同时传输。

蓝牙支持一个异步数据通道，或 3 个并发的同步语音通道，或同时传送异步数据和同步语音的通道。

（6）基本组成

蓝牙系统一般由天线单元、链路控制（固件）单元、链路管理（软件）单元和蓝牙软件（协议栈）单元 4 个功能单元组成。蓝牙协议可以固化为一个芯片，安置于各种各样的智能终端中。

2. 蓝牙技术在交通中的应用

作为短距离无线连接的一种低成本解决方案，蓝牙技术在对讲机、无绳电话、耳机、拨号网络、传真、局域网接入、文件传输、目标上传、数据同步等方面已获得成功应用。

应用蓝牙技术的设备类型包括无线设备（如 PDA、手机、智能电话、无绳电话）、安全产品（智能卡、身份识别、票据管理、安全检查）、图像处理设备、消费娱乐产品、汽车产品、家用电器、楼宇无线局域网、医疗健身设备及玩具等。

4.5.4 DSRC 通信

DSRC（Dedicated Short Range Communications）即专用短程通信技术，是一种高效的无线通信技术，基于 IEEE 802.11p 标准，可提供高速的数据传输，并保证通信链路的低延时和低干扰。DSRC 系统包含了车载装置（OBU）和路侧装置（RSU），可实现在特定区域内对高速运动下的移动目标的识别和双向通信。DSRC 可实时准确传输图像、语音和数据信息，实现 V2V（车车）、V2I（车基础设施）之间的双向通信，道路有机连接。由于 DSRC 相对来说是比较成熟的无线通信技术，各个国家对 DSRC 技术的发展都很重视，将 DSRC 列为智能交通系统研究中的一个非常重要的课题，DSRC 在不停车收费、出入控制、车队管理、信息服务等领域有着很广泛的应用，人们熟知的电子不停车收费系统（ETC）便是基于此技术。

除以上提到的应用功能及应用场景以外，基于 DSRC 技术可实现车载装置（OBU）和路侧单元（RSU）之间的信息交互及数据转发，进而实现多个基于车路协同的应用场景，对行驶车辆发布相关的预警、预告信息，有效规范驾驶人的危险行为，保证车辆的行驶安全。

1. DSRC 概述

在美国，专用短程通信广泛地被用于指代跟 WAVE 相关的频谱或者技术，比如：美国联邦通信委员会在为智能交通应用分配频谱时发布的文件中就使用了 DSRC；国际自动机工程师协会（SAE，International）制定的应用层消息标准也使用了 DSRC。在我国，DSRC 主要是指工作在 5.8GHz 的无线通信技术，比如，用于不停车收费的系统。近年随着车路协同（V2X）技术的发展，国内也有人用 DSRC 称呼美国基于 IEEE 802.11p 和 1609 的车车通信技术。

2. DSRC 在交通中的应用

DSRC 技术在应用过程中，其主要是应用在 ITS 系统中，而在应用过程中其能够支持信息提供、数据交换、实时检测以及数据加密等服务。在车联网中，DSRC 可以用在 V2V 和 V2I 应用之间，这样就能建立起信息双向传输的无线通信机制，而其主要的通信功能就是传输速率高、支持点对点、时延小、点对多等。就拿 V2I 通信来说，在应用 DSRC 技术之后，其会对装载在车辆上的 OBU 和路边基础设施上的 RSU 两者之间的通信接口规范进行规定，这样就能实现 OBU 从 RSU 中请求信息，以及 RSU 向 OBU 写入信息这两项功能，进而就能有效地实现车辆自动识别这一项功能。

车联网的场景主要有智能交通灯优化、交通路口以及各路段车流量监测、自适应巡航、主动避障、逆向超车等场景。例如，一个利用 Cohda Wireless 公司的 MK2 搭建起来的简单智能交通路口模型，如图 4-80 所示。如今城市建筑越来越密集，道路交通发展迅速，然而高楼林立，道路处在高楼包围之中，使得路况变得越来越复杂，驾驶人在这样的

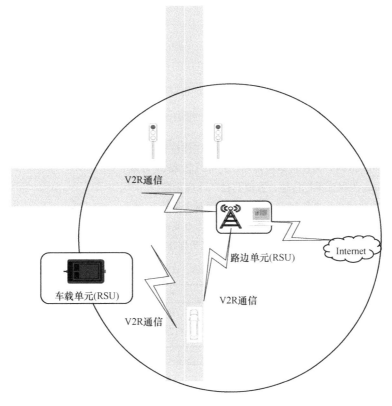

图 4-80　智能交通路口模型

交通路口，观察不到一些盲区和突发事件，容易出现疏忽，酿成意外事故。在这样的情景下，车辆互联及位置共享是非常有必要的，车辆通过处理从周边其他车辆和基础设施获得的信息数据做出判断，并向驾驶人做出预警提示。针对交通灯 RSU 为 OBU 提供当前时刻的红绿灯信号，OBU 处理消息并实时提醒驾驶人是否可以通过路口，是否减速等待通过，这样车辆既可以得到有序的疏导，又可以减少交通事故。

习　题

4.1　光纤通信的波长范围是多少？通常所用的实用窗口有哪些？

4.2　什么是光纤通信？数字光纤通信系统由哪几部分组成？各有何作用？

4.3　光纤通信与电通信比较有什么特点？

4.4　简述光纤与光缆的结构特点。

4.5　光纤是如何分类的？阶跃光纤和渐变光纤的主要区别是什么？

4.6　什么是单模光纤？什么是多模光纤？各用于什么场合？实现单模传输的条件是什么？

4.7　何为光纤的模式色散？它由光纤的什么来决定？

4.8　试述为何渐变光纤要比阶跃光纤减小模式色散？

4.9　试述光纤的导光原理。

4.10　阶跃光纤纤芯和包层的折射率分别为 $n_1 = 1.5$ 和 $n_2 = 1.45$，计算：

（1）纤芯和包层的相对折射率差；

（2）光纤的数值孔径。

4.11　已知阶跃型多模光纤的纤芯折射率 $n_1 = 1.5$，相对折射率差 $\Delta = 1\%$，$2a = 50\mu m$，工作波长入 $= 1.3\mu m$，试问：

（1）此光纤的数值孔径 NA 等于多少？

（2）光纤的归一化频率 V 等于多少？

（3）光纤可以容纳多少个传导模？

4.12　已知阶跃型光纤的包层折射率 $n_2 = 1.47$，相对折射率差 $\Delta = 0.01$，试问：

（1）纤芯折射率 n 等于多少？

（2）数值孔径等于多少？

4.13　已知阶跃型光纤纤芯折射率 $n_1 = 1.47$，工作波长 $\lambda = 1.3\mu m$，试问：

（1）当 $NA = 0.25$ 时，为保证单模传输，光纤纤芯 $2a$ 应为多少？

（2）若 $= 4\mu m$，为保证单模传输，数值孔径 NA 应为多少？

4.14　光纤的数值孔径是如何定义的？其物理意义是什么？

4.15　阶跃型光纤的折射率分布如下图所示。当点光源的一根光线以 θ_0 角入射光纤端面，问此光纤能否在光纤中传播？为什么？试画图说明。（设空气折射率 n_0 小于纤芯折射率 n_1）

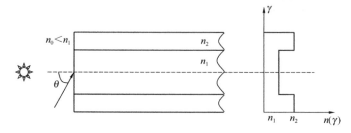

4.16　在光纤通信中，为什么要对 PCM 编码信号重新编码？并说明光纤通信常用的码型。

4.17　试将原发码 1000110101011111010011000100111000111101 变换成 8B1P 线路码。

4.18　试将原发码 00111010110000110010110011001110010011100 变换成 8BIC 线路码/

4.19　什么是光纤的损耗？造成光纤损耗的原因是什么？它反映了光纤的什么特性？

4.20　什么是光纤的色散？光纤的色散有哪几种？它反映了光纤的什么特性？

4.21　画出光发射机的框图，并说明各部分的作用。

4.22　什么是光接收机的灵敏度和动态范围？对它有什么要求？

4.23　画出光接收机的框图，并说明各部分的作用。

4.24　比较 LD 和 LED 二者有什么不同？

4.25　光中继器有哪几种类型？

4.26　简述 WDM 系统的工作原理。它有哪些优点？

4.27　简述外差光纤通信系统的特点，并对这些特点做说明。

4.28　什么叫卫星通信？卫星通信有什么特点？

4.29　要成为地球的静止卫星，通信卫星的运行轨道要满足哪些条件？

4.30　卫星通信系统由哪几部分组成？卫星通信线路由哪两部分组成？

4.31　卫星转发器的主要作用是什么？它有哪几种形式？

4.32　国际上规定的标准地球站应具备哪些必备性能？

4.33　对地球站天线的主要要求有哪些？

4.34　地球站应由哪几部分组成？各系统的主要任务是什么？

4.35　卫星通信地球站的主要作用是什么？

4.36　卫星通信和微波中继通信有何相同之处？卫星通信有什么特点？

4.37　通信卫星和地面站是如何建立联系的？简述卫星通信系统的工作过程。

4.38　卫星通信使用哪几个频段？频率范围是多少？说明 C 波段和 Ku 波段的特征。

4.39　信道的分配方式有哪几种？各有什么特点？

4.40　FDMA 和 TDMA 有何区别？

4.41　什么是空分多址方式？

4.42　什么是多址连接？它与多路复用有什么异同？试简述频分多址、时分多址、空分多址、码分多址的基本概念。

4.43　简述低轨道卫星移动通信系统的工作原理和特点。

4.44　移动卫星通信系统由哪几部分组成？

4.45　试述 VSAT 的基本工作原理和特征。

4.46　什么叫移动通信？它的特点是什么？

4.47　移动通信由哪几部分组成？

4.48　移动通信的工作方式有哪几种？分别举出相应的例子。大容量移动通信多采用哪种工作方式？

4.49　试述蜂窝网覆盖区域是六边形结构的原因。

4.50　蜂窝移动通信中采用小区制方式有何优点？

4.51　设某一地区的移动通信网的每个区有 4 个小区，每个小区有 5 个信道，试用等频距配置法完成群内的信道配置，各信道频率用编号 1，2，3，…来表示。

4.52　什么是信令？按其功能可分为哪几种？

4.53　简述 GSM 移动通信系统的组成，它的主要功能是什么？

4.54　简述 GSM 系统中移动台在漫游时位置更新的过程。

4.55　简述在同一 MSC 业务但不同 BSC 间切换的过程。

4.56　试说明 HIR 和 VLR 的区别。

4.57　简述扩频通信原理。

4.58　CDMA 系统有哪些优点？

4.59　画出 CDMA 系统的结构框图，并说明各部分的主要功能。

4.60　试说明 GSM 系统正向信道和反向信道的相同点和不同点。

4.61　简述 CDMA 系统的链路的多址技术。

4.62　什么是个人通信？它有哪些优点？

4.63　GSM 系统采用什么样的多址技术？

4.64　GSM 系统采用哪些技术来消除传输中的干扰？

4.65　简要说明双频 GSM 的工作频段。

4.66　简述手机开机、入网、呼叫的过程。

4.67　与大区制相比较，小区制有哪些优点？

4.68　数字移动通信的多址技术如何分类？GSM 系统采用何种多址方式？

4.69　语音编码有哪几类？GSM 语音系统采用何种多址方式？

4.70　简述 SIM 卡的作用。

4.71　什么叫位置登记？位置信息一般存储在哪里？

4.72　试述越区切换的过程。

4.73　CDMA 系统中，功率控制的目的是什么？功率控制分为哪几种？

4.74　为什么称 CDMA 中的容量为软容量？

4.75　CDMA 系统为什么有良好的保密功能？

4.76　什么是软切换？CDMA 系统软切换有什么优越性？

4.77　什么是 CDMA 系统的前向信道？它由哪些逻辑信道组成？各逻辑信道的作用是什么？

4.78　CDMA 系统双模式移动台主要由哪几部分组成？各部分的主要作用是什么？

4.79　CDMA 系统中的登记有哪几种类型？

4.80　CDMA 系统的基站包括哪些呼叫处理过程？各完成什么功能？

5 交通信号控制

5.1 交通信号控制概述

5.1.1 基本概念

1. 交通信号控制

交通信号是指在道路上向车辆和行人发出通行或停止的具有法律效力的灯色信息，主要分为指挥灯信号、车道灯信号和人行横道灯信号。

交通信号灯则是指由红色、黄色、绿色的灯色按顺序排列组合而成的显示交通信号的装置。

交通信号控制是通过合理控制交叉口交通信号灯的灯色变化，对道路上运行的车辆和行人进行指挥，使交通流在时间上分离，减少交通拥挤与堵塞、提高道路交通安全。交通信号控制是根据道路交通环境（车道通行能力等）和交通流状况（交通流量、速度等）合理配置交通信号控制参数（信号相位、周期和绿信比等），使得整个道路交通系统的性能指标（延误时间、排队长度、停车次数等）满足系统或用户的要求。一般地，交通信号控制是对交通流的自动控制。

交通信号控制器是控制交通信号灯的重要设备，它是交通信号控制系统前端控制的重要组成部分。

2. 自动控制

所谓自动控制，是指在没有人直接参与的情况下，利用控制装置或设备，使整个生产过程或机器自动地按预先规定的规律运行，达到要求的指标；或使它的某些物理量按预定的要求变化，达到控制的目的。自动控制常用的名词术语有：

系统——由被控对象和自动控制装置按一定方式联结起来，以完成某种自动控制任务的有机整体。系统可以是电气、机械、气动、液压或它们的组合。

输入信号——作用于系统的激励信号，定义为系统的参考输入量。

输出信号——控制系统的输出，即被控的物理量。

反馈信号——由系统（或元件）输出端取出并反向送回系统（或元件）输入端的信号。

偏差信号——参考输入与反馈信号之差，简称偏差。

扰动信号——外界或系统内部影响系统输出的干扰信号，简称扰动或干扰，它与控制作用相反，是一种不希望的、能破坏系统输出规律的不利因素。

自动控制基本的两种控制方式是开环控制和闭环控制。

开环控制。开环控制是最简单的一种控制方式，系统只有输入量的向前控制作用，输出量并不反馈回来影响输入量的控制作用。系统的输出量对系统的控制作用没有影响，在开环系统中，由于不存在输出量对输入量的反馈，因此系统不存在闭合回路。在这种控制中，控制系统的输出仅由输入来确定。在实际中则表现为控制器发出控制指令后，不再根据被控对象的实际情况重新调整自己的指令。其控制原理是：在对系统情况和外界干扰有了大致分析研究的基础上，通过初始条件，使系统能不受外界干扰准确无误地转移到目标状态。这种控制如图 5-1 所示。

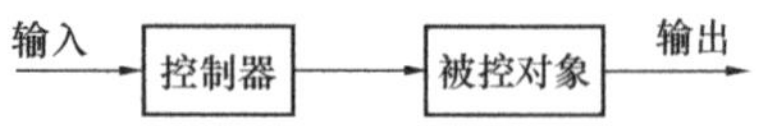

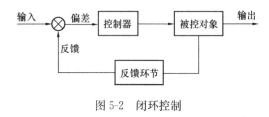

图 5-1　开环控制

闭环控制。闭环控制也叫反馈控制，这类系统的输出端与输入端之间存在反馈回路，输出量可以反馈到输入端，输出量反馈与输入量共同完成控制作用。当被控对象受干扰影响时，其实际状态与期望状态出现偏差时，控制器将根据这种偏差发出新的指令以纠正偏差，减小干扰的影响。在闭环控制中，由于控制器能根据反馈信息发现和纠正偏差，所以有较强的抗干扰能力，从而保证预定目标的实现。实际中的控制大多是闭环控制，所用的控制原理主要是反馈原理。这种控制如图 5-2 所示。

开环控制结构简单、成本低。当系统的输入信号及扰动作用能预先知道并且系统要求精度不高时，可以采用开环控制。由于开环控制不能自动修正被控制量的偏离，因此系统的元件参数变化以及外界未知扰动对控制精度的影响较大。闭环控制具有自动修正

图 5-2　闭环控制

被控制量出现偏离的能力，因此可以修正元件参数变化及外界扰动引起的误差，其控制精度较高。

一个典型的控制系统一般由控制器、被控对象、执行机构和变送器 4 个环节组成。控制器接收输入信号或偏差信号，通过一定的规律给出控制量，送到执行机构；被控对象是需要实现控制的设备、机械或生产过程；执行机构是驱动被控对象的装置，直接作用于控制对象；变送器，也称传感器，用于检测被控对象的输出量，并变换成标准信号后作为反馈量送到控制器。自动控制系统的组成如图 5-3 所示。

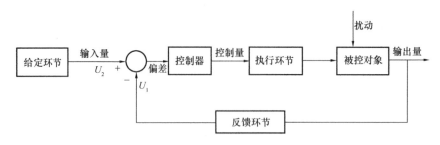

图 5-3　自动控制系统的组成

5.1.2　交通信号控制发展

1868 年 12 月，英国伦敦国会大厦外的 George 街与 Bridge 街的交叉口安装了交通信号灯，这是世界上第一次出现交通信号灯，从此开启了交通信号控制的序幕。早期的交通信号灯全部由人工控制，随着交通信号灯的大规模使用，人们开始研究自动的交通信号控制系统。1963 年，加拿大多伦多市建立了一套使用 IBM650 型计算机的集中协调感应控

制系统，标志着城市交通信号控制的发展进入了一个新阶段。随后，在计算机技术、检测器技术和网络信息技术迅速发展的同时，交通控制技术也取得了显著进展，并经历了从点控到线控和面控、从定时控制到感应控制和实时自适应最优控制的过程。比较有影响的交通信号控制系统主要有 20 世纪 70 年代澳大利亚的 SCATS（Sydney Coordinated Adaptive Traffic System）系统和英国的 SCOOT（Split Cycle Offset Optimization Technique）系统，它们是动态的实时自适应控制系统。这些控制系统主要是针对区域交叉口信号灯控制的，也就是所谓的传统的城市交通控制。交通信号控制技术的发展历程如表 5-1 所示。

我国第一台信号机是 1921 年由外国商人办的一家电力公司在上海南京东路和浙江路交叉口设置的，当时信号灯色只有红、绿两种灯色，信号机控制是手动扳动开关控制交通信号。1978 年 10 月，上海市研制成功我国第一台自动控制信号机。1979 年 4 月，公安部在广州召开全国城市交通管理工作会议，之后各个城市开始研制自动控制交通信号机，主要有多时段定时式和感应式信号机。1985 年，上海市公安局引进了澳大利亚的 SCATS 系统。北京市公安局引进了英国的 SCOOT 系统。1987 年，深圳市引进了日本（株式会社）京三制作所的 KATNET 系统。1987 年，公安部组织研发"七五"国家重点科技攻关项目"城市交通控制系统"，由公安部交通管理科学研究所、同济大学、电子部第 28 研究所、南京交警支队共同研发。该系统以南京市中区为依托，共安装 41 台集中协调式信号机，是我国自行研制开发的第一个实时自适应城市交通控制系统。"十一五"期间，国家高技术研究发展计划（"863 计划"）设立了"现代交通技术领域"。在"863 计划"的支持下，智能化交通控制技术得到了进一步的发展。"十二五"期间，"863 计划"交通领域对区域交通协同联动控制等技术进行了重点支持。"十三五"期间，科技部、交通运输部联合印发了《"十三五"交通领域科技创新专项规划》，提出大力发展高效能、高安全、综合化、智能化的系统技术与装备，形成满足我国需求、总体上国际先进的现代交通运输核心技术体系。

交通信号控制技术的发展历程　　　　　　　　　　　　　　表 5-1

方式	年份	国别	应用城市	系统名称	系统特性	周期	交叉口数	检测器
点控	1868	英国	伦敦	—	燃气色灯	固定	1	无
	1914	美国	克利夫兰	—	电灯	固定	1	无
	1926	英国	各城市	—	自动信号机	固定	1	无
	1928	美国	各城市	—	感应信号机	可变	1	气压式
线控	1917	美国	盐湖城	—	手控协调	固定	6	无
	1922	美国	休斯敦	—	电子计时	固定	12	无
	1928	美国	各城市	—	步进式计时	可变	多	无
面控	1952	美国	丹佛	—	模拟计算机动态控制	可变	多	气压式
	1963	加拿大	多伦多	—	数字计算机动态控制	可变	多	电磁式
	1968	英国	格拉斯哥	TRANSYT	静态控制	可变	多	环形线圈
	1975	美国	华盛顿	CYRANO	动态控制	可变	多	环形线圈

方式	年份	国别	应用城市	系统名称	系统特性	周期	交叉口数	检测器
面控	1980	英国	格拉斯哥	SCOOT	动态控制	可变	多	环形线圈
	1982	澳大利亚	悉尼	SCATS	动态控制	可变	多	环形线圈
	1985	意大利	都灵	SPOT/UTOPIA	动态控制	可变	多	环形线圈
	1989	法国	图卢兹	PRODYN	动态控制	可变	多	环形线圈
	1995	德国	科隆	MOTION	动态控制	可变	多	环形线圈
	1996	美国	新泽西	OPAC	动态控制	可变	多	环形线圈
	1996	美国	凤凰城	RHODES	动态控制	可变	多	环形线圈
	1997	希腊	哈尼亚	TUC	动态控制	可变	多	环形线圈

5.1.3 地位与作用

1. 交通控制的地位

交通是城市的主要功能之一。城市交通是城市经济和社会发展的动脉，城市交通设施是城市基础设施的主要组成部分。一个城市交通的服务水平，反映了一个城市的现代化水平。随着经济的高速发展和城市化进程的加快，道路交通量急剧增加，城市交通基础设施建设速度远远跟不上增长的交通需求，城市交通供需不平衡的矛盾十分尖锐。交通拥挤的直接危害是交通延误增大、行车速度降低，带来时间损失；低速行驶增加耗油量，导致燃料费用的增加；增加汽车尾气排放量又导致环境恶化。

交通拥挤以及由此导致的交通事故数上升、环境污染加剧，已经成为我国面临的极其严重的"城市病"之一。改善城市交通状况的最基本方法是加大城市交通基础设施建设。然而，道路或桥梁等交通基础设施建设需要巨额投资，同时受到城市布局和旧城改造等限制，特别是在交通问题最突出的城市中心，大规模的建设和改造有很大的难度。能够对交通拥挤立刻做出相应对策并能见效的是交通警察的现场指挥。一个经验丰富的交通警察能在较短的时间内把一个交叉口的交通阻塞缓解或解除。交通控制不仅能像交通警察一样，对交通拥挤立刻做出响应并实施控制，而且它有超越交通警察的能力。交通控制将经验与交通科学相结合进行优化控制，同时其控制范围不限于一个交叉口，它可以对一条干路或一个区域进行集中控制。这是任何一个经验丰富的交通警察都无能为力的。此外，交通控制系统还有数据采集和处理功能。这些信息对制定交通管理方案、交通控制方案以及城市规划设计都是很有价值的。因此，交通控制的地位是非常重要的。

2. 交通控制的作用

交通控制随着车辆与道路交通而生。随着社会及汽车工业的发展，交通控制的作用也在不断变化。初期的作用是最基本的交通要求——保障交通安全。随着车辆数量的增加，道路交通出现了车辆拥挤、堵塞的现象，因此，在保障交通安全的基础上，还要求交通控制达到疏导交通、保障交通畅通的目的。具体而言，交通控制的作用体现在以下五个方面：

（1）减少交通事故，保障交通安全

在世界上的许多国家，由道路交通事故引起的人身伤亡比自然灾害、火灾、意外爆炸等造成的危害要大得多。与世界各国相比，我国的交通事故显得尤为严重。2017 年、2018 年、2019 年我国道路交通事故万车死亡人数分别为 2.06 人、1.93 人、1.80 人。道路交通事故造成了巨大的损失。道路交通控制可以减少交通事故，提高交通安全。许多国家的经验表明，使用现代化的科学技术手段对道路交通进行协调控制，可以有效地减少交通事故。

（2）缓解交通拥挤，提高交通效率

由于车辆增多，世界各国的交通拥挤和交通堵塞现象非常普遍。早在 20 世纪 70 年代，英国发现一个约 100 个交叉口的城市，每年由于交通延误造成的经济损失达 400 万英镑。研究人员发现，在东京 260 多个交叉口的交通拥堵引起的年经济损失约为 2 亿美元。在巴黎每天由于交通拥堵引起的损失时间相当于一个拥有 10 万人口城市的日工作时间。当车辆时开时停行驶时，其损失时间是非常大的。据研究分析，当小汽车在 7～8km/h 之间不断加速、减速 1000 次，其平均损失时间是 6h。如果是卡车，损失时间将达到 21h。因此，使交通流保持在一种平稳的运行状态是非常重要的，交通控制恰恰可以在这个问题上大显身手。对交通流进行合理引导和控制，可以避免或缓解交通拥挤，提高交通运输的运行效率。

（3）提高公共交通系统的吸引力和效率

由于小汽车方便、舒适，人们愿意使用小汽车出行，不愿意去挤公交车，以致公共交通的吸引力下降，这一问题是多数国家和城市面临的问题。为缓解上述问题，必须建立一个舒适、方便、快捷的公共交通系统。实施公交优先，可以起到一定的作用。通过交通信号在交叉口给公共交通车辆优先通行权，减少其旅行时间，提高运行效率，增加对乘客的吸引力。

（4）降低污染程度，保护交通环境

汽车的尾气排放、噪声和振动是当今世界最严重的环境污染源之一。研究调查表明，汽车排出的污染物占大气污染物总量的 60% 以上；交通噪声占城市环境噪声的 70% 以上；汽车起动、制动时排出的污染物是匀速行驶的 7 倍以上，产生的噪声比正常行驶高 7 倍。交通控制能使车辆行驶速度均匀，减少汽车的停车次数，减少尾气排放、噪声和振动，保护交通环境。

（5）节省能源消耗

车辆的加速、减速使燃料的消耗增加，走走停停的行驶状态更加浪费能源。研究表明：在拥挤状态下由于车辆加速、减速、起动、制动，能耗是最佳运行状态的 2 倍。在我国，交通高峰期这个比率增加到 3.3 倍。当小汽车在 7～8km/h 之间不断加速、减速 1000 次，燃料消耗比匀速时多 60L，如果是卡车则多消耗 144L。交通控制可以减少停车次数、使车辆运行平稳，从而能够减少能源消耗。

5.2 交通信号控制基础

5.2.1 基本概念与参数

1. 信号相位

信号相位是按需求人为设定的，一组互不冲突的交通流同时获得通行权所对应的信号显示状态，简称为相位。图 5-4 是一个常见的典型四相位交通信号。

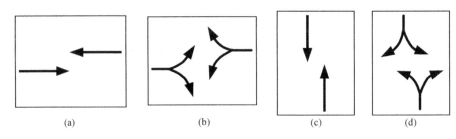

图 5-4　四相位交通信号

(a) 第一相位；(b) 第二相位；(c) 第三相位；(d) 第四相位

信号相位是根据交叉口通行权在一个周期内的更迭来划分的。一个周期内有几个信号相位，则称该交通信号控制方案为几相位的信号控制。一个交叉口采用几相位的信号控制由该交叉口的实际交通流状况决定，影响因素主要有：交叉口几何形状、交叉口渠化状况、交通流量及流向、交通安全、交通效率和其他特殊控制目标。一般地，十字交叉口通常采用 2～4 个信号相位。如果相位数太多，相位之间转换的损失时间会增加、导致交叉口的通行能力下降，整体交通延误会增加；如果相位数太少，不能有效地分配交叉口通行权，容易出现交通混乱，交通安全性下降。

2. 控制步伐

为保证交通安全，通常在两个相邻的信号相位之间设置一段过渡过程。如图 5-4 所示的信号相位，从第一相位切换到第二相位，可以在中间设置东西向绿闪、东西向黄灯亮等过渡过程。控制步伐是由某一时刻交叉口各个方向各交通信号灯状态组成的一组确定的灯色状态组合。不同的灯色状态组合成不同的控制步伐。一个信号相位一般包含一个主要控制步伐和若干个过渡性控制步伐。控制步伐持续的时间称为步长。主要控制步伐的步长一般由放行方向的交通量决定，过渡性控制步伐的步长一般取 2～3s。

3. 交通信号控制参数

(1) 信号周期

信号周期是指信号灯色按设定的顺序显示一个循环所需的时间，一般用 C 表示，单位为 s。信号周期是交通信号控制的重要参数。如果信号周期太短，难以保证各个方向的车辆顺利通过交叉口，导致车辆频繁停车、交叉口的利用率下降；如果信号周期太长，会导致司机等待时间过长，大大增加车辆的延误时间。一般情况下，周期应该设置在 60～120s。对于交通量较小的小型交叉口，信号周期可取 70s 左右；对于交通量较大、相位数较多的交叉口，信号周期可取 120s 左右。在我国的许多城市，很多交叉口是主干路与主干路相交，往往将周期设置的较长，一般设置在 120～180s。

(2) 黄灯时间

黄灯时间是警示驾驶人注意前方即将发生路权变化时黄灯的持续时间，一般用 A 表示。黄灯时间的长度一般由驾驶人的反应时间和安全通过交叉口所需时间决定。在美国，通常有两种黄灯使用规则。①"允许"黄灯规则：在整个黄灯时间内驾驶人都可以进入交叉口，如果驾驶人是在黄灯时间内进入交叉口，那么红灯时间内还可以在交叉口内行驶。在"允许"黄灯规则的情况下，必须利用全红时间来确保交叉口通行权的安全过渡。

② "限制"黄灯规则：这一规则有两种不同形式。在第一种形式中，除非车辆可以在黄灯结束时完全通过交叉口，否则它不能在黄灯时间内进入交叉口。这也意味着如果驾驶人认为他们无法安全停车，那么黄灯时间应该足以让他们完全通过交叉口；在第二种形式中，除非车辆无法安全停车，否则它不能在黄灯时间内进入交叉口。在这种"限制"黄灯规则的情况下不一定要有全红时间，设计者需要有良好的工程判断能力。

美国 ITE 推荐的确定黄灯时间的方法如下：

$$A = t + \frac{s_{85}}{2a + (19.6 \cdot G)} \tag{5-1}$$

式中　A——黄灯时长，s；

t——驾驶人反应时间，s；

s_{85}——85％位车速，或者是限速值，m/s；

a——车辆减速度，m/s²；

G——进口道坡度，用小数表示；

19.6——两倍的重力加速度，m/s²。

通常情况下驾驶人反应时间取 1s，车辆减速度取 3.048m/s²。

式（5-1）反映了车辆安全停车所需时间，包括驾驶人反应时间，这允许驾驶人在距离交叉口大于一个安全距离的情况下停车，或是在距离交叉口小于一个安全距离的情况下安全进入交叉口（同时在限制黄灯规则情况下安全驶离交叉口）。有关反应时间以及减速度的取值与道路几何设计中采用的数据不同，因为这些数据是基于驾驶人对黄灯信号做出的反应，也就是考虑有预见性的情况，而不像没有预见性情况下需要更长的反应时间。

我国在《中华人民共和国道路交通安全法》实施条例中提到"黄灯亮时，已越过停止线的车辆可以继续通行"，类似于美国"限制"黄灯规则中的第二种。

（3）全红时间

全红是指交叉口所有方向均显示红色信号。全红时间是为了保证相位切换时不同方向行驶车辆不发生冲突、清除交叉口内剩余车辆所用时间。一般用 t_R 表示全红时间。美国《统一交通控制设施手册》（MUTCD）提供了制定黄灯时间与全红时间的指导方针，建议时长应该根据交叉口实际情况（进口道车速与交叉口宽度）事先确定，MUTCD 建议黄灯时间持续 3～6s，对于车速较高的方向可采用更长的黄灯时间，建议全红时间不超过 6s。

（4）绿灯间隔时间

绿灯间隔时间是指一个相位绿灯结束到下一相位绿灯开始的时间间隔，用 I 表示。设置绿灯间隔时间主要是为了确保已通过停车线驶入交叉口的车辆，均能在下一相位的首车到达冲突点之前安全通过冲突点，驶出交叉口。绿灯间隔时间，即相位过渡时间，通常表现为黄灯时间或黄灯时间加上全红时间。

（5）损失时间

信号相位变换时不可避免地会造成时间损失，在这个时间内任何车辆都不能通行。损失时间是由于交通安全及车流运行特性等原因，在整个相位时间段内没有交通流运行或未被充分利用的时间，用 l 表示。部分损失时间是指由于交通安全及车流运行特性等原因，在相位可以通行的时间段内没有交通流运行或未被充分利用的时间。部分损失时间由前损失时间和后损失时间两部分组成。前损失时间是指绿灯初期，由于排队车辆需要启动加速、驶出率较低所造成的损失时间。后损失时间是指绿灯时间结束时，黄灯期间停车线后的部分车辆已不允许越过停车线所造成的损失时间。后补偿时间等于黄灯时间减去后损失时间。

损失时间等于绿灯显示时间与绿灯间隔时间之和减去有效绿灯时间，等于绿灯间隔时间与后补偿时间之差加上前损失时间，也等于部分损失时间与全红时间之和。

$$l = t_G + I - t_{EG} = I - t_{BC} + t_{FL} = I - t_Y + t_{BL} + t_{FL} = t_L + t_R \tag{5-2}$$

式中　　t_G——绿灯时间；

I——绿灯间隔时间；

t_{EG}——有效绿灯时间；

t_{BC}——后补偿时间；

t_{FL}——前损失时间；

t_{BL}——后损失时间；

t_G——绿灯时间；

t_Y——黄灯时间；

t_L——部分损失时间；

t_R——全红时间。

图 5-5 直观地体现了以上各时间参数及其相互关系。

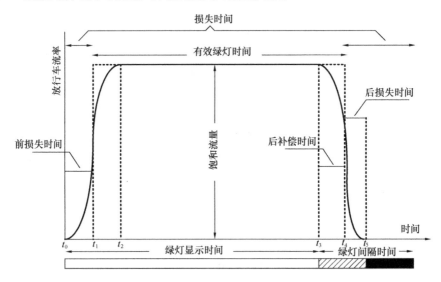

图 5-5　获得通行权的车流在其相位期间通过交叉口的流量图示

图 5-5 中，t_0 是绿灯启亮时刻，t_1 是前损失时间节点，t_2 是放行车流率达到饱和流量的时刻，t_3 是黄灯启亮时刻，t_4 是后损失时间节点，t_5 是红灯启亮时刻。在 $t_0 \sim t_2$ 时间段，即放行车流率未达到饱和流量期间，放行车流率曲线与时间轴围成的面积等于该时间段内通过交叉口的车辆数，可以等效于以饱和流量放行时在 $t_1 \sim t_2$ 时间段内通过交叉口的车辆数，即等于以 $t_1 \sim t_2$ 的线段为底、以饱和流量为高所构成的虚线框的面积，因此图中 $t_0 \sim t_1$ 的线段长为前损失时间。类似可以推知 $t_3 \sim t_4$ 的线段长为后补偿时间，$t_4 \sim t_5$ 的线

段长为后损失时间。

对于一个信号周期，总的损失时间是指所有关键车流在其信号相位中的损失时间之和，用 L 表示。关键车流是那些能够决定信号相位时长的特定车流，即对整个交叉口的通行能力和信号配时设计起决定作用的车流。

（6）有效绿灯时间

真正用于车辆通行的那段绿灯时间为有效绿灯时间。某信号相位的有效绿灯时间是指将一个信号周期内该信号相位能够利用的通行时间折算为被理想利用时所对应的绿灯时长。有效绿灯时间等于绿灯时间与黄灯时间之和减去部分损失时间。

$$t_{EG} = t_G + t_Y - t_L = t_G - t_{FL} + t_{BC} = t_G - t_{FL} + t_Y - t_{BL} \tag{5-3}$$

（7）绿信比

绿信比是指一个信号周期内某个信号相位的有效绿灯时间与信号周期的比值，用 λ 表示。

$$\lambda = \frac{t_{EG}}{C} \tag{5-4}$$

式中　t_{EG}——有效绿灯时间。

绿信比是信号配时设计中最关键的时间参数之一。绿信比的大小对于疏通交通流和减少交叉口总等待时间有着举足轻重的作用。通过合理地分配各车流方向的绿灯时间（绿信比），可优化各方向的停车次数与等待时间。

4. 交通流参数

（1）交通流量

交通流量是指单位时间内到达道路某一截面的车辆或行人数量，用 q 表示。到达交叉口的交通流量是指单位时间内到达停车线的车辆数，其主要取决于交叉口上游的驶入交通流量以及车流在路段上行驶的离散特性。

（2）速度

1）地点车速。指的是车辆通过道路特定地点的瞬时速度。日常生活中讲到的车速（如汽车车速表指示的速度、交通标志牌上限制的速度等）多指点速度，点速度在道路规划设计、交通管理和交通工程设施设计的过程中均有应用。

2）行驶速度。由行驶某一区间所需时间（不包括停车时间）及其区间距离求得的车速，用于评价该路段的线性顺适性和通行能力，也可用于道路使用者的成本效益分析。

3）运行速度。中等技术水平的驾驶人在良好的气候条件、实际道路状况和交通条件下所能保持的安全车速，用于评价道路通行能力和车辆运行状况。

4）行程速度。行程速度又称区间速度，是车辆行驶路程与通过该路程所需的总时间（包括停车时间）之比。行程速度是一项综合性指标，用以评价道路的通畅程度，估计行车延误情况。要提高运输效率归根结底是要提高车辆的行程速度。

5）临界速度。是指道路理论通行能力达到最大时的车速，对于选择道路等级具有重要作用。

6）设计速度。是指在道路交通与气候条件良好的情况下仅受道路物理条件限制时所能保持的最大安全车速，用作道路线性几何设计的标准。

（3）交通密度

交通密度是指在单位长度车道上，某一瞬时所存在的车辆数；也可用某个行车方向或某路段单位长度上的车辆数来度量。交通密度与交通量不同，交通量表示的是车辆通过道路断面的频繁程度，而交通密度表示的是道路空间上的车辆密集程度。根据定义，交通密度是在一段道路上测得的瞬时值，它不仅随时间的变化而变动，也随测定区间的长度而变化。

（4）饱和流量

饱和流量是指单位时间内车辆通过交叉口停车线的最大流量，即排队车辆加速到正常行驶速度时，单位时间内通过停车线的稳定车流量，用 S 表示。饱和流量取决于道路条件、车流状况以及配时方案，但与配时信号的长短基本无关。饱和流量常用的计算方法有韦伯斯特法、阿克塞立科法、折算系数法、停车线法、冲突点法等。

（5）通行能力

通行能力是指在现有道路条件和交通管制下，车辆以能够接受的行车速度行驶时，单位时间内一条道路或道路某一断面所能通过的最大车辆数，用 Q 表示。通行能力与饱和流量、绿信比之间的关系可以用式（5-5）表示：

$$Q = S \cdot \lambda = S \cdot \frac{t_{EG}}{C} \tag{5-5}$$

（6）饱和度

道路的饱和度是指道路的实际流量与通行能力之比，用 x 表示：

$$x = \frac{q}{Q} = \frac{q}{S} \cdot \frac{C}{t_{EG}} = \frac{y}{\lambda} \tag{5-6}$$

从上式可以看出：①当道路具有足够的通行能力即 $Q > q$ 时，其饱和度 $x < 1$；当道路不具有足够的通行能力即 $Q \leqslant q$ 时，其饱和度 $x \geqslant 1$。兼顾到交叉口通行效率与绿灯时间利用率，通常在交叉口的实际设计工作中为各条道路设置相应的可以接受的最大饱和度限值，又称为饱和度实用限值。饱和度实用限值一般设置在 0.9 左右。实践表明，当饱和度保持在 0.8～0.9 之间时，交叉口可以获得较好的运行条件；当交叉口的饱和度接近 1 时，交叉口的实际通行条件将迅速恶化。②加大交叉口某信号相位的绿信比也就是降低该信号相位所对应的放行车道的饱和度。当然，某一信号相位绿信比的增加势必造成其他信号相位绿信比的下降，从而将会导致其他信号相位所对应的放行车道的饱和度相应上升。因此，研究整个交叉口的总饱和度很关键。

5.2.2 交通控制的性能指标

1. 延误时间

车辆的延误时间是指车辆在受阻情况下通过交叉口所需时间与正常行驶同样距离所需时间之差。图 5-6 描述了车辆在到达停车线前由于受到红灯信号的影响，逐渐减速停车，并在等待一段时间后，加速启动通过交叉口的全过程。

交叉口总的延误时间是指所有通过交叉口的车辆的延误时间之和，用 D 表示；交叉口的平均延误时间则是指通过交叉口的车辆的延误时间平均值，用 d 表示。交叉口的平均延误时间是一个评价交叉口运行效果和衡量交叉口服务水平的重要指标，具有十分重要的参考意义。

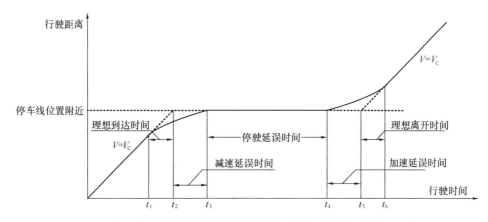

图 5-6　交叉口受阻滞车辆的行驶时间与行驶距离关系

2. 服务水平

服务水平是指道路使用者对道路交通运行所要求达到的服务质量标准。美国将服务水平划分为 A、B、C、D、E、F 共 6 个等级。考察服务水平的因素主要有：

1）表征车辆行驶受阻情况的延误时间与停车次数；

2）车辆的行驶速度与行程速度；

3）车辆行驶的自由度；

4）行车的安全性；

5）行车的舒适性与方便性；

6）行车方面的经济性。其中交叉口平均延误时间的大小与交叉口服务水平的高低关系最为密切。

美国给出了服务水平和平均延误时间的对照表，如表 5-2 所示。

服务水平与平均延误时间关系对照表　　　　　　　　　　表 5-2

服务水平等级	平均延误时间（s）	服务水平等级	平均延误时间（s）
A	<5.0	D	25.1～40.0
B	5.1～15.0	E	40.1～60
C	15.1～25.0	F	>60

3. 停车次数

车辆的停车次数是指车辆在通过交叉口时受信号控制影响而停车的次数，即车辆在受阻情况下的停车程度，用 h 表示。

交叉口总的停车次数是指所有通过交叉口的车辆的停车次数之和，用 H 表示；交叉口的平均停车次数则是指通过交叉口的车辆的停车次数平均值。平均停车次数是一个衡量信号控制效果的重要性能指标。减少停车次数可以降低燃油消耗、减小车辆轮胎和机械磨损、减轻汽车尾气污染、降低司机和乘客的不舒适程度，同时确保交叉口的行车安全。

在交通信号控制所涉及的基本概念当中，通行能力、饱和度、延误时间和停车次数是反映车辆通过交叉口时动态特性和进行交叉口信号配时设计的 4 个基本参数。交通信号控制的目标就是要寻求较大的通行能力、较低的饱和度，从而使得通过交叉口的全部车辆总

213

延误时间最短或停车次数最少。

4. 排队长度

信号交叉口的排队长度与延误时间一样，能反映交叉口处交通流的运行情况，是评价交叉口的运行状况、信号配时方案优劣的重要性能指标。在国内外数十年有关交通流理论的研究过程中，学者们先后提出了多种排队长度计算模型，其中较为经典且实用性较强的模型包括 MILIER、SYNCHRO3、SIANAL94、TRANSYT 等排队长度模型。

5. 燃料消耗和尾气排放

车辆在交叉口处等候时会消耗燃料、排放尾气。交通控制的目标除了减少拥挤，还要实现控制汽车燃油消耗和温室气体排放的目标，因此，燃料消耗和尾气排放也是两个重要的性能指标参数。

5.3 交通信号控制设备

5.3.1 交通信号控制的设置依据

平面交叉口常用的控制方式主要有停车让路控制、减速让路控制、信号控制、交通警察指挥控制 4 种。停车让路控制与减速让路控制是利用特定的交通标志对通过交叉口的支路车辆进行通行控制；信号控制是利用交通信号灯对通过交叉口的各个方向的车辆和行人进行通行控制；交通警察指挥控制则是通过交通警察在交叉口的现场指挥对通过交叉口的各个方向的车辆和行人进行通行控制。

平面交叉口采用何种控制方式是一个需要认真研究的问题。由于停车让路控制或减速让路和信号控制各有其适用条件，所以信号灯设得合理、正确时就能够发挥其功能，否则不仅浪费设备，还会造成不良后果。交叉口是否需要信号控制主要考虑两个因素：交叉口的通行能力和延误。当交叉口实行停车控制的情况下，其交通流量接近或达到其最大可通行量，使得各方向车辆的延误大增，此时需要考虑设置交通信号控制。

由于世界各国的交通条件与驾驶人心理存在一定的差异，各国在充分考虑各自的交通实际状况后，制定出各自的交通信号控制设置标准。我国于 2016 年颁布实施了国家标准《道路交通信号灯设置与安装规范》GB 14886—2016，对信号灯的安装做出了如下规定：

（1）机动车高峰小时流量条件

交叉口机动车高峰小时流量超过表 5-3 所列数值时，应设置信号灯。

交叉口机动车高峰小时流量　　　　　　　　　　　　　　表 5-3

主要道路单向车道数（条）	次要道路单向车道数（条）	主要道路双向高峰小时流量（pcu/h）	流量较大次要道路单向高峰小时流量（pcu/h）
1	1	750	300
		900	230
		1200	140
1	≥2	750	400
		900	340
		1200	220

主要道路单向车道数 （条）	次要道路单向车道数 （条）	主要道路双向高峰小时流量 （pcu/h）	流量较大次要道路单向高峰小时流量 （pcu/h）
≥2	1	900	340
		1050	280
		1400	160
≥2	≥2	900	420
		1050	350
		1400	200

（2）任意连续 8h 机动车小时流量条件

交叉口任意连续 8h 机动车平均小时流量超过表 5-4 所列数值时，应设置信号灯。

交叉口任意连续 8h 机动车小时流量　　　　　　表 5-4

主要道路单向车道数 （条）	次要道路单向车道数 （条）	主要道路双向任意连续 8h 平均 小时流量（pcu/h）	流量较大次要道路单向任意连续 8h 平均小时流量（pcu/h）
1	1	750	75
		500	150
1	≥2	750	100
		500	200
≥2	1	900	75
		600	150
≥2	≥2	900	100
		600	200

5.3.2　交通信号灯

交通信号灯通常安置在城市道路的交叉口，由红灯、绿灯、黄灯等灯光信号组成。交通信号灯是用于加强道路交通管理、提高道路使用效率、改善交通秩序、减少交通事故的一种重要设施。交通信号灯由交通信号控制机控制，指导车辆和行人安全有序通行。

交通信号灯按照种类可以分为普通信号灯、箭头信号灯和闪烁灯。

1. 普通信号灯

普通信号灯的灯头为圆形，显示红、黄、绿三种颜色，这种信号灯主要控制交叉口各进口道方向的所有车辆通行或停止，不能分别指示左转、直行、右转方向。

绿灯表示准许车辆、行人通行，转弯的车辆不准妨碍直行的车辆和被放行的行人通行。

红灯表示不允许车辆、行人通行，面对红灯的车辆不能超过停车线，右转车辆在不妨碍被放行的车辆和行人的情况下可以通行。

黄灯表示即将亮红灯，未到达停车线的车辆应该停止；已经越过停车线的车辆，须在确保安全的原则下继续通行通过交叉口。

2. 箭头信号灯

箭头信号灯是在普通信号灯的灯头上增加指示方向的箭头，可分别指示左转，直行、右转方向。它是专为分离各种不同方向交通流，并提供专用通行时间而设计的信号灯。这种信号灯只在设有专用转弯车道的交叉口上使用。

绿色箭头灯表示准许车辆行人按箭头所指示的方向通行。

红色箭头灯表示禁止箭头所指示方向的车辆、行人通行。

3. 闪烁灯

闪烁灯是指普通信号灯或箭头信号灯按一定的频率闪烁，可补充其他灯色所不能表达的交通指挥含义。

1）红灯闪烁表示警告车辆不允许通行。

2）黄灯闪烁表示车辆可以通行，但需谨慎驾驶。

3）行人绿灯闪烁表示不允许行人进入人行横道，但已进入人行横道的行人可以继续通行。

交通信号灯按照排列方式可以分为垂直排列式信号灯和水平排列式信号灯。

（1）垂直排列式

1）普通信号灯次序。自上而下为红、黄、绿。

2）带有箭头灯时的次序。

单排式：自上而下，一般为红、黄、绿直行箭头、左转箭头、右转箭头。

双排式：一般在普通信号灯的里侧加装左转箭头灯，或左转和右转箭头灯，或左转、直行、右转三个方向的箭头灯。

（2）水平排列式

1）普通信号灯次序。从道路的中心线一侧以红、黄、绿的顺序向右侧路边排列。

2）带有箭头灯时的次序。

单排式：自外向里，一般为红、黄、绿左转箭头、直行箭头、右转箭头灯；或红、黄、绿左转箭头灯；或红、黄、绿右转箭头灯。

双排式：一般在普通信号灯下，自外向里，为左转箭头灯、直行箭头灯和右转箭头灯，中间可省掉不必要的箭头灯。

水平排列时，左右箭头灯所处位置，原则上可以同左、右车道的位置一致。按照固定方式排列信号灯有两个优点：一是把红色信号灯放在最醒目的位置；二是使患有色盲的人可以根据位置来判断信号的含义。

5.3.3 交通信号控制机

交通信号控制机，也叫交通信号控制器，简称信号机，是改变道路交通信号顺序、调节信号、控制道路交通信号灯运行的设备。交通信号控制机是城市交通信号控制系统的关键组成部分，是交通信号控制系统中位于交叉口现场的执行单元，其核心功能是实现交叉口信号控制，同时具备交通信息采集、通信等功能。

1. 信号机硬件组成

交通信号机一般由控制单元、灯相输出单元、闪烁单元、输入/输出接口、电源模块和机柜组成。控制单元是信号控制机的核心，主要由中央处理模块、显示控制面板模块、故障管理模块等部分组成。控制单元的主要功能：根据不同交通需求时段，选择配时方案；接收行人及车辆优先控制信号；接收中心计算机下传的优化配时方案；执行灯色变换并监视灯色冲突，监视电源电压，监视灯泡以及灯相输出模块等。灯相输出单元是控制灯泡亮灭的可控组件。每个灯相输出单元可以提供机动车红、黄、绿和行人与非机动车红、绿可控组件，以控制灯泡亮灭。闪烁单元是提供故障（包括微处理器模块故障或绿—绿冲突故障等）警示，在发生故障时信号灯闪烁。输入/输出接口是交通信号控制信息的内外传输以及控制电源的连接，包括倒计时器及外围设备接口、车辆检测器接口、各进口电力输出连接器接口、外部通信接口等。电源模块是为信号控制机提供电力，将外部 220V 输入转换为内部使用的直流 24V、12V、5V。机柜保护信号机内部器件，根据国家标准《道路交通信号控制机》GB 25280—2016 的规定，信号机机柜内部空间应当足够大，应有利于信号机的散热、安装、使用和维修，应能够防雨并且尽可能降低灰尘及有害物质的侵入，机柜和安装机箱的设计还要防止顶面积水等。信号控制机外箱机柜主要由主箱体、侧边执勤手动小门、外围控制缆线与信号机接线板三大部分组成。

2. 信号机软件组成

交通信号机的软件一般由操作系统、设备驱动程序、通信程序、各种控制功能软件等组成。操作系统是管理交通信号机硬件与软件资源的计算机程序。操作系统管理与配置内存、决定系统资源供需的优先次序等基本事务。设备驱动程序是使交通信号机和设备进行相互通信的特殊程序，是系统和硬件设备之间的桥梁。通信程序是交通信号机和交通管理中心、路侧设备、各种输入输出设备之间进行通信的程序。控制功能软件是交通信号机的"控制功能"的体现，包括信号配时、检测器设置、控制策略配置等。

3. 信号机功能

一般地，一款比较成熟的信号机应具备以下基本功能：

（1）基本控制功能

根据预先设定的配时方案实现信号灯色的变换，包括红、黄、绿及其他（黄闪、绿闪等），对各类交叉口（包括单个交叉口、距离较近的多个交叉口、行人过街横道）进行控制。

（2）多时段控制功能

信号机应该具有多时段控制功能，即能够根据每个交叉口各个不同时段的交通流量设置各对应时段的控制参数，然后根据信号机的时钟在对应时段的起止时刻自动切换并执行相应方案。

（3）感应控制功能

信号机应该具有感应控制功能，即当信号机设置为感应控制方式时，感应控制模块能够根据车辆检测单元接收到车辆信号适当延长该相位或放行车道的绿灯时长。

（4）手动执行功能

具有手动执行功能，即通过友好的人机界面，执勤人员可通过现场设置某一方向或某一车道的单独放行或禁行的功能，放行或禁行的时长同样可通过菜单进行灵活设置。

（5）绿冲突和模拟运行功能

具备绿冲突和模拟运行功能，即当方案设置人员设置的放行方案存在绿冲突时，可根据设置的优先次序对设置方案进行自动修正，并能够对设置方案进行模拟运行，通过人机界面确认设置方案的准确无误。

（6）联网通信功能

通过通信接口，具备同指控中心进行联网通信的功能，即根据一定的协议，信号机可以接收并执行控制中心发出的所有信号机支持和执行的功能。

5.3.4 典型信号机简介

MTC-2000信号机是天津通翔智能交通系统有限公司开发的，可根据不同交叉口几何形状及交通流情况优化采用各种相位控制方式，控制功能可选择闪灯、全红、手动及自动等控制模式。在自动控制模式下，信号机依据各时段预设的配时方案运行；可执行感应功能（全感应/半感应）；可接受中心指令进行控制运行，并将运行状态及异常信息上传至中心计算机。图5-7为信号机外观图和架构图。

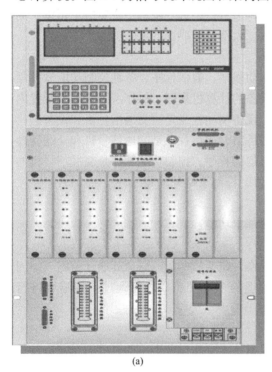
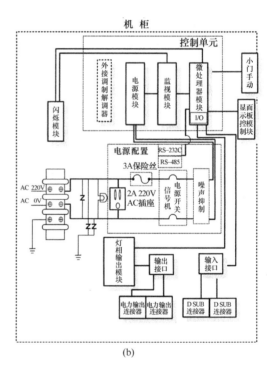

(a)　　　　　　　　　　　(b)

图 5-7　MTC-2000 信号机外观图和架构图

（a）信号机外观图；（b）信号机架构图

MTC-2000信号机组成如下：

（1）控制单元

1）中央处理模块

CPU：MOTOROLA 68HC000 16bit，工作频率：8MHz。

内存：EPROM 256KB。SRAM 256KB，内含 1F 金电容，停电时数据至少可保存 100h。

实时时钟：采用 DS12887 时钟 IC，准确度±20PPM 具有三种自动校时功能，停电时可维持继续执行时钟运作一年以上。

看护时钟：监视 CPU 动作。

2）显示控制面板模块

显示控制面板模块主要由键盘和显示器组成（图 5-8），可进行配时方案设置、查询等。

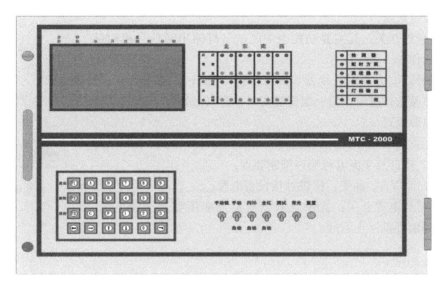

图 5-8　显示控制面板模块

3）故障管理模块

故障管理模块主要有冲突信号检测、电压监视等功能，包括检测是否脱离正常状态、清场时间是否漏掉或缩短、操作电压是否超出范围等。如果故障被检测到，故障管理模块自动把所有信号都变成闪烁或红灯，覆盖控制机的输出指令。

① 灯相冲突检测：利用绿灯反馈信号再以软件判别是否灯相冲突。

② 灯相监视：可控硅击穿、灯泡烧坏、信号灯开关关闭等监视。

③ 电源电压监视。

（2）灯相输出单元

模块化设计，利用 DIN41612 H15 连接器与背板连接，接受微处理器模块输出驱动信号控制可控硅，执行灯泡亮或灭控制（图 5-9）。

1）16A 400VAC 可控硅当作固态负载开关，执行灯泡亮、灭控制，每一模块提供 8 只可控硅组件。

2）每一驱动输入信号以光耦合隔离器与可控硅隔离，避免反馈电压损及内部电路。

3）每一固态负载开关加装浪涌保护器及保险丝，提供雷击过电压及过电流保护。

4）每一灯相输出模块提供两组红、黄、绿、及一组行红、行绿共 8 只可控硅组件控制灯泡亮、灭。

5）每一灯相输出模块面板提供 LED 指示灯对应运行中的灯号，如图 5-9 所示。

（3）闪烁单元

提供专用闪烁模块，微处理器模块故障或绿—绿冲突时执行闪灯控制。

（4）输入/输出接口

信号灯开关、信号灯电力输出连接器、外围输入连接器及电源接线端子板（图 5-10）。

1）电源接线端子板：连接 220VAC 电源线输入，分别为 220V 火线、零线及地线。

2）信号灯开关：其主要功能为关闭信号灯输出时信号机内部仍可正常运作。

3）信号灯电力输出连接器：提供二组（每组含 24 接点），一组连接北口及东口灯号，另一组连接南口及西口灯号。

（5）电源配置

电源配置包含 2A 220VAC 插座、信号机电源开关、3A 保险丝、RS 232 接口及交流电源噪声抑制装置。

1）2A 220VAC 插座：提供外接设备电源。

2）信号机电源开关：提供电源供应器及变压器之交流电源，关闭时整部信号机停止运行。

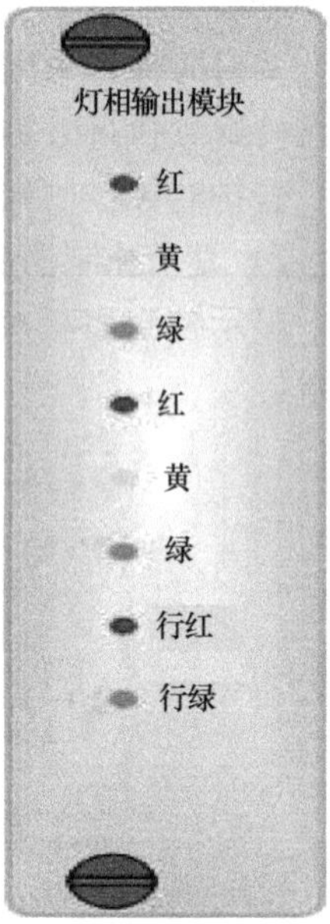

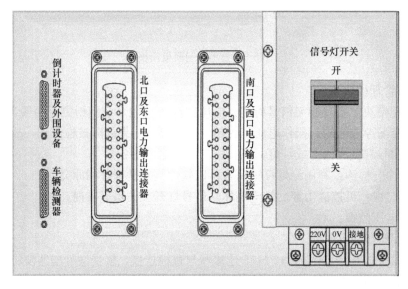

图 5-10　连接器、电源接线端子板及信号灯开关图

3）3A 保险丝：信号机控制电路过电流保护。

4）RS 232 接口：一组与手提测试机连接，另一组备用，可与光端机或调制解调器连接。

5）交流电源噪声抑制装置：防止电源瞬间浪涌输入影响信号机正常运行的装置。

（6）外箱机柜

信号控制机外箱机柜主要由主箱体、侧边执勤手动小门、外围控制缆线与信号机接线

图 5-9　灯相输出模块图

板三大部分组成。侧面执勤手动小门可以提供手动变换信号灯信号、手动闪烁、四面全红和信号灯开闭等操作。

5.4　交通信号控制方式

交通信号控制从控制策略上分为定时控制、感应控制、自适应控制/智能控制；从控制范围上分为单点控制、干线控制、区域控制。

5.4.1　按控制策略划分

1. 定时控制

定时控制是最基本的一种信号控制方式，适用于车流量规律变化的情况。其控制原理是：对历史交通流数据进行分析、发现相对固定的交通流变化模式；利用人工方法或计算机仿真等手段制定不同时段的信号配时方案；在实施过程根据不同时段调用不同的配时方案。从控制原理角度来讲，定时控制是开环控制。一天只用一个配时方案的称为单段式定时控制；一天中按不同时段的交通量采用几个配时方案的称为多段式定时控制。定时控制的优点如下：

1）定时控制不需要检测器，安装、维护方便，建设费用较低；

2）定时控制由于其"定时"更容易实现多交叉口的协调控制；

3）低交通流量下定时控制容易实现对车速的控制，能够让两个或多个交叉口实现高效和安全运行。

定时控制的缺点主要是其配时方案是基于历史数据的，因此其灵活性差、局限性大，不适应于交通流的迅速变化。

对于定时控制，信号配时的主要参数有信号周期时长与各相位的绿信比。单点固定信号配时已经有很多经典的方法，如英国的韦伯斯特法（Webster）法、澳大利亚的 Akcelic 法、美国的信号配时法和我国的冲突点法等。

2. 感应控制

感应控制是根据车辆检测器检测到的交叉口交通流状况，使交叉口各个方向的信号绿灯时间适应于交通需求的控制方式。感应控制对车辆随机到达的适应性较大，可使车辆在停车线前尽可能少地停车，从而达到保证交通畅通的效果。从控制原理角度来讲，感应控制是闭环控制。感应控制一般分为半感应控制和全感应控制。

（1）半感应控制

只在支路进口道上设置检测器的感应控制，一般适用于主次道路相交且次要道路交通流量变化较大的交叉口，或路段行人过街处。半感应控制，主要道路的相位是非感应式的，即这些相位是无检测器的，检测器设在次要道路上。平时主路上是绿灯，在设计次路车辆检测时，主要考虑的不是次路的交通延误，而是保证次路的最小绿灯时间的前提下使主路的交通延误最小。当次路车辆很少时，次路非机动车往往要等待较长时间，必要时需考虑行人按钮。

（2）全感应控制

在交叉口全部进口道上均设置检测器，只要一个方向道路的交通流用不完"全部"

"绿灯时间"，则自动将剩余时间增加到另一个方向道路的绿灯上。全感应控制适应于道路等级相当、交通量差别较小的信号交叉口。

感应控制基本原理是：绿灯启亮时，先给出一段最小绿灯时间 G_{min}，在这一段最小绿灯时间结束前，如果检测到有车辆到达，则相应延长单位绿灯时间 G_0，如果其后又检测到有车辆到达，则再相应延长单位绿灯时间 G_0，依次类推，直到当绿灯时间累计达到预定的最大绿灯时间 G_{max}，或在绿灯时间内没有车辆到达，这才切换到下一信号相位。感应信号工作原理示意图如图 5-11 所示。

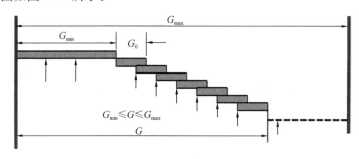

图 5-11　感应信号工作原理示意图

长期的实践表明，感应控制在以下情况的通行效率比定时控制系统要高，车辆停车次数减少。

1）交通量变化大且不规则，难以用固定式控制方式处理的交叉口；

2）不适用于联动定时系统中的交叉口；

3）只在一天的部分时间里需要交通信号控制的地方；

4）交叉口交通流量不大、饱和度较低的交叉口；

5）几个流向的交通量时有时无或多变的复杂交叉口；

6）主次道路交通量相差悬殊的交叉口；

7）行人交通量较少的路段行人过街处。

3. 自适应控制/智能控制

自适应控制是在交通流实时检测的基础上，根据交通流预测模型进行信号最优控制。自适应控制的目的是保持最优的交通流控制，把交通系统作为一个不确定性系统，不断检测交通流量、停车次数、排队长度等参数，通过建立的控制模型生成可调参数或产生控制量，从而实现信号配时随着交通状态的变化而自适应地变化，使控制效果达到最优或者次优。

智能控制是具有智能信息处理、智能信息反馈和智能控制决策的控制方式，是控制理论发展的高级阶段，主要用来解决那些用传统方法难以解决的复杂系统的控制问题。智能控制以控制理论、计算机科学、人工智能、运筹学等学科为基础，扩展了相关的理论和技术，应用较多的有模糊逻辑、神经网络、专家系统、遗传算法、自组织控制、自学习控制、强化学习、深度学习等技术。这些新的技术为交通信号控制提供了一条切实可行的途径，取得了一定的成果。

相对定时控制，自适应控制、智能控制是较为先进的控制方式，但是在实际应用中，自适应控制和智能控制对设备、检测等方面的要求较高。自适应控制和智能控制功能的发挥离不开全面实时、准确无误的交通检测和信息通信手段。全面、实时、准确、可靠的交通信息检测是实现自适应控制和智能控制的基础。

5.4.2 控制范围：点控、线控、面控

5.4.2.1 单个交叉口的交通控制（点控）

每个交叉口的交通控制信号只按照该交叉口的交通情况独立运行，不与其邻近交叉口的控制信号有任何联系的，称为单个交叉口交通控制，也称单点信号控制，俗称"点控"。这是交通信号控制的最基本形式。由于车辆行驶速度存在差异，从上游交叉口停车线驶出的车队在到达下游交叉口停车线之前便慢慢拉开距离，即发生"离散"现象。相邻交叉口之间的距离越长，"离散"越明显。研究表明，对于距离上游交叉口大于800m的交叉口，采用点控更能有效减小车辆延误时间。

单交叉口信号控制方式的优点是灵活、简单、投资较少以及维护方便。单个交叉口信号控制参数主要有周期长度和绿信比。单点定时信号控制是常见的信号控制方式之一。单点定时信号配时设计内容主要包括：时段划分、设计交通量、信号相位方案的确定、配时参数的计算、性能评估。本书主要阐述配时参数的计算。

1. 配时参数

（1）最佳周期长

根据Webster公式，最佳信号周期长可以用下式进行计算：

$$C_0 = \frac{1.5L + 5}{1 - Y} \tag{5-7}$$

式中　　C_0——信号控制最佳周期长；

　　　　L——周期总损失时间，s，其计算见下式：

$$L = \sum_{i=1}^{n}(l_s + I_i - A_i) \tag{5-8}$$

式中　　l_s——车辆启动损失时间，一般为3s；

　　　　I_i——绿灯间隔时间，即黄灯时间加全红时间，一般黄灯时间为3s，全红时间为2~4s；

　　　　A_i——黄灯时间；

　　　　n——所设相位数；

　　　　Y——组成周期的全部相位的最大流量比之和，即：

$$Y = \sum_{i=1}^{n}\max(y_{i1}, y_{i2}, \cdots) \tag{5-9}$$

式中　　y_{i1}——第i个相位第一个交通流向的流量比，即：

$$y_{i1} = \frac{q_{i1}}{s_{i1}} \tag{5-10}$$

式中　　q_{i1}——第i相位第1个交通流向的实际到达流率（调查得到或设计交通量）；

　　　　s_{i1}——第i相位第1个交通流向的饱和流率（调查得到或根据基本饱和流率估计得到）。

（2）最小信号周期长

就满足交叉口通行能力要求而言，信号周期长的选择有一个最起码的底限，即信号周期长无论如何都不能低于这个限值，否则将不能满足通行能力的要求，这个最低限值称为最小信号周期长。在理想情况下，当交叉口的信号周期运行最小信号周期长时，一个周期内到达交叉口的车辆将恰好在一个周期内被放行完，既无滞留车辆，也无富余绿灯时间。因此，最小信号周期长 C_m 应当恰好等于一个周期内全部关键车流总的绿灯损失时间加上对应到达车辆以各自进口道饱和流量放行通过交叉口所需时间之和，即：

$$C_m = L + \frac{v_1 \times C_m}{s_1} + \frac{v_2 \times C_m}{s_2} + \cdots + \frac{v_n \times C_m}{s_n} \tag{5-11}$$

上式经整理可得：

$$C_m = \frac{L}{1 - \sum_{i=1}^{n} \frac{v_i}{S_i}} = \frac{L}{1 - \sum_{i=1}^{n} y_i} = \frac{L}{1 - Y} \tag{5-12}$$

式中　L ——全部关键车流总的绿灯损害时间，s；

　　　Y ——全部关键车流总的交通流量比。

（3）绿信比

一旦确定了周期长，可用的有效绿灯时间就可以在不同的相位之间进行分配。一个周期的总有效绿灯时间为：

$$G_e = C - L \tag{5-13}$$

式中　G_e ——总有效绿灯时间，s。

周期绿信比等于各相位绿信比之和，即

$$\lambda = \sum_{i=1}^{n} \lambda_i = \frac{G_e}{C} \tag{5-14}$$

式中　λ ——周期绿信比；

　　　λ_i ——相位 i 的绿信比。

各相位的绿信比是影响交叉口信号控制运行效率的重要参数，不同的绿信比将导致不同相位的延误和通行能力的变化。

等饱和度法是一种常用的绿信比分配法。等饱和度是指各信号相位饱和度相同，因此在这种情况下，相位饱和度就是交叉口饱和度。等饱和度法通常是指 Webster 方法。在 Webster 方法中，给出了绿信比的分配原则，即各相位绿信比按各相位关键车道流量比的比例进行分配，因此各相位饱和度相同，即各相位有效绿灯时间可以通过下式进行计算：

$$g_{ei} = G_e \frac{\max(y_{i1}, y_{i2}, \cdots)}{Y} \tag{5-15}$$

式中　g_{ei} ——第 i 相位有效绿灯时间，s；

　　　G_e ——总有效绿灯时间，s。

例如：对于两相位信号控制交叉口，设两相位关键车道流量比分别为 y_1、y_2，根据上述绿信比的分配原则，可以得到绿信比的分配系数。

相位 1 分配系数 k_1：

$$k_1 = \frac{y_1}{y_1 + y_2} = \frac{y_1}{Y} \tag{5-16}$$

相位 2 分配系数 k_2：

$$k_2 = \frac{y_2}{y_1 + y_2} = \frac{y_2}{Y} \tag{5-17}$$

分配系数 k_1、k_2 用于对周期绿信比或周期有效绿灯时间进行分配。为此，在进行分配时，需要先求得周期绿信比 λ 或周期有效绿灯时间 G_e，随后计算绿信比分配如下：

相位 1 有效绿信比 λ_1：

$$\lambda_1 = k_1 \cdot \lambda \tag{5-18}$$

相位 2 有效绿信比 λ_2：

$$\lambda_2 = k_2 \cdot \lambda \tag{5-19}$$

式中　$k_1 + k_2 = 1$；

$\lambda_1 + \lambda_2 = \lambda$。

相位 1 有效绿灯时间 g_{e1}：

$$g_{e1} = k_1 \cdot G_e \tag{5-20}$$

相位 2 有效绿灯时间 g_{e2}：

$$g_{e2} = k_2 \cdot G_e \tag{5-21}$$

（4）黄灯时间及全红时间

黄灯时间和全红时间作为相位变换与清场时间，其目的是提供冲突相位之间的安全过渡。详见第 5.2 节。

2. 单点交叉口配时设计流程

交叉口定时信号配时设计流程如图 5-12 所示。在信号配时设计过程中，需要不断对设计方案进行论证，通过性能指标计算与实地交通调查，对信号控制方案进行修改和完善。例如，当总的相位交通流量比 Y 大时，说明进口道车道数目太少，通行能力无法满足实际流量的需求，此时需要考虑增加进口道车道数目，并重新划分车道功能（$Y = \dfrac{q}{S}$，Y 较大说明 S 较小，难以满足实际流量的需求）。实际上，设计流程图 5-12 中对 $Y \leqslant 0.9$ 的限制等效于对各向车流提出了饱和度 $Y < 0.9$ 的要求。

3. 单点交叉口配时设计案例

以北京市菜市口为例进行单点交叉口信号配时设计。菜市口渠化形式如图 5-13 所示。

（1）确定设计交通量

各进口道各流向的设计交通量需要分别计算确定，对于某一交叉口的高峰时段第 i 进口道第 j 流向的车流，其设计交通量可以用 q_{dij} 表示：

$$q_{dij} = 4 \times q_{ij15min} \tag{5-22}$$

式中　$q_{ij15min}$ ——实测到的第 i 时段第 j 进口道第 k 流向车流的高峰小时中最高 15min 的流率。

根据实际调查情况获得菜市口交叉口各进口各流向高峰小时中最高 15min 的流率，并按式（5-18）计算各流向的设计交通量如表 5-5 所示。

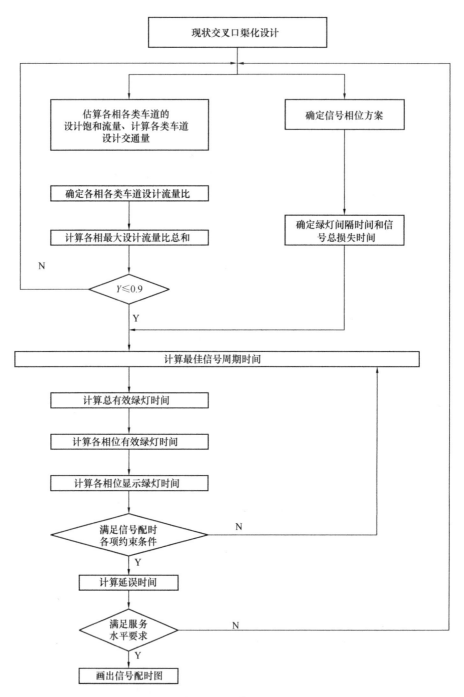

图 5-12　单点交叉口信号配时设计流程

菜市口交叉口设计交通量　　　　　　　　　　　　　　　表 5-5

进口道		$q_{ij15min}$（pcu/h）	q_{dij}（pcu/h）
东进口	左转	99	396
	直行	381	1524
	右转	61	244

进口道		$q_{ij15min}$（pcu/h）	q_{dij}（pcu/h）
西进口	左转	117	468
	直行	265	1060
	右转	52	208
北进口	左转	102	408
	直行	325	1300
	右转	93	372
南进口	左转	128	512
	直行	276	1104
	右转	78	312

（2）确定进口道渠化方案和信号相位方案

根据交叉口各流向的流量确定车道组划分和交叉口渠化如图5-13所示。各进口的左转流量均大于200pcu/h，东西方向和南北方向均需设置左转保护相位，拟采用典型的四相位信号控制方案，交叉口相位相序图如图5-14所示。

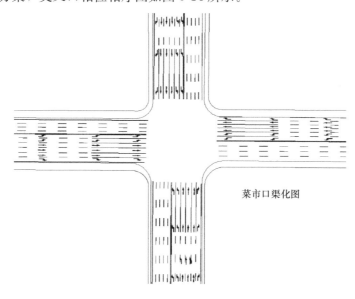

图5-13 菜市口交叉口渠化图

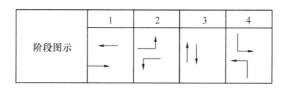

图5-14 菜市口交叉口相位相序图

（3）确定各进口各类车道的设计饱和流量

通过调查饱和车头时距，获得各进口各流向饱和流量如表5-6所示。

227

	各进口各流向饱和流量表		表 5-6

进口道	左转（pcu/h）	直行（pcu/h）	右转（pcu/h）
东进口	1318	1800	1314
西进口	1392	1709	1309
北进口	1371	1771	1275
南进口	1500	1781	1334

（4）确定各相位流量比

根据交叉口设计交通量和各进口道各类车道设计饱和流量计算各相位各类车道流量比。利用式（5-10）代入进行计算。

第一相位：东进口直行流量比 $y_{11} = \dfrac{q_{11}}{S_{11}} = \dfrac{1524}{1800 \times 3} = 0.2822$

西进口直行流量比 $y_{12} = \dfrac{q_{12}}{S_{12}} = \dfrac{1060}{1709 \times 3} = 0.2069$

该相位最大流量比为 0.2822。依次计算其余相位最大流量比。

（5）确定各相位最大设计流量比之和

利用式（5-9）依次计算流量比总和：$Y = 0.8657$，Y 值小于 0.9，说明进口道设计和信号相位方案设计合理。

（6）利用式（5-8）计算信号总损失时间

这里黄灯时间取 4s，全红时间取 3s：

$$L = \sum_{i=1}^{n}(l_s + I_i - A_i) = \sum_{i=1}^{4}(3 + 7 - 4) = 24(\text{s})$$

（7）利用式（5-12）计算周期时长

$$C_0 = \frac{L}{1-Y} = \frac{24}{1-0.8657} = 179(\text{s})$$

（8）利用式（5-13）计算总有效绿灯时间

$$G_e = C_0 - L = 179 - 24 = 155(\text{s})$$

（9）利用式（5-15）计算各相位的有效绿灯时间

$$g_{e1} = \frac{G_e \cdot y_1}{Y} = \frac{155 \times 0.2822}{0.8657} = 51(\text{s})$$

$$g_{e2} = \frac{G_e \cdot y_2}{Y} = \frac{155 \times 0.1681}{0.8657} = 30(\text{s})$$

$$g_{e3} = \frac{G_e \cdot y_3}{Y} = \frac{155 \times 0.2447}{0.8657} = 44(\text{s})$$

$$g_{e4} = \frac{G_e \cdot y_4}{Y} = \frac{155 \times 0.1707}{0.8657} = 30(\text{s})$$

（10）计算各相位绿信比

$$\lambda_1 = \frac{g_{e1}}{C_0} = \frac{51}{179} = 0.28$$

$$\lambda_2 = \frac{g_{e2}}{C_0} = \frac{30}{179} = 0.17$$

$$\lambda_3 = \frac{g_{e3}}{C_0} = \frac{44}{179} = 0.25$$

$$\lambda_4 = \frac{g_{e4}}{C_0} = \frac{30}{179} = 0.17$$

（11）计算各相实际显示绿灯时间

$$g_1 = g_{e1} - A_1 + l_1 = 51 - 4 + 3 = 50(s)$$

$$g_2 = g_{e2} - A_2 + l_2 = 30 - 4 + 3 = 29(s)$$

$$g_3 = g_{e3} - A_3 + l_3 = 44 - 4 + 3 = 43(s)$$

$$g_4 = g_{e4} - A_4 + l_4 = 30 - 4 + 3 = 29(s)$$

（12）计算最短绿灯时间

$$g_{min} = 7 + \frac{L_p}{v_p} - I = 7 + \frac{30}{1.2} - 7 = 25(s)$$

计算的显示绿灯时间大于最短绿灯时间，满足要求。

以上述方案依此计算菜市口交叉口信号配时，最终得到交叉口配时结果如表5-7所示。

菜市口交叉口配时方案表　　　　　　　　　　　表 5-7

相位	时间（s）			周期（s）
	绿灯	黄灯	红灯	
相位 1	50	4	3	
相位 2	29	4	3	179
相位 3	43	4	3	
相位 4	29	4	3	

5.4.2.2　干道交叉口的信号协调控制（线控）

城市交通中各相邻交叉口往往相互关联，相互影响，只关注某一个交叉口的交通控制是不能够解决城市主干道的交通问题的。同时在城市道路网中，交叉口相距很近，如各交叉口分别设置单点信号控制，车辆经常遇到红灯，时停时开，行车不畅，也因而使环境污染加重。为使车辆减少在各个交叉口上的停车时间，特别是使干道上的车辆能够畅通行驶，人们首先研究把一条干道上一批相邻的交通信号连接起来，加以协调控制，就出现了干道交叉口交通信号协调控制系统。实际中，城市路网中的交通干道是城市交通运输的大动脉，它们常常要承受巨大的交通压力，因此努力提高干道的控制效果对改善整个城市交通状况具有重要意义。

把干道上若干连续交叉口的交通信号通过一定的方式联结起来，同时对各交叉口设计一种相互协调的配时方案，各交叉口的信号灯按此协调方案联合运行，使车辆通过这些交叉口时，不致经常遇上红灯，称为干道信号协调控制，俗称"线控"。

1. 干线信号协调控制基本知识

（1）公用周期时长

在线控系统中，为使各交叉口的交通信号取得协调，各交叉口的周期时长一般要相等。为此，必须先按单点定时信号配时方法，根据系统中各交叉口的渠化及交通流向、流量，计算出各交叉口所需周期时长，然后从中选出最大的周期时长作为这个线控系统的公用周期时长。同时，称周期时长最大的这个交叉口为关键交叉口。在实际的控制系统中，存在一些交通量较小的交叉口，其实际需要周期时长接近于公用周期时长的一半，这时可以把这些交叉口的周期时长定为公用周期时长的一半，这样的交叉口叫作双周期交叉口。实施双周期交叉口是为了增加车队通过带宽度和减少延误时间（尤其是次要街道），但同时由于双周期交叉口的周期时长仅为公共周期时长的一半，车队常常在这样的交叉口被截断成两部分，可能破坏绿波效果。一般来说，当对某些交叉口实施双周期的线控方案优于其他方案时才做此选择。

（2）绿信比

在线控系统中，各交叉口协调相位的绿信比不一定相同，一般要根据各交叉口协调方向的交通流量确定。

（3）相位差

相位差分为相对相位差和绝对相位差。

相对相位差是指相邻两个交叉口同一相位绿灯（或红灯）起始时间之差。例如一条东西走向的大街上有两个相邻交叉口，交通信号周期相等，它们同一相位（例如东西方向直行）绿灯（或红灯）起始时间之差就是该交叉口东西直行信号的相位差。

绝对相位差是指选定一个标准交叉口，规定该交叉口的相位差为零，其他交叉口相对于标准交叉口的相位差为绝对相位差。

通过调整各交叉口间相位差，可以使一串交叉口的信号灯形成一条绿波带，车队通过这些交叉口时畅通无阻。所以相位差是实现干线交通流协调控制的一个关键参数。

（4）通过带

如图 5-15 所示在时间—距离图上画两条平行的车辆行驶轨迹线，并尽可能使两根轨迹分别靠近各交叉口绿灯时间的起点和终点，则两条轨迹线之间的空间称为通过带（或绿波带）。理论上，无论在哪个交叉口，只要车辆在通过带内到达，并以通过带速度行驶，就都可以顺利地通过各个交叉口。

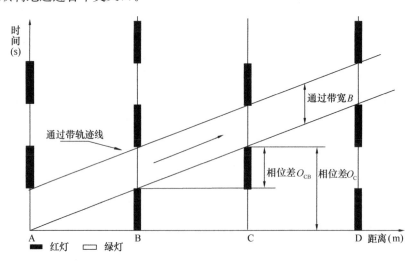

图 5-15 线控系统时间—距离图

（5）通过带速度

通过带速度表示沿主干道可以顺利通过各交叉口的车辆的平均行驶速度。

（6）通过带宽

上述两根平行轨迹线与时间轴截距之差即为通过带宽，它表示可供车辆能够连续通过各交叉口的时间宽度。

2. 干线信号协调控制系统的控制方式

由于城市各交叉口之间距离不等和双向行驶等缘故，只有在一些特定的交通条件下，才有可能实现最理想的干道协调控制。在实际应用中有以下情况。

（1）单向干道协调控制

单向干道协调控制是指以单方向交通流为优化对象的线控方式。单向干道协调控制常用于单向交通、变向交通或两个方向交通量相差悬殊的道路，因其只需顾及单方向的交通信号协调，所以相位差很容易确定。相邻各交叉口间的相位差可按式（5-23）确定：

$$O = \mathrm{mod}\left(\frac{L}{v}, C\right) \tag{5-23}$$

式中　O——相邻交叉口的相位差，s；

　　　L——相邻交叉口停车线间的距离，m；

　　　v——线控系统中车辆可连续通行的车速，m/s；

　　　C——信号交叉口周期时长，s。

（2）双向干线协调控制

1）同步式干道协调控制

在同步式干道协调控制中，连接在一个系统中的全部信号，在同一时刻对干道协调相位车流显示相同的灯色。当车辆在相邻交叉口间的行驶时间等于信号周期时长整数倍时，即相邻交叉口的间距符合式（5-24）时，这些交叉口正好可以组成同步式干道协调控制，车辆可连续地通过相邻交叉口。

$$L = nvC \tag{5-24}$$

式中　n——正整数。

当相邻交叉口间距较短，而且沿干道方向的交通量远大于相交道路的交通量时，可把相邻的交叉口看成一个交叉口，绿灯启亮时刻也相同，组成一个同步式协调控制系统，改善干道的车辆通行；或当干道流量特别大，高峰小时交通量接近通行能力，下游交叉口红灯车辆排队有可能延长到上游交叉口时，将这些交叉口组成同步式协调系统，可避免"多米诺"现象的发生。当然，这种系统本身在使用条件上也有很大的局限性，而且由于前方信号显示均为绿灯，驾驶人常常加速赶绿灯信号，降低交通安全性。

2）交互式干道协调控制

交互式干道协调控制系统与上述系统恰好相反，即在交互式干道协调控制系统中，连接在一个系统中的相邻交叉口干道协调相位的信号灯在同一时刻显示相反的灯色。当车辆在相邻交叉口间的行驶时间等于信号周期时长一半的奇数倍时，即相邻交叉口的间距符合式（5-25）时，采用交互式干道协调控制：

$$L = \frac{mvC}{2} \tag{5-25}$$

式中　m——奇数。

3）续进式干道协调控制

续进式干道协调控制系统能够根据道路上的要求车速与交叉口的间距，确定合适的相位差，用以协调干道各相邻交叉口绿灯的启亮时刻，使在上游交叉口绿灯启亮后驶出的车辆，以适当的车速行驶，可正好在下游交叉口绿灯期间到达，如此，进入该控制系统的车辆可连续通过若干个交叉口。

3. 干道信号协调控制相位差基本计算方法

相位差优化通常采用的两种设计思路是：①最大绿波带法；②最小延误法。其中以最大绿波带为目标的相位差优化方法主要有图解法和数解法，本节主要介绍这两种相位差优化方法。

（1）图解法

图解法是确定干线协调控制相位差的一种传统方法，其基本思路是：通过几何作图的方法，利用反映车流运动的时距图，初步建立交互式或同步式协调系统。然后再对通过带速度和周期时长进行反复调整，从而确定相位差，最终获得一条理想的绿波带。该方法要基于已知的绿信比和交叉口间距。下面以北京市通济路为例来说明图解法的具体步骤。

通济路上共有 5 个交叉口，为方便表述，设通济路与通燕高速交叉口为 A，通济路与召里路交叉口为 B，通济路与潞源北街为 C，通济路与兆善大街交叉口为 D，通济路与运河东大街交叉口为 E。将连续五个交叉口（A、B、C、D、E）纳入一个干线协调控制，关键交叉口周期时长为 120s，相应的带速暂定为 $v=45$km/h，即 12.5m/s。图 5-16 中横坐标反映各个信号交叉口间的距离，纵坐标反映车流前进的时间过程。选定第一个交叉口 A 的信号作为基准信号，其绿灯时间起始位置为 0，在设计前首先要准备的资料包括：各交叉口道路的几何线形、交叉口的间距、交通流量及其变化规律以及平均车速等。

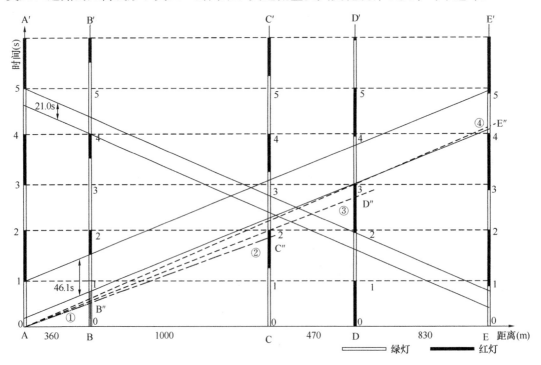

图 5-16　图解法求得相位图

1) 从 A 点引一条斜线①，代表通过带速度推进线，其斜率等于车辆平均行驶车速（12.5m/s）的倒数。此斜线与 BB′线的交点为 B″，B″与 BB′线的 0 点很接近，因此，B 交叉口同 A 交叉口配成同步式协调，BB′线的 0 点为绿灯起点；在 BB′线上依据 B 交叉口的信号配时画出相应的红绿灯配时（白、黑线段）。

2) 将斜线①延长形成斜线②，作为通过带速推进线，线②同 CC′的交点为 C″，C″与 CC′上的 2 点很接近（即交叉口 C 的绿灯起始点与交叉口 B 的绿灯起始点比较接近），因此，C 交叉口同 B 交叉口配成同步式协调，CC′线的 2 点为绿灯起点；在 CC′线上依据 C 交叉口的信号配时画出相应的红绿灯配时。

3) 连接 A 点和 CC′上的 2 点形成斜线③，作为理想通过带速推进线（斜率并非为 1/12.5），线③同 DD′的交点为 D″，D″与 DD′上的 3 点很接近（即交叉口 D 的绿灯起始点与交叉口 C 的绿灯末尾比较接近），因此，D 交叉口同 C 交叉口配成交互式协调，DD′线的 3 点为绿灯起点；在 DD′线上依据 D 交叉口的信号配时画出相应的红绿灯配时。

4) 连接 A 点和 DD′上的 3 点形成斜线④，作为理想通过带速推进线（斜率并非为 1/12.5），线④同 EE′的交点为 E″，E″与 EE′上的 4 点很接近（即交叉口 E 的绿灯起始点与交叉口 D 的绿灯末尾比较接近），因此，E 交叉口同 D 交叉口配成交互式协调，EE′线的 4 点为绿灯起点；在 EE′线上依据 E 交叉口的信号配时画出相应的红绿灯配时。

5) 在图 5-16 上做出最后的通过带，算出带速约为 36.4km/h，上行带宽 46.1s，下行带宽 21s，总带宽为周期时长的 55.9%。这样的带速和实际车速相比相对较低，为了提高带速，可相应减短周期时长。

6) 相位差有绝对时差和相对时差之分。绝对时差是指各个信号的绿灯或红灯的起点或终点相对于某一个标准信号绿灯或红灯的起点或终点的时间之差。相对时差是指相邻两信号绿灯或红灯的起点或终点之间的时间之差，等于两个信号绝对时差之差。通过图解法确定：B 交叉口的绿灯起始时间与 A 交叉口的相对相位差为 0s，C 交叉口的绿灯起始时间与 B 交叉口的相对相位差为 0s，D 交叉口的绿灯起始时间与 C 交叉口的相对相位差为 57s，E 交叉口的绿灯起始时间与 D 交叉口的相对相位差为 63s。

7) 调整绿信比。实际上，各交叉口的绿信比都不相同，可用以下方法调整：不移动上述方法求得的各交叉口的绿灯（红灯）的中心位置，只将绿灯（红灯）的时间按实际绿信比延长或缩短即可。

上述图解法尚有两种调整的情况：

1) 非同步/交互式系统，即协调相位的有效绿灯时间与有效红灯时间并不相等，即相邻交叉口并非严格的同步或者交互，亦即相邻交叉口有可能某时间段同时绿灯或（和）红灯，而其他时间段灯色不同。对于该种非同步/交互式系统，在上述图解法的应用过程中，需要控制的一点就是各相位时间的中心点必须位于同一水平线上。

2) 考虑交叉口初始排队：上述图解法中未考虑交叉口协调相位有初始排队的情况。如果交叉口协调相位有初始排队，则可以使用如下两种方法处理。第一种方法：调整连接各交叉口的斜线的斜率，从而使得在目标交叉口其协调相位绿灯启亮时间早于车队到达时间；第二种方法：在目标交叉口略微增加协调相位的绿信比，使绿灯起始时刻与通过带宽下界线之间的距离等于清空初始排队所需要的时间。

（2）数解法

数解法通过寻找使得系统中各实际交叉口距理想交叉口的最大挪移量（最大偏移量）最小来获得最优相位差控制方案，即实际交叉口位置将最为集中地处在最佳理想交叉口位置附近，使得因为实际交叉口位置与理想交叉口位置不一致所造成的最大绿时损失最小，从而确保协调控制系统获得尽可能宽的绿波带。下面以北京市通济路为例来说明数解法的计算过程。

通济路共有 5 个交叉口，为便于表述，设通济路与通燕高速交叉口为 A，通济路与召里路交叉口为 B，通济路与潞源北街为 C，通济路与兆善大街交叉口为 D，通济路与运河东大街交叉口为 E。交叉口 A-B、B-C、C-D、D-E 之间的距离分别为 360m、1000m、470m、830m，为计算方便，以 10m 为单位取有效数字 36、100、47、83，列于表 5-8 第三行中。关键交叉口周期时长为 120s，相应的带速暂定为 $v=45km/h$，即 12.5m/s。

数解法确定交叉口相位差　　　　　　　表 5-8

a	交叉口距离				b
	A-B	B-C	C-D	D-E	
	36	100	47	83	
65	36	6	53	6	30
66	36	4	51	2	32
67	**36**	**2**	**49**	**65**	**34**
68	36	0	47	62	36
69	36	67	45	59	14
70	36	66	43	56	13
71	36	65	41	53	12
72	36	64	39	50	14
73	36	63	37	47	16
74	36	62	35	44	18
75	36	61	33	41	20
76	36	60	31	38	22
77	36	59	29	35	23
78	36	58	27	32	22
79	36	57	25	29	21
80	36	56	23	26	20
81	36	55	21	23	19
82	36	54	19	20	18
83	36	53	17	17	19
84	36	52	15	14	21
85	36	51	13	11	23

1）计算 a 列

先计算最佳理想信号间距 $v \times C/2 \approx 12.5 \times 120/2 = 750$m。即相距 750m 的信号，正好相当于交互式协调系统的相位差（错半个周期）；相距 1500m 的信号，正好是同步式协调（错一个周期）。以 A 为起始信号，则其下游同 A 相距 $v \times C/2$、$v \times C$、$3v \times C/2$……处即为正好能组成交互式协调或同步式协调的"理想信号"位置。考察下游各实际信号位置同各理想信号位置偏移的距离，显然，此偏移距离越小则信号协调效果越好。然后将最佳理想信号间距的数值在实用允许范围内变动，逐一计算寻求协调效果最好的各理想信号位置，以求得实际信号间协调效果最好的双向相位差。以 75 ± 10 作为最适当的理想信号间距变动范围，即 $65 \sim 85$，将此范围填入表 5-6 的 a 列内，a 列即为假定的理想信号间距。

2）计算 a 列内各行

a 列各行的值为实际信号位置与其左相邻理想信号位置的距离，即实际信号与理想信号的偏移量。第一个理想信号位置与信号 A 位置重合，偏移量为 0。其他信号位置（B、C、D、E）的偏移量计算均为其实际位置与左侧邻近理想信号位置（前一个理想信号位置）的距离。

如理想信号间距 $a = 67$ 时，信号 D 距离其前一个理想信号的间距为 $36 + 100 + 47 - 67 \times 2 = 49$，说明信号 D 与其左侧理想信号位置的偏移量为 49。图 5-17 表示理想信号间距 $a = 67$ 时，各实际信号位置与理想信号位置的偏移情况，虚线表示理想信号位置，实线表示实际信号位置。

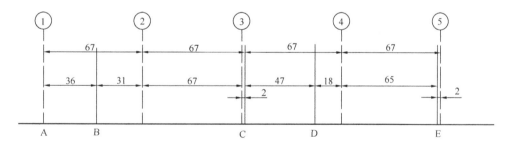

图 5-17 理想信号位置与实际信号位置的相对位置

3）计算 b 列

仍以 $a = 67$ 为例，将实际信号位置与其左相邻理想信号位置的偏移量（挪移量），按从小到大的顺序排列，并计算各相邻挪移量之差（相邻挪移量的差值表示各信号的绝对相位差），将此差值最大者记入 b 列。其实际意义如图 5-18 所示（比例为 1：10），即以 A 的位置作为初始理想交叉口位置，则 AC、AB、AD、AE 的长度为 C、B、D、E 交叉口距离理想交叉口距离的长度。

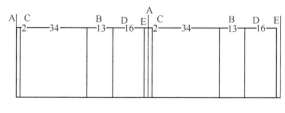

图 5-18 偏移量的图示

并且由于其周期性，可以将其进一步复制，以便通过改变理想交叉口的相对位置来协调各交叉口与理想交叉口之间的距离。

4）确定最合适的理想信号位置

由表 5-8 得，$a = 67$，$b = 34$ 时，

A~E各信号到理想信号位置的相对挪移量最小，即当 $v \times C/2 = 670m$ 时可以得到最好的系统协调效率。如图 5-19 所示，图上信号 C、B 同理想信号位置的挪移量之差最大，此时，其他信号位置相对理想信号位置较为集中，因偏移之差的排序具有周期性，可将 C 复制在 A 的右侧，则所有的偏差被聚集在 B~C 的区域内，选择 B~C 的中轴线作为理想信号位置，可使各信号相对均匀地分布于理想信号的左侧

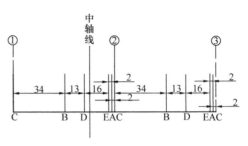

图 5-19　实际信号同理想信号最大挪移量计算

或右侧，必将获得最小的偏移误差。所以，理想信号位置同信号 C（B）之间的挪移量为

$$\frac{a-b}{2} = \frac{67-34}{2} = 16.5,$$ 即各实际信号距理想信号的挪移量最大为 16.5。

最佳理想信号位置距 C（B）为 140m，然后按次每 670m 间距将各理想信号列在各实际信号间，且可以推出各信号位置距离理想信号位置的挪移量，如图 5-20 所示。

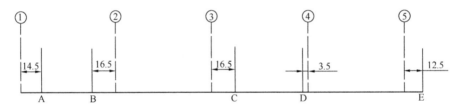

图 5-20　理想信号位置与实际信号点的相对位置

5）做连续行驶通过带并计算各参数

① 画出理想信号位置与实际信号位置的关系图，如图 5-20 所示。

② 将图 5-20 中理想信号位置编号按次列在最靠近的实际信号位置下面，再将各信号（A~E）相对理想信号的位置填入表 5-9 第 3 行。

③ 计算绿灯损失。将各信号配时计算所得到的主干道绿信比列入表 5-9 第 4 行。因实际信号位置与理想信号位置不一致所造成的绿灯损失以其位置挪移量除以理想信号位置间距（即 $a=670$）表示，如 A 信号的绿灯损失时间为 $145/670=0.22$，列入表 5-9 第 5 行。

④ 计算有效绿信比。各信号的计算绿信比减去绿灯损失即为各信号的有效绿信比，列入表 5-9 第 6 行。

⑤ 计算带宽。连续通过带的带宽为左、右两端有效绿信比最小值的平均值。从表 5-9 中可知，连续通过带的带宽为 A 信号的有效绿信比 48% 与 E 信号的有效绿信比 42% 的平均值 45%。

⑥ 求相位差。从图 5-20 及表 5-9 可知，合用一个理想信号点的左右相邻的实际交叉口采用同步式协调；其他各实际交叉口间都用交互式协调，因此，每隔一个理想信号点的实际交叉口又是同步式协调。此例中，此例中，凡奇数理想信号点相应的实际信号为同步式协调；而偶数理想信号点相应的实际信号为交互式协调。即相应于奇数理想信号的实际信号的相位差为 $(1-0.5\lambda)C$；相应于偶数理想信号的实际信号的相位差为 $(0.5-0.5\lambda)C$。将求得的相位差值填入表 5-9 第 7 行。

⑦ 调整带速。如保持原定周期时长，则系统带速需调整为：

$$v = \frac{2L}{C} = \frac{2 \times 670}{120} = 11.1(\text{m/s})$$

相位差计算结果表 表 5-9

交叉口	A	B	C	D	E
理想交叉口编号位置	①	②	③	④	⑤
各交叉口位置	左	右	左	右	左
偏移量	14.5	16.5	16.5	3.5	12.5
绿信比	0.48	0.75	0.61	0.5	0.42
损失	0.22	0.25	0.25	0.05	0.19
有效绿信比	0.26	0.50	0.36	0.44	0.23
相位差（%）	76.00	12.50	69.50	25.00	79.00
相位差（s）	91.2	15	83.4	30	94.8

6）绘制数解法相位差时距图

同样根据各交叉口的相位差，利用数学解析法，分别求出正反两个方向的绿波带的上、下行绿波直线方程，进而计算绿波宽度。下面仅以正向绿波为例说明根据数学解析法计算绿波宽度的方法。利用式（5-26）和式（5-27）可以求得通过各交叉口的速度轨迹线在时间轴上的截距。

$$k_{1i} = t_i - \frac{L_i}{v} \tag{5-26}$$

$$k_{2i} = t_i' - \frac{L_i}{v} \tag{5-27}$$

式中　　k_{1i}——通过 i 交叉口的速度轨迹线（正向的下线）在时间纵坐标轴上的截距，$i = 1, 2, \cdots, n$；

　　　　k_{2i}——通过 i 交叉口的速度轨迹线（正向的上线）在时间纵坐标轴上的截距；

　　　　t_i——i 交叉口绿灯启亮时刻；

　　　　t_i'——i 交叉口绿灯终止时刻；

　　　　L_i——i 交叉口在横坐标（即距离坐标）中的坐标值；

　　　　v——车辆平均行驶速度。

以 A 左侧 145m 为第一个理想信号位置，A 为坐标原点，根据实际信号间距推算实际交叉口位置坐标填写表 5-10 第 5 行，如 AB 间距为 360m，则 B 交叉口坐标为 145+360 = 505m。绿灯启亮时刻以第一个理想交叉口为基准，第一个交叉口的绿灯启亮时刻为其相位差，后续交叉口的绿灯启亮时刻 = $\varphi + k \cdot C(k = 1, 2, 3\cdots)$，若为同步式协调，则与其前一个交叉口的绿灯启亮时刻相等；若为交互式协调，则绿灯启亮时刻需大于前一个交叉口的绿灯启亮时刻。借助式（5-26）和式（5-27）计算正向上下线截距，并填入表 5-10 第 9 行和第 10 行中。

各交叉口绿波带上线截距计算表 表 5-10

交叉口	A	B	C	D	E
绿灯时间（s）	57	90	73	60	50
红灯时间（s）	63	30	47	60	70
相位差（s）	91.2	15	83.4	30	94.8
交叉口坐标 L_i (m)	145	505	1505	1975	2805
绿灯启亮时刻 t_i	91.2	135	203.4	270	334.8
绿灯关闭时刻 t'_i	154.2	165	250.4	330	404.8
正向下线截距 k_{1i}	78.1	89.5	67.8	92.1	82.1
正向上线截距 k_{2i}	141.1	120.0	114.8	152.1	152.1

根据速度轨迹通过各个交叉口的截距，可以得到下线和上线绿波直线方程。

$$t_{1i} = \frac{L_i}{v} + \max(k_{1i}) \tag{5-28}$$

$$t_{2i} = \frac{L_i}{v} + \min(k_{2i}) \tag{5-29}$$

式中　t_{1i}——下线绿波直线方程；

　　　t_{2i}——上线绿波直线方程。

代入 $v=11.1\mathrm{m/s}$，$\max(k_{1i})=92.1$，$\min(k_{2i})=114.8$，得到北京市通济路下线和上线绿波直线方程：

$$t_{1i} = \frac{L_i}{11.1} + 92.1$$

$$t_{2i} = \frac{L_i}{11.1} + 114.8$$

则正向绿波宽度 $\tilde{\omega}1$ 可根据 $\min(k_{2i})$，$\max(k_{1i})$ 计算得到：

$$\tilde{\omega}1 = \min(k_{2i}) - \max(k_{1i}) \tag{5-30}$$

代入数据计算得到：$\tilde{\omega}1 = \min(k_{2i}) - \max(k_{1i}) = 114.8 - 92.1 = 22.7\mathrm{s}$。

同理可以得到反方向的绿波直线方程及绿波宽度。图 5-21 是数解法相位差时距图。

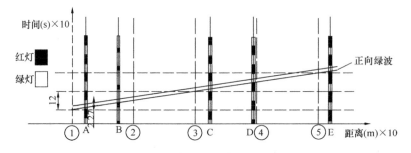

图 5-21　数解法相位差时距图

数解法得到的相位差，是一种给平衡相位差，即两个方向的车流均获得相同大小的绿波带宽，主要适用于上、下行方向的交通流量差别不大的情况。当双向交通量差别大时，如某些道路早、晚高峰时间，就需要考虑如何设计保证上行（或下行）优先的相位差，从而让某一方向的车流获得较大的绿波通过。

5.4.2.3 区域交通信号控制系统（面控）

以某个区域中所有信号控制交叉口作为协调控制对象，称为区域交通信号控制系统，俗称"面控制"。控制区内各受控交通信号都受交通控制中心的集中控制。对范围较小的区域，可以整区集中控制；范围较大的区域，可以分区分级控制。目前澳大利亚的SCATS系统、英国的TRANSYT系统以及SCOOT系统在面控制实践中取得了较好的应用效果，并在世界上很多城市得到广泛应用。

1. SCOOT系统

"SCOOT"（Split-Cycle-Offset Optimization Technique）即"绿信比-信号周期-相位差优化技术"，是一种对道路网交通信号实行协调控制的自适应控制系统。由英国交通与道路研究所于1973年开始研究开发，1979年正式投入使用。20世纪90年代该系统进行了多次升级。

（1）系统基本结构

SCOOT系统采用集中递阶式控制结构，中心计算机主要完成交通流量预测、排队拥挤预测、配时方案优化等任务，交叉口信号控制机则主要实现信号控制与数据采集处理功能；SCOOT系统中心控制主机采用1台管理计算机和多台控制计算机形式，其系统规模：中心最多可控制9台计算机，每台计算机最多可实时自适应控制300个交叉口，理论控制规模为2700个交叉口。SCOOT系统是一种实时自适应控制系统，其软件大体由5个部分组成：

1）车辆检测数据的采集和分析；

2）交通模型（用于计算延误时间和排队长度等）；

3）配时方案参数优化调整；

4）信号控制方案的执行；

5）系统检测。

硬件组成包括3个主要部分：中心计算机及外围设备、数据传输网络和外设装置（包括交通信号控制机、车辆检测器或摄像装置及信号灯）。

（2）系统的原理

SCOOT通过车辆检测器实时的测量并跟踪交通运动，它利用一个联机的交通模型和相应的控制参数优化程序来优化信号控制器的配时。SCOOT的检测器在当时创新之处就是集计数检测器和占有率检测器两种功能于一身。它能测量流量和占有率的混合参数；安装在适当的位置可直接测量交通阻塞。SCOOT检测器的环形线圈埋设在上游交叉口的出口，检测的数据上传至"UTC"计算机中，经过处理便生成了SCOOT的模型核心——周期流分布图CFP。SCOOT的优化程序的任务就是利用CFP和交通模型找出信号配时参数的最佳组合。为了跟踪CFP的瞬时变化，SCOOT的优化程序采用小增量寻优方法，即信号配时参数可随CFP的变化作相应的微小变化。采用这种参数微调的好处是，对交通的连续运动妨碍最小，又不被交通参与者所察觉。

SCOOT连续地实时调整绿信比、周期长及相位差3个控制参数，使之同变化的交通状况相适应。SCOOT优化采用小步长渐近寻优方法，无需过大的计算量。此外，对交通路网上可能出现的交通拥挤和阻塞情况，SCOOT有专门的监视和应付措施。它不仅可以随时监视系统各组成部分的工作状态，对故障发出自动报警，而且可以随时向操作人员提供每一个交叉口正在执行的信号配时方案的细节情况，每一周期的车辆排队情况（包括排队队尾的实际位置）以及车流到达图式等信息，也可以在输出终端设备上自动显示这些信息。

（3）系统的特点

SCOOT 系统是方案形成式控制方式的典型代表，是一种实时自适应交通信号控制系统。SCOOT 系统通过连续检测道路网络中交叉口所有进口道交通需求来优化每个交叉口的配时方案，使交叉口的延误和停车次数最小的动态、实时、在线信号控制系统。

概括来讲，SCOOT 系统具有 5 个特点：

1）实用性强，几乎不受城市交通出行方式、出行起讫点分布、土地使用情况、季节性和临时性交通变化以及天气和气候变化的影响。

2）个别交通车辆检测器错误的反馈信息几乎不影响 SCOOT 系统对配时方案参数的优化，而且该系统对这类错误的信息有自动鉴别和淘汰功能。

3）对路网上各交叉口信号配时方案的检验和调整，每秒钟都在进行，所以能对路网上交通状况的任何一种变化趋势做出迅速反应。

4）对配时参数的优化是采用连续微量调整的方式，稳定性强。

5）SCOOT 系统能提供各种反映路网交通状况的信息，为制定综合管理决策创造了有利的条件。但是，SCOOT 系统几乎所有相关控制策略模型都是通过数学模型的仿真中获得，这就要求抽象的数学模型必须准确地反映系统的运行状态，误差范围小。否则，必然会影响控制效果；另一方面，数学模型的精确度越高，结构就越复杂，因而仿真时间就越长，这将会在实时性与可靠性之间产生矛盾，特别要求进一步提高效果时，这一矛盾就会越突出。

2. SCATS 系统

SCATS（Sydney Coordinated Adaptive Traffic System）是一个名称缩写，含义是"悉尼协调自适应交通控制系统"，它是一个充分开发，并由澳大利亚新南威尔士州"道路交通权威机构"拥有、支持、并不断改进升级的软件系统。该系统可以协调交通信号，减少通行时间、油耗和排污污染，自从首次成功地在悉尼投入使用以来，SCATS 系统很快得到了世界的认可，在全世界范围内被广泛使用。

（1）系统基本结构

SCATS 系统采用分层递阶式控制结构，总共三级控制，由中央监控中心、区域控制中心和信号控制机构成。该系统通过一个中央计算机、区域性计算机、本地控制器来执行大规模的网络控制。中央监控中心主要负责对整个 SCATS 系统进行监控与管理，区域控制中心完成相应的区域协调控制任务（战略控制任务），控制子区完成相应的子区协调控制任务（战术控制任务），交叉口信号控制机则主要实现数据采集处理与信号控制执行功能。区域性计算机不需要中央计算机的任何帮助就可以执行自适应控制，而中央计算机只监控系统运作情况和设备状况。SCATS 系统包括中央监控系统、区域控制中心和图形界面（GUI）工作站。一个中央控制系统最多可连 64 个区域控制分中心，每个区域控制中心可控制 250 个信号交叉口，理论控制规模为 16000 个交叉口。

SCATS 系统是一个计算机化的控制系统，采用了自适应控制算法，而不是其他系统通常采用的预先设定的固定时间交通控制方案。此外，它不仅是基于计算机的一个区域交通信号控制系统，更是一个集硬件、软件、控制理念于一体的完整的系统。

（2）SCATS 的原理

SCATS 系统是按照交通需求变化实时调节信号配时来运行的，是以区域、而不是以非协调的单个交叉口为基础，对交通进行控制。该系统数据的传输可以采用点对点或多点连接，在标准的点对点连接中，系统采用 300bps 完全双工通信，异步网络、移频则可以使用更高的通信速率。较低的通信速率要求，使 SCATS 系统在网络通信方面具有很高的可靠性。

SCATS 系统可以根据受控交叉口多寡及系统需求采用二级或三级控制方式。一个完整的三级控制系统包括交叉口控制、地区控制和中央控制。采用二级控制时，只包括交叉口控制和地区控制。

1）交叉口控制是由信号控制机对某个具体交叉口进行的控制。它的输入信息来自车辆检测器和行人按钮，输出灯色信号，指挥交通。

2）地区控制是系统关键。交叉口信号控制机采集的实时信息源源不断地送往位于地区控制室的地区主控计算机，由主控计算机综合计算得出优化最佳控制方案及时送回信号控制机执行。

3）中央监控计算机主要完成与各地区计算机的联系，以及与中央管理计算机的连接。中央控制级的建立，可以很方便地在各级计算机终端或者临时插接到信号控制机的现场终端上，对任一交叉口的运行实况进行监视、数据修改或者发布命令，使成百上千的集中监控得以实现。

（3）SCATS 系统的优缺点

1）SCATS 系统的优点

① 检测器安装在停车线上，不需要建立交通模型，因此其控制方案不是基于交通模型。

② 周期、绿信比和相位差的优化是从预先确定的多个方案中，根据实测的类饱和度值进行选择。

③ 系统可根据交通需求改变相序或跳过下一个相位，因而能及时响应每一个周期的交通需求。

④ 可以自动划分控制子区，具有局部车辆感应控制功能。

2）SCATS 的缺点

① 未使用交通模型，本质上是一种实时方案选择系统，因而限制了配时方案的优化过程，灵活度不够。

② 检测器安装在停车线附近，难以监测车队的行进，因而绿时差的优选可靠性较差。

3. SPOT/UTOPIA 系统

SPOT（Signal Progression Optimization Technology）/UTOPIA（Urban Traffic Optimization by Integrated Automation）系统采用集中分布式控制结构，中心计算机通过运行 UTOPIA 面控软件将为整个控制区域进行实时子区划分与最优控制决策，交叉口 SPOT 单元可以通过通信接口与其相邻交叉口单元组成一个 SPOT 系统，实现相邻交叉口之间的协调控制功能。独立工作时是一个小型的分布式交通控制系统，一个 SPOT 系统管理的交叉口一般不超过 6 个。每一个交叉口机必须安装一个 SPOT 单元（要求为 386 以上的工控机），可以与交通灯控制机（TLC）及其他交叉口控制机机通信，因此各交叉口的通信方式是对等的。UTOPIA 是一个面控软件，在联网的中心计算机上运行。交叉口数量较多时，可划分若干子区，每个子区是一个 SPOT 系统，然后由 UTOPIA 协调组成区域控制系统。

4. RHODES 系统

RHODES（Realtime Hierarchical Optimized Distributed and Effective System）系统采用集中递阶式控制结构，中心计算机主要完成车队行驶预测、交叉口协调约束建立、交通需求预测、网络流与网络负荷控制等任务，交叉口信号控制机则主要实现交叉口流量预测与信号相位优化设置功能。RHODES 系统在硬件上是一个两级结构，即中心计算机级和信号控制器级，从这一点来看与 SCOOT 系统类似，但它把系统控制问题分解为三层递阶结构：交叉口控制层、网络控制层和网络负荷分配层。交叉口控制层主要根据测得的交通流及各种约束条件进行交通流预测、相位和绿时的控制，这种控制每秒钟都要进行；网络控制层主要对车队的行驶情况进行预测，从而为网络中的各个交叉口建立协调约束。这种预测每 200～300s 进行一次；网络负荷分配层主要进行总的交通需求预测。先进的出行信息系统（ATIS）和动态交通流分配中的许多技术可以在这一层实施。

5. OPAC 系统

OPAC（Online Public Access Catalog）系统采用集中分布式控制结构，中心计算机只完成有效定周期（Virtual Fixed Cycle，VFC）的优化任务，交叉口信号控制机则需要完成车队预测、相位优化、性能指标与运行状态估测等任务。①最高层可以对时间窗长度进行优化；②中间层能够识别车队，根据路段车队信息对相邻交叉口间协调相位的相位绿信号切换时刻差进行优化；③最底层优化交叉口相位切换时刻。

习　题

5.1　交通信号控制的目的是什么？

5.2　如何评价一个交通控制系统的性能？

5.3　什么是信号相位？

5.4　定时信号控制的主要配时参数是什么？

5.5　感应信号控制的原理是什么？

5.6　信号控制按照范围分为哪些？

5.7　干线协调控制相位差的求解方法有哪些？

5.8　交通信号控制的设置依据的是什么？

5.9　交通信号控制机的硬件一般由哪几部分组成？

5.10　典型的面控系统有哪些？

6 智能网联交通信息控制技术

随着物联网、大数据、云计算等通信技术的发展，传统的交通信息控制技术也在不断向着自动化、智能化方向转型升级，由此产生了一系列的智能网联交通信息控制技术。本章主要介绍了车路协同关键技术、车联网关键技术以及自动驾驶关键技术的相关内容和应用。

6.1 车路协同关键技术

6.1.1 车路协同思想和内涵的演进

近年来，随着自动驾驶技术的发展，车路协同经常作为与"自主式"自动驾驶相对应的一种技术路线被提及，车路协同本身并不是近年才出现的新概念。所谓协同，就是指协调两个或者两个以上的不同资源或者个体，协同一致地完成某一目标的过程或能力。对于道路交通系统而言，"车"与"路"作为基本组成要素，人（驾驶人）是决策与实施控制的主体，"车"是人的物理延伸，由于不同"车"的道路占有权是互斥的，随着车辆数的增加，必然导致道路交通系统出现矛盾，即个体驾驶行为的自利性与道路资源有限性的矛盾。这种矛盾一方面会导致交通拥堵，另一方面也会显著地增加交通事故的发生率。交通管理控制的终极目标是减小乃至消除"车"与"路"的根本矛盾，实现道路交通系统的安全、高效、稳定运行，这也正是车路协同的基本思想。

回顾道路交通系统发展历史，人们一直在利用交通规则来缓解"车"与"路"的矛盾，从最开始的道路划分双向车道行驶，到标志标线、信号灯的出现，直至为更加充分利用道路资源而设计的潮汐式车道，都是为了让复杂的道路交通系统实现有序协同运行。在道路交通的人、车、路（环境）闭环系统中，人（驾驶人）是决策与实施控制的主体，所以传统的道路交通系统本质上是一个"人—人"协同系统。但随着路网规模增大、车辆数量增加、规则复杂程度越来越高，由人来主导的协同效能也逐渐达到瓶颈；同时人也是系统中"稳定性"最差的一个要素，人易受自身和环境影响，导致感知、决策和执行等方面能力的变化，而这种变化多数是不可预测的，因此仅依靠人自身的能力来协调解决"车"与"路"的矛盾变得越来越困难。

随着现代信息技术以及人工智能技术的快速发展，智能交通技术的深度应用，传统的车路协同手段也逐渐向智能化的车路协同技术转变，即通过不断提升车辆以及道路智能化水平，降低乃至消除对"人"的依赖，同时依赖个体的决策方式向依赖更加丰富信息的全局决策方式方向发展，从而实现系统安全高效运行。由于过去 20 年移动通信技术发展始终无法满足低延时、高可靠的车路交互要求，针对交通安全的智能车路协同应用研究一直进展缓慢，但车路协同思想在公路收费服务以及其他个别领域中得到了积极探索和实践。例如智能公路磁诱导技术，该技术以布设在车道上的磁道钉及其编码为参考标记，以车载传感器探测磁信号并经运算确定车辆相对位置，并据此进行车道保持控制或偏离预警，由于其全天候工作的特点，基于该技术的辅助驾驶系统在新疆除雪车辆上得到了应用，在为驾驶人增强视野等方面取得了良好的效果。另外，我国公路电子不停车收费技术（ETC）的研发始于 20 世纪 90 年代中期，其核心底层技术是交通专用短程通信技术，支撑了 OBU 与 RSU 之间的实时支付交易。2019 年全国取消高速公路省界收费站后，在高速公路省界、每个互通立交、入出口之间设置 ETC 门架系统，对所有车辆进行"分段计费、出口收费"，可以说是当前应用规模最大的车路协同技术。

综上，车路协同反映了载运工具与基础设施之间的一种关系，它是以解决"车"与"路"的矛盾为基本宗旨，代表着将"车"与"路"看成一个整体来构建完整的智能交通系统的思想，是当前技术条件下智能交通系统在道路交通领域的具体表现之一。

6.1.2 智能车路协同的概念和架构

智能车路协同系统（Intelligent Vehicle Infrastructure Cooperative Systems，IVICS）是指采用先进的无线通信和新一代互联网技术，全方位实施车车、车路、人车和车边云动态实时信息交互，并在全时空动态交通信息采集与融合的基础上开展车辆主动安全控制和道路协同管理，充分实现人、车、路的有效协同，保证交通安全，提高通行效率，从而形成安全、高效和环保的道路交通系统（图 6-1）。

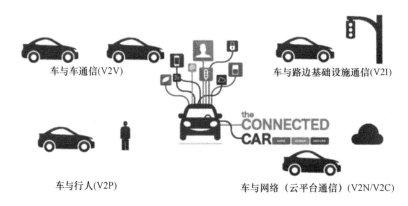

图 6-1　车路协同系统示意

车路协同整体架构如图 6-2 所示，车载终端、路侧设备、通信网络、边缘平台、中心平台构成。

6.1.3 车路协同技术设备

1. OBU-车载单元

OBU（On Board Unit）即车载单元，就是采用某种通信技术，与 RSU（Road Side Unit）进行通信的装置。目前，OBU 设备主要用于 ETC 系统中，OBU 建立与 RSU 之间通信链路，车辆行进途中，在不停车的情况下实现车辆身份识别、电子扣费。系统实现不停车、免取卡，建立无人值守车辆通道。在车路协同系统中，车载 OBU 及相应的人机交互装置（如 HMI）是实现车与路进行协同的必要装置。

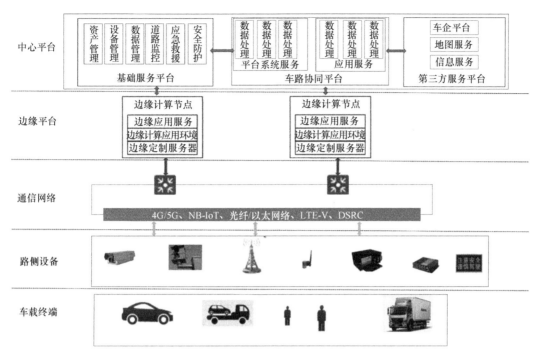

图 6-2 车路协同整体架构

图片来源：中国智能交通产业联盟. 智慧高速公路第 2 部分：车路协同系统框架及要求［EB/OL］.［2021-04-08］https://max.book118.com/html/2020/0723/8132046063002126.shtm.

2. 汽车总线

汽车总线就是车载网络中底层的车用设备或车用仪表互联的通信网络，是车用网络与车载设备控制系统的集成。目前，有四种主流的车用总线：CAN 总线、LIN 总线、FlexRay 总线和 MOST 总线。四种总线的基本情况如表 6-1 所示。

四种总线的基本情况   表 6-1

类别	总线名称	通信速度	应用范围
A 类	LIN	10～125K（车身）	大灯、灯光、门锁、电动座椅等
B 类	CAN	125K～1M	汽车空调、电子指示、故障检测等
C 类	FlexRay	1～10M	引擎控制、ABS、悬挂控制、线控转向等
D 类	MOST	10M 以上	汽车导航系统、多媒体娱乐等

资料来源：汪伟，汽车总线技术的发展［J］. 时代汽车，2020（15）：14-16. http://www.360doc.com/content/16/0923/10/36514013_592987603.shtml.

（1）CAN 总线

CAN（Controller Area Network）总线即控制器局域网络是目前国际上应用最广泛的开放式现场总线之一。CAN 总线最初出现在汽车工业中，由德国 Bosch 公司最先提出并在 1986 年发布了第一个版本，最初的目的是为了解决现代汽车中庞大的电子控制装置之间的通信，减少不断增加的信号线。

CAN 总线是 ISO 国际标准化的串行通信协议，其通信接口中集成了 CAN 协议的物理层和数据链路层功能，可完成对通信数据的逐帧处理，包括位填充、数据块编码、循环冗余检验、优先级判别等项工作。CAN 总线的通信也是通过一种类似于"会议"的机制实现的，只不过会议的过程不是由某一方（节点）主导，而是每一个会议参加人员都可以自由地提出会议议题（多主通信模式）。当一个节点要向其他节点发送数据时，该节点的CPU 将要发送的数据和自己的标识符传送给本节点的 CAN 芯片，并处于准备状态；当它收到总线分配时，转为发送报文状态。CAN 芯片将数据根据协议组织成一定的报文格式发出，这时网上的其他节点处于接收状态。每个处于接收状态的节点对接收到的报文进行检测，判断这些报文是否是发给自己的，以确定是否接收它。

（2）LIN 总线

LIN（Local Interconnect Network）总线是基于 UART/SCI（通用异步收发器/串行接口）的低成本串行通信协议。它主要是为现有汽车网络提供辅助功能，在不需要 CAN总线的带宽和多功能的场合使用，以降低成本。《LIN 规范》由 1999 年成立的 LIN 联盟第一次出版，2010 年更新发布 LIN2.2A 版本。最初的成员有奥迪、宝马、克莱斯勒、摩托罗拉、博世、大众和沃尔沃等。

LIN 是一个主从式总线系统：包含一个主节点和一个或多个从属节点，所有节点都包含一个被分解为接送和接收任务的从属通信任务，而主节点还包含一个附加的宿主发送任务。在实时 LIN 中，通信总是由主发送任务发起的。

（3）FlexRay 总线

FlexRay 是一种用于汽车的且具备故障容错能力的总线技术。2000 年，宝马和戴姆勒莱克斯勒联合飞利浦和摩托罗拉成立了 FlexRay 联盟，该联盟致力于推广 FlexRay 通信系统在全球的采用，使其成为高级动力总成、底盘、线控系统的标准协议。

FlexRay 总线采用周期通信的方式，一个通信周期可以划分为静态部分、动态部分、特征窗和网络空闲时间 4 个部分。静态部分和动态部分用来传输总线数据，即 FlexRay 报文；特征窗用来发送唤醒特征符和媒介访问检测特征符；网络空闲时间用来实现分布式的时钟同步和节点参数的初始化。

（4）MOST 总线

MOST（Media Oriented System Transport）总线即面向媒体的系统传输总线。它是汽车业合作的结果，在 20 世纪 90 年代由 Harmann/Becker、宝马、戴姆勒克莱斯勒和SMSC 等公司成立的 MOST 协会开始致力于 MOST 总线的开发。

MOST 总线在网络连接上采用环形拓扑结构，最多容许 64 个控制单元，其中有一个专用的总线主控电子控制单元。所有的发送数据会从一个节点主动传输到下一个节点，并绕环一次直到到达初始的发送位置为止。

3. 车载传感器设备

车载传感器主要有视觉传感器、雷达传感器、定位传感器、听觉传感器、姿态传感器五大类传感器，具体如图 6-3 所示。

（1）视觉传感器

视觉传感器主要包括单目摄像头、双目摄像头、夜视红外摄像头等。摄像头最远拍摄距离为 50m，可以利用计算机视觉判别周围环境、物体以及与前车的距离，但是依赖于光以及样本等因素，识别行人的稳定性欠佳。

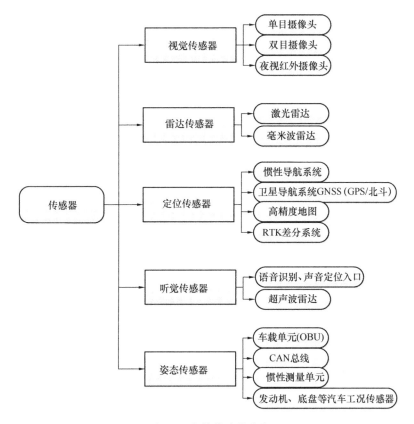

图 6-3 车载传感器分类

（2）雷达传感器

雷达传感器主要包括激光雷达和毫米波雷达。激光雷达最远探测距离为 200m，可以探测人体、物体，具有障碍检测、动态障碍检测识别与跟踪、路面检测、定位和导航、环境建模等功能。其优势在于能够获得精度较高的距离信息，可以测量绝大部分物体，但是在大雨、大雪等恶劣天气使用效果会受到影响。毫米波雷达最远探测距离为 200m，可以探测物体，能够感知大范围内车辆的运行情况，多用于自适应巡航系统。在车载测距领域是性价比较高的选项。

（3）听觉传感器

听觉传感器主要包括语音识别、声音定位入口和超声波雷达。常见的超声波雷达有两种：第一种是安装在汽车前后保险杠上的，也就是用于测量汽车前后障碍物的倒车雷达，业内称为 UPA；第二种是安装在汽车侧面的，用于测量侧方障碍物距离的超声波雷达，业内称为 APA。UPA 和 APA 的探测范围和探测区域基本相同。UPA 超声波雷达的探测距离一般在 15～250cm 之间，主要用于测量汽车前后方的障碍物。APA 超声波雷达的探测距离一般在 30～500cm 之间。APA 的探测范围更远，因此相比于 UPA 成本更高，功率也更大。

（4）定位传感器

定位传感器主要包括惯性导航系统、卫星导航系统 GNSS（GPS/北斗）、高精度地图、RTK 差分系统。惯性导航系统可以弥补 GNSS 的定位缺陷，精确感应车辆位置和车姿，能够全天候全天时工作，受外界干扰小，短期精度和稳定性好，数据更新率高。它的缺点是成本较高，不能脱离 GNSS 长时间工作，需要初始对准时间。RTK 差分系统主要是辅助 GNSS 进行实时测量，获取厘米级的定位精度，需要保持有效的 GNSS 信号。

（5）姿态传感器

姿态传感器主要包括车载单元（OBU）、CAN 总线、惯性测量单元（IMU）、发动机和底盘等汽车工况传感器。

4. 路侧设备（RSU）

路侧设备包括路侧计算设备、路侧通信设备、路侧传感设备和电子标志标线，具体如图 6-4 所示。

（1）路侧计算设备

包括如 MEC（Mobile Edge Computing）等具备感知数据接入和边缘计算能力，提供路侧传感器数据接入，识别 V2X 事件、通信转发等路侧业务的处理能力。

（2）路侧通信设备

包括支持 V2I 通信的 V2X、RSU 和支持 V2N 的通信基站等。

（3）路侧传感设备

包括 3 类设备：

1）基础设施感知设备：用于监控检测桥梁、隧道、边坡等道路安全状态的传感器；监测机电设施分布和运行状态的传感器等。

2）交通状态感知设备：对道路交通环境中的交通参与者的状态和道路状况的持续观测或测量的设备，包括摄像头、毫米波雷达、激光雷达等。

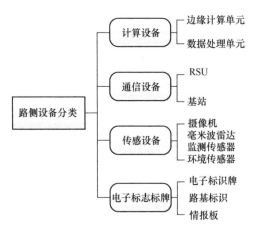

图 6-4　路侧设备分类

图片来源：中国智能交通产业联盟．智慧高速公路第 2 部分：车路协同系统框架及要求［EB/OL］．
https://max.book118.com/html/2020/0723/8132046063002126.shtm.

3）气象环境监测设施：用于检测能见度、温度、湿度、风、路面湿滑状态等气象环境信息。

（4）电子标志标线

发送限速、桥梁、弯道等信息的数字化路侧标志牌、情报板等，以及可穿越冰雪、雨、水、尘土的车道标志设备等。

5. 通信网络

（1）光纤、双绞线、同轴电缆等组成的有线网络；

（2）无线通信网，可基于 LTE、LTE-V、5G、DSRC、蓝牙、RFID 等通信技术组网。

6. 边缘平台

边缘平台用于采集所管理路段的道路子系统及车载子系统信息，提供路段的交通管理信息、多维状态感知的道路设施信息，支持设备接入、数据分析、事件转发，为车路协同业务提供低延时、高宽带和高可靠性的运行环境，实现本地车路协同调度和时延敏感的业务处理。

7. 中心平台

中心平台用于采集所管区域的道路子系统以及车载子系统信息，提供全局的交通管理信息、多维状态感知的道路设施信息、车路数据开放信息以及车辆运行服务信息，支持全局数据存储和分析以及与外部第三方业务系统的对接，具备 V2X 基础服务、数据分析、路侧设备管理、交通监控与管控等协同服务能力。

中心平台和边缘平台之间具备数据同步、协同计算、应用分级部署等能力。

6.1.4 车路协同支撑技术

1. 移动边缘计算技术

移动边缘计算（Mobile Edge Computing，MEC）是把移动网络和互联网两者技术有效融合在一起，在移动网络侧增加了计算、存储、数据处理等功能，构建了开放式平台以植入应用，并通过无线 API（应用程序接口）开放移动网络与业务服务器之间的信息交互，移动网络与业务进行了深度融合，将传统的无线基站升级为智能化基站。

移动边缘计算通过中心云、边缘云以及车载设备协同配合，把超密集数据量计算任务保留在中心端执行，将低延迟、高可靠优化服务下沉到边缘端执行，从而增强了全局路网联动的控制能力。

2. 大数据驱动的人工智能技术

人工智能（Artificial Intelligence，AI）包括车载 AI 和云端 AI。车载 AI 可进行精准定位、态势感知、路径规划、拟人驾驶、自主驾驶等。云端 AI 可进行道路状态计算、交通出行诱导、静态交通分配、行车风险辨识、多目标优化等。基于交通实时大数据，车载 AI 与云端 AI 协同决策。车载 AI 在车辆日常行驶中进行微观层面自我学习、积累不同路况驾驶决策经验，并共享到云平台。云端 AI 处理汇聚的全局路网交通大数据，实时学习、辨识宏观和中观层面的路网态势。车载 AI 与云端 AI 协同决策能够完成最优路径规划、交通动态分配等决策、管控应用。

3. 新一代通信技术

利用新一代通信技术（如 5G）低延时、高可靠、高速率和大容量的能力，车路协同可以帮助车辆间进行位置、速度、行驶方向和行驶意图的沟通，也可利用路边设施辅助车辆对环境进行感知。

4. 高精度地图

高精度地图，通俗来讲就是精度更高、数据维度更多的电子地图。精度更高体现在精确到厘米级别，数据维度更多体现在其包括了除道路信息之外的与交通相关的周围静态信息。第一类是道路数据，比如车道线的位置、类型、宽度、坡度和曲率等车道信息。第二类是车道周边的固定对象信息，比如交通标志、交通信号灯等信息、车道限高、下水道口、障碍物及其他道路细节，还包括高架物体、防护栏、树木、道路边缘类型、路边地标等基础设施信息。

与一般电子导航地图相比，高精度地图的不同之处在于：

1）精度：一般电子地图精度在米级别，商用 GPS 精度为 5m。高精度地图的精度在厘米级别（Google、Here 等高精度地图精度在 10～20cm 级别）。

2) 数据维度：传统电子地图数据只记录道路级别的数据：道路形状、坡度、曲率、铺设、方向等。高精度地图（精确度厘米级别）：不仅增加了车道属性相关（车道线类型、车道宽度等）数据，更有诸如高架物体、防护栏、树、道路边缘类型、路边地标等大量目标数据。高精度地图能够明确区分车道线类型、路边地标等细节。

3) 作用和功能：传统地图的作用是辅助驾驶的导航功能，本质上与传统经验化的纸质地图是类似的。而高精度地图通过"高精度＋高动态＋多维度"数据，实现为自动驾驶提供自变量和目标函数的功能。

4) 使用对象：普通的导航电子地图是面向驾驶人，供驾驶人使用的地图数据，而高精度地图是面向机器的供自动驾驶汽车使用的地图数据。

5) 数据的实时性：高精度地图对数据的实时性要求更高。根据博世在 2007 年提出的定义，无人驾驶时代所需的局部动态地图，根据更新频率划分可将所有数据划分为四类：永久静态数据（更新频率约为 1 个月），半永久静态数据（频率为 1h），半动态数据（频率为 1min），动态数据（频率为 1s）。传统导航地图可能只需要前两者，而高精地图为了应对各类突发状况，保证自动驾驶的安全实现需要更多的半动态数据以及动态数据，这大大提升了对数据实时性的要求。

6.1.5　车路协同应用场景

车路协同应用典型通信场景包括车与车通信（V2V）、车与路边基础设施通信（V2I）、车与行人通信（V2P）、车与网络/云平台通信（V2N/V2C），可以实现人、车、路、云平台之间的高效信息交互。车路协同主要覆盖三大部分应用场景：交通安全、交通效率和信息服务。

中国汽车工程学会在工作组内进行征集，共统计出 40 个典型 V2X 应用，涵盖安全、效率、信息服务三大类，其中安全类 19 个，效率类 12 个、信息服务类 9 个，具体见表 6-2。

<table>
<tr><td colspan="2" align="center">汽车工程学会统计的 40 个典型 V2X 应用</td><td align="right">表 6-2</td></tr>
<tr><td>类别</td><td colspan="2">应用场景</td></tr>
<tr><td>安全</td><td colspan="2">交叉路口碰撞预警、左转辅助、紧急制动预警、逆向超车碰撞预警、逆向行驶警告、盲区预警/变道辅助、前方静止/慢速车辆告警、异常车辆提醒、车辆失控预警、弱势交通参与者预警、摩托车预警、道路危险状况提示、限速预警、闯红灯预警、路口设施辅助紧急车辆预警、基于环境物体感知的安全驾驶辅助提示、前向碰撞预警、侧向碰撞预警、后方碰撞预警</td></tr>
<tr><td>效率</td><td colspan="2">基于信号灯的车速引导、交通灯控制动态规划、紧急车辆信号优先权、高优先级车辆让行、协作式车队、协作式自动巡航控制、车内标牌、前方拥堵提醒、增强的路线指引和导航、专用道路管理、限行管理、动态潮汐车道行驶</td></tr>
<tr><td>信息服务</td><td colspan="2">服务信息公告、车辆诊断、商用及货用车在一定范围内的传输信息、V2V 数据传输、调查数据收集、本地电子支付、智能汽车近场支付、智能汽车远程支付、智能汽车手机互联支付</td></tr>
</table>

资料来源：李新洲，汤立波，李成 等. 高速公路车路协同应用场景分析［J］. 信息通信技术与政策，2019（04）：12-17.

欧洲电信标准化协会（European Telecommunications Standards Institute，ETSI）定义了 52 个车路协同应用场景，涉及道路安全、交通效率和其他，具体见表 6-3。

ETSI 定义的车路协同应用场景 表 6-3

类别	应用场景
道路安全	紧急刹车预警、安全功能非正常情况预警、紧急车辆预警、紧急车辆预警、慢速车辆预警、摩托车预警、弱势道路用户预警、错误驾驶预警、固定车辆预警、交通状况预警、闯红灯预警、道路施工预警、分散车流数据、超车预警、变道辅助、预碰撞感知预警、协作降低炫光、左转路口碰撞预警、汇入转向碰撞预警、危险位置通知、交叉口碰撞预警、前向碰撞预警、RSU 碰撞预警
交通效率	监管/前后速度限制、交通灯车速引导、交通信息和路线建议、增强航路引导和导航、交叉路口管理、协作灵活变道、限制访问预警/绕道通知、车内标识、电子收费、协作自适应巡航控制、车路协同自动化系统
其他	兴趣点通知、自动出入控制、本地电子商务、汽车租赁/分享转让/报告、媒体下载、地图下载和更新、生态/经济驱动、即时消息、个人数据同步、SOS 服务、被盗车辆告警、远程诊断和即时修复通知、车辆关系管理、为产品生命周期管理收集车辆数据、保险和金融服务、车队管理、车辆软件/数据供应和更新、装载区管理、车辆和 RSU 数据校准

资料来源：李新洲，汤立波，李成 等. 高速公路车路协同应用场景分析［J］. 信息通信技术与政策，2019（04）：12-17.

3GPP（the 3rd Generation Partnership Project）定义了 27 个车路协同应用场景，具体见表 6-4。

3GPP 定义的车路协同应用场景 表 6-4

类别	应用场景
V2V	前向碰撞预警、失控预警、紧急车辆预警、V2V 紧急刹车、协同自适应巡航控制、MNO 控制下的 V2X 消息传输、碰撞前感知预警、网络覆盖外的 V2X、错误驾驶预警、V2V 通信隐私
V2P	行人碰撞预警、易受伤害道路使用者（VRU）安全、行人道路安全
V2I	V2X by UE-type RSU、自动停车系统、弯道速度预警、通过基础设施的 V2X 道路安全服务、道路安全服务、V2I 紧急刹车、队列警告
V2N	V2N 交通流量优化、位置精度增强、为道路交通参与者和相关方提供信息、远程诊断和及时修复通知
V2X	漫游时 V2X 访问用例、V2X 最低 QoS、混合使用交通管理

资料来源：李新洲，汤立波，李成 等. 高速公路车路协同应用场景分析［J］. 信息通信技术与政策，2019（04）：12-17.

根据高速公路实际情况并结合汽车工程学会、ETSI 和 3GPP 定义的应用场景对应用到的部分场景进行分析，分析结果如表 6-5 所示。

高速公路部分应用场景分析 表 6-5

序号	应用场景	定义及预期效果	主要场景	实现原理	通信方式	高速适用性
1	前方碰撞预警	主车在车道上行驶，与同一方向的前车存在碰撞风险时，应用对主车驾驶人进行预警。该应用可辅助驾驶人避免或减轻前向碰撞，提高道路行驶安全	1. 主车正常行驶，前车停止；2. 主车正常行驶，前车变道；3. 主车正常行驶，前车减速；4. 主车被前车遮挡	分析收到的前车消息，筛选出具有碰撞风险的车辆，通过计算防碰撞时间和防碰撞距离，提醒驾驶人注意可能碰撞的车辆	车车通信功能（V2V）	高速上存在前车故障或紧急刹车或被遮挡的情况，该应用可有效避免此类情况时碰撞事故发生，可适用于高速公路

续表

序号	应用场景	定义及预期效果	主要场景	实现原理	通信方式	高速适用性
2	异常车辆预警	主车通过路边基础设施或直接接收其他车辆信号,通过对车辆位置、速度等信息进行判断,如判断该车辆为静止、慢速或异常车辆,会影响主车行驶或有碰撞危险,则对主车驾驶人进行预警。该应用可辅助驾驶人避免或减轻与前方异常车辆的碰撞,提高行驶安全	1. 主车正常行驶,前方车辆主动发出异常车辆信息信号; 2. 主车正常行驶,前方车辆未发出异常车辆信息信号,但检测到该车车速较慢或静止	接收路边基础设施或其他车辆发出的异常车辆信息,通过对收到信息进行筛选和处理,如判断前方有异常车辆可能会影响到主车的行驶,则对驾驶人提出异常车辆提醒预警	应具备车车通信(V2V)和车与路边基础设施通信(V2I)功能	高速路为单向行驶,当有车辆出现异常,如提前告知后方车辆,会避免或减少很多碰撞事故,该应用可适用于高速公路
3	失控车辆预警	主车在路上行驶时,当收到前方车辆制动系统失灵、动力系统失灵等失控信息警报时,判断该信息与本车行驶相关性,如有碰撞的危险,则对驾驶人进行预警	两车同向在路上行驶,前车发出警报消息	前车发生失控情况时,发出失控预警信息,后车收到信息后,判断与本车行驶相关性,并计算距离及碰撞时间,对驾驶人提前提出预警	应具备车车通信(V2V)功能	高速公路为单向双车道行驶,由于车速较快,若没有及时发现前方车辆失控,则很难及时减速避让,很容易造成事故。该应用可有效提高驾驶安全性,可适用于高速公路
4	拥堵预警	车辆在行驶过程中,收到其他车辆或路侧基础设施发送的路况拥堵信息。通过计算该信息与本车行驶的相关性,如与本车相关,则对驾驶人进行预警。该应用可以辅助驾驶人在前方拥堵时提前减速或变道行驶,提高行驶安全性	车辆在路上行驶,即将通过拥堵路段	车载单元接收到其他车辆或路侧基础设施发送的道路拥堵信息,计算与本车行驶相关性,如与本车行驶相关,则对驾驶人进行预警	应具备车车通信(V2V)和车与路边基础设施通信(V2I)的能力	当大量车辆及人员通行在高速公路上行驶时,会造成一些路段拥堵,及时将拥堵信息发送出去,对缓解道路拥堵,提高通行效率具有很大帮助,该应用可适用于高速公路

序号	应用场景	定义及预期效果	主要场景	实现原理	通信方式	高速适用性
5	施工区预警	当车辆即将驶入施工道路时，应用对驾驶人提前预警，以辅助驾驶人提前判断及采取措施。该应用可辅助驾驶人提前减速或变道，避免交通事故发生，提高行驶安全，提高通行效率	车辆即将驶入施工道路	通过路边基础设施接收前方施工道路信息，如位置、长度等。通过计算预计到达时间等，对驾驶人提前提出预警	应具备车与路边基础设施通信（V2I）功能	高速公路经常会进行维护保养等施工，提前将施工信息告知车辆，有助于提高出行效率，保障行驶安全等，该应用可适用于高速公路
6	弯道预警	车辆在即将通过弯道时，车辆收到路边基础设施发送的弯道信息，对驾驶人进行弯道及车速预警。该应用可辅助驾驶人提前判断前方弯道信息并提前减速，减少或避免车辆侧翻风险，提高驾驶安全性	车辆即将通过弯道路段	通过接收路边基础设施发送的前方弯道信息，计算通过弯道的安全车速，并提前对驾驶人进行弯道及速度预警	应具备车与路边基础设施通信（V2I）功能	高速公路中存在弯道，高速上车速较快，如果通过弯道前未减速，极易造成侧翻危险，该应用可提前对驾驶人进行弯道预警，提高驾驶安全，可适用于高速公路

6.2　车联网关键技术

6.2.1　车联网的定义

车联网（Internet of Vehicles，IoV）概念源于物联网（Internet of Things，IoT），行业背景不同对车联网的定义也不尽相同。传统的车联网定义是指装载在车辆上的电子标签通过无线射频等识别技术，实现在信息网络平台上对所有车辆的属性信息和静、动态信息进行提取和有效利用，并根据不同的功能需求对所有车辆的运行状态进行有效的监管和提供综合服务系统。

根据世界电动车协会的定义，车联网是利用先进传感技术、网络技术、计算技术、控制技术、智能技术，对道路交通进行全面感知，对每部汽车进行交通全程控制，对每条道路进行交通全时空控制，实现道路交通"零拥堵""零伤亡"和"极限通行能力"的专门控制网络。

根据中国物联网校企联盟的定义，车联网是由车辆位置、速度和路线等信息构成的巨大交互网络。通过 GPS、RFID、传感器、摄像头图像处理等装置，车辆可以完成自身环境和状态信息的采集；通过互联网技术，所有的车辆可以将自身的各种信息传输汇聚到中央处理器；通过计算机技术，这些大量车辆的信息可以被分析和处理，从而计算出不同车辆的最佳路线，及时汇报路况和安排信号灯周期。

根据车联网产业技术创新战略联盟的定义，车联网是以车内网、车际网和车载移动互联网为基础，按照约定的通信协议和数据交互标准，在车与车、车与路、车与行人之间，进行无线通信和信息交互的大系统网络，如图 6-5 所示。

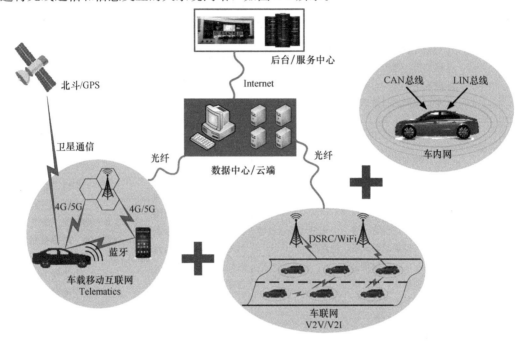

图 6-5　车内网、车际网和车载移动互联网

图片来源：王平. 车联网权威指南：标准、技术及应用. 北京：机械工业出版社，2018.

6.2.2　车联网架构

1. 云—管—端架构

"云—管—端"是未来信息服务的新架构，它展示其面向未来自动驾驶的端到端综合解决方案。"云"即云服务，包括云计算和大数据，它能基于大量收集到的数据实时进行智能处理和协同规划，进而开展队列控制等操作；"端"即智能终端，包括汽车、手机（代表行人）和路侧单元各种交通参与实体，也是执行云端指令的实体；而"管"则是连接"云"和"端"之间的各种通道，包括上、下行通信管道和直通管道，它将各种交通实体连接起来，并保证数据交互的通畅。

2. 基于"通信＋计算"网络的车联网体系架构

首先，运营商网络需在通信技术上升级更新，引入直连通信，并演进至 5G 及更高级网络；其次，引入计算能力，按需在网络中部署多级计算平台；再者，引入多形态智能车联网终端。在端到端的网络架构中，还要引入针对车联网的安全机制，以保证通信安全、可靠，整体架构如图 6-6 所示。

从整体架构的演进可以看出，为满足车联网新的需求，通信网络将逐步引入"计算"能力，辅助实现海量数据的实时计算，因此，V2X 平台应具备以下能力：

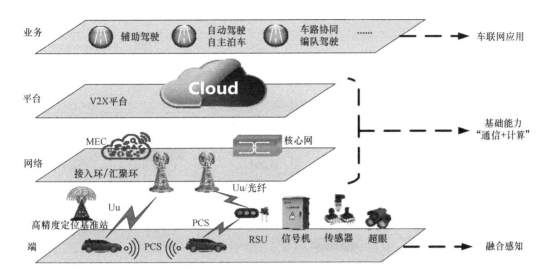

图 6-6 基于"通信＋计算"网络的车联网体系架构

MEC—移动边缘计算；Uu—基站与终端间的通信方式；RSU—路侧单元；

PC—直连通信；V2X—网联汽车技术

图片来源：陈维，李源，刘玮. 车联网产业进展及关键技术分析［J/OL］. 中兴通讯技术：1-13［2020-10-15］.

http：//kns. cnki. net/kcms/detail/34. 1228. TN. 20200217. 1748. 004. html.

1）提供海量终端管理、用户管理、计费管理、应用管理、安全管控、系统监测控制等运营、运维管理能力。

2）提供海量终端数据统一接入、业务鉴权、交通数据汇聚及分析、应用托管、高性能数据存储、交通信息开放、边缘节点资源调度、路侧传感数据融合计算、业务连续性保持等业务支撑能力，平台参考架构见图6-7。

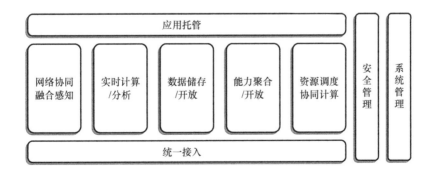

图 6-7 V2X 平台参考架构

图片来源：陈维，李源，刘玮. 车联网产业进展及关键技术分析［J/OL］. 中兴通讯技术：1-13［2020-10-15］.

http：//kns. cnki. net/kcms/detail/34. 1228. TN. 20200217. 1748. 004. html.

由于车联网对海量数据高性能处理的需求，除增强平台自身能力之外，对于部署方案也应进行优化。相对传统的"中心平台—终端"架构，新的车联网需要更贴近用户、灵活性更高的部署方案。由此，引入 V2X 多级平台系统架构，平台各级能力可根据 V2X 业务对时延、数据计算量、部署等方面的需求，分层提供不同的服务能力，如图 6-8 所示（初步考虑基于"中心—区域—边缘"三层架构满足车联网业务需求）。

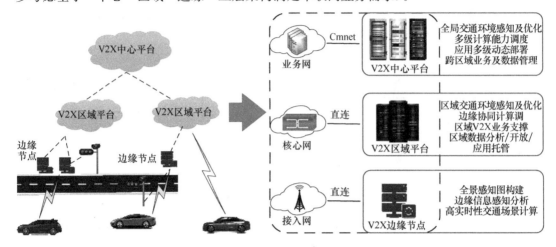

图 6-8　V2X 多级平台部署架构

图片来源：陈维，李源，刘玮. 车联网产业进展及关键技术分析［J/OL］. 中兴通讯技术：1-13［2020-10-15］.

　　　　http://kns.cnki.net/kcms/detail/34.1228.TN.20200217.1748.004.html.

3. 车联网体系架构

车联网体系架构同样遵循物联网体系架构，包括感知层、网络层、应用层 3 层结构，如图 6-9 所示。

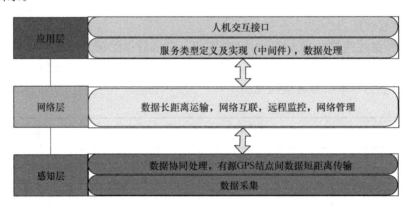

图 6-9　车联网体系构架

图片来源：王建强，吴辰义，李晓军，车联网架构与关键技术研究［J］. 微计算机信息，

　　　　2011，27（004）：156-158，130。

（1）感知层

感知层承担着车辆自身与道路交通信息的全面感知和采集，是车联网的神经末梢。通过传感器、RFID、车辆定位等技术，实时感知车况及控制系统、道路环境、车辆与车辆、车辆与人、车辆与道路基础设施、车辆当前位置等信息，为车联网提供全面、原始的终端信息服务。

（2）网络层

网络层也被称作传输层，通过制定能够协同异构网络通信需要的专用网络架构和协议模型，整合感知层的数据；通过向应用层屏蔽通信网络的类型，为应用程序提供透明的信息传输服务；通过云计算、虚拟化等技术的综合应用，充分利用现有网络资源，为上层应用提供强大的应用支撑。

（3）应用层

车联网的各项应用必须在现有网络体系和协议的基础上，兼容未来可能的网络拓展功能。应用需求是推动车联网技术发展的源动力，车联网在实现智能交通管理、车辆安全控制、交通事件预警等高端功能的同时，还应为车联网用户提供车辆信息查询、信息订阅、事件告知等各类服务功能。

6.2.3 通信标准

1. 专用短程通信技术（Dedicated Short Range Communication，DSRC）

目前，国际上最典型的 V2X 通信技术为车辆专用短程通信技术（DSRC），DSRC 是一种高效、专用的车辆无线通信技术，它可以实现在特定范围内（通常是数十米）对高速运动下的移动目标的识别和双向通信，最先于 1998 年由美国国会颁布的《21 世纪交通平等法》提出。欧盟、日本、韩国等也相继推出自己的通信标准，但大多是基于美国的 DSRC 标准演变而来。基于 5G 频段的 DSRC 技术已成为国际主流，典型标准体系有欧洲标准化组织的 CEN/TC278，美国的 ASTM/IEEE，日本的 ISO/TC204，但是国际还没有统一的 DSRC 标准。各国的 DSRC 标准比较如表 6-6 所示。

各国 DSRC 标准比较 表 6-6

地区	欧洲	美国	日本
标准化组织	TC278	ASTM/IEEE	TC204
工作频率	5.8GHz	5.9GHz 915MHz	5.8GHz
工作方式	被动式	5.9GHz：主动式 915MHz：主动/被动式	主动式
调制方式	下行：ASK 上行：M-PSK（M=2/4/8）	5.9GHz：QPSK 915MHz：ASK	ASK
通信协议	HDLC	TDMA	FCMS，MDS，ACTS
无线访问方式	异步 TDMA	TDMA	TDMA-FDD
多路访问控制	分隙 ALOHA	5.9GHz：CSMA 915MHz：分隙 ALOHA	自适应分隙 ALOHA
数据帧（时隙） 长度/bits	可变（最大 512）	可变	800

资料来源：彭选荣．专用短程通信（DSRC）标准比较分析与关键内容研究［J］．广东轻工职业技术学院学报，2003（04）：21-25.

DSRC 协议是在 OSI 的基础上提出的三层协议结构，即物理层、数据链路层、应用层。物理层提供物理媒体信道，规范了传输媒体及上下行链路的物理特性参数，它的指标主要包括载波频率、发射功率、编码方式、调制方式等。数据链路层包含两个子层，即媒质访问控制层（MAC）和逻辑链路控制层（LLC）。其中，MAC 子层的功能主要有通信链路的建立，协议数据单元（PDU）的发送、接收以及确认，CRC 校验和计算，加解密，MAC 层的协议数据单元（MPDU）的出错控制等。LLC 子层的功能有负责 PDU 接收、发送的初始化，控制数据流，读取收到的命令 PDU 生成合适的响应 PDU。LCC 子层有两种工作方式，分别是无确认的无连接模式和有确认的无连接模式。前者用于不必确认数据链路层数据传输状况的情况，对应的数据传输是点对点、群组发送和广播式；后者允许在不建立数据连接的情况下，通信一方同时传递数据并要求返回信息，始发站保证数据依次发送，只用于点对点数据传输。应用层负责向应用系统提供服务接口，该层由三个核心单元（Kernel Element，KE）组成，即初始化核心单元（I-KE）、广播核心单元（B-KE）、传输核心单元（T-KE），用于实现通信初始化、广播信息传输和协议数据单元传输服务。

美国电气和电子工程师协会（IEEE）以及美国汽车工程师学会（SAE）联合制定了相应标准，称为 WAVE 体系，DSRC 协议栈如图 6-10 所示，IEEE802.11p 定义了WAVE 的物理层和 MAC 层，1609.x 协议族标准定义了 WAVE 的中间层和顶层，即网络层、传输层、应用层。1609.4 用于信道切换，1609.3 用于网络传输服务（包括 WSMP和 WSA），1609.2 用于安全服务。

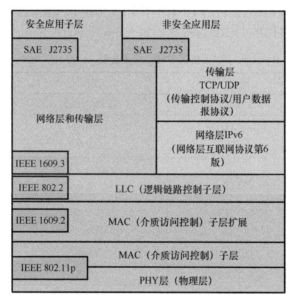

图 6-10　美国 DSRC 通信协议栈

图片来源：郭蓬，袁俊肖，戎辉等．LTE-V2X 标准分析及发展

现状的研究［J］. 中国汽车，2019（01）：59-62.

如图 6-11 所示，美国联邦委员会将 5.850～5.925GHz 的频带分配给了 DSRC 通信，包括了 7 个 10MHz 带宽的信道和一个 5MHz 的保护频段，并指定了每个信道是服务信道还是控制信道。信道 178 为控制信道，两端两个信道留作特殊用途，其他 4 个为服务信道。其中控制信道主要负责与安全和交通管理等紧急信息的传输，服务信道则可以进行一些与改善行车舒适性相关的数据传输，比如电子地图下载、前方加油站信息查询等。

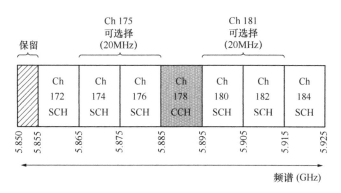

图 6-11　美国 DSRC 信道划分

图片来源：王平．车联网权威指南：标准、技术及应用．北京：机械工业出版社，2018.

2. LTE V2X

V2X 包括 DSRC 和 C-V2X（Cellular-Vehicle to Everything）。DSRC 主要应用在美国等地区，我国目前阶段大力发展的是基于蜂窝移动通信为基础的 V2X，即 C-V2X，分为 LTE V2X 和 5G V2X。5G 网络目前仍处在发展阶段，国内的主流研究方向为基于 LTE（Long Term Evolution，长期演进）的车联网通信技术，即 LTE V2X。DSRC 与 LTE V2X 的关系和区别如表 6-7 所示。

DSRC 与 LTE V2X 的关系和区别　　　　　　　　　　表 6-7

	LTE V2X	DSRC
通信方式	1）道路上的车与车之间的通信 2）道路上的车辆与基站之间的通信	1）道路上的车与车之间的通信 2）道路上的车辆与 RSU 之间的通信
调制技术	SC-FMD	OFDM
多址技术	TDMA 或 FDMA	TDMA
频段	V2V 工作在 ITS 专用频段，如 5.9GHz；V2B 工作在现有 LTE 频段，如 2.6GHz	5.850～5.925GHz
通信类型	传输带宽最高可扩展至 100MHz，峰值速率上行 500Mbit/s，下行 1Gbit/s 部分 V2V 应用场景时延＜20ms，部分 V2V/I/P 应用场景＜100ms，V2N 应用场景时延＜1000ms，支持最大车速 500km/h，覆盖范围能达到 10km	支持车速 200km/h，反应时间 100ms，数据传输速率最大 27Mbit/s，传输范围 1km

资料来源：王平．车联网权威指南：标准、技术及应用．北京：机械工业出版社，2018.

2015 年，第三代合作伙伴计划（3rd Generation Partnership Project，3GPP）的 SA1 和 RAN1 工作组开始对 LTE V2X 进行研究，标志着 LTE V2X 技术标准化研究工作正式启动。在大唐、华为等中国企业的推动下，2015 年 2 月，3GPP 正式开始 LTE V2X 技术标准化，各工作组主要从业务需求、系统架构、安全研究和空口技术 4 个方面开展工作。3GPP 将 C-V2X 的标准化工作分为 3 个阶段进行。第 1 阶段：支持 LTE V2X 的 3GPP R14 版本标准已在 2017 年正式发布；第 2 阶段：支持 LTE V2X 增强的 LTE eV2X 的 R15 版本标准已于 2018 年正式发布；第 3 阶段：支持 5G NR-V2X 的标准也开始了前期的立项评估研究。3GPP C-V2X 标准研究进展如图 6-12 所示。LTE V2X 技术拥有核心自主知识产权，可打破国外产业在 V2X 通信技术垄断，减少在知识产权方面的限制。

图 6-12　3GPP C-V2X 标准研究进展

图片来源：郭蓬，袁俊肖，戎辉等．LTE-V2X 标准分析及发展现状的研究［J］．中国汽车，2019（01）：59-62.

LTE V2X 是基于 4.5G 网络，以 LTE 蜂窝网络作为 V2X 的基础，面向未来 5G 的重点研究方向，是车联网的专有协议。面向车联网应用场景，实现车与车（V2V）、车与路侧设备（V2I）、车与人（V2P）、车与网络（V2N）的互联和数据传输，统称 V2X，其中核心是 V2V 的互联。LTE V2X 针对车辆应用定义了两种通信方式：集中式（LTE-V-Cell）和分布式（LTE-V-Direct）。集中式也称为蜂窝式，需要基站作为控制中心。分布式也称为直通式，无需基站作为支撑。为应对车辆主动安全、行车效率、车载娱乐多场景业务需求，LTE V2X 采用"广域蜂窝式＋短程直通式通信"，前者基于现有蜂窝技术的扩展，主要承载传统的车联网业务；后者引入 LTE D2D（Device-to-Device），LTE D2D 系统主要为满足商业应用和公共安全的设备间通信，支持基站集中调度和分布式调度两种方式。LTE V2X 由于要支持道路安全应用，资源分配机制应满足低时延、高可靠、更高效等需求。与 LTE D2D 类似，LTE V2X 也支持集中式调度和分布式调度。其中集中式基于 LTE-Uu 接口进行集中调度，分布式基于 PC5 接口直通方式进行分布式调度。基于 PC5 和 LTE-Uu 的 V2X 的通信架构如图 6-13 所示。

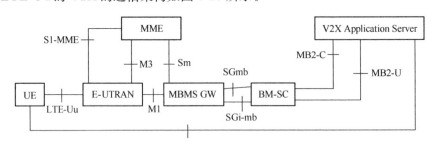

图 6-13　基于 PC5 和 LTE-Uu 的 V2X 的通信架构

图片来源：朱红梅，林奕琳．蜂窝车联网的标准、关键技术及网络架构的研究［J］．移动通信，2018，42（03）：70-74.

LTE V2X 通信协议结构如图 6-14 所示。

通信协议结构中各层含义如下：

1）物理层：处于整个通信协议结构的基础层，可使通信数据在物理媒体介质上的有效传输，可为数据通信提供传输媒体和物理介质；

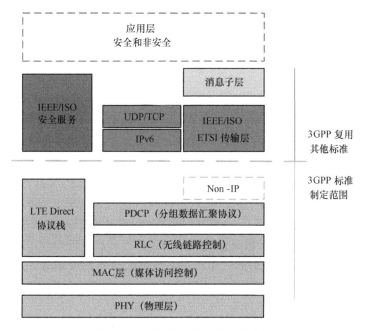

图 6-14　LTE V2X 通信协议结构图

图片来源：郭蓬，袁俊肖，戎辉等 . LTE-V2X 标准分析及发展现状的研究［J］.
中国汽车，2019（01）：59-62.

2）媒体访问控制层（MAC）：位于物理层之上，是提供网络节点寻址及接入共享通信媒体的控制方式的层；

3）网络层：介于传输层和媒体访问控制层之间，为传输层实现端对端通信数据的透明传输和数据交换提供网络基础；

4）传输层：位于网络层的上层，在通信协议架构中用来负责数据的传输与数据的控制；

5）应用层：位于协议结构的最顶层，可以为用户提供具体服务，是与用户最紧密相关的一层。

LTE V2X 物理层的关键技术主要包括：自动增益控制 AGC、同步信号检测/定时估计、频偏估计。在车辆短距通信系统的工作环境中，接收端在相邻子帧中可能收到不同终端所发送的传输距离差异很大的信号。由于近距路损小、远距路损大的因素导致接收信号强度在不同接收子帧之间波动极大；高速时，通信目标的通信距离可能大于 300m，也可能小于 2m。除考虑不同距离的路损差外，还需要考虑阴影衰落、瑞利衰落的抖动等影响因素，那么 AGC 需要支持的增益调整范围需要达到 80dB 以上。在 LTE V2X 系统中需要实现快速 AGC 调整，否则会影响后续信号的接收。在 LTE V2X 系统，采用了重复的 PSS 和 SSS 设计，这样可以采用前一符号与后一符号相关的方法来初步锁定 PSS 或 SSS 的位置，基于最大相关值可实现 PSS 或 SSS 的检测，并基于最大相关值的位置可实现接收信号的定时估计。LTE V2X 的工作频点可达 5.9GHz，当车辆间的相对移动速度达到 240km/h 时，需要应对的多普勒频移远大于当前 LTE 系统的 2.6GHz 频段和 120km/h 移动速度，将引起更严重的性能衰减。因此 LTE V2X 不能使用 LTE 系统中通常采用的频域频偏估计法，而是采用变换域频偏估计法来估计，即通过估计接收信号的到达时间，计算与本地基准接收时间的时间差；将接收的频域导频序列变换到时域，与经过圆周旋转的本地存储时域导频序列进行对应位的共轭相乘，得到了反映信道相位变化的序列，从而计算出频率偏移。该偏移可以估计绝对值小于 15kHz 的频偏，满足车联网的通信需求。

3. 5G V2X

基于 LTE V2X 相关技术研究进展，国际、国内标准组织关于 LTE-V2X 标准研制进展迅速，随着 5G 技术的不断发展，对 5G V2X 的研究工作将进一步推进。5G 技术将推动车联网技术前所未有的突破，因为其具有如下特性：①移动超宽带接入，最高峰值速率可以达到 10GHz/bps 以上，用户可按需接入而不用担心传输带宽的问题。②5G 技术具备更低的传输时延，空口延时可以小于 1ms，用户可以实现无感接入和下载。③5G 技术支持海量设备到设备（D2D）通信，从而促进物联网产业飞速发展。LTE V2X 技术支持向 5G 技术的平滑演进，面向 5G V2X 的车联网将随着 5G 通信技术的商用激发出更多价值场景，推动汽车移动互联网呈指数级发展。

5G V2X 主要是针对毫秒级时延、单车百兆速率的自动驾驶场景，基于 5GNR Uu 技术引入 5G PC5。为满足车联网低时延、高可靠性、大带宽等需求，5G Uu 网络引入了 V2X 通信切片、边缘计算、服务质量（QoS）预测等特性。

1）5G 切片技术。车联网的应用场景非常丰富，业务需求呈现出多样性的特征，既有大带宽、数据传输速率高的特需求，又有对可靠性、时延等要求高的需求。对车联网可考虑 3 种类型切片：第 1 类为 eMBB 切片，支持车内娱乐、视频应用及在线游戏等业务需求；第 2 类是 V2 通信切片，支持驾驶相关业务的网络需求；第 3 类是针对汽车厂商定制化的切片，可以由车厂单独运营，支持某品牌车辆特有服务，如远程问题诊断等。

2）边缘计算技术。移动边缘计算（MEC）技术将计算、存储、业务服务能力向靠近终端或数据源头的网络边缘迁移，具有本地化处理、分布式部署的特性。面向车联网的 MEC 一方面通过将业务部署在边缘节点，以降低 C-V2X 网络的端到端通信时延；另一方面作为本地服务托管环境，提供强大的计算、存储资源。

3）QoS 预测。车联网业务有别于其他 5G 网络业务，对通信性能的改变十分敏感。面对这一需求，5G 网络引入了网络数据分析功能（NWDAF），通过采集分析数据，提前预判某车辆进入的小区是否能够满足 5G V2X 业务的 QoS 需求，从而提前通知车辆。此外，5G V2X 应用还将反馈给网络最高 QoS 需求和最低 QoS 需求，最大限度保障 5G V2X 的业务。

4）业务连续性。业务连续性指在终端移动状态下，通过不同网络侧会话管理机制来保障车辆快速移动状态下不同用户面功能（UPF）切换时的业务体验。目前 3GPP 标准中 R15 版本定义的保障业务连续性主要有 3 种模式。在 R16 版本中又增加了一种高可靠低时延的业务连续性方案，在涉及切换的 2 个 UPF 之间建立转发通道，保障车辆在移动过程中会话不中断。

6.2.4 车联网技术趋势

1. 融合多传感器信息技术

车联网是车、路、人之间的网络，车联网中的技术应用主要是车的传感器网络和路的传感器网络。车的传感器网络又可分为车内传感器网络和车外传感器网络。车内传感器网络是向人提供关于车的状况信息的网络，车外传感器网络就是用来感应车外环境状况的传感器网络，路的传感器网络指用于感知和传递道路信息的传感器，一般铺设在路上和路边。无论是车内、车外，还是道路的传感器网络，都起到了环境感知的作用，其为"车联网"获得了独特的"内容"。整合这些"内容"，即整合传感网络信息，将是"车联网"重要的技术发展内容，也是极具特色的技术发展内容。通过在一定准则下利用计算机技术对这些传感器及观测信息进行自动分析、综合以及合理支配和使用，将各种单个传感器获取的信息冗余或互补依据某种准则组合起来，形成基于知识推理的多传感器信息融合。

2. 开放智能车载终端系统平台

当前，很多车载导航娱乐终端并不适合"车联网"的发展，其核心原因是采用了非开放、低智能的终端系统平台。使用非开放、低智能的终端系统平台是很难被打造成网络生态系统的。目前车联网的用户终端包括 IOS 系统、Android 系统等，车联网的终端系统平台必须能搭载 Adroid、iPhone 平台载体，如：iPhone、iPad、Adroid 手机、Adroid 导航仪、Adroid 平板电脑等，只有开放的系统平台才能更好地为用户服务。按照目前的形势来看，Google Android 也将会成为车联网终端系统的主流操作系统，而那些封闭式的操作系统也许目前发展不错，但最终会因为开放性问题发展遭到制约。

3. 自然语音识别技术

驾驶环境的特殊性决定了车联网时代人机交互不能用鼠标、键盘。而语音交互的安全便捷，就顺理成章地成为人机交互的最佳方式，将是车联网发展的助推器。成熟的语音技术能够让司机通过语音来对车联网发号施令，能够用耳朵来接收车联网提供的服务，这更适合在车辆这个快速移动空间中体验。成熟的语音识别技术依赖于强大的语料库及运算能力，因此车载语音技术的发展本身就得依赖于网络，因为车载终端的存储能力和运算能力都无法解决好非固定命令的语音识别技术，而必须要采用基于服务端技术的"云识别"技术。将大量的语音识别数据进行收集和计算，依托网络计算技术，构建基于移动互联网环境下独特的车音网语音平台引擎，实现多种语言甚至方言的识别。

4. 云计算

车网互联在产品中引入云计算，一方面可以实现业务快速部署，可以在短期内，为行业用户提供系统的 Telematics 服务；另一方面，平台有强大的运算能力、最新的实时数据、广泛的服务支持，能够对于服务起到强大的支撑作用。比如，传统的导航均是基于本地的数据，只是一条静态的道路，基于云计算的"云导航"则可以实现"实时智能导航"。云平台会按照用户的需求，考虑到实际的路况和突发事件等因素实时调整规划，保障用户始终掌握最符合实际、最便捷到达的路线。车联网和互联网、移动互联网一样都得采用服务整合来实现服务创新、提供增值服务。通过服务整合，可以使车载终端获得更合适更有价值的服务，如呼叫中心服务与车险业务整合、远程诊断与现场服务预约整合、位置服务与商家服务整合等。

5. LBS 位置服务

LBS 有传统服务和新型服务两大类。传统服务以整合服务产业链为主，提供的服务基本上以导航为主，也包括服务位置信息搜索（餐馆、娱乐、加油站等）、资讯推送、天气提醒、汽车服务信息等，以静态的或者单向的信息为主。新型服务则在应用的基础上结合海量用户的移动互联，通过车联网社区形成诸多更具互动性的应用，比如位置信息的共享、自定义交通信息生成、用车经验交流、基于位置的优惠信息提供等，按照用户的需求和技术的发展，不断向周边延伸。从而让固有的服务逐步具备自我革新的生命力，为用户的工作、生活、娱乐带来更多便利。

6.3 自动驾驶关键技术

6.3.1 概述

自动驾驶，即车辆通过车身布置的各传感器，对周围环境进行感知并做出控制决策，包括纵向和横向的组合控制，纵向主要控制车速，横向主要控制方向。自动驾驶过程主要包括信息采集、信息处理和执行指令三个阶段。

信息采集阶段：自动驾驶汽车通过布置在车身的雷达、摄像头等传感器，对周围环境进行探测，采集周围行人、车辆的位置、车辆速度和加速度、车道线等信息。

信息处理阶段：自动驾驶汽车将采集到的信息传送到汽车电子控制单元（ECU）进行分析、计算并做出控制决策。

执行指令阶段：自动驾驶汽车将汽车电子控制单元做出的控制决策传送到发动机/电机管理系统和电动助力转向系统（EPS），实现车辆加速、减速和转向操作。

在对自动驾驶的描述上，美国国家公路交通安全管理局（NHTSA）与国际汽车工程师协会（SAE）采用了相似的分级体系，NHTSA 将自动驾驶分为了 5 个等级，而 SAE 将其分为 6 个等级，SAE 的分级标准更为常用。具体的分级标准如表 6-8 所示。

NHTSA、SAE 自动驾驶分级标准　　　　　　　　　　　　　表 6-8

NHTSA	SAE	自动化程度	具体定义	驾驶操作	周边监控	接管	应用场景
0	0	人工驾驶	由人类驾驶人负责驾驶车辆	人类驾驶人	人类驾驶人	人类驾驶人	无
1	1	辅助驾驶	车辆对方向盘和加减速中的一项操作提供驾驶，人类驾驶人负责其余的驾驶动作	人类驾驶人和车辆	人类驾驶人	人类驾驶人	限定场景
2	2	部分自动驾驶	车辆对方向盘和加减速中的多项操作提供驾驶支持，人类驾驶人负责其余驾驶操作	车辆	人类驾驶人	人类驾驶人	
3	3	有条件自动驾驶	车辆完成绝大部分驾驶操作，人类驾驶人需要在适当的时候提供应答	车辆	车辆	人类驾驶人	
4	4	高度自动驾驶	由车辆完成所有驾驶操作，人类驾驶人无需对所有的系统请求做出应答，但限定道路和环境条件	车辆	车辆	车辆	
	5	完全自动驾驶	由车辆完成所有驾驶操作，人类驾驶人无需保持注意力	车辆	车辆	车辆	所有场景

资料来源：国际自动机工程师学会（Society of automaton engineers，"SAE"），标准道路机动车驾驶自动化系统分类与定义 [S]. SAE J3016（TM）.

2020 年 3 月 9 日，工业和信息化部公示了推荐性国家标准《汽车驾驶自动化分级》报批稿。其中，对驾驶自动化的定义为车辆以自动的方式持续地执行部分或全部动态驾驶任务的行为。基于如下 5 个要素对驾驶自动化进行划分：

1）驾驶自动化系统是否持续执行动态驾驶任务中的车辆横向或纵向运动控制；

2）驾驶自动化系统是否同时持续执行动态驾驶任务中的车辆横向和纵向运动控制；

3）驾驶自动化系统是否持续执行动态驾驶任务中的目标和事件探测与响应；

4）驾驶自动化系统是否执行动态驾驶任务接管；

5）驾驶自动化系统是否存在设计运行条件限制。

国家标准《汽车驾驶自动化分级》报批稿中将驾驶自动化划分为 0～5 六个等级，具体内容如下：

1）0 级驾驶自动化（应急辅助）

驾驶自动化系统不能持续执行动态驾驶任务中的车辆横向或纵向运动控制，但具备持续执行动态驾驶任务中的部分目标和事件探测与响应的能力。

需要注意的是：①0 级驾驶自动化不是无驾驶自动化，0 级驾驶自动化可感知环境，并提供报警、辅助或短暂介入以辅助驾驶人（如车道偏离预警、前碰撞预警、自动紧急制动等应急辅助功能）。②不具备目标和事件探测与响应的能力的功能（如：定速巡航、电子稳定性控制等），不在驾驶自动化考虑的范围内。

2）1 级驾驶自动化（部分驾驶辅助）

驾驶自动化系统在其设计运行条件内持续地执行动态驾驶任务中的车辆横向或纵向运动控制，且具备与所执行的车辆横向或纵向运动控制相适应的部分目标和事件探测与响应的能力。

需要注意的是对于 1 级驾驶自动化，驾驶人和驾驶自动化系统共同执行动态驾驶任务，并监管驾驶自动化系统的行为和执行适当的响应或操作。

3）2 级驾驶自动化（组合驾驶辅助）

驾驶自动化系统在其设计运行条件内持续地执行动态驾驶任务中的车辆横向和纵向运动控制，且具备与所执行的车辆横向和纵向运动控制相适应的部分目标和事件探测与响应的能力。

需要注意的是对于 2 级驾驶自动化，驾驶人和驾驶自动化系统共同执行动态驾驶任务，并监管驾驶自动化系统的行为和执行适当的响应或操作。

4）3 级驾驶自动化（有条件自动驾驶）

驾驶自动化系统在其设计运行条件内持续地执行全部动态驾驶任务。

需要注意的是对于 3 级驾驶自动化，动态驾驶任务接管用户以适当的方式执行动态驾驶任务接管。

5）4 级驾驶自动化（高度自动驾驶）

驾驶自动化系统在其设计运行条件内持续地执行全部动态驾驶任务和执行动态驾驶任务接管。

需要注意的是对于 4 级驾驶自动化，系统发出接管请求时，若乘客无响应，系统具备自动达到最小风险状态的能力。

6）5 级驾驶自动化（完全自动驾驶）

驾驶自动化系统在任何可行驶条件下持续地执行全部动态驾驶任务和执行动态驾驶任务接管。

需要注意的是：①对于5级驾驶自动化，系统发出接管请求时，乘客无需进行响应，系统具备自动达到最小风险状态的能力。②5级驾驶自动化在车辆可行驶环境下没有设计运行条件的限制（商业和法规因素等限制除外）。

表6-9给出了驾驶自动化分级与划分要素的关系。

驾驶自动化分级与划分要素的关系　　　　　　　　　　表6-9

分级	名称	车辆横向和纵向运动控制	目标和事件探测与响应	动态驾驶任务接管	设计运行条件
0级	应急辅助	驾驶人	驾驶人及系统	驾驶人	有限制
1级	部分驾驶辅助	驾驶人和系统	驾驶人及系统	驾驶人	有限制
2级	组合驾驶辅助	系统	驾驶人及系统	驾驶人	有限制
3级	有条件自动驾驶	系统	系统	动态驾驶任务接管用户（接管后成为驾驶人）	有限制
4级	高度自动驾驶	系统	系统	系统	有限制
5级	完全自动驾驶	系统	系统	系统	无限制①

① 排除商业和法规限制等因素。

资料来源：《汽车驾驶自动化分级（报批稿）》[S]．北京：工业和信息化部，2020.

6.3.2 单车智能自动驾驶

单车自动驾驶通俗来讲就是"单车智能"，它定义了一台车要实现自动驾驶的四大整车特性，包括DDT、ODD、OEDR以及DDT Fallback。

1. DDT

DDT（Dynamic Driving Task，动态驾驶任务）。图6-15描述了从一个地方到另一个地方，驾驶所需的所有任务/动作，DDT只包括实时的任务，即其中框住的是策略任务（Tactical Function）和操控任务（Operational Function）。

全局任务（Strategic Function）：包括决定何时、从何处去往何处，选择最优的路线。

策略任务（Tactical Function）：包括操纵的任务，具体为路径规划、任务决策（是否超车，车速选择等）。

车辆运动控制任务（Operational Function）：根据下一时刻的目标位置，计算车辆的加速、制动和转向请求，以及根据障碍物计算控制请求，控制车辆的纵向和横向运动，保持期望路径或使车免于碰撞等危险。

具体地，DDT包含三个子任务：①纵向控制（Longitudinal Control）；②横向控制（Lateral Control）；③目标和事件的检测与响应（Object and Event Detection and Response，OEDR）。

纵向控制与横向控制与车辆运动控制功能的描述一致。OEDR，即对驾驶环境进行监控，并给出合理的响应，可以通俗的描述为对传感器感知信号的处理，确定周围的可行区域、危险区域，并判断出是继续跟车、自由行驶、变道还是需要发出警告、停车。

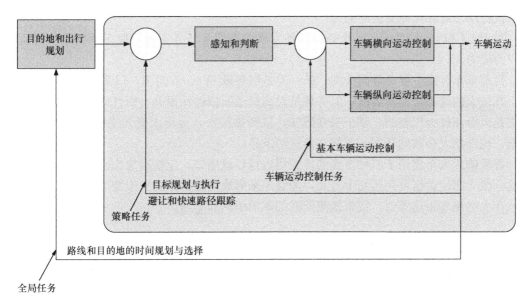

图 6-15 动态驾驶任务

图片来源：SAE. J3016（TM）. Taxonomy and Definitions for Terms Related to Driving Automation Systems for On-Roacl Motor Vehicles ［S］. THE SAE ON-RUAD AUTOMATED VEHICIE. STANDARDS. COMMITTEE，2018.

2. ODD

ODD（Operational Design Mdomain，设计运行域）也被称为设计适用域或设计运行范围，是设计功能时对功能执行环境的限制，包括环境（天气、能见度等）、地理条件（山区崎岖公路，纵、侧向坡度），道路情况（附着系数、平坦道路、栅栏、车道线等），前方是否可行驶区域（收费站、施工现场、过窄道路等都属于不可行驶区域），行驶路线是否明确（若无终点导航，遇到分叉路口，或上下匝道都是不明确接下来的行驶路线等一系列限制）。

3. OEDR

OEDR（Object and Event Detection and Response，感知和判断，也称为周边监控），对车辆纵向运动方向操作、通过对物体和事件检测、认知归类和后续响应，达到对车辆周围环境的监测和执行对应操作、车辆运动的计划还有对外信息的传递。

4. DDT Fallback

DDT Fallback（动态驾驶任务支援）是指当发生系统失效或即将退出 ODD 时，用户或者系统执行的动作，以重新回到驾驶人控制车辆的手动驾驶状态或使车辆到达最小风险情况的状态。

动态驾驶任务和动态驾驶任务支援是两个不同的功能，可以不是由一套系统完成。对于 L3 和 L4，执行动态驾驶任务支援的对象和过程也不一样。

对于 L3 系统：①可能不具备完成动态驾驶任务支援的能力，而是通过向支援就绪用户发布请求介入的请求，进而通过支援就绪用户完成动态驾驶任务支援；②某些 L3 的系统，也可能具备在某些特定条件下，执行支援，使车辆到达最小风险情况的功能；③总体来说对于 L3 的系统必须具备在向支援就绪用户发出请求介入信息后，至少有几秒的时间继续执行动态驾驶任务支援的能力。

对于 L4 和 L5 的系统：系统必须具备完成动态驾驶任务支援，使车辆到达支援就绪用户的能力。

目前单车智能主要分为两大类：第一类是以谷歌 Waymo 为主，以多线激光雷达为感知，其最大的优势是非常灵敏，但劣势是对高精地图依赖性很高，而且成本也非常大；第二类是以特斯拉为代表的，基于视觉感知，依赖摄像头，运用大量人工智能和数据学习。目前，国内绝大多数的开发公司都在走这两条路。

谷歌的无人车使用了三种主要的传感器进行环境感知，包括摄像头、激光雷达和测距雷达。激光雷达价格可高达几十万元，能够用来形成周围物体的三维特征。测距雷达与普通汽车上的倒车雷达类似，用来探测前面的车的距离和车速。

6.3.3 车路协同自动驾驶

有学者指出，从现在的表现看，单车智能存在五大弱点：一是无人驾驶必须要依靠 AI，如何克服 AI 的黑箱效应？二是兰德智库提出的，自动驾驶需要 110 亿英里的道路测试，怎么实现？三是完全自动驾驶至少有几百万的极端工况，软件设计如何保证和验证？四是 L3、L4、L5 自动驾驶成本很高，如何进入私家车领域？五是完全自动驾驶汽车的实际行驶安全如何保证？

针对单车智能的弱点，要形成新型智能理念，寻找自动驾驶能力和车外赋能联合的边界，要用车外赋能结合单车智能，以数字化的形式传递车内外信息，让车载计算平台做最后的感知、规划、决策。因此，车路协同自动驾驶成为自动驾驶发展的一个新方向。

1. 车路协同自动驾驶的内涵

车路协同自动驾驶系统通过先进的车、路感知设备（如雷达、摄像头等）对道路交通环境进行实时高精度感知，按照约定的通信协议和数据交互标准，实现车与车、车与人以及车与道路交通设施间不同程度的信息交互和共享（网络互联化），并涵盖不同程度的车辆自动化驾驶阶段（车辆自动化），以及考虑车辆与道路供需间不同程度的分配协同优化（系统集成化），从车辆自动化、网络互联化和系统集成化三个维度构建车路协同自动驾驶系统，进而高效和协同地执行车辆和道路的感知、预测、决策和控制功能，最终形成一个能够整合、协调、控制、管理和优化所有车辆、信息服务、设施设备、智能化交通管理控制的智能交通系统。广义上，车路协同自动驾驶系统涵盖了智能网联汽车系统与智能网联道路系统，即智能网联车、车联网、主动交通管理系统、自动公路系统等均包含于车路协同自动驾驶系统。

车路一体化自动驾驶是车路协同自动驾驶更高级的发展形式，能够实现车路协同感知、车路协同预测和决策以及车路协同控制一体化等功能。车路协同感知一体化技术是以路侧感知设备为主、车辆感知为辅，实现全路全息和全维度的一体化感知，改善车辆感知能力的局限；车路协同预测和决策一体化是对关键节点、路段层、路网层等交通系统单元进行统一规划与优化；车路协同控制一体化是考虑车辆控制技术和交通环境的复杂性，对决策控制指令制定和执行进行统一优化和分配。

车辆协同自动驾驶系统包括三个维度。维度 D1：车辆自动化，是车路协同自动驾驶系统中智能网联汽车的发展维度；维度 D2：网络互联化，是车路协同自动驾驶系统中智能网联通信的发展维度，以实现人、车、交通环境之间的协同、互联；维度 D3：系统集成化，是车路协同自动驾驶系统的集成性发展维度。具体内容如图 6-16 所示。

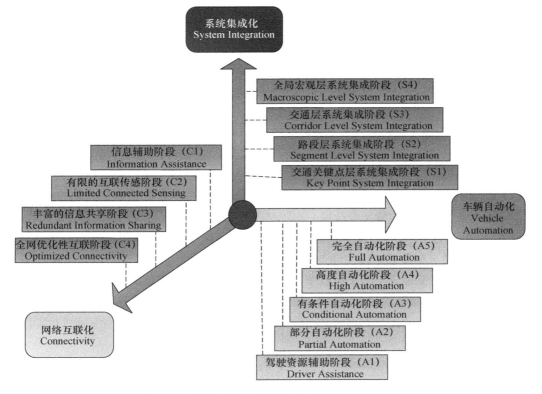

图 6-16 车辆协同自动驾驶系统三维体系发展架构

图片来源：冉斌，谭华春，张健，曲栩．智能网联交通技术发展现状及趋势［J］．汽车安全与节能学报，2018，9（02）：119-130.

（1）车辆自动化

车辆的自动化，基于 SAE 的标准发展从低到高可以分为驾驶资源辅助、部分自动化、有条件自动化、高度自动化和完全自动化 5 个阶段。

1）驾驶资源辅助阶段：在适用的设计范围内，自动驾驶系统可持续执行横向或纵向的车辆运动控制某一子任务（不可同时执行），由驾驶人执行其他的动态任务。

2）部分自动化阶段：在适用的设计范围内，自动驾驶系统可持续执行横向或纵向的车辆运动控制任务，驾驶人负责执行目标和意外检测与响应任务并监督自动驾驶系统。

3）有条件自动化阶段：在适用的设计范围内，自动驾驶系统可以持续执行完整的动态驾驶任务，用户需要在系统失效时接受系统的干预请求，并及时做出响应。

4）高度自动化阶段：在适用的设计范围内，自动驾驶系统可以执行完整的动态驾驶任务和动态驾驶任务支援，用户无需对系统请求做出回应。

5）完全自动化阶段：自动驾驶系统能在所有道路环境执行完整的动态驾驶任务和动态驾驶任务支援，驾驶人无需介入。

（2）网络互联化

网络互联化发展主要包含信息辅助、有限的互联传感、丰富的信息共享和全网优化性互联 4 个阶段。

1）信息辅助阶段：驾驶人通过路侧设备获取路况信息，从而辅助驾驶和决策。

2）有限的互联传感阶段：驾驶人和车辆通过车内设备，以及路侧设备，获取相关信息，从而进一步辅助驾驶及进行决策。

3）丰富的信息共享阶段：驾驶人和车辆之间通过车内设备、路侧设备、全网信息中心以及车辆间信息共享设备获得更多层面的信息。不同车辆之间，通过各自认可的驾驶方式进行驾驶和决策，其中驾驶方式包括驾驶人驾驶、车辆自行驾驶、车辆服从全网信息中心指令驾驶。

4）全网优化性互联阶段：全交通网络的信息不再过载和重复，驾驶人和车辆获得优化后的信息，迅速地进行安全驾驶和最优的行驶决策。

（3）系统集成化

系统集成化的发展需要经历关键节点层系统集成、路段层系统集成、交通走廊层系统集成和全局宏观层系统集成 4 个阶段。

1）关键点层系统集成阶段：网联车辆在交通关键点与路侧设备进行信息交互，获得指令和必要信息，在各个交通关键点处解决具体事件，保障各微观节点的交通畅通和安全。该阶段的目标是实现交通关键点以及周边小区域的交通优化控制。

2）路段层系统集成阶段：网联车辆与微观交通控制中心连结，获取指令与信息，通过指令在路段层面解决微观问题。这一阶段的目标是以单个路段为单位对交通进行管理和控制。

3）交通走廊层系统集成阶段：网联车辆与中观控制中心连结获取出行路径规划。中观控制中心合理控制走廊层面的交通流量，提前预测拥堵事件，合理建议全局系统进行全局规划。本阶段针对路网交通运行具有重要影响的交通走廊，由上一阶段的路段控制整合形成，从而支持更高级的控制算法，实现走廊层面的交通优化管理与控制。

4）全局宏观层系统集成阶段：从最高层级优化交通分配，提高出行效率，降低人员出行成本和社会物流成本，实现全路网范围的全局优化管控。

2. 车路协同自动驾驶发展阶段

车路协同自动驾驶是一个由低至高的发展历程，主要包括以下几个发展阶段：①阶段Ⅰ为信息交互协同，实现车辆与道路的信息交互和共享（Vehicle to Infrastructure & Infrastructure to Vehicle，V2I & I2V）；②阶段Ⅱ为感知预测决策协同，在阶段Ⅰ的基础上，又可实现车路协同感知、预测、决策功能；③阶段Ⅲ的为控制协同，在阶段Ⅰ和Ⅱ的基础上，可实现高级的车路协同控制功能；④阶段Ⅳ为车路一体化，在阶段Ⅰ、Ⅱ和Ⅲ的基础上，车辆和道路实现全面协同，即实现车路协同感知、车路协同预测决策以及车路协同控制一体化等完整系统功能。

车路协同自动驾驶阶段Ⅰ：采用先进的无线通信和新一代互联网等技术，全方位实现车车、车路等动态实时信息交互和共享，其主要体现在系统参与者对环境信息的采集与融合层面。

车路协同自动驾驶阶段Ⅱ：除了借助通信技术进行实时信息交互和共享外，随着车辆技术进步空间的饱和与交通环境复杂性的增加，自动驾驶感知和决策的实现不仅依赖于雷达、摄像头等先进的车载设备，而且越来越依靠于智能道路设施，进行全时空动态交通环境信息的感知，以及后续的数据融合、状态预测和行为决策等功能，其主要体现在系统参与者对环境信息的全面采集以及驾驶决策层面。

车路协同自动驾驶阶段Ⅲ：采集全时空动态环境信息，实现车车、车路等动态实时信息交互，并能够进行状态预测和行为决策，在此基础上还可实现车路协同自动驾驶控制功能，进而完成对整个自动驾驶关键步骤的全覆盖，如在高速公路专用道、城市快速路、自动泊车等限定场景进行应用，其主要体现在系统参与者对环境信息的全面采集、驾驶决策和控制执行整个层面。

车路协同自动驾驶阶段Ⅳ：可实现全面采集、驾驶决策和控制执行等功能，并进一步增强道路基础设施的智能作用，从而实现车辆和道路全面的智能协同和配合，即在任何场景下实现车路协同感知、车路协同预测决策以及车路协同控制等系统一体化功能，进而改善车辆自动驾驶的商用化落地途径，从而形成车辆和道路共同促进自动驾驶实现的一体化发展途径。

3. 车路协同自动驾驶未来发展方向

（1）融合北斗卫星和路侧设施的高精度高可靠定位逐渐成为主流

普通导航地图的精度在 5m 左右，只描绘了道路的位置和形态，没有反映道路的细节信息，无法准确获取车辆所在位置，不满足车路协同自动驾驶对高精度定位和导航的需求。而高精度地图的绝对精度要求优于 1m，相对精度达到 10～20cm，包含了车道、车道边界、车道中心线、车道限制信息等非常丰富的信息。随着智能交通和自动驾驶领域的飞速发展，现有的普通导航地图在内容、精度和完整性方面都无法满足车路协同自动驾驶的应用需求。北斗卫星导航系统可在全球部分范围内全天候、全天时为各类用户提供高精度、高可靠定位、导航、授时服务，并具备短报文通信能力，已经初步具备区域导航、定位和授时能力。未来将融合北斗卫星和路侧设施，构建车路协同自动驾驶高精度地图。同时，卫星定位与惯导融合的低成本、高精度、高可靠定位传感器将是实现厘米级定位的必经途径，这些均为车路协同自动驾驶真正实现大规模商用奠定基础。

（2）视觉识别和激光雷达将逐渐成为感知技术的核心

在实际驾驶过程中，驾驶人获取的信息绝大部分来自于视觉。摄像头拥有最丰富的线性密度，其数据量远超其他类型的传感器。由于图像信息密度最高的优势，视频视觉识别处于整个感知融合的中心地位。但摄像头需要识别和估算的目标繁多，导致基于目标监测与识别的学习算法变得十分复杂。激光雷达相对于毫米波雷达等其他传感器具有分辨率高、识别效果好等优点，已越来越成为主流的自动驾驶汽车用传感器，但其成本从根本上阻碍了自动驾驶汽车的普及与商用。目前激光雷达正在向着低成本、小型化的固态扫描或机械固态混合扫描形式发展，但仍存在量产规模和成本等问题。由于计算机视觉领域在自动驾驶领域的应用潜力被低估，激光雷达的成本和性能已逐步支持商业化，多传感器的融合其实是商业化自动驾驶达到高可靠性的必由之路，多传感器融合如何同时在车载系统和路侧系统实现是比较关键的问题之一。

（3）基于云技术的智能网联交通分布式云平台初现雏形

云计算技术采用分布式冗余存储方式，具有处理大规模数据和实现数据共享等特点。云计算技术提供的服务包含基础设施即服务（Infrastructure as a Service，IaaS）、平台即服务（Platform as a Service，PaaS）和软件即服务（Software and Services，SaaS）。车路协同自动驾驶系统中大量数据存储和计算的需求，为云计算技术从概念层走向应用层提供了机遇，两者可以实现优势互补。而云计算技术应用在智能网联交通系统中尚处于初级阶段，IaaS层为智能网联交通系统提供处理、存储、网络和基本计算资源，允许部署路网层、路段层和路侧设备通用的应用；PaaS层提供服务，允许将路网层、路段层和路侧设备所需应用部署在云端；SaaS层可访问云供应商提供的服务应用。如何建立完善的智能网联交通云分布式平台、提高云服务的安全性将是智能网联交通技术发展的重要方向。

（4）融合网联化智能技术的自动驾驶技术急速发展

相比于自主式智能车辆对周边环境的感知能力，网联化智能技术可以从时间维度和空间维度获取更多的交通信息，不仅提高单车的感知和决策能力，还能为车辆群体协同感知、决策提供条件。基于V2X和I2X通信技术进行车—车、车—路、路—云实时信息交互和共享，从时间维度上提前获知或预测周边车辆运行、红绿灯等交通控制系统以及气象条件等信息，从空间维度上感知交叉路口盲区、弯道盲区、车辆遮挡盲区等位置的环境信息，实现自动驾驶车辆之间的协同与配合，能够大范围开展车辆主动安全控制和协同控制，包括自组编队长度控制、队列跟驰与换道策略以及车辆进出车队决策等。网联化智能技术与自动化智能技术正加速融合发展，形成一种新的自动驾驶技术发展与应用趋势。但网联化技术受通信传输距离以及传输延误和丢包等因素的影响，只有保证一定精度才能帮助自动驾驶系统更全面掌握周边交通态势，进而开展大量相关的研究和应用。

（5）车路一体化自动驾驶的交通系统优化技术进入快车道

基于车路一体化自动驾驶的交通系统将实现车路协同感知、车路协同决策和车路协同控制一体化等功能。由政府主导的交通系统控制管理中心能够更有效地整合车企、IT企业管理下的自动驾驶资源，从道路系统全局出发为各类不同出行方式和技术层次的出行者提供更安全更有效的自动驾驶出行服务。车路协同感知一体化技术是以路侧感知设备为主、车辆感知为辅，实现全路—全息—全维度的车路一体化感知，改善车辆感知能力的局限；车路协同决策一体化以效率、安全和能源消耗作为车路一体化自动驾驶的交通系统优化目标，从路网最优角度出发，对关键节点、路段层、路网层等交通系统单元进行统一规划与优化；车路协同控制一体化是结合道路系统全局最优的决策控制指令，根据单车和群体动力学理论，考虑单车和车辆群体能耗过程及相关影响因素，实现车辆运行安全、舒适、节能与环保的最终目标。

6.3.4　自动驾驶中的多传感器融合

目前应用于自动驾驶感知模块的传感器主要有摄像头、毫米波雷达、超声波雷达、激光雷达等。摄像头有着分辨率高、速度快、传递的信息丰富、成本低等优势，依赖深度学习对复杂数据的强大学习能力能极大提高环境感知的分类能力；毫米波雷达有着反应速度快、操作简单、无视遮挡等优势，并且能在各种条件下的提供目标有效地位置和速度；激光雷达有着精确的3D感知能力、对光线变化不敏感、信息丰富等优势。但此类传感器也存在着图像数据无法提供准确的空间信息、毫米波雷达拥有极低的分辨率、激光雷达有着十分昂贵的价格等问题。同时，随着各传感器性能的提升，单一传感器带来了更多的信息，在不丢失有效信息的情况下，提取特征的难度十分巨大。因此，如何高效地处理多传感器数据并对其进行高效的融合是一项极具挑战的任务。

近年来，深度学习在摄像头数据上取得了惊人的成就，2D 目标检测速度和精度都得到了极大的提升，证明了深度学习是一种有效的特征提取方法。卷积神经网络模型的发展，极大地提高了提取自动驾驶摄像头数据特征的速度和能力。有效利用高鲁棒性、高质量、高检测精度的图像特征，基于视觉的无人驾驶汽车能在 3D 感知任务中获得不错检测结果。深度学习在处理激光雷达数据上也有着不错的效果，随着基于稀疏点云数据网络的提出，深度学习在点云特性的学习能力上也渐渐超过了一些传统方法。然而，采用深度学习进行多传感器融合的时候，仍然存在着融合低效、数据不匹配以及容易过拟合等问题；将多传感器融合技术应用到自动驾驶障碍物检测的过程中也存在着检测精度不够、漏检、错检和实时处理能力不足的情况。由于自动驾驶汽车等级的提高，传统的多传感器目标融合已经无法满足决策对感知的需求，大量感知的冗余信息也对决策带来了极大的困难。并且由于多传感器的原始数据在信息维度、信息量上有着巨大的差异，有效地融合多传感器信息变得十分困难。

多传感器的数据融合包括多传感器的空间融合以及时间上的同步。传感器安装于汽车车身的不同位置，每个传感器定义了自己的坐标系，为了获得被测对象的一致性描述，需将不同的坐标系转换到统一的坐标系上。点云数据和图像数据的空间融合模型涉及的坐标系包括世界坐标系、激光雷达坐标系、相机坐标系、图像坐标系和像素坐标系。空间融合的主要工作是求取雷达坐标系、摄像头坐标系、图像物理坐标系、图像像素坐标系之间的转换矩阵。然而由于不同传感器的工作频率不同，数据采集无法同步，因此还需要根据工作频率的关系进行多传感器时间上的融合，通常做法是将各传感器数据统一到扫描周期较长的一个传感器数据上。

多传感器标定可分成两部分：内参标定和外参标定。内参是决定传感器内部的映射关系，比如摄像头的焦距、偏心和像素横纵比（＋畸变系数）；而外参是决定传感器和外部某个坐标系的转换关系，比如姿态参数（旋转和平移 6 自由度）。

摄像头的标定曾经是计算机视觉中 3D 重建的前提，张正友老师著名的张氏标定法，利用绝对二次曲线（Absolute Conic）不变性得到的平面标定算法简化了控制场。

另外在自动驾驶研发中，GPS/IMU 和摄像头或者激光雷达的标定，雷达和摄像头之间的标定也是常见的。不同传感器之间标定的最大问题是如何衡量不同的数据类型最佳，因为获取的数据类型不一样：

1）摄像头是 RGB 图像的像素阵列；

2）激光雷达是 3D 点云距离信息（有可能带反射值的灰度值）；

3）GPS-IMU 是车身位置姿态信息；

4）雷达是 2D 反射图。

自动驾驶感知模块信息融合又称数据融合，也可以称为传感器信息融合或多传感器融合，是一个从单个或多个信息源获取的数据和信息进行关联、相关和综合，以获得精确位置和身份估计，同时也是信息处理过程不断自我修正的一个过程，以获得结果的改善。利用多个传感器获取的关于对象和环境更丰富的信息，主要体现在融合算法上。因此，多传感器系统的核心问题是选择合适的融合算法。

目前大多数多传感器融合研究集中于图像数据与多线激光雷达，然而，只基于摄像头的自动驾驶感知系统，缺乏空间信息的维度，无法精确地恢复空间信息的位置。摄像头易受到光线、探测距离等因素的影响，当检测远距离目标时，只能给出分辨率极低的信息，甚至人的肉眼无法分辨，导致无法标注或错误标注的问题，无法稳定地应对复杂多变的交通环境下车辆检测任务，无法满足无人驾驶汽车稳定性的要求。因此，自动驾驶目标检测需要更多的传感器。而激光雷达具有探测距离远、不受光线影响并且能够准确获得目标距离信息等优点，能够弥补摄像头的缺点。当目标被识别时，可判断此时检测框内有无点云，来决定是否修正相应的识别置信度。雷达点云数据与图像数据的融合不仅能获得准确的目标的深度信息，还能降低图像检测时的漏检概率，达到了融合数据以提高检测效果的目的，通过这种多视图的编码方案能够获得对稀疏 3D 点云更有效和紧凑的表达。

由于视觉图像获取较易、处理方法多样，所以视觉技术是现阶段自主车辆研究中的主要获取信息手段。其中视觉技术主要分为单目视觉和双目视觉。单目视觉识别技术多采用基于车辆特征的方法，该方法主要利用车辆与背景有差异的特征，如纹理、边缘和底部阴影等。但这种方法获取的信息量不足，缺乏深度信息，而且易受外部环境的干扰，诸如光照和阴影等因素。双目视觉识别技术虽然可以取得较好的效果，但其计算量较大，算法复杂，难以保证车辆识别的实时性。激光雷达能够获得场景的距离信息，不易受光照等外部条件的影响，但其获取的外部信息不充分，易造成误判。因为图像具有较好的横向纹理特征，点云能够提供可靠的纵向空间特征，故而采用多传感器融合技术可以克服单一传感器获取信息量不足，探测范围小的缺点。随着自动驾驶和深度学习技术的发展，多传感器融合相关技术得到了极大的推动。多传感器融合技术基本可概括为：对于不同时间和空间维度的多传感器信息，依据融合准则，对这些信息进行分析，获得对被测量的目标一致性描述与解释，进而实现后续的决策和估计，使融合结果比单独获取的结果更加丰富与准确。在自动驾驶领域，卡尔曼滤波算法、D-S 证据理论等传统多传感器融合算法仍然发挥着十分重要的作用。但随着深度学习快速发展，端到端的数据融合也成为自动驾驶不可或缺的方法。

现有的融合方案有些仅用于辅助确认目标的存在性，例如在激光雷达返回有目标的大致区域进行相应的视觉检测；有些使用了统一框架进行融合，如在基于卡尔曼滤波框架下，对于不同传感器赋予不同的协方差，并在任意一个传感器获得目标数据后进行序贯更新。这些方案均可以实现多传感器数据融合，但只将不同传感器等同看待而进行融合，方法直接但效率较低，因而效果有较大提升空间。在基于纯视觉的 3D 目标估计中，估计的距离属性极其不稳定，而通过多传感器的融合，对视觉信息进行修正，极大地提高自动驾驶的目标检测精度。

6.3.5　自动驾驶的应用

相比过去，如今自动驾驶技术已经成熟了不少，但受限于道路交通法规及相关政策，多数测试是在封闭或半封闭的环境中进行。支持多地试点自动驾驶，一方面有助于调动相关企业的研发与推进积极性，另一方面也能创造充足的实际道路交通环境下的技术性能测试场景，为自动驾驶技术发展累积更多测试数据，这对于提升国内自动驾驶、车路协同等相关智慧交通技术水平以及整个行业的发展皆大有裨益。

自动驾驶技术已在物流、矿区、港口、城区出租等多领域得到了广泛的应用。

1. 无人配送小车

无人配送小车之所以能在路上自主安全行驶，并能准确把货物送到，主要是因为无人车具备路径规划、环境感知和人机交互等功能，这些功能的实现，离不开现代科技的支持。首先，无人配送小车配备了多个视觉传感器和雷达，通过生成视差图等方式构建三维环境，检测障碍物的大小和距离，控制无人车避障；其次通过深度学习算法，它可以敏锐地识别交通标志和车道线，无论什么照明和天气状况都保证行驶遵守交通规则；再次，它能通过基于特征的机器人同步定位与建图技术，实现无人车自主定位与地图创建；最后是基于高精度立体影像数据结合 GNSS 卫星定位系统，它能进行精准路线规划和导航定位，定位精度可以达到厘米级。

2. 矿区无人驾驶应用

无人驾驶时代的到来，为露天采矿行业打开了变革的大门。国家"新基建"相关政策的频频发布，推动了 5G 通信、大数据、人工智能、工业互联网等高新技术的产业融合，进一步加速了无人驾驶技术在矿山运输的落地。近年来，我国接连颁布了多项发展规划，国内也有很多公司和生产企业参与无人驾驶卡车的研制和应用。2019 年，全球首个基于 5G 网络条件下的无人驾驶矿车在白云鄂博矿区发布应用。依托 5G 网络技术和分级决策自动驾驶解决方案，融合 GPS、视觉感知等技术，利用车载传感器、路侧传感器的多层面数据，构建多维时空模型，确保车辆的环境感知。不断强化 5G 边缘计算能力与核心云计算能力，打造自动驾驶分级决策"大脑"，进而满足自动驾驶对高性能计算的需求。同时，通过构建露天铁矿石石方—铁矿原石运输矿卡无人驾驶作业集群，能够实现车辆远程操控、车路融合定位、精准停靠、自主避障等功能，有效提高特殊环境下矿车作业效率，最大程度减少工程现场作业人员数量，有效确保人员安全。搭建远程智能调度监控平台，建设车车—车网—车地通信系统，最终实现矿山生产运营自动化管理。

3. 港口无人驾驶应用

港口作为现代交通运输的重要枢纽，在经济发展中起着举足轻重的作用。因此，无人驾驶除了在矿场实现无人卡车驾驶作业，将在港口作业中被广泛应用，为国家 5G 建设、智慧物流、绿色港口发展提供保障。2018 年 4 月，全球首台 HOWO T5G 纯电动无人驾驶牵引车在天津港开启试运营。该车在无人干预的情况下，装配有激光雷达、高清摄像头和智能计算单元是能够实现无人驾驶的电动卡车，可以完成道路行驶、精确停车、集装箱装卸、障碍物响应等指定动作。2019 年 9 月，全球首款 L2 量产级智能卡车在上海发布，这款车具备车道保持（LKAS）、自适应巡航（ACC）、紧急自动刹车（AEBS）等功能，可以系统地实现 L2 级自动驾驶，可以将驾驶人的双脚、双手解放出来，大大降低驾驶人的驾驶强度。2020 年，天津港再升级，集装箱地面智能解锁站，只需 3s 就可识别集装箱箱体上的锁具；集装箱作业任务集成管理系统，实现了对整条无人自动化作业系统的控制管理；依靠北斗卫星定位、5G 通信、纳米波雷达、远程模拟控制驾驶、设备安全故障诊断等一系列新技术的集成应用，完善了厘米级精准定位、驾驶路线记忆等功能，为港口自动驾驶示范区建设奠定坚实基础。在"新基建"浪潮下，中国将继续加快推进港口 5G 新基建，开启新一轮"码头革命"，把作为交通基础设施的港口装扮得越来越智慧。

4. 自动驾驶出租车

目前，自动驾驶出租车已经开始了实地应用。2020 年 11 月 25 日，自动驾驶技术公司文远知行与清华大学交通研究所共同发布我国首份《自动驾驶出租车乘客调研报告》。报告称，自动驾驶出租车正在成为传统交通方式的有效替代，有 37％的受访乘客表示现在就可以乘坐全无人自动驾驶出租车。2020 年 10 月 10 日起，百度全面开启旗下无人驾驶出租车在北京市开放道路的测试运营。在此之前，滴滴出行于 2020 年 6 月 27 日在上海开启自动驾驶网约车试运营；谷歌母公司 Alphabet 旗下的（Waymo）于 2020 年 10 月宣布，将在凤凰城提供完全无人的出租车服务。

自动驾驶经过近 10 年的发展，从技术、产业到政策监管都有了长足进步。尤其在重大突发事件下（如 2020 年的新冠肺炎疫情），民众对于无接触配送有了很大的需求，加上各城市要求民众驻足，劳动力有所短缺，更是需要自动驾驶来提供支持。随着自动驾驶技术的成熟及大规模商业化应用，未来汽车产品不仅是提供运输通勤服务的交通工具，而将成为具有基础运输功能的智能化移动终端。未来自动驾驶技术将会在出租车、干线物流、末端配送、封闭园区物流等方面进行大规模推广应用。

习　　题

6.1　什么是智能车路协同系统？车路协同的整体架构由哪几部分组成？

6.2　车路协同技术需要哪些技术设备？分别有什么作用？

6.3　车路协同技术的支撑技术有什么？高精度地图有哪些优势？

6.4　车路协同的典型应用场景有哪些？

6.5　什么是车联网？车联网的体系架构是如何架构的？"云—管—端"架构的含义？

6.6　国际上的车联网通信标准有哪些？5G V2X 通信技术有哪些特点？

6.7　什么是自动驾驶？NHTSA、SAE 是如何对自动驾驶进行分级的？

6.8　什么是单车智能自动驾驶？什么是车路协同自动驾驶？两者有何异同？

6.9　车路协同自动驾驶的三个维度指什么？

6.10　什么是多传感器融合技术？自动驾驶技术中多个传感器是如何进行融合的？

6.11　哪些领域用到自动驾驶技术，请简要叙述。

7 交通信息与控制系统应用案例

7.1 智慧停车系统

停车作为出行生活的中转站，具备"搭建平台、构建渠道、促进共享、提升价值、提升效率"等综合功能。停车与置业、餐饮、购物、休闲、征信、金融等有天然的连接点，加快智慧停车落地，有助于停车生态创新发展，培育更多停车新产品、新业态，让智慧停车成为城市智慧商业的引爆点和关键突破口。因此，有必要搭建人工智能无感停车系统，实现城市停车一体化、共享化、智慧化管理，并以此为契机，全面整合汽车金融、加油站、充电桩、汽车维护、商超餐饮、出行旅游等车后服务市场。

7.1.1 智慧停车系统概述

智慧停车打破了传统"人工＋手持收费终端""咪表＋人工辅助"等道路停车收费服务模式，利用"物联网人工智能＋大数据技术"创建了集停车服务、收费交易、车位共享、停车诱导、执法取证等功能于一体的"城市智慧停车云服务"模式。

1）视频识别模式：是应用最广、技术最成熟的模式。当车辆通到停车场入口，驾驶人无需取卡，前段摄像机和系统会自动识别车牌，并通过停车诱导系统引导车主达到最近车位。出场时对车牌号扫描，和进场时比对，并扣费。

2）立体车库模式：因占地面积小，有效利用土地空间而受欢迎，其操作简单，存取车简单，电脑全自动控制。

3）AGV停车模式：AGV（Automated Guided Vehicle）即自动导引运输车，其在仓储、物流领域的应用已经非常成熟，功能集中在自动物流搬转运。应用到停车领域的AGV工作原理与前者相同，系统自动计算最佳路径，软件控制AGV机器人，通过几种导航技术（GPS定位、惯性导航、高精地图）将车辆停放在指定地点的过程。车载板式、梳齿式、夹持式等三种智能无人自动停车机器人及超薄夹持式汽车搬运器。结合所研发的自动导航系统、多车调度系统和手机APP，车主无需进入车库，由机器人代为泊车、取车，可实现全程无人全自动存取车。

7.1.2 智慧停车系统介绍

1. 路侧智慧停车系统（图7-1）

（1）高位视频技术

细数历来专用于城市路侧停车管理的设备，其中包括POS机、咪表、车牌扫描PDA设备、地磁、视频桩等，而随着人工智能等技术获得长足发展，更加智能、更加精细的应用技术——高位视频技术出现了。

高位视频技术是继咪表、手持终端PDA、地磁、视频桩后的全新第五代智能化停车管理技术，在科技创新与实际应用效果上均有很大的提升。

与 POS 机、矮桩视频收费设备相比，高位视频不仅对车位的覆盖率更高，且不容易受到人为破坏，维护成本低。从识别率和智能化的角度来说，高位视频采用当前全球先进的人工智能图像识别技术，突破了路侧停车在极复杂场景下车牌识别的问题，有效避免感应不准确、无法识别收费、不能解决跨位停车等弊端，对城市景观影响降到最低。

目前，多地陆续开始规划高位视频设备的落地使用。

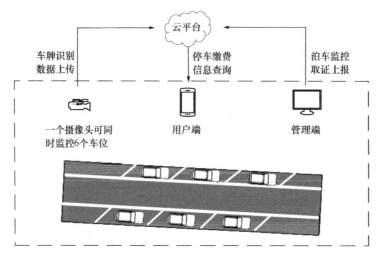

图 7-1　路侧停车系统

（2）智慧路侧停车系统特点（图 7-2）
1）用户体验：无感出入、无感支付、无人值守；
2）费率设置：不同路段、不同时间、阶梯型收费；

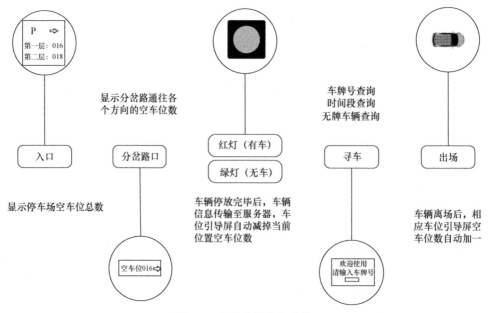

图 7-2　智慧路侧停车系统

3）车位管理：掌握车位使用情况，提高车位周转率；

4）资源监控：360°监控停车位空置状态，自动识别车辆入位和离位过程，并拍摄图像记录，包括车牌、时间、车身、颜色等方面的信息；

5）数据报表：提供完善的数据统计分析，辅助决策；

6）系统架构：系统开放灵活，可根据需要随时拓展升级。

2. 场内智慧停车系统

（1）场内智慧停车系统

系统可实现以全视频车位引导停车为主、场内反向寻车为辅的进出车场管理方案，实现无需刷卡、减少排队等候功能，为现今停车难提供一种高效、便捷的停车管理解决方案。

（2）案例

1）型号（表7-1）

停车场收费系统型号　　　　　　　　　　　　　　表 7-1

项目型号	停车场收费系统豪华版	停车场收费系统经典版
适用场合	高端写字楼、高端别墅、高端酒店、百货商场、宾馆酒店等	政府机关、企事业单位、住宅小区、综合性医院、高等学校等
产品配置	车牌识别一体机 四行大显示屏 智能道闸 停车管理主机 立柱	车牌识别一体机 双行显示屏 智能道闸 停车管理主机 立柱
产品特点	新工业设计，美观大方 四行大显示屏，内容语音可定义	高识别率，系统稳定可靠 一键设置，安装调试简单 无需地感，视频识别都搞定

2）特点

① 车牌识别率、识别种类行业很高。

识别车牌种类全：蓝牌、黄牌、军牌、警牌、教练车牌、大使馆车牌、领事馆车牌、农用车牌、个性化车牌、民航车牌、港澳出入境车牌、新能源车牌、应急车牌、新武警车牌等。

② 收费方式极其灵活，基本满足所有停车场收费需求。

支持按次收费、按时长收费、按阶梯自定义收费、按时段收费等方式（图7-3），基本可以满足所有停车场计费规则需求。

③ 车场多区域管理，实现同一个车场对不同停车区域的精准管理。

针对大停车场内嵌套小车场的情况（图7-4），不同停车区域的收费标准和进出权限可能不同，可以将整个停车场分成若干个停车区域，不同

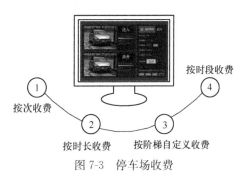

图 7-3　停车场收费

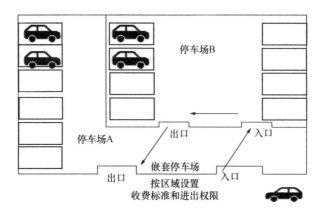

图 7-4　嵌套停车场

停车区域可设置不同的收费标准和进出权限，从而实现停车场精细化管理要求。

④ 支持一位多车、多位多车管理。

多辆车共享一个车位或者多辆车共享多个车位情况普遍存在，××智能停车场管理系统可定义一位多车类型，已经进场并且占满有效车位后，再进场车辆实行禁止通行或通行收取临时停车费的管理手段。

⑤ 提供停车场系统标接口，实现与第三方业务系统快速对接（图 7-5）。

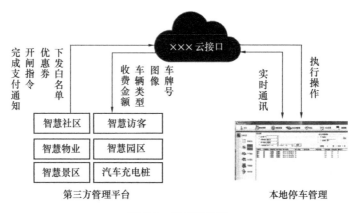

图 7-5　停车场系统

××智能停车场管理系统可提供标准 sdk 接口，通过数据对接，与第三方管理平台打通，实现双方数据交互，停车系统可上传进出场记录、车辆图片、车牌类型、收费金额等，三方平台实现添加、修改、删除车牌、下发停车优惠券、查询停车场数据、控制LED 显示和语音播报等。主要应用于智慧社区、智慧访客、智慧物业、新能源汽车充电桩、智慧园区、智慧景区、政府公安、智能一卡通等平台。

⑥ 支持微信、支付宝支付，方便快捷。

××智能停车场管理系统支持微信支付宝支付，车主无需关注公众号，直接扫描二维码支付，资金直接到达物管公司账户。

⑦ 无人值守助力停车场降本增效。

××智能停车场管理系统推出云端呼叫中心＋手机 APP 对讲的双终端处理解决方案，

打造无人值守停车场系统，核心就是减员增效，其中关键技术是车牌识别、移动支付和求助呼叫系统。

方案优势：一键呼叫求助、高清可视对讲（集成双向语音对讲功能，在呼叫接听的同时，云坐席或者手机 APP 可以随时与现场人员实时视频对讲）、远程开闸（通过对讲中心或者手机 APP 软件实现远程开关闸功能，并记录事件）、联动摄像机监视监听（车道安装监控相机，可监听监视现场周围的声音、影像）。

⑧ 停车系统联动充电桩，提供整体方案解决燃油车占位等行业难题。

2020 年新能源汽车充电桩纳入新基建，住宅、商业、办公等停车场必须配建充电桩，各地要求充电桩停车位占比达 10%～30%。在充电桩运营公司大力建设充电桩和停车场运营落地的同时，存在充电桩车位利用率低、充电难、资源浪费等一系列问题。××智能停车场管理系统立足停车场充电桩运营实际问题，推出旨在解决充电桩运营的智能停车场管理系统，解决燃油车占位、短充长停等影响充电运营收益的突出问题。

可以与 AGV 机器人共同应用在小区别墅、政府机关单位、部队军营、商务写字楼、火车站/高铁站、新能源充电站、智慧物流园、智慧景区智慧园区。

3. 立体智能停车系统介绍

整个智能立体停车管理系统的组成主要包括机械和自动控制两大部分，其中机械部分包括固有的机械机构和安全保护机构即托盘装置、传动装置、安全防护装置以及钢架结构，自动控制部分包括自动存取车系统、自动道闸系统、监控安保系统和管理收费系统，其核心控制系统则由上位机触摸屏、下位机和 PLC 等组成。

目前国内外常见的立体车库形式包括：垂直升降式、简易升降式、升降横移式、垂直循环式、水平循环式、多层循环式、平面移动式、巷道堆垛式 8 种。

1）垂直升降式：升降横移式机械立体车库是目前市场上使用最多的机械式立体车库。该车库同时也存在多种形式，种类繁多。占地面积少，存取车便捷，车主的等候时间大大减少，安全可靠，系统运行平稳，该车库适用于各大商场，小区等人口密集的场所使用。

2）简易升降式：简易升降类停车设备是指在同一层上采用搬运台车或起重机平面移动车辆，或使载车板平面横移实现存取停放车辆，也可用搬运台车和升降式配合实现多层平面移动存取停放车辆的机械式停车设备。

3）升降横移式：升降横移式立体车库采用以载车板升降或横移存取车辆，是一种半自动化的机械式立体停车设备。升降横移类立体停车场可建在露天，也可建在大楼的地下。

4）垂直循环式：该车库既可以独立建设，也可以高楼内部建设，具有很强的灵活性，不仅占用面积小，而且操作简单，其见缝插针的特点在停车设备市场有很大的潜在市场，深受停车设备开发商的青睐。

5）水平循环式：该车库属于仓储式中最常见的一种型号，不仅具有高智能机构，设计巧妙紧凑，高精度的控制系统，形式也是多种多样，车库装备着近乎完善的辅助功能，整体运行平稳可靠。广泛应用于机场、车站、写字楼、繁华商业区等不同地点，是机械停车库中最理想的形式之一。

6）多层循环式：全自动停车设备土地利用率高，且其停车塔和仓储式相比出车时间长，造价低，每台一个出入口容车数量小于 30 辆适合安装在建筑地下室内。由于消耗能源大，牵一发动全身式的存取车，违背了当今社会"低碳环保"的理念。因此多层循环属于淘汰类型。

7）平面移动式：停车形式灵活多变，可以建在建筑地下，也可建在建筑顶层，可实现大规模、大容量停车。采用全封闭式建造、保障车的安全，操作方便，既可集中管理，又可由客户自主控制。最大容车重量达到 2.8t，可满足大型及豪华车辆的停车需求。

8）巷道堆垛式：这种形式的停车设备具有智能化程度高以及技术含量大等特点，根据现场需求，可建筑在地面，也可建筑在地上、室内和室外，为保障停车安全，室外停车采用全封闭方案，不仅存车容积大，空间也是独立形成的，其缺点是不够经济，建设该停车设备的成本较高。一般建为 6 层。

7.2 违法抓拍系统

违法抓拍系统是新一代智能交通系统的重要组成部分，利用抓拍设备对监控范围内的交通违法行为进行有效捕获，同时生成执法证物。在检测超速、闯红灯、违法停车、不按导向行驶等违法行为上有着重要的应用。

7.2.1 违法抓拍系统简介

1. 系统组成

违法抓拍系统主要由前端控制系统、网络传输系统和后端管理系统组成。

（1）前端控制系统

前端控制系统主要包含图像采集设备、补光设备、车辆检测设备、控制主机。

1）图像采集设备

图像采集设备主要是高清网络摄像机，这类摄像机具有一体化光学变焦镜头及自动白平衡功能，支持光圈、聚焦、快门和增益控制的手动和自动操作，图像分辨率可达百万像素以上，抓拍的图片可清晰显示信号灯状态、车牌号码、车辆颜色、车辆类型、时间、地点、行驶方向等信息，并且随着技术的不断进步，高清网络摄像机正在向专用化、小型化方向发展。

2）补光设备

补光设备以 LED 补光灯为主，LED 补光灯的研发目标是实现各种条件下的车牌抓拍或检，被广泛用于卡口电子警察抓拍系统。该设备可进行夜间、阴天和雨天车牌的补光照明，且白天可以平抑逆光，夜间可压制车辆大灯眩光，使摄像机有较好的宽动态。

3）车辆检测设备

车辆检测设备包括视频检测设备、线圈检测设备、雷达检测设备、激光检测设备。线圈检测精度最高，但施工及维护方式最为困难。雷达检测精度较高且施工维护方便，但造价较高。视频检测施工维护最方便且成本最低，但存在易受环境影响且精度稍差等问题。利用地埋感应线圈检测车辆及交通参数是目前世界上技术较为成熟、捕获率较高的检测方式。当检测到有车辆通过时，车辆检测器发送信号至抓拍主机，并立即触发摄像机对违法车辆进行连续抓拍。

4）控制主机

控制主机可对违法行为的相关照片、录像和其他信息进行分布式存储和上传。智能控制主机具有缓存补录功能，当前端传输网络发生故障时，主机可将违法证据保存在本地，当网络通畅之后自动补录到后台，同时主机内置有大容量硬盘，保证违法证据能稳定存储。机箱内的供电系统主要为设备运行提供稳定的供电环境，抑制外电波动。

（2）网络传输系统

根据所选通信方式的不同网络传输子系统可分为有线传输和无线传输两种。

1）有线传输

有线传输主要采用点对点连接实现光纤传输，通信传输设备按照"一收一发"成对配置，经光路传输接入分支交换机，接入分支交换机与中心的节点交换机相连，实现前端检测数据的中心接入。

2）无线传输

无线传输方式采用无线收发机替代通信光端机，通过网络运营商提供的专属通信链路接入运营商通信网络。前端数据通过运营商网络传输，在特定设备接入机房之后经专网网关传输给中心管理系统。早期违法抓拍系统曾采用人工取盘的方式进行数据导入，目前该方式已被淘汰。

（3）后端管理系统

后端管理系统主要由节点交换设备、服务器、存储设备、终端设备、短信发送网关和违法数据上传平台等组成，可实现对前端控制子系统的管理，实时接收违法记录和违法图片，存储违法行为数据，同时对违法录像进行存储，并对违法图片和违法录像进行关联管理，选择相应的违法图片可直接查看违法时间点前后的全过程录像。短信发送网关可对接机动车及驾驶人管理库，获取驾驶人的基本信息（包含联系方式），并通过短信的方式将违法信息发送给驾驶人。违法数据上传平台能将违法记录统一上传至违法审核平台审核，并能对违法图片进行预处理，包括图片压缩和合成等。

2. 系统拓扑结构

一般交通违法抓拍系统的物理拓扑结构如图 7-6 所示。

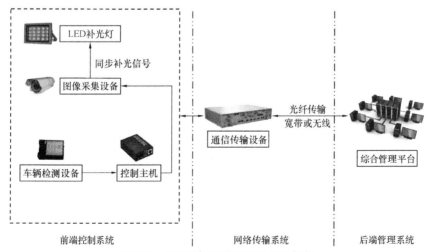

图 7-6　违法抓拍系统的物理拓扑结构

3. 实际应用

违法抓拍系统在高速公路和城市道路上许多地方都有应用，典型应用包括：高速公路超速抓拍系统、高速公路收费站抓拍系统、高速公路安全车距抓拍系统、城市道路闯红灯抓拍系统、城市道路违法停车抓拍系统等。违法抓拍系统将对机动车在高速公路超速、城市路口闯红灯、不按规定车道通行、压实线通行、逆行和驾驶人不系安全带、接打移动电话等交通违法行为进行实时自动抓拍，旨在规范广大驾驶人的驾驶行为，严格遵法驾驶，安全文明出行。

7.2.2　高速公路超速违法抓拍系统

车辆超速驾驶行为是引发交通事故的重要因素，也是普遍存在的问题，据统计超速行驶时，其制动距离比平时增加约 4 倍，易发生追尾或碰撞等事故。高速公路超速违法抓拍系统利用现代先进技术，对超速驾驶行为进行记录及取证，从而对违法人员进行批评、教育或经济处罚等，可有效地实现交通管理和监控，减少超速违法行为，降低超速导致的交通事故，保障交通安全。

1. 超速违法抓拍系统拓扑结构

一般高速公路超速违法抓拍系统的物理拓扑结构如图 7-7 所示。

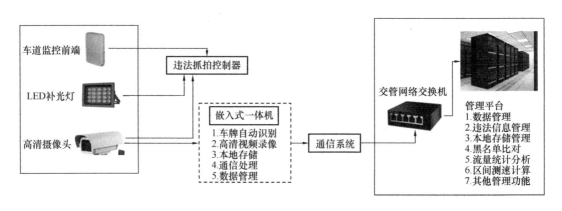

图 7-7　超速违法抓拍系统的物理拓扑结构

2. 超速违法抓拍流程

当有车辆通过时，感应线圈检测车辆的瞬时速度并将该车速值传递给控制主机，控制主机根据预设的速度阈值判断车辆是否超速，若未超速则不做处理，若超速则将抓拍控制命令传给高清摄像机，高清摄像机自接收命令后同步控制闪光灯进行抓拍，视频图像通过视频采集卡实时传送到控制主机，在现场由前端识别单元进行分析处理，完成车牌识别工作，存储抓拍图像及数据，同时向前方门架情报板发出指令，显示超速违章车辆车牌及时速信息，以提醒超速车辆减速。车辆图片、识别结果、车辆速度、当前时间等车辆信息通过通信网络系统上传至中心管理服务器。

3. 测速技术

目前测量车辆速度的专用设备主要有线圈、激光、雷达和视频 4 种检测方式。

4. 超速违法抓拍设备布设

抓拍设备布设时，需综合考虑高速公路的路段结构及平面地形，超速违法抓拍设备布设如图 7-8 所示。

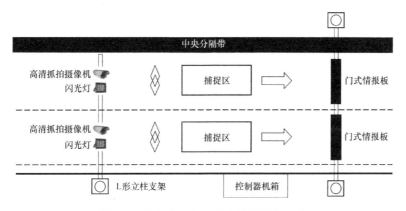

图 7-8　高速公路超速违法抓拍设备布设

7.2.3　城市道路闯红灯违法抓拍系统

目前，闯红灯违法抓拍系统的实现主要有两种方法：一种是基于埋在地下的感应线圈，通过检测感应线圈判断是否有车辆经过，但是该系统的安装会损坏路面且后续维修不方便；另一种是基于视频检测技术的闯红灯抓拍方法，这种方法监控的范围广，获得的信息更加丰富，具有车流量统计、车道占有率统计、违法车辆统计和车牌号码识别等多种信息提取功能。系统部署及后续维修较为方便，易实现新功能的添加，便于升级。当前，各国都在积极研究基于视频的车辆检测技术的闯红灯抓拍系统。

1. 闯红灯违法抓拍系统拓扑结构

一般城市道路闯红灯违法抓拍系统的物理拓扑结构如图 7-9 所示。

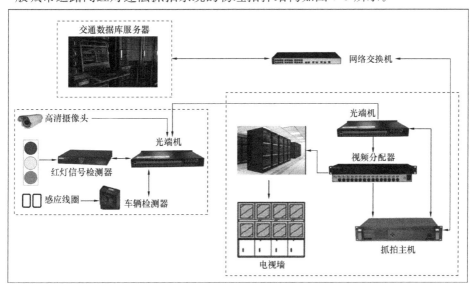

图 7-9　闯红灯违法抓拍系统的物理拓扑结构

2. 闯红灯违法抓拍流程

闯红灯违法抓拍系统的主要功能为车辆检测，违法闯红灯车辆记录、图像存储、视频数据传输和处理。在整个过程中，对车辆的检测和记录是整个系统的主要部分。首先，信号检测板将红绿灯信号传送到工控机设备。然后，工控机设备通过视频采集卡采集图片，并根据信号要求实时检测路口交通的状况，同时判定车辆违法行为并抓拍其违法图片。接着，再对违法的图片进行压缩、存储等。最后，前端系统通过网络将图片信息传送给后端系统，后端系统将抓拍的图片作为交通管理部门处理违章行为的依据。

3. 闯红灯违法抓拍设备布设

一般城市道路闯红灯违法抓拍设备布设如图 7-10 所示。

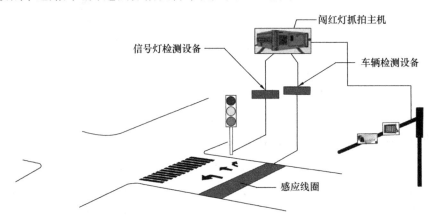

图 7-10　城市道路闯红灯违法抓拍设备布设

7.3　公交优先控制系统

公交优先控制是指公交具有优先通行权的控制方式。广义上的公交优先是指在政策、用地、投资、路权等方面为公共交通提供优先，而狭义上的公交优先主要是指在交通管理范畴内通过一定的技术手段在道路上给公交车辆以一定的优先权，主要包括空间上的优先和时间上的优先两种。空间上的优先主要是通过设置公交专用道、专用路或各类专用进口道以及建设高架公交专用道等方式实现，而时间上的优先主要是在信号配时中考虑公交车辆的影响，在尽量不增加社会车辆延误或停车次数的基础上减少公交车辆的延误和停车次数，提高公交车辆的运行效率。

7.3.1　公交信号优先的目标

公交信号优先控制系统通过检测器检测进口道的公交车辆，为它们提供优先通行，主要目标如下：

1. 减少公交运行时间

公交信号优先控制系统的主要目标是减少公交车辆通过交叉口的运行时间。较短的公交运行时间能够吸引更多的乘客、提高公交系统的竞争力，进而改变人们的出行方式。

2. 提高公交运行的准点率及规律性

准点率是公交车辆在接受的误差范围内准点的比例，是乘客对公交服务性能最关注的指标之一。公交运行的规律性是公交车的实际运行时刻与计划运行时刻表之间的差异变化。公交信号优先控制系统可以提高公交运行的准点率及规律性。

3. 提高经济效益

提高经济效益是公交信号优先控制的潜在目标。该指标是对信号交叉口全部类型的交通流的整体评估，主要包括：①降低交叉口的公交延误；②提高公交运行效率与可靠性；③提高乘客通过量；④为社会车辆改善信号配时，提高社会车辆的运行效率；⑤最小化对相交道路交通的影响。

7.3.2 公交信号优先的控制策略

公交信号优先的控制策略分为被动优先策略、主动优先策略和实时优先策略，见表7-2。

公共汽车优先控制基本策略 表7-2

策略类型	主要方法
被动优先策略	调整周期长度
	重复绿灯
	绿灯时间分配
	相位设计
	针对公交运行的协调绿波
主动优先策略	相位延长
	提前激活相位
	公交车辆专用相位
	相位压缩
实时优先策略	延误优化
	交叉口控制
	网络控制

对三种优先策略做出界定：

1）被动优先策略。针对离线方案进行优化，不考虑道路交叉口是否有公交车辆到达，同时不需要车辆检测/优先申请生成系统。

2）主动优先策略。为检测到的特定车辆提供优先，包括相位延长、提前激活相位、公交车辆专用相位等多种方法。

3）实时优先策略。基于实时检测数据提供信号优先的同时，以某一指标为目标优化方案。公交信号优先控制策略还可以依据控制范围、优化目标及控制策略依托的设施类型进行划分。

主动式公交优先信号配时控制模式主要由公交车辆检测、优先决策判断、优先信号配时方案执行3个功能模块组成，具体工作流程如图7-11所示。

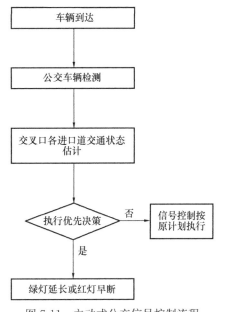

图7-11 主动式公交信号控制流程

7.3.3 公交优先系统的组成

公交优先系统一般包括社会车辆检测器、公交车辆检测器、交通信号控制器、通信系统和管理控制中心五部分。

(1) 社会车辆检测器

在交叉口各进口车道上设置环形线圈车辆检测器，对交叉口范围内所有车流量进行检测。作为智能决策模块的输入信息，用于交叉口信号状态的实时决策。

(2) 公交车辆检测器

有公交专用道的情况下，不需要区分公交车辆和社会车辆，因此常用的检测方法都可以，如感应线圈检测器、红外检测器、雷达检测器、视频检测器、GPS、射频检测器等。无公交专用道的情况下，需要区分公交车辆和社会车辆，目前常用的检测方法有：射频检测器、视频检测器及基于 GPS 的自动车辆定位系统等。一旦检测到公交车辆，生成优先请求的方法主要有：本地交叉口信号控制系统生成"优先请求"；公交车辆主动生成"优先请求"；远程公交管理中心生成"优先请求"。

(3) 交通信号控制器

交通信号控制器负责处理"优先请求"，通过对整个交叉口的车流量信息和公交优先级信息进行分析，做出综合决策——是否给予优先，然后进行相应的交通信号显示。

(4) 通信系统

通信系统通过有线（电缆或光缆）或无线通信网链路实现各检测器、公交车辆、控制中心等之间的通信。

(5) 管理控制中心

管理控制中心负责整个系统的管理运行。在公交优先系统的具体实施中各地根据各自情况，管理控制中心的具体功能也各有不同。

7.4 电子不停车收费系统

电子不停车收费系统（Electronic Toll Collection，ETC）具有免停车快速通过、免除现金交易、简化收费管理、提升服务水平、降低环境污染等优点。通过设置在收费出入口处的天线、车型识别系统和安装在车辆上的车载装置，利用信息通信技术，自动实现通行费支付。目前，利用该系统已经实现收费工作的完全自动化，促使收费操作与机器之间通过电子信号以极快的速度进行。

7.4.1 电子不停车收费系统简介

1. 系统组成

电子不停车收费系统一般由车载单元系统、路侧收费与控制系统、中心管理系统、通信系统、账户系统和监控系统组成。

(1) 车载单元系统

车载单元系统为车载机或用户标记卡，存储了用户账号、行驶情况、车型等收费基础信息，具备通信功能和人机交互功能。车载单元的三个交互过程包括信息发送、信息接受和用户操作。

（2）路侧收费与控制系统

路侧收费与控制系统包括路侧阅读器及本地操作器，含有收费控制单元，能够实现费用计算和车—路通信控制，利用自动车辆分类技术可实现车型的划分。

（3）中心管理系统

中心管理系统包括收费站计算机和中央处理系统，收费站计算机负责硬件设施道口的开闭和设备状态监控，实时记录收费操作、定期结算。中央处理系统负责处理收费系统中全局事务及联系外界系统部门。

（4）通信系统

通信系统负责车载系统与路侧系统间的通信以及路侧系统与中心管理系统间的通信，通信方式包括无线通信和有线通信，可利用专用短程通信（Dedicated Short Ramge Communication，DSRC）实现双向无线通信。

（5）账户系统

账户系统采用电子货币实现交易，账户系统对每一位用户的收费业务进行存储和管理，通常采用与金融部门共建的形式，最后由收费站统一与银行进行结算。

（6）监控系统

监控系统负责处理非法使用电子收费系统的违规车辆，对违规车辆进行拍摄和图像识别处理，便于追缴通行费。

ETC 系统各个组成要素和相互关系如图 7-12 所示。

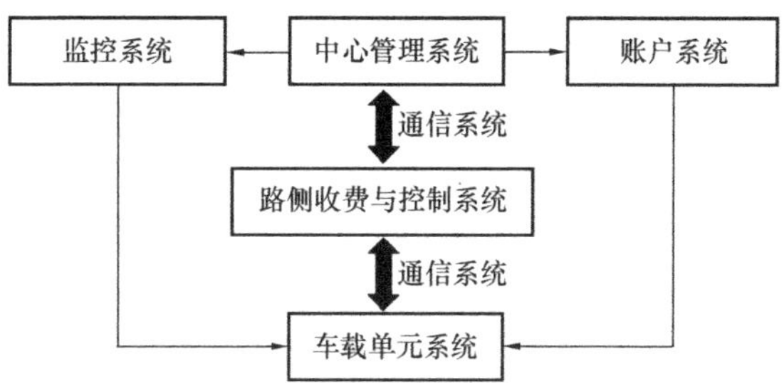

图 7-12　ETC 系统组成要素和相互关系

2. 实际应用

ETC 系统广泛应用于高速公路ETC 系统大桥和隧道的自动收费系统、智能停车场出入口收费系统、ETC 无感加油站等领域，提升了收费效率，降低了收费系统的运营成本。

7.4.2　ETC 技术在高速公路收费系统的应用

ETC 系统近几年在我国高速公路收费中的普及程度越来越高，这种电子收费技术的应用使高速公路收费效率显著提高，解决了传统人工收费存在的问题，也大大降低了高速公路收费人员的工作量，使我国高速公路通行效率和收费站的服务水平得到了飞跃式的提升。

1. 高速公路 ETC 系统的架构

（1）总体架构

高速公路 ETC 系统由收费公路联网结算管理中心系统、省（Manual Toll Collection System，MTC）中心系统、区域/路段中心系统、ETC 门架系统、收费站系统和收费车道系统［MTC 车道、ETC 车道、混合车道］等组成。

（2）系统划分

根据功能特点可以分为业务数据处理类系统、业务生产控制类系统和业务辅助类系统，根据业务特点可以划分为清分结算系统、数据传输系统、运行监测系统、ETC 发行系统、客服系统、PSAM 卡管理系统、费率管理和网络。

（3）数据类别

系统运行业务数据主要包含车道交易数据、地理位置数据、费率数据、黑名单数据、稽查数据、车牌识别数据、发行数据和计费参数数据等。

2. 高速公路 ETC 系统应用流程

当收费车辆进入到 ETC 车道工作区后，车道控制系统的控制器和天线向车道的特定区域发出微波信号，唤醒电子标签，电子标签发射出相应数据信息，如车牌号、车辆参数、电子标签号等标识信息。然后车道控制系统控制电子标签读写设备，接收被唤醒的电子标签的数据，分析车辆的标识信息，对进入收费车道的车辆电子标签的合法性进行校验，并根据校验结果进行下一步操作。然后系统根据车辆参数确定收费车辆类型和收费金额，将电子标签号、车牌号、过车时间等信息上传到收费站监控系统。最后，接收收费站监控系统主机传输的数据，对车道控制机中的相应信息进行更新及系统复位，等待下一收费车辆进入。

3. 系统的关键技术

高速公路 ETC 技术的关键技术有四种：自动识别技术、通信技术、数据库技术和视频稽查技术。

（1）自动识别技术

自动识别技术是 ETC 技术的核心内容，是确保不停车收费系统稳定运行的根本。与传统人工采集数据方式不同的是，自动识别技术是一种人工智能化、全自动的采集方式，通常包括车辆识别技术、车牌识别技术和车型识别技术。在该技术的支持下，系统能对通行车辆进行正确的识别和判断，进而保证不停车收费工作的顺利进行。自动识别技术利用具有识别功能的装置，通过微波天线与车辆间的感应作用获取车辆的相关信息，包括车型、车牌、车辆大小、车辆座位数等，然后将这些信息传输至系统进行处理，完成收费工作。

1）车辆识别技术

车辆识别技术是指在不停车的情况下，在 ETC 专用车道出入口安装感应线圈，车辆进入 ETC 车道后触发感应线圈，从而激活整个 ETC 系统，射频天线自动识别车辆出入信息的技术，其对 ETC 系统运行至关重要。

2）车牌识别技术

当车辆通过收费站时，射频天线和摄像识别能对车牌号进行识别，从而掌握车辆进出收费站的信息，并将该信息传输至管理计算机。

3）车型识别技术

目前 ETC 系统中最常用的车型自动识别技术有两种：第一种是通过车载单元采集到过路车辆的相关信息识别车型，构造简单，成本较低且易于管理，但易出现造假的现象；第二种需要在收费站内安装专用的车型检测设备，该检测设备可以获得车辆的长度、宽度、重量等信息，根据这些信息对车辆类型进行判断和识别，识别准确但建设成本较高。

（2）通信技术

为使 ETC 系统更好地运行和发挥作用，通信技术支持是确保系统各部分协同工作的基础。DSRC 是专用于 ETC 系统的通信技术，其作用是负责在"车—路"和"路—车"之间进行信息双向传输，并确保数据准确可靠。

（3）数据库技术

为了解决大量数据信息存储问题，系统设计中需引入数据库技术，如使用 SQL Server 数据库。

（4）视频稽查技术

视频稽查主要采用图像识别技术、光学字符识别技术、编程技术、模糊技术以及通信控制技术。其中，数字影像系统能够进行车牌号码的拍摄，并进行图像识别，实现视频稽查功能。模糊技术可识别出模糊不清的车牌号码，一旦有车辆使用假冒的车牌号码或者非法处理过的车牌号码，ETC 系统可以有效识别出来，然后对这些车辆进行相应处理。

7.5 基于雷视一体的检测技术

7.5.1 概述

随着高清化、数字化视频设备逐步取代模拟视频设备，视频设备也逐渐成为物联网的主要前端设备，也越来越多地和互联网、物联网相融合，为更多的行业提供服务，这也成为视频产品市场规模增长的主要推动力量。

智能交通是视频监控市场中需求最大的领域之一。视频设备在交通应用中主要发挥着保安全、促畅通、倡文明等重要作用。这不仅为交通安全提供了保障，也为城市交通的秩序管理带来了极大的便捷。

视频设备能够监测路况，可以降低交通事故发生率。但在复杂的路况、多变的天气等因素影响下，出行路上还存在一些不可避免的隐患。在行车路上，国道/省道的平交路口，急转弯是最为常见、也是最危险的交通路段。在实际行车过程中，很多场景存在驾驶的视野盲区，即使设置了凸面广角镜方便司机观测路况，但因为车速、角度、天气环境、信息疲劳等影响，驾驶人对于路况的判断仍是一大挑战。

为有效减少道路交通中的安全隐患，许多公司将目光同时转向了雷达技术，把雷达和视频深度融合，研究基于雷达和视频于一体的道路监测装置（以下简称"雷视一体机"）。通过 AI 算法将雷达和视频各自的检测优势、检测数据深度融合，对机动车、非机动车、行人等多种目标分类检测，联动 LED 屏进行信息播报，通过即时检测、实时发布，有效达成道路安全预警的目的。

雷视一体机能够实现以下功能：

1）防区绘制、报警轨迹设定：自由绘制报警区域、过滤区域、预警区域；

2）发现入侵目标，警戒系统对应防区地图位置持续发出脉冲提示，并记录报警信息；

3）区域叠加：视频覆盖的区域、雷达覆盖区域进行统一叠加，统一坐标；

4）跟进目标进行调焦：通过雷达目标跟踪轨迹，实时提供视觉，视觉可以跟进雷达坐标调整最佳距离，实现更清晰、更高质量记录。

雷视一体的监测技术有以下优势：

1）雷达是视觉充分融合，视觉提供清晰的图像，雷达精确检测运动目标的运动方向、距离、速度、角度；

2）雷达视觉利用各自优势：毫米波雷达和视觉融合系统使用，利用传感器充分发挥各自的优势；

3）融入人工智能技术：充分利用雷达定位给出的距离、目标的列坐标，采用基于距离的运动目标 Blob 合并删除；

4）全天候：7×24h 全天候实时防护，适应雨、雪、雾、霾、沙尘等各种恶劣天气，最大限度杜绝漏报，消除误报。

雷视一体机完美融合了视频技术的视觉与雷达技术的知觉，既能看得清，又能看得准。在低照度、大雾天气下，毫米波雷达对视频的短板进行了很好的补足，同时视距达到了 200m。从而实现一个全天候、实时、有效、可广泛适用的为驾驶人提供道路安全预警的系统；此外，道路信息的采集、道路的安全预警、事件检测、交通测序、道路的多维信息感知等应用的系列产品都应"时"而生。雷视一体机在提供精确、多维的数据后，业务的实现更加完善，效果也更好，比如道路信息采集用于信号控制时可以做到：①采集的数据丰富，对于信号的控制更加精细和准确；②在异常天气下，雷视一体机可以实现有效的全天候适应。

目前，雷视一体机系列产品围绕改善交通秩序、缓解交通拥堵、预防交通事故、方便交通出行以及"情指勤督宣①"等业务领域，通过城市交通元素相关的多维信息感知、智慧推演、精细化治理和全局服务，注重场景化系统的高效与实用，既可以作为单独的子系统进行应用，也可以和交警应用平台连接，对检测的数据和事件进行分析汇总，助力道路调优，实现缓解拥堵等目标。或者在停车场路口对过往车辆进行提醒，避免停车场中的事故。

目前雷视一体机已经在多个场景实现落地：道路安全预警、信号控制、交通测序、交通事件检测、车路协同的道路多维信息感知、停车场预警、园区测速预警等。

7.5.2 雷视一体应用

1. 雷视道路安全预警一体机

雷视道路安全预警一体机具备小型化、轻量化等特点，便于安装等特点。此外，它也具备取电和施工便捷的优点。由于交通执法和管理的高精准、高稳定性要求，它不受雨、雪、雾、大风、灰尘、光照等外界干扰的影响，同时能全天候正常运行，优秀的低照度能力支持透雾、强光抑制、宽动态，并具有多种白平衡模式。

它是雷视融合感知一体机，77GHz 高频段毫米波雷达融合 420 万低照度摄像机，在非灯控的平交路路口、急转弯、上下坡等存在视野盲区的场景，视频方面架构高清、低照度，同时内置深度学习算法，对机动车、非机动车、行人进行分类检测以及特征行为分

---

① "情指勤督宣"是指以情报研判为基础、指挥调度为导向、勤务布防为主体、监督考核为标杆、宣传服务为补充。

析；而雷达的全新感知手段，可以实现精准测速，尤其是在视野盲区发挥其优势，同时具备远距离、高精度的优点。

以雷视合一的多维感知技术，最大支持双向4车道的多目标轨迹跟踪检测及目标可视化，以及纵向200m的目标检测分类，支持多路道、多目标的位置、车道、速度、方向等信息检测。

从洞察安全到预警安全，是在智能化方面迈出的一大步。以该机架构的道路安全预警系统有以下几个优势：

1）轻量化无平台架构，雷视预警一体机＋太阳能供电系统＋LED警示屏；

2）雷达＋视频数据融合，实现车辆全天候、远距离、高精度定位，以及速度、相对距离、全程目标跟踪的检测，实现"预"警效果；

3）420万高清低照度视频，可扩展支持视频监控，用于事故追溯，一机多用；

4）LED警示内容可显示距离等动态信息，防止内容疲劳；

5）可根据不同场景自定义显示；

6）太阳能供电，无光照续航能力可达3天；

7）施工简单，无需布线，快速部署。可以连接无线网桥、太阳能供电系统、发光警示标牌进行信息播报，实现即时检测、实时发布提醒，有效形成道路安全预警。

雷视一体机环境适应性极强，充分过滤掉外界干扰与全天候的监控；针对非灯控路口汇入事故多和视野盲区路口，对机动车、非机动车、行人进行分类检测以及特征行为进行分析，形成数据管理，实现安全的主动预测。

2. 雷达视频融合场景

（1）隧道行车安全管理

在事故多发、易发的特、长大隧道场景，在隧道沿线敷设雷视交通测序一体机与智能终端，拓展隧道感知的维度，实现隧道内车辆特征抓拍与轨迹融合提取，提升隧道交通事件检测精度与拓展事件检测类型，综合提升隧道管理的业务感知水平，助力隧道安全运营管理。

隧道行车安全管理系统的应用（图7-13），解决了人工无法识别超温车辆的难题，有效提升了隧道交通事件的识别精度，尤其是对于隧道火灾事件的早发现、早处置，将隧道安全隐患遏制在萌芽阶段，大大降低了隧道行车风险，综合提升隧道的防灾、

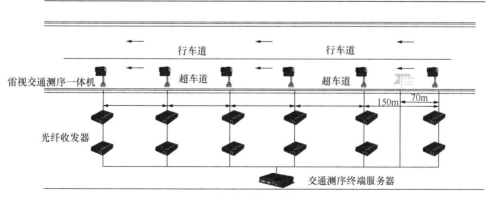

图 7-13 隧道行车安全管理系统

减灾能力。

（2）重点路段管控

在城市快速路、核心主干道、高架桥等重点路段，沿线敷设雷视交通测序一体机，获取所覆盖路段任意位置目标车辆的实时位置、号牌、流量、速度、占有率、交通事件等结构化数据，并进行后台运算分析，以掌握覆盖区域涉及交通的全量信息，为交通管理提供实时量化的数据支撑。

深圳交警设计建设的路段全感知数字化平台（图7-14），实现了路段中所有车辆运行轨迹的同步采集及数字化呈现，实现了基于轨迹的多种违法行为/异常事件的检测和分析，也将作为路段基础数据支撑平台为未来车路协同应用提供基础条件。

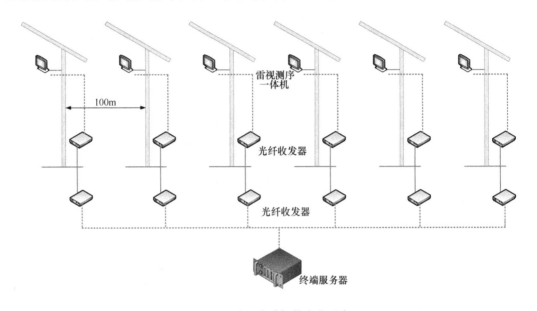

图 7-14　路段全感知数字化平台

（3）道路交通安全预警

在非灯控路口、急弯、上下坡等存在交通风险的道路，以雷视道路安全预警一体机为核心建设一套精准目标识别系统，自动化、高准确率地检测支路/弯道区域/上下坡区域的机/非/人等多种目标特征，并能够联动发光警示标牌进行信息播报，实现危险行为的及时检测、实时发布提醒。

通过道路交通安全预警系统的建设（图7-15），交警部门对危险路段的驾驶人提供了有效的主动警示与行为诱导，使得6个急转弯事故多发点的交通事故发生率同比去年有了断崖式下降，个别路口较之前年均10余起交通事故下降至今年无一起事故发生。

（4）交通信号控制

城市重点路口、交通堵点、交通干线、拥堵区域等道路基于雷达视频车检器，交通信号控制系统可以获取车辆真实到达需求（图7-16），实现全局实时控制，可以统筹排队/轨迹数据的干线协调优化，实现多种架设场景、多种检测对象、多源数据融合场景下的信控深度应用。同时，更精细、覆盖率更高的雷视数据还可以实现更精准的效果评价诊断。

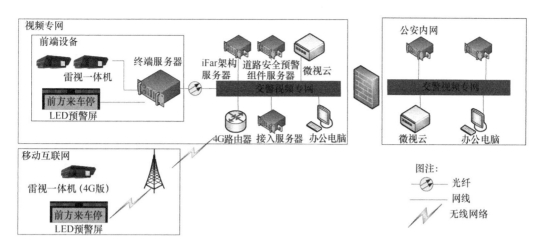

图 7-15 道路交通安全预警系统

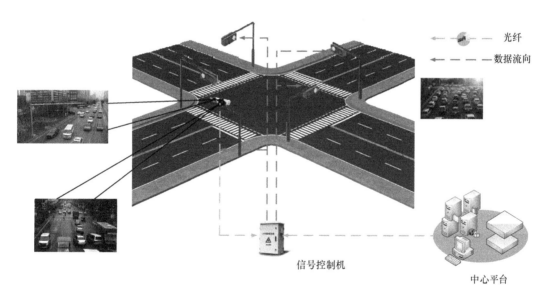

图 7-16 交通信号控制系统

针对宜春市十运会路口间距小、南北向流量大的特点，自适应控制使得路口排队长度减少 2%～15%，延误下降 20%～24%，饱和度提升 2%～14%。自适应控制能够有效减少并均衡排队长度，提高绿灯利用率，并降低 81.26% 的手动控制，节约交警 8.2h/周。

（5）车辆超限检测

治超非现场执法、高速公路劝返等，通过激光雷达、AI 视频的融合分析，综合获取货物运输车辆的交通特征数据以后，依据《汽车、挂车及汽车列车外廓尺寸、轴荷及质量限值》GB 1589—2016 中的"公路货运车辆超限超载认定标准"，实时判定车辆是否存在超限超载违法行为（图 7-17）。

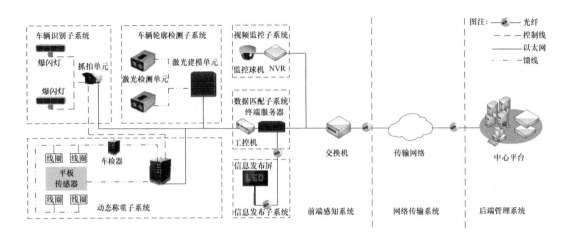

图 7-17　车辆超限检测

7.6　城市交通监测调度系统（TOCC）

TOCC 作为综合交通运输协调体系的重要组成部分，其融合智能化、数据化、信息化发展的理念，可有效促进多种运输方式业务协同，加快多种运输方式数据融合应用，对提升主管部门综合交通运输管控、决策能力，推动城市交通运输高质量发展迈上新台阶具有重要的支撑作用。

7.6.1　TOCC 简介

1. TOCC 总体框架

TOCC 的建设，是基于云架构搭建包括基础设施层（IAAS）、基础平台层（PAAS）、应用服务层（SAAS）及展示层的 4 层框架，以实现 TOCC "运行监测、应急处置、综合协同、辅助决策及出行服务"的职能，总体架构如图 7-18 所示。

（1）基础设施层（IAAS）

基础设施层将计算资源、存储资源、网络资源等物理资源进行整合，形成动态分配、可扩展的高性能计算环境、大容量存储环境，满足海量数据存储、多类型用户并发应用和信息共享、查询的需要。

（2）基础平台层（PAAS）

基于 IAAS 构建的云环境建设 PAAS 层基础平台环境，可以满足 TOCC 的日常业务应用、共性应用、运维管理及接口管理等需求。具体包括：

1）基础支撑：提供操作系统、中间件等支撑环境，维护各类应用安全，管理数据交互接口；

2）开发测试：提供各类软件开发、测试、维护的共性环境；

3）业务支撑：提供 TOCC 业务运行所需的办公管理、服务管理、统计查询及应用监控等功能；

4）总线服务：提供应用服务总线和数据服务总线。

图 7-18　TOCC 总体架构图

（3）应用服务层（SAAS）

TOCC 建设的核心即在应用服务层，可完善数据交互、行业协同、应急处置等方面的功能，形成包括交通运行监测、交通应急指挥、交通协同运行、辅助决策的 TOCC 功能框架。

（4）展示层

展示层各类终端对监测、应急处置等指标进行综合展示，并面向出行者提供信息服务。

（5）保障体系

形成数据接口、质量、交互、使用等方面的标准，推进跨行业的数据交互；形成各行业业务流转的行业规章制度，进一步明晰各方职责；保障信息化系统的建设及运维规程，推动信息化系统的持续建设。

2. TOCC 功能框架

以综合交通运输协调组织为核心，TOCC 的功能框架如下。

（1）一个交通大数据中心

建设作为交通运输系统内外信息交互枢纽的交通大数据中心，形成覆盖交通运输行业主要业务领域，且数据准确、能够实时更新的行业基础数据库和主题库，为实现海量数据深层次的融合交互与挖掘应用奠定基础。

（2）两大应用支撑平台

建设交通运输信息共享交互平台，实现公路、水路、民航、铁路及邮政等行业信息资源的汇聚整合，实现与公交车、出租车、网约车、轨道、媒体、互联网企业及公安、工信等进行信息资源交换与共享。建设网络及运维支撑平台，实现对中心软件、硬件等资源的运维管理并进一步通过闲置资源的归集，推进资源的置换及市场化运营。

（3）五大应用系统

建设交通综合运行监测系统、应急协同调度系统、辅助决策系统、综合交通协同运行系统及出行服务系统。

3. TOCC 的智慧化应用

TOCC 业务应用当中的主要作用是针对"跨"的问题，解决跨区域、跨部门、跨运输方式协调不畅的问题。面向综合交通运行监测，实现对民航、铁路、邮政、高速、运输、海事、城市路网、轨道、城客等领域涵盖各种交通方式的一体化监测，还包括交通行业新业态监测，如共享单车、共享电动车等。面向综合交通运行协调，建立交通行业内和行业外协调机制。行业内形成上下贯通，行业外形成内外融通的运行协调机制。面向大数据分析，利用大数据模型库和算法库深度挖掘交通大数据的应用价值，以数字化、图形化、全景化的方式展现综合交通运输整体运行情况、运行态势与发展水平。面向信息服务，形成"互联网＋出行""互联网＋政务"等服务模式。

7.6.2 某城市 TOCC 协同工作方案

针对 TOCC 日常工作和业务的需要，进一步加强交通运行协调联动能力，满足 TOCC 同各分中心的数据共享以及交换、各种交通方式间有效协调联动的需求，研究制定 TOCC 协同工作方案，并实现信息报送、运行监测、协调联动、综合展示、监测报告、信息发布等功能。重点实现依托机场动态信息，开展市内接续运力调配协调联动示范应用，推进城际交通与市内接续交通之间的精细化协调联动。

1. TOCC 协同工作内容

目前某城市 TOCC 与路网运行分中心、运输监管分中心、公交安保分中心、城区交通监测分中心、行业企业调度分中心、其他交通相关单位之间的协同工作机制尚需建立及规范，且数据报送基于系统推送形式，缺乏统一的信息报送与协同工作平台。尤其在极端天气、瞬间大客流情况下，针对市内接驳运输与民航的衔接需要精细化协调联动等问题，应充分考虑路政局、运输局、执法总队以及相关业务处室的需求，借此设计统一的交通运行协同工作方案，搭建以 TOCC 为核心并与路网运行分中心、运输监管分中心、公交安保分中心、行业企业调度中心（包括轨道交通指挥中心、地面公交指挥中心、高速公路信息管理中心、铁路、民航等）、城区交通监测分中心的多级互动的协同工作平台，建立健全各级中心间的数据交换和信息报送机制，实现各区交通拥堵指数、突发事件等信息实时共享与动态交换，形成常态化的综合交通运输协调联动支持体系。

2. TOCC 协同工作数据交换与信息共享

（1）数据交换

建立 TOCC 与各城区交通监测分中心、政府监管分中心、行业企业调度中心之间的协同工作机制，搭建统一协同工作系统，实现 TOCC 与各分中心之间信息填报、信息上传下达等功能，具体内容如表 7-3 所示。

各单位信息报送内容 表 7-3

信息报送单位	信息报送内容
城区监测分中心	停车场信息、公共自行车存取信息、区内突发事件信息、区属道路信息、各区相关统计信息
政府监管分中心	突发事件、相关统计信息
轨道交通	日客运量、日周转量、日换乘量、日进站量、断面满载率、突发事件信息
地面公交	客运量、客运周转量、首末班车准点发车率、日运营里程、突发事件信息
高速公路	阻断信息（突发事件信息、道路施工信息、拥堵信息等）
铁路	客运量信息、运力信息、列车晚点情况、列车班次、延误信息、到站旅客信息

（2）信息共享

建立 TOCC 与交通运输部、城区交通监测分中心、政府监管分中心、行业企业调度中心、其他交通相关单位之间动态交通信息交换机制，实现行业内以及跨行业之间信息共享与交换，具体信息共享内容如表 7-4 所示。

各单位共享信息内容 表 7-4

信息共享单位	共享信息内容
交通运输部	公路网、地面公交、轨道交通、出租车运行管理信息等
城区监测分中心	区内出租车信息（空间分布、运营状态、交接班行为等）、市属道路信息、各辖区内公交 OD 信息、各区交通拥堵指数信息
政府监管分中心	路网运行状态信息、视频监控信息、重大活动信息等
轨道交通	浮动车、CCTV 视频监控等交通状况数据、实时突发事件信息、天气交互信息、重大活动信息及其他政府相关部门信息
地面公交	浮动车、CCTV 视频监控等交通状况数据、重大活动信息、天气信息、施工占道信息、封路信息
运输管理局	"四站一场"视频图像、恶劣天气等预警信息
其他交通相关单位	交通预警信息、重大活动交通运行信息、日常路网运行状态信息等

3. 协同工作方案

在明确 TOCC 各系统领域的子系统以及各系统功能的基础上，以服务对象和服务为主线，建立各个系统领域之间的协同工作关系，各系统领域之间的关系图如图 7-19 所示。

决策支持域主要是利用报表自动生成与报送机制，使上级部门和领导及时了解交通各行业的运行状况，有效整合各类信息系统及行业运行数据，为缓解交通拥堵、行业发展规划等重大决策提供支持，其服务对象主要包括上层领导以及交通委各处室等。信息服务域利用先进的通信技术、电子技术和多媒体网络技术，为出行者提供在出行中所需的出行

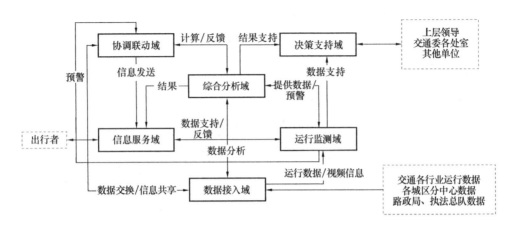

图 7-19 各系统领域之间的关系图

服务信息，包括出行静态信息、路网运行状况信息以及交通管理服务信息等，以便出行者能够对其出行做出合理的安排，其服务对象为各类出行者。协调联动域是将交通行业中涉及的各个主体通过一定的机制和技术手段有效地协调起来，在合理的范围内实现信息和资源的充分共享，使各部门协调一致，保证在发生紧急状态的情况下及时做出指挥调度，为事件的处理及交通的正常运营提供保障。运行监测域是指通过一定的机制和技术手段，对交通领域中各个行业的运行情况进行实时监测，并对运行过程中发生的状况，如交通拥堵等进行实时反馈和预警。综合分析域是为了对采集的视频、图像、数据以及拥堵路段等数据进行专项的统计分析，为政府决策、信息服务、交通预警等方面提供依据。数据接入域是为了实现城市道路、出租车、公交、铁路、民航等交通各行业运行数据、图像资源的接入，数据、图像资源的统一管理等功能。

7.7 智慧高速公路系统

7.7.1 智慧高速公路系统的简介

1. 智慧高速公路系统总体架构

构建高速公路多维立体的感知系统框架，并基于"云""边""端"架构面向智慧高速公路运行监管、指挥调度、决策支持、运维养护、公众服务建设数字高速服务系统（图 7-20）。

2. 智慧高速公路系统建设内容

（1）全景视频监控

基于 AR、AI 技术，通过建设高空云台相机，与高速公路已建监控系统相结合，以画中画形式直观呈现道路交通状况。对于道路突发交通事件，以大场景包含小场景形式，便于直观展示现场情况，提升指挥调度效率。

（2）4G/5G 路域行人探测系统

采用 4G/5G 探针设备对移动设备国际身份码（International Mobile Equipment Iden-

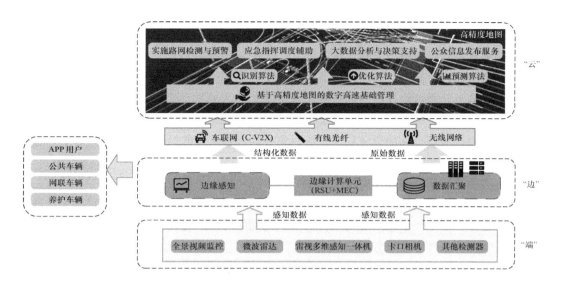

图 7-20　智慧高速公路系统总体架构

tity，IMEI）、全网的手机国际移动用户识别码（International Mobile Subscriber Identification Number，IMSI）的采集时间、采集地点进行无感知采集；采用 WIFI 探针对开启无线功能手机的 IMEI、IMSI、MAC、手机号、APP 账号等信息进行采集；将高清摄像机中的车牌信息进行识别。在此基础上，结合高速路监控系统、收费系统、ETC 系统等综合信息，进行时空维度的数据碰撞，由此分析得出人—车—账号等多维度信息的特征画像，从而为后续的大数据分析和决策提供有价值的信息。

（3）桥隧边坡监测

基于光的布里渊散射和光时域散射原理，针对桥隧路段，通过在桥梁底部或隧道顶部以及两边部署分布式传感光缆；针对边坡路段，通过在坡面沿着格构梁分别从纵向、横向以网格化布设分布式传感光缆，完成部署后将光缆接入分布式应变分析仪中进行实时在线检测。

（4）交通事件预警

采用边缘计算技术，基于深度学习技术，通过前端感知相机来实时监测视频中的交通事件（逆行、违法停车、抛洒物、交通事故等），当发现交通事件时，及时上报高速公路后台管理平台，并联动道路信息发布屏以及路侧单元向公众发布交通事件信息。

（5）合流区预警

高速公路上下匝道的合流区因不同车道车辆运行速度存在差异且存在视野遮蔽等情况，两个路段的车辆不能及时发现汇入和驶出的车辆，易造成交通事故，因此需要在合流区部署基于雷达与视频融合的精准车辆检测系统。通过智能路侧设备的边缘感知技术，融合雷达与视频多传感器识别特点，识别道路车辆的实时位置，精准定位，并通过信息发布屏等向车辆进行预警提示。

（6）可变限速系统

相比于城市交通管理，高速公路管控措施较为单一，可变限速系统是较为重要的一个方法。通过联动上下游道路交通流量检测器与交通事件检测器数据，并结合智能路侧设备的边缘计算能力，基于交通控制模型实时计算限速管控信息，由道路情报板、互联网地图、C-V2X、智慧高速 APP 等发布管控信息，动态优化道路交通流，避免因交通事件及局部车辆聚集造成大规模的道路拥堵。

（7）边缘计算单元

边缘计算单元通过构建统一的数据接入标准，接入感知体系中视频系统、雷达系统、浮动车系统、隧道管理系统、养护系统等多种数据，基于边缘计算，能快速融合处理实时交通数据，根据响应事件的紧急程度，通过集成的网络模块低时延向外发布或者上传至中心平台集中处理。

（8）多模式通信网络

建设多模式的通信网络，在道路骨干通信网的基础上，建立多模式大容量的无线通信网，为人、车、路之间信息交互提供良好的基础网络环境，支撑未来车辆智能驾驶。

（9）北斗高精度定位服务系统

沿公路基础设施建设北斗差分增强基准站系统，同时接入现有基准站数据，形成覆盖示范路段重要交通基础设施的分米级、厘米级及事后毫米级的高精度服务基准站网络；针对桥隧和城市交通等复杂环境下的定位导航需求，在重点区域建设北斗信号增强基准站，实现定位导航信号的泛在、无缝覆盖；面向交通用户提供卫星导航增强信息分发服务，为智慧交通发展提供计算、存储、分析资源，支撑交通运输新业态的发展。

（10）高精度地图

高精度地图采集要素包括高速公路路面（车道数、车道宽度）、桥梁、边坡互通立交、护栏、标志标牌、监控设施等内容，高速公路周边建筑用简单模型表示，采用激光点云测量技术，采集精度在 30cm 以内，作为数据化基础设施管理系统以及数字高速应用服务系统基础地图平台。

7.7.2 智慧高速公路应用——杭绍甬高速公路

杭绍甬高速公路是国家公路网 G92 杭州湾地区环线并行线，经杭州、绍兴、宁波三地，是横贯杭州湾南岸的主要通道，全长约 174km（含利用杭州湾大桥南接线约 24km），采用六车道标准建设。全线分为杭州绍兴段（杭州 24km，绍兴 29km）、宁波段一期（56km）、宁波段二期（41km）三个项目推进。

杭绍甬智慧高速公路立足于"新"，以高标准、高要求建设打造，引领带动全省及至全国智慧高速公路的发展方向。

杭绍甬智慧高速公路工程建设目标包括：①打造"三网合一"的智慧高速公路基础设施。杭绍甬高速公路建设期充分为智慧设施设备建设预留土建接口；设置自动驾驶专用车道，支持空间分割、时间分割的自动驾驶动态管控；沿线部署高速率、低时延、高可靠的全覆盖无线通信网络；加强泛在综合感知设施装备的布设，满足车路协同式自动驾驶需求；实现高精定位和高精地图服务；服务区建设太阳能产能系统，部署电动汽车充电桩。②建设智慧高速云控平台。支持具备车载控制功能的车辆实现控制环境下的自主运行、支持具备信息诱导的人工驾驶车辆高效运行、支持自动驾驶车辆在队列控制和自由行驶功能间的自如切换。近期支持杭绍甬高速公路管理、服务和管控；中远期实现"大湾区"乃至全域高速公路网管理、服务和管控。

（1）"三网合一"智能基础设施

"三网合一"智能基础设施指由高速公路网、感知通信控制网、绿色能源网 3 个网络化基础设施叠加融合所形成的高速公路基础设施。

高速公路网是指承载汽车行驶、完成客货运输功能的高速公路土木结构物网络（包括路基、路面、桥隧等），即目前普通的高速公路网络，在传统高速公路基础设施建设的基础上为未来各种交通技术的应用做基础设施土建预留。根据智慧高速的服务需求，智慧高速建设中涉及基础设施土建预留的内容主要包括：自动驾驶专用车道建设；泛在互联的综合感知系统建设；车路协同安全预警与控制系统建设；全覆盖的无线通信网络建设；信息服务设施建设；高精度定位地基增强设施建设；电子不停车收费设施建设；基础设施数字化建设；服务区光伏发电建设；光伏声屏障建设；光伏一体化充电桩道路建设等。

感知通信控制网是指在高速公路沿线布设的通信设施、感知设备和监控设备所组成的，完成人、车、路协同控制功能的设施设备网络。感知通信控制网建设包括：泛在互联的综合感知系统建设、全覆盖的无线通信网络建设、高精定位系统建设和高精地图系统建设。传感通信控制网，首先利用泛在互联的综合感知系统实现智慧高速公路全线的交通运行状态、基础设施状态、环境气象状态的全面、实时、有效的感知；利用全覆盖的无线通信网络能够实现车车、车路之间的信息交互，实现泛在感知信息实时、准确、安全地传输至云控平台；基于全覆盖的通信网络建设，一方面云控平台与路侧设施以及车辆之间的信息传输，实现云控中心的集中控制，另一方面利用路侧设施的控制能力，实现边缘控制。高精定位系统和高精地图系统不仅是实现高精准信息服务、高精准管控服务的支撑条件，也是支持自动驾驶车辆运行的前提条件。

绿色能源网是指充分利用高速公路沿线空间资源，布设太阳能、风能等发电设施，优化配置供配电系统，对传感通信控制网进行绿色、可靠供电的能源供给设施设备网络。

（2）云边端协同的云控平台

云边端协同的云控平台是由端设备、边子系统和云子系统组成，具有自下而上逐级数据处理与管控指令传递逻辑架构的高速公路云控制系统，其总体架构如图 7-21 所示。端设备是指高速公路上有稳定可靠网络连接、能实时在线的终端设备，主要包括路侧终端设备和车辆侧智能终端设备。所谓边子系统是指高速公路沿线部署的具有边缘计算能力的设施，主要包括两类：路侧边缘计算控制站（Edge Computing & Control Station，ECCS）和路段云控中心（Cloud Control Center-Road Section，CCC-RS），ECCS 部署在高速公路沿线路侧，路段云控中心可简称为路段云，根据实际功能需求一般部署在路段管理处机房。所谓云子系统，是指云计算技术架构的高速公路运行控制中心，即云控中心。按照所管理的高速公路路网数量多少、所属行政区划不同或运营管理层级差别，云控中心可分为 3 级，分别为路段云控中心（CCC-RS）、区域云控中心（Cloud Control Center-Roads Regional，CCC-RR）、路网云控中心（Cloud Control Center-Road Network，CCC-RN），简称为路段云、区域云和路网云。

杭绍甬智慧高速公路服务目标包括：

1）全面支持自动驾驶。构建路网综合运行监测与预警系统，打造人—车—路协同的综合感知体系，近远期服务目标为：近期支持自动驾驶专用车道货车编队行驶；远期支持全线自动驾驶车辆自由行驶（图 7-22）。

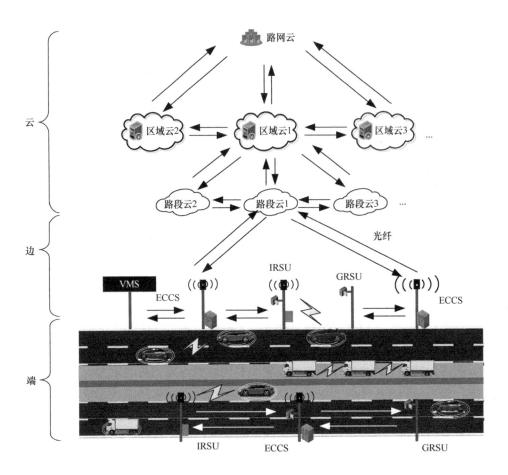

图 7-21　智慧高速公路云边端协同的云控平台总体架构示意图

图片来源：岑晏青，宋向辉，王东柱等. 智慧高速公路技术体系构建［J］. 公路交通科技，2020，37（07）：
　　　　　111-121.

图 7-22　杭绍甬智慧高速自动驾驶示意图

图片来源：浙江发改微信公众号.

2）实现自由流收费。创新收费管理模式，构建基于车载终端的收费系统，近远期服务目标为：近期实现封闭式有站自由流收费，车辆行驶一段路就缴纳一段路通行费的分段式自由流收费；远期实现开放式无站自由流收费，即全面取消高速公路物理收费站。

3）提升全线整体通行效率。依靠客货分离及货车编队等技术，近远期服务目标为：近期实现车辆平均运行速度提升 20%～30%；远期实现通行能力成倍提升。

4）"全天候"快速通行。基于高精度定位、车路协同、无人驾驶等技术的综合应用，克服冰雪、雾霾等特殊天气情况的影响，近远期服务目标为：近期实现自动驾驶专用车道在团雾、冰雪等天气下的"全天候"通行；远期实现高速公路全线在团雾、冰雪天气下的"全天候"快速通行。

5）提高电动车续航能力。利用服务区、声屏障等高速公路现有场所或条件，建设光伏产能系统以及电动车充电系统，为高速公路用户提供新能源补给服务，近远期服务目标为：近期实现服务区光伏能源供给及充电桩充电服务；远期实现服务区无线充电服务。

6）更加安全。构建车车、车路协同式交通安全系统，为安全驾驶提供可靠的技术保障；建设路网运行安全管理系统和应急指挥调度与处置系统，实施智能救援，不断提升高速公路安全性，近远期服务目标为：近期降低交通事故发生率；远期实现"零死亡"愿景。

杭绍甬高速公路主要建设的系统包括实时交通信息监测系统、多网融合通信系统、云控平台、伴随式信息服务系统、车道级交通控制系统、桥隧安全提升系统、服务区智能化系统、自由流收费系统、基础配套系统（设施）、准全天候通行、货车编队行驶、全寿命周期智能养护、自动驾驶支持等。

7.8 车路协同系统

7.8.1 车路协同系统简介

车路协同系统的应用是解决目前交通问题的理想方案，通过应用车路协同系统可为驾驶人提供实时的车辆运行数据，实时获得驾驶人、车辆、道路及环境等状态数据对为实现车辆轨迹预测及安全预警功能有极大的助益。其并能充分地利用现有的交通设施资源，有效缓解交通拥堵，减少交通事故的发生，并给交通出行者以舒适安全的环境，是解决现阶段的交通问题的有效手段。车路协同系统的应用包含车路协同关键技术、车联网关键技术和自动驾驶关键技术的内容或组合。车路协同系统在应用中可针对安全、高效、绿色三方面进行划分。其中，针对安全的车路协同系统中典型系统有不良天气预警系统、急刹信号提示系统等。针对高效的车路协同系统中典型系统有协同式自适应巡航控制系统（CACC）、可变限速系统等。针对绿色的车路协同系统中典型系统有绿色实时信息合成系统（AERIS）、生态车道系统等。下面主要对不良天气预警系统、急刹信号提示系统、协同式自适应巡航控制、可变限速系统进行介绍。

不良天气预警系统旨在改善受局部不良天气影响地区的行车安全，例如雨、雪、冰、雾、洪水和强风等。基于车路协同技术，通过车载和道路指示牌警告来实现，以使驾驶人接近有不良天气条件的区域时，可以意识到需减速、开启安全导航或避开不良天气影响区域，不良天气预警系统有利于提高驾驶人对不良天气的认识，减少发生事故的风险。

急刹信号提示系统基于车路协同技术，实时地采集目标道路的路况信息，通过 V2V 和 V2I 技术将信息发送到近距离车辆或上传到道路信息管理平台，当目标车辆收到来自附近车辆的信息和来自管理平台发布的信息后，通过车载显示和语音提示设备向驾驶人及时地推送前方道路情况和潜在的危险情况，使驾驶人做好及时刹车的准备，以减少因视觉限制、刹车距离不足而造成的通通事故。

协同式自适应巡航控制（Cooperative Adaptive Cruise Control，CACC）是一种基于车—车通信的技术，通过车—车协同控制的方法，实现协同式队列（Cooperative Platooning，CP）控制，在保证安全性的基础上，缩短了跟驰间距，减小了队列中车辆速度的波动，对改善交通安全性、降低交通能耗、提高交通效率发挥了重要作用。

可变限速系统是动态调整路段限速的一种现代主动交通管理方法。在车路协同环境下，下游路段出现如交通拥堵、交通事故、不良道路状况等问题时，系统确定上游最优协同交通流速，进而实现最优交通吞吐量，减少交通事故。可变限速系统可实现对上游交通流的有效管理，主要包括：可靠检测下游交通事件（如拥挤、事故、不良路况等）的位置、类型和强度；为邻近来车规划合理的响应机制（如速度建议、车道使用方案）；可将响应信息有效的传送至上游车辆，并保证一定的响应方案服从率。

7.8.2　车路协同系统应用

1. 不良天气预警系统

2011 年美国佛蒙特州交通局（VTrans）I-89 公路安装了道路天气信息系统。该系统包括 5 个 RWIS 设备以检测空气和路面温度。传感器的数据每 5min 发送到中央服务器一次，在该中央服务器上对数据执行自定义算法，以确定是否应在 DMS 上显示天气警告消息。服务器可以命令站点特定的 DMS 显示有关不良天气条件（雾、冰、雪等）的信息。VTrans 人员会收到有关显示消息的更新信息，并可根据需要主动响应天气变化，该系统如图 7-23 所示。

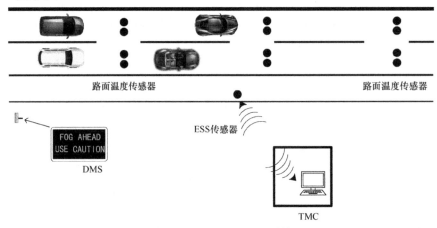

图 7-23　VTrans RWIS 系统

VTrans RWIS 自动化系统的默认操作模式是如果没有检测到不良天气，则 DMS 将保持空白。当在道路上探测到不良天气条件时，会触发动态模式，TMC 处理数据以得到需要显示的信息。

2005 年 11 月美国俄勒冈州交通部（ODOT）在巴特克里克（Butte Creek）的 140 号公路 20 英里（约 32km）的路段安装了冰预警系统，以警告驾驶人。该系统由一个 ESS 连接到两个静态标志，在两端有闪烁的灯以警告驾驶人，当满足阈值条件（由 ESS 测量的路面温度、湿度）时，标志闪烁。2009 年对该系统进行了评估，发现当标志被激活时，行驶速度降低了 9.5 英里/小时（约 15km/h），表明该系统达到了预期的目的。当没有检测到不良天气时，该系统的默认操作模式是标志不闪烁。当 ESS 检测到路面温度、湿度和湿度条件的组合超过了预先设定的阈值时，道路两端的静态标志顶部的标志会不停地闪烁。

俄勒冈州交通部（ODOT）还在靠近海边的 101 公路上安装了防洪警报系统，以提醒驾驶人路面上的积水量，并减少 ODOT 维修人员在此处监测水位的需要。此系统在道路的最低处安装了一个检测水位的 ESS，并将其与洪水易发的道路的两端的一系列的预警标志连接起来。当有洪水情况需警告驾驶人时，安装在静态标志上的闪光灯标会被激活。该系统还将水位数据传送到市政部门，以便维修人员做出反应，也可通过互联网向公众开放。该系统的默认操作模式，在位于道路两端的静态标识上的灯不闪烁，检测装置很容易被淹没，当其没有被淹没时，对驾驶人无任何警告。当现场 ESS 检测的水位高于预先设定的阈值时，会激活在走廊两端的静态标志顶部闪烁的灯，灯会不停闪烁。

2. 急刹信号提示系统

2016 年，美国高速公路安全管理局（NHTSA）评估 V2V 系统下的安全应用的性能。测试项目中包括盲区换道警告（LCW）、前方碰撞警告（FCW）和紧急电子刹车灯（EE-BL）警告等。试验中，在货车上加装以上主动安全应用，每个主动安全应用都会在不同的场景中进行试验，以评估其安全性能。

在美国和加拿大上市的 2017 款凯迪拉克 CTS 均运用了 V2V 技术，进一步加强现有的主动安全配置。凯迪拉克 CTS 搭载了众多领先的主动安全与辅助驾驶技术，包括自适应定速巡航、主动前后制动、前方碰撞缓解、道路偏离预警以及后方交通报警系统。通过 V2V 网联技术，车辆可以获得并分析驾驶人视野之外的情况。

3. 协同式自适应巡航控制系统（CACC）

2012 年，弗吉尼亚技术运输研究所（VTTI）的可持续交通中心（CSM）开发了一个生态 CACC 系统。该系统结合了生态巡航控制系统（ECC）和车辆跟踪模型形成生态 CACC 系统。该模型采用弗吉尼亚理工大学综合动力燃料模型（VTCPFM）来计算最优燃油效率的车辆控制策略。

欧盟的 SARTRE 项目的仿真结果表明，在无风情况下，CACC 可以让成员车的风阻系数减少 80%。PATH 在 2004 年对卡车 CACC 的节油性进行了实地测试，结果表明：8~10m 的跟驰间距可以节油 8%，3~4m 的跟驰间距节油可达 11%。日本的 Energy ITS 项目在研究节能的同时还关注了 CACC 对二氧化碳排放量的影响，其仿真结果显示，4~10m 的跟驰间距可以减少二氧化碳排放量 2.1%~4.8%。

4. 可变限速系统

2006 年，美国明尼苏达州在双城 Wakota 大桥附近的 I-494 南行工作区实施了一个可变限速系统。该段长度为 2.5 英里（约 4km），工作区限速 55 英里/小时（约 88km/h）。该系统的目标是降低靠近工作区的车辆的速度。沿路段安装了三个建议限速标志，并安装了五套雷达和多普勒传感器来测量速度和交通量。将收集到的数据通过基于网络的无线通信技术进行传输。图 7-24 显示了站点布局。速度限制选择基于速度和流量测量，使用一种以 5m/h 为增量的每分钟计算建议限速的算法。

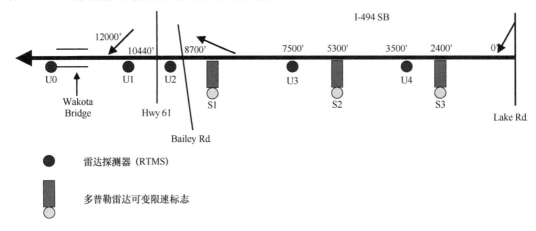

图 7-24　明尼苏达州 I-494 工作区变速限制的布局

2010 年 7 月，明尼苏达州在双城附近的 I-35W 上实施了另一个可变限速和变量信息标识计划，目的是通过逐渐降低交通速度来防止冲击波的快速传播。图 7-25 显示了 I-35W 的可变限速系统和可变信息标志。

图 7-25　美国明尼苏达州 I-35 州际公路的可变限速系统和变量信息标志

美国华盛顿州运输部（WSDOT）运行两个不利的天气变速限制系统，一个在 I-90 的 15 英里路段上，另一个在 US 2 的 7 英里路段上。在速度限制选择算法输入包括牵引力条件、路面状况、能见度、天气状况和事故检测等因素。

在过去的几年里，WSDOT 已经开发了一个主动管理系统 I-90 和 SR 520，目标是平稳交通和提高安全。在 SR 520 的 19 个地点和 I-90 的 25 个地点安装了变速限制标志和车道状态标志。图 7-26 显示 SR 520 上的其中之一位置，其中每个车道显示不同的速度限制。初步调查结果显示，驾驶人能根据标志上显示的车速行驶；但是 WSDOT 仍然在评估这些系统的拥堵收益和安全性。

图 7-26 华盛顿 Bellevue 的 SR 520 的每条车道不同的限速

7.9 城市交通大脑

7.9.1 概述

目前，全国大、中、小城市均面临着不同程度的交通拥堵、交通安全、能源消耗、环境污染等问题，这些问题严重制约着城市的可持续发展，日益严峻的生态环境不断考验着生活在城市中的人们。然而，我国多数城市交通体系的现代化水平仍然不高，管理技术还比较落后，交通信息的获取和利用极不充分，交通运营管理水平亟待提高。通过大刀阔斧扩建、增加交通供给的方式已经无法满足人们多元化的交通需求，只有开拓新思路，用信息化、集约化手段为交通插上智慧的翅膀，才能从容地应对城市交通的挑战，使交通发展赶上城市化的步伐。

加快城市交通系统建设，增强交通系统的安全性和可靠性，成为城市新时代的共同呼唤。在此背景下，近几年，国家大力推动智能交通建设，推出了一系列鼓励政策，如《公路水路交通运输信息化"十二五"发展规划》《交通运输行业智能交通发展战略（2012—2020 年)》等。经过几年的发展，智能交通为城市发展和人们的生活带来了可喜的变化。伴随着物联网、云计算、大数据、移动互联网等相关技术和理念的出现，人们提出了新一代综合交通体系的概念——智慧交通。

随着 IT（互联网技术）向 DT（数据处理技术）发展的科技革命，以及大数据、云计算、人工智能的兴起，数据越来越成为生产资料，计算越来越成为生产能力。城市交通管理、交通工程出现了新方向、新思路，人们看到了交通治堵模式有效变革的"曙光"。以"互联网＋"、智能网联、大数据、人工智能等为代表的新技术在道路交通领域不断深化应用，越来越深地融入百姓生活，也在不断满足人们对于安全便捷、高质量出行的新期盼。

智能交通系统（ITS）萌芽于 20 世纪六七十年代，以路径诱导系统和交通信号控制系统为代表，其发展历程可总结为 3 个阶段（表 7-5），即从交通信息化到智能交通（1.0时代）、从智能交通到智慧交通（2.0 时代）、从智慧交通到交通 AI（3.0 时代）。历经半个世纪的发展，国际国内各大城市已基本完成智能交通系统的设备集成、业务集成，实现了设备—数据—信息的阶跃。如今，政府可以借助大数据和人工智能技术，进一步从积累的信息中提取有用的知识，以人工智能算法为驱动力，解决交通系统中的深层次问题，赋予交通系统真正的智慧。

智慧交通系统的发展历程 表 7-5

时间	阶段	发展变化	主要特征
1997~2006 年	1.0 时代	从交通信息化到智能交通	设备、设施匮乏，软件系统薄弱，设备建设安装
2007~2016 年	2.0 时代	从智能交通到智慧交通	硬件设备和软件系统集成，数据算法薄弱，交通业务管理
2017 年至今	3.0 时代	从智慧交通到交通 AI	数据汇聚交换，模型算法驱动，人工智能应用，交通智能治理

在大数据、云计算、人工智能等新一代信息和智能技术快速发展的大背景下，城市交通大脑通过类人大脑的环境感知、行动控制、情感表达、学习记忆、推理判断、理解创造等综合智能，对城市及城市交通相关信息进行全面感知、深度分析、综合研判、智能生成方案、精准决策，从而更好地实现对城市交通的治理和服务，破解城市交通难题并提供系统的综合服务。其主要特征体现为大数据高度集聚与共享化、分析研判过程的高度智能化、需求响应的精准与实时化、方案生成与决策的高质量化、自我进化过程的动态化等。

交通大脑是按照"城市生命体"理论，创新运用大数据、云计算、人工智能、移动互联网等前沿科技构建的平台型人工智能中枢。交通大脑作为新一代城市信息基础设施，其核心是由数据中枢和智能中枢组成的大脑平台，全面赋能面向交通出行行业场景的应用和服务（图 7-27）。

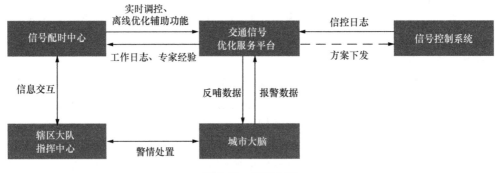

图 7-27 交通大脑

图片来源：银江研究院提供。

交通数据中枢汇聚交通出行及相关领域的海量数据，通过数据自动合观对数据规范与数据标准进行管理，从而进行数据质量评测与考评。高通量交通数据治理模块负责数据的初步清洗与修复，基于分箱法对数据进行过滤；多层次可拓展数据仓库是构建硬件资源的虚拟化基础平台，采用沙箱机制、微服务架构、大数据架构，实现数据架构可扩展、交换作业可扩展、数据预处理组件可扩限，满足交通大数据治理的大规模、时效性两大要求。

交通智能中枢主要通过数据融合与资源化算法、交通 AI 核心算法与交通 AI 控制算法，为交通大脑应用提供服务支持（表 7-6）。

交通大脑智能中枢主要模块功能　　　　　　　　　　　表 7-6

模块	主要功能
数据融合与资源化算法	对设施资源进行交互式采集、模型化存储、时序式管理。设备资源集成化对设备采集的大数据基于统一交通时空模型进行融合，同时结合设备的可靠性评价对数据可用性进行精细评价和标定
知识资源规则化	对专家经验进行挖掘，构建交通知识图谱
交通 AI 核心算法	交通 AI 数据修补，基于深度学习对数据进行二次修补，提高数据可用性
交通 AI 仿真推演	基于数据对交通网络运行的宏观和中观指标进行仿真推演，构建全域交通数字孪生
交通 AI 通用内核	用来存放经过训练、标定的传统机器学习模型，深度学习和增强学习模型参数、环境参数，以及管理训练任务、训练模型集等
交通 AI 管控算法交叉口重要度评价与智能分级	基于多源数据和专家知识对交叉口进行战略分级，区分交叉口的策略保障和策略辅助角色
全域离线优化	基于深度学习和增强学习对全域交通方案与交通参数进行大规模学习与训练，形成全域的离线控制方案
拥堵组团动态控制	基于实时数据对拥堵组团进行感知和推演，结合专家调控策略对组团式拥堵进行区域联控
深度学习控制参数优化	基于微观仿真模型对路口专家控制方案进行评价，并对控制参数进行优化

从 2016 年开始，在智慧城市建设的浪潮下，随着智能交通系统的推进，越来越多的城市在建设"城市大脑"时几乎都是优先配备"交通大脑"。百度、阿里巴巴、腾讯、AI 创企、传统安防企业等纷纷入局"城市大脑"，加码智慧交通建设，城市交通大脑的竞争开始白热化。国内智能交通系统巨头在深圳、杭州、武汉、贵阳、衢州、乌镇、苏州、重庆、澳门、吉隆坡等城市已经布局并实践。

7.9.2　智慧交通大脑应用

交通大脑是城市大脑中发展最早和最快的领域。交通大脑的本质和终极目的应是对交通系统的运行进行有效治理，实施的路径是充分运用大数据和人工智能技术不断迭代交通智能治理的能力。城市大脑在交通领域打通"大脑""眼睛"和"手脚"间的反馈制系统，从多源数据出发，利用全局智能算法实现完整的交通大脑闭环和深度应用与服务。

在众多城市的交通大脑中，杭州交通大脑无疑是最具代表性和前沿性的案例。杭州交通大脑对"大脑"和"身体"的形象比喻十分生动，在强调"大脑"重要性的同时，认为"最亮的眼睛"（视频监控）、"最巧的双手"（信号配时）和"最快的双腿"（交警机动队）也同样重要。它们一起构成了城市生命有机体的交通体系，有效落实了"情指勤督"四位一体警务机制改革，促进了交通管理模式由定性管理向定量管理、由空间管理向时间管理、由机械勤务向机动勤务、由交通自治向交通共治的转变，推进了交通治理体系和治理能力现代化。

1. 最亮的眼睛

在平安城市、天网工程和雪亮工程的建设下，大量摄像头已经遍布杭州的各个角落，每天产生的大量数据单纯靠人力去解读是一个不可能完成的任务。交通大脑通过区别于固定监控的球机视频检测技术，利用球机监控具有的变焦和 360° 变化功能，自动对交通事故、交通拥堵、违法停车、行人和非机动车四大类 12 项交通事件进行 24h 全天候自动巡检，实现了球机视频监控事件自动报警、交通实时状态判定和预警、人工智能反哺信号控制等功能，推进了城市资源的科学配置和高效使用，以机器智能、机器换人第一时间发现事件并报警，成为城市"最亮的眼睛"。

以杭州为例，自 2017 年交通大脑运行以来，日均自动发现警情 3 万余起，准确率达 95％以上，并在 10s 内完成报警；自动发现 110 种警情，并形成 97 种闭环处置模式；实时分析各项交通指标，使杭州从全国"堵城"排名第 3 位降到第 57 位。

同样的故事还发生在衢州的街头上。2018 年 5 月，衢州警方在交通大脑的帮助下，破获了一起 6 年之久的悬案。交通大脑依靠 3 张模糊不清的照片在海量的城市交通与监控大数据中精准搜索出了与犯罪嫌疑人具有相同特征的图像，从而描绘出了犯罪嫌疑人的行动轨迹。其仅用了 20min 就锁定了犯罪嫌疑人，并且呈现了他们犯案的全部过程，帮助警方最终将犯罪嫌疑人抓捕归案，这也是浙江警方借助人工智能破获的首起案件。

2. 最巧的双手

一座城市高峰期内的城区道路交通拥堵问题十分严重，这对信号配时工作形成了巨大的挑战。城市管理者基于人工方法不仅很难在短时间内精确把握交通拥堵问题的根源，而且也无法提前预判拥堵情况的发生。而受限于数据的可用性，传统的单点优化方法也难以胜任，计算出的配时方案通常与实际情况相去甚远，无法使用。为了配合"最亮双眼"的实时感知所产生的路口信号报警，及时"消红亦绿"完善闭环处置，交通大脑基于人工智能深度学习的信号控制方法锻炼出了"最巧的双手"。

杭州市公安局交通警察局于 2018 年 4 月 18 日正式成立杭州"城市数据大脑"交通信号配时中心，开启了交通脉络建设的"杭州模式"。信号配时中心由城市大脑、配时中心团队、优化服务平台 3 个核心组织组成（图 7-28）。城市大脑一方面收集数据，另一方面为交警支队指挥中心及交通信号配时中心或信号优化服务平台提供数据。交通信号优化服务平台一方面用获取的数据反哺城市大脑，另一方面为信号优化团队提供实时调控、实时优化等服务，而信号优化团队的调控经验和控制经验会同时传到服务平台。

经过一年的运行，信号配时中心借助超能人工智能信号优化服务平台的出色表现经受住了杭州复杂交通环境的考验，还在道路修建施工的干扰下为杭州市民的出行节省了时间，通过接入 4500 多条视频监控和近 1300 个路口的信号灯，实时扫描感知在途交通量、延误指数、拥堵指数等 7 项"生命指标"，信号配时中心为研判交通态势和科学指挥调度提供了量化依据。比如，天目山路（西段）平均延误率降低 30％，出行时间节省 6min；文二路平均延误率降低 33％，出行时间节省 5min。

3. 最快的双腿

交通大脑通过"最亮双眼"自动发现警情以后，还需要勤务机制迅速跟上，否则没有实际意义。为了让交通大脑的作用最大化，杭州交警部门于 2017 年 9 月专门组建了一支由 67 名民警、150 名辅警组成的交警机动队，与路面常态勤务相叠加，归属指挥中心，

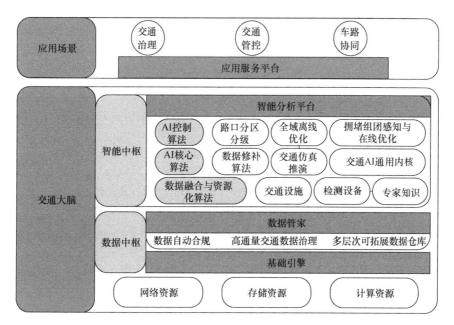

图 7-28　信号配时中心业务模式

将精准扁平指挥调度与多点就近快处有机结合，第一时间处置"交通大脑"发现的各类警情。

此外，交警部门推动警力持续下沉。2018 年 7 月，建立路面管理网格化数字勤务新模式，将全市划分为 67 个常态勤务责任区，依托交通大脑预警报警，实行网上勤务派勤，实现警力定位可视，积极构建以常态勤务为基础、数据引领为导向、机动勤务为叠加的网格化数字勤务模式，打造杭州主城区"158"快速反应圈工作机制（1min 响应，中心 5min、外围 8min 到达）。

交通大脑具备智能感知路况、智能判定堵情、智能巡查事件、智能优化配时、智能辅助指挥五大基本功能，以交警指挥中心为主应用，辖区大队分区具体实施，专业力量合成作战，推动指挥体系专业化、信号配时社会化、路面勤务动态化，提高了整个城市的交通管控能力和试点道路的通行效率。警务效能明显提升，推动了交通执法的信息化、智能化和精准化。

习　　题

7.1　试述违法抓拍系统的组成。

7.2　简述在实际生活中，ETC 不停车收费系统的应用。

7.3　简述你所了解的城市交通监测调度系统（TOCC）的功能。

7.4　简述智慧高速公路系统建设内容。

7.5　简述车路协同系统的实际应用。

参 考 文 献

[1] 王兵，郭杜杜. 交通信息技术及应用[M]. 北京：机械工业出版社，2016.

[2] 赵晓华. 现代通信技术基础[M]. 北京：北京工业大学出版社，2006.

[3] 王学慧，丁立波，于世军. 交通信息技术基础[M]. 北京：国防工业出版社，2015.

[4] 徐建闽，卢凯，韦文斌. 公路交通参数检测器的设计[J]. 公路，2003(05)：135-139.

[5] 夏发钦. 利用地感应线圈检测机动车辆的原理与实现[D]. 武汉：武汉科技大学，2011.

[6] 刘宝民. 动态交通信息采集与数据融合技术的研究[D]. 济南：山东大学，2008.

[7] 杨小敏. 基于LFMCW毫米波雷达的车辆检测技术研究[D]. 南京：南京理工大学，2007.

[8] 桑兆辉. 超声波车流检测器设计[D]. 天津：河北工业大学，2003.

[9] 刘珠妹，刘亚岚，谭衢霖，任玉环. 高分辨率卫星影像车辆检测研究进展[J]. 遥感技术与应用，2012，27(01)：8-14.

[10] 米禹丰. 基于卫星遥感图像水面船舶目标检测与识别技术研究[D]. 哈尔滨：哈尔滨工程大学，2017.

[11] 刘艳亮，张海平，徐彦田，王铎. 全球卫星导航系统的现状与进展[J]. 导航定位学报，2019，7(01)：18-21＋27.

[12] 田世艳. 基于GPS的城市道路交通状态实时判别技术研究[D]. 广州：华南理工大学，2012.

[13] 陈青. 基于GPS浮动车的城市道路交通状态判别技术研究[D]. 西安：长安大学，2009.

[14] 张有节. 基于无人机视频的交通参数提取技术研究[D]. 重庆：重庆交通大学，2017.

[15] 王玉鹏. 无人机低空遥感影像的应用研究[D]. 焦作：河南理工大学，2011.

[16] 赵晓华. 现代通信技术基础[M]. 北京：北京工业大学出版社，2006.

[17] 严晓华，包晓蕾. 现代通信技术基础(第3版)[M]. 北京：清华大学出版社，2019.

[18] 李晓辉，刘晋东，李丹涛，等. 从LTE到5G移动通信系统——技术原理及其LabVIEW实现[M]. 北京：清华大学出版社，2020.

[19] 冯暖，周振超，杨玥，等. 物联网通信技术(项目教学版)[M]. 北京：清华大学出版社，2016.

[20] 吴兵，李晔. 交通管理与控制[M]. 北京：人民交通出版社，2015.

[21] 李瑞敏，章立辉. 城市交通信号控制[M]. 北京：清华大学出版社，2015.

[22] 徐建闽. 交通管理与控制[M]. 北京：人民交通出版社，2007.

[23] 马庆，章秋平. 中国交通信号控制产品市场解析：我国交通信号控制产品市场及技术的现状和发展[J]. 中国智能交通，2009，000(004)：24-28.

[24] 姚伟红. 道路交通的被动控制与主动控制[J]. 科技情报开发与经济，2007，17(17)：286-288.

[25] 于泉. 城市交通信号控制基础[M]. 北京：冶金工业出版社，2011.

[26] 徐小杏. 城市交通ACTRA和SCOOT信号控制系统分析[J]. 广西轻工业，2008(10)：89-90.

[27] 隋莉颖，李威，石建军，车广侠，尚德申. SCOOT和ACTRA信号控制系统分析[J]. 道路交通与安全，2007(02)：10-13.

[28] 何民. SCOOT让城市流动起来——交通实时自适应协调控制系统的构成与应用[J]. 中国公路(交通信息产业)，2001(02)：40-41.

[29] 顾九春，于泉，王海忠，石建军. 城市交通信号控制系统研究（一）[J]. 交通科技，2004(05)：78-81.

[30] 宋现敏. 交叉口协调控制相位差优化方法研究[D]. 长春：吉林大学，2005.

[31] 沈大吉. 基于交通冲突安全评价的城市干线交叉口信号协调控制研究[D]. 重庆：重庆交通大学，2010.

[32] 郭宏玉. 城市道路干线协调控制配时优化研究[D]. 西安：长安大学，2017.

[33] 宋现敏. 城市交叉口信号协调控制方法研究[D]. 长春：吉林大学，2008.

[34] 魏国容. 基于SCATS的动态交通数据预处理方法研究[D]. 长沙：湖南大学，2012.

[35] 邬韶辉. 先进实用的交通信号计算机控制系统SCATS[J]. 计算机与通信，1999(11)：41-44.

[36] 华作昌. 浅谈SCATS交通信号控制系统[C]. 天津市电视技术研究会. 天津市电视技术研究会2014年年会论文集. 天津市电视技术研究会：天津市电视技术研究会，2014：3.

[37] 白小雷. 基于SCATS系统信号控制方案的设计与优化[D]. 北京：北方工业大学，2011.

[38] 彭信林，王宁鸣，周剑峰，王景成，徐文艳. SCATS数据采集系统的设计与实现[J]. 计算机工程，2008，34(24)：256-257＋260.

[39] 李斌，侯德藻，张纪升等. 论智能车路协同的概念与机理[J]. 公路交通科技，2020，37(10)：134-141.

[40] 中国智能交通产业联盟. 智慧高速公路第2部分：车路协同系统框架及要求[EB/OL]. https：//max. book118. com/html/2020/0723/8132046063002126. shtm.

[41] 汪伟. 汽车总线技术的发展[J]. 时代汽车，2020(15)：14-16.

[42] (德国)克里斯托夫·佐默，(德国)法尔科·德雷斯勒. 车辆网联技术. 胡红星，郭建华，严如强译. 北京：机械工业出版社，2017.

[43] 李新洲，汤立波，李成等. 高速公路车路协同应用场景分析[J]. 信息通信技术与政策，2019(04)：12-17.

[44] 王平. 车联网权威指南：标准、技术及应用. 北京：机械工业出版社，2018.

[45] 陈维，李源，刘玮. 车联网产业进展及关键技术分析[J/OL]. 中兴通讯技术：1-13 [2020-10-15]. http：//kns. cnki. net/kcms/detail/34. 1228. TN. 20200217. 1748. 004. html.

[46] 王建强，吴辰文，李晓军. 车联网架构与关键技术研究[J]. 微计算机信息，2011，27(004)：156-158，130.

[47] 缪立新，王发平. V2X车联网关键技术研究及应用综述[J]. 汽车工程学报，2020，10(01)：1-12.

[48] 严茂胜，任大凯，翟文凯，石力. 基于云管端一体化的车联网解决方案[J]. 电信工程技术与标准化，2017，30(12)：21-27.

[49] 朱红梅，林奕琳. 蜂窝车联网的标准、关键技术及网络架构的研究[J]. 移动通信，2018，42(03)：70-74.

[50] 李静林，刘志晗，杨放春. 车联网体系结构及其关键技术[J]. 北京邮电大学学报，2014，37(06)：95-100.

[51] 张亦鼎，彭世喆. 基于车联网大数据的智能交通系统构建[J]. 综合运输，2018，40(11)：25-29.

[52] 彭选荣. 专用短程通信(DSRC)标准比较分析与关键内容研究[J]. 广东轻工职业技术学院学报，2003(04)：21-25.

[53] 张书侨. DSRC无线通信模式的原理及应用[J]. 数字通信世界，2014(09)：43-45.

[54] 冯纯康，周又玲. DSRC短程通信协议研究[J]. 无线互联科技，2011(01)：18-20.

[55] 郭蓬，袁俊肖，戎辉等. LTE-V2X标准分析及发展现状的研究[J]. 中国汽车，2019(01)：59-62.

[56] 刘平. 车联网通信协议研究和系统开发探究[J]. 数字通信世界，2020(07)：79-84.

[57] 张心睿，赵祥模，王润民，刘丁贝，徐志刚. 基于封闭测试场的DSRC与LTE-V通信性能测试研究[J]. 汽车技术，2020(09)：14-20.

[58] 李华，杨燕玲. 基于LTE-V2X的车联网关键技术研究[J]. 广东通信技术，2019，39(11)：61-63.

[59] 陈山枝，胡金玲，时岩等. LTE-V2X 车联网技术、标准与应用[J]. 电信科学，2018，34(04)：1-11.

[60] 陈山枝，时岩，胡金玲. 蜂窝车联网(C-V2X)综述[J]. 中国科学基金，2020，34(02)：179-185.

[61] 魏垚，王庆扬. C-V2X 蜂窝车联网标准分析与发展现状[J]. 移动通信，2018，42(10)：9-12.

[62] 田大新. 智能车联网系统未来展望[J]. 信息通信技术与政策，2020(08)：1-4.

[63] SAE J3016(TM)，Taxonomy and Definitions for Terms Related to Driving Automation Systems for On-Road Motor Vehicles [S]. THE SAE ON ROAD AUTOMATED VEHICLE STANDARDS COMMITTEE，2018.

[64] 冉斌，程阳，金璟等. 一种多维智能网联交通系统. 中国专利申请，ZL201710660668. 2[P]. 2018-01-19.

[65] RAN，Bin，et al. Connected Automated Vehicle Highway systems and Methods[J]. U. S. Patent Application No. 15/628，331，2018.

[66] 冉斌，谭华春，张健，曲栩. 智能网联交通技术发展现状及趋势[J]. 汽车安全与节能学报，2018，9(02)：5-16.

[67] 张毅，姚丹亚. 基于车路协同的智能交通系统体系框架[M]. 北京：电子工业出版社，2015.

[68] Feng S，Ding J，Liu S，Zhang Y，Hu J. A Cooperative Intersection Control for Automated Vehicles [C]. IEEE International Conference on Intelligent Transportation Systems，2017.

[69] Farradyne P. Vehicle Infrastructure Integration (VII)：Architecture and Functional Requirements [R]. DraftVersion，2005，1.

[70] Shell M. Final report of the European Safety Working Group on Road Safety [R]. 2003. Available：http：//europa. eu. int/informationsociety/activities/esafety/indexen. htm

[71] Dinh H T，Lee C，Niyato D，et al. A Survey of Mobile Cloud Computing：Architecture，Applications，and Approaches [J]. Wireless Communications and Mobile Computing，2013，13(18)：1587-1611.

[72] 孙小红. 车联网的关键技术及应用研究[J]. 通信技术，2013(4)：47-50.

[73] 魏丁小陆. 多传感器融合技术简介[EB/OL]. https：//robot. ofweek. com/2016-07/ART-8321201-11000-30003817. html.

[74] 王禹，吴石峰，陶恂. 自动驾驶中多传感器信息融合技术的研究[J]. 福建电脑，2019，35(01)：110-112.

[75] 廖岳鹏. 基于多传感器的自动驾驶目标检测[D]. 成都：电子科技大学，2019.

[76] GavinChen-GuiGan. 多传感器信息融合(标定，数据融合，任务融合)[EB/OL] https：//blog. csdn. net/chenguigan/article/details/104960658? utm_medium＝distribute. pc_relevant. none-task-blog-title-2&spm＝1001. 2101. 3001. 4242，2020. 03. 19.

[77] 李弋博. 某违法停车抓拍系统的建设[J]. 上海船舶运输科学研究所学报，2019，42(03)：67-72.

[78] 田登，孙玺婷. 高速公路超速抓拍系统设计方案[J]. 中国交通信息化，2014(11)：93-95.

[79] 张腾. 闯红灯自动记录系统设计与实现[D]. 成都：电子科技大学，2014.

[80] 苏丽娅·艾尔肯. 电子不停车收费系统(ETC)的设计及实际应用[J]. 机电信息，2019(17)：159＋161.

[81] 张海波. 重庆市高速公路 ETC 改建项目技术实现与效益评价研究[D]. 重庆：重庆交通大学，2014.

[82] 李亚飞，郭亚茹，段成民. 面向 MaaS 的 TOCC 总体设计[J]. 交通世界，2019(35)：3-6.

[83] 岑晏青，宋向辉，王东柱等. 智慧高速公路技术体系构建[J]. 公路交通科技，2020，37(07)：111-121.

［84］ 吴冬升. 车路协同创新示范赋能智慧高速［J］. 智能网联汽车，2020(03)：31-35.

［85］ 赛文交通网. 杭绍甬智慧高速公路建设项目方案［EB/OL］. http：//www. lnkdjt. com/newsdetail/162，2020.05.08.

［86］ 尤鑫，陈雨菲，逯静辉等. 基于车联网的高速公路不良天气预警系统设计及测试方案研究［J］. 交通工程，2019，19(03)：28-32.

［87］ 李海舰，赵国强，杨艳芳等. 急刹预警作用下的车辆时空图特性［J］. 华南理工大学学报(自然科学版)，2020，48(07)：76-84.

［88］ YINA W，MOHAMED A，JUNEYOUNG P，et al. Effects of Crash Warning Systems on Rear-end Crash Avoidance Behavior under Fog Conditions［J］. Transportation Research Part C：Emerging Technologies，2018，95：481-492.

［89］ 吴炳霖. 多目标协同式自适应巡航控制系统的研究［D］. 长沙：湖南大学，2019.

［90］ Kui K，Ivanjko E，Greguri M，et al. An Overview of Reinforcement Learning Methods for Variable Speed Limit Control［J］. Applied Sciences，2020，10(14)：4917.

［91］ 李瑞敏，章立辉. 城市交通信号控制［M］. 北京：清华大学出版社，2015.

［92］ 范永强. 基于 SCOOT 系统的公交信号优先控制技术研究［J］. 交通科技与经济，2020，22(05)：21-25.

［93］ 薛艳青. 城市道路平面交叉口公交优先智能信号控制系统研究［J］. 交通工程，2020，20(05)：74-78.

［94］ 吴皓，张海波. 公交信号优先控制系统的应用与分析［J］. 电子世界，2018(17)：113-115.

［95］ 毕志袖，杭福兵，张锐. 信号优先技术在常州快速公交系统的运用［J］. 人民公交，2011(05)：52-54.